国家重点档案专项资金资助项目

民国时期重庆民族工业发展档案汇编

重庆电力股份有限公司

第⑥辑

重庆市档案馆◎编

唐润明◎主编

西南師範大學出版社

国家一级出版社 全国百佳图书出版单位

四、职员名册

目录

四、职员名册

重庆电力股份有限公司一九三三年入职职工（一九四四年六月九日） 0219-1-29 0219-1-31

工務科

重慶電力股份有限公司

職工調查表

編號 009

姓名 吳錫瀛

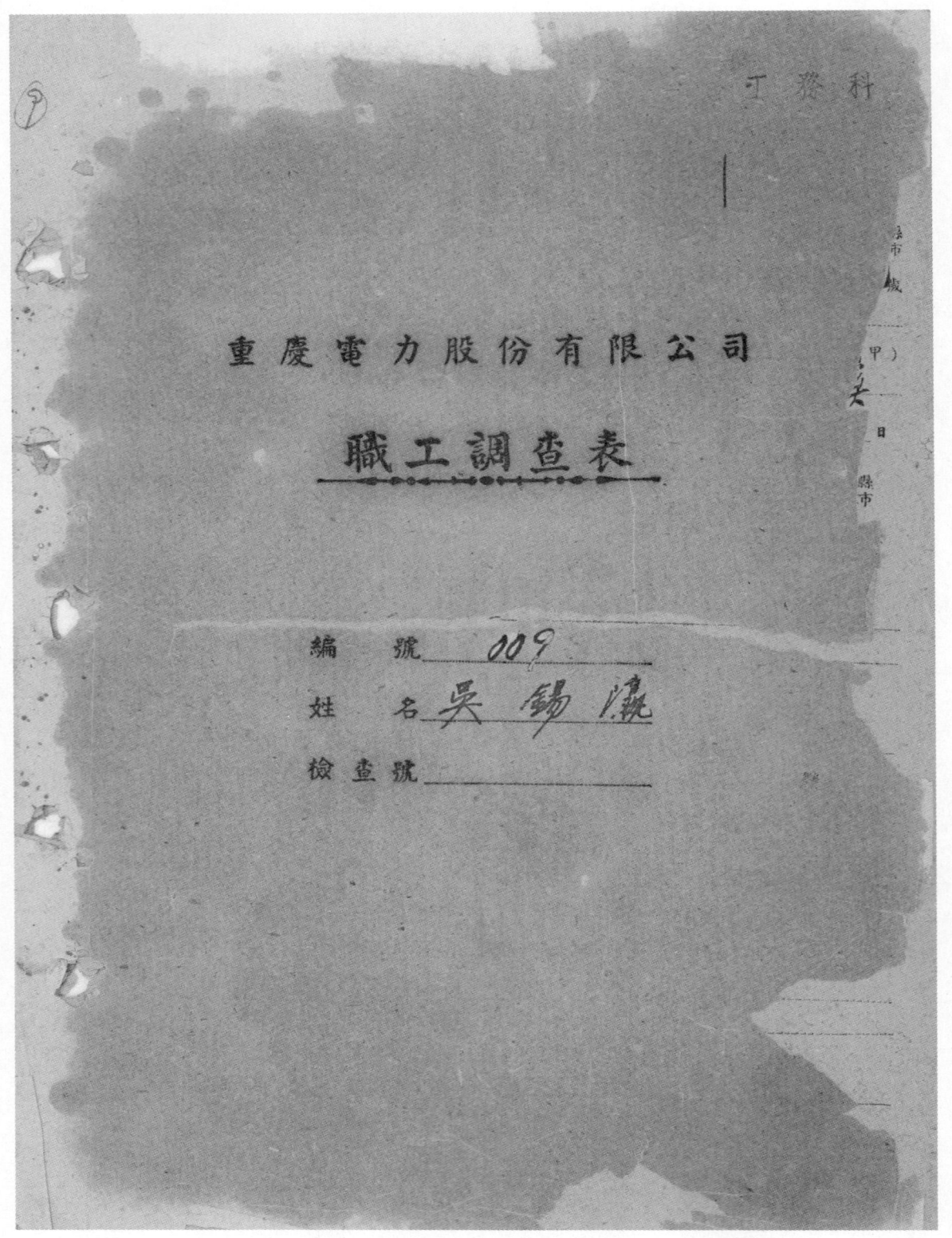

檢查號

2

二、正面半身像片

姓名 吳錫瀛 別號　　籍貫 四川 省 岳池 縣市

出生年月：民國（前）六 年 二 月 廿八 日現年 卅九 歲

是否黨員　黨證號數　　是否團員　團證號數

現在住址　（　區　鎮　保　甲）

固定住址或通訊處 重慶南岸玄壇廟友于里金溪

到職工年月：民國 廿二 年 六 月　日

介紹人姓名　號　現年　歲籍貫　省　縣市

職業　住址或通訊處　與本人關係

保證人姓名　號　現年　歲籍貫　省　縣市

職業　現在住址

固定住址或通訊處　與本人關係

（甲）家庭狀況：

（一）家長名　號　現年　歲係本人之

職業　住址　每月收入

（二）父名 三林 號　現年 七六 歲職業

住址 四川岳池廠（？）鄉　每月收入

母姓名　現年

（三）已否結婚　配偶姓名 夏宝芬 現年 卅 歲籍貫 四川 省 巴 縣市

（四）子 一 人最長者現年 五 歲最幼者現年　歲

現入學校者　人學校名稱

現已服務者　人處所名稱

女 一 人最長者現年 三 歲最幼者現年　歲

現入學校者　人學校名稱

現已出嫁者　人

重庆电力股份有限公司一九三三年入职职工（一九四四年六月九日） 0219-1-29 0219-1-31

3

（五）兄弟姊妹：

名	號	本人之	年齡	已嫁否	職業	住址	備考

（六）除公司薪給外，本人尚有何種其他收入？

本人每月平均開支：

項目	開支金額
總計	50,000四

除去開支後能有積蓄否？

若干

不敷開支時如何彌補？

是否負債？　　若干

何處借來？

歸還的方法？

（乙）教育及經歷：

（一）曾受何等育教？

程度	學校名稱	校址	肄業期間 自年月至年月	所習科目	讀完幾年級	離校原因
	交通大學	上海	民國十年 至十八年	機械		
	茂偉西	英國	廿四年 至廿七年	實習		

附註：請填所受最高級教育之名稱，或接近於所受之最高級教育者，例如高級職業學校畢業者，可填該高級職業學校，同時，並可填已受過教育之高級中學或初級中學，不識字，粗識字或只識字，并未入過學校者，請填「不識字」「粗識字」或「識字」

（二）在校時最感興趣之科目

（三）曾在何處服務：

機關名稱	地址	主管人姓名	月薪	服務期間 自 年 月至 年 月	離職原因

（四）經歷中最感興趣之工作______

（丙）業餘生活

（一）每日工作時間：忙時______小時，平時______小時

（二）本人最喜歡的娛樂______

（三）公餘經常作何消遣______

（四）曾參加甚麼業餘團體：

名稱	性質	地址	主持人	何時加入	担任何種職務

（丁）有何特殊狀況，特殊興趣或特殊技能，請列舉於下：

（戊）本人之簽字蓋章：簽字______蓋章______

填寫日期：民國______年______月______日

填寫人______代填寫人______

重庆电力股份有限公司一九三三年入职职工（一九四四年六月九日） 0219-1-29 0219-1-31

重庆电力股份有限公司一九三三年入职职工（一九四四年六月九日） 0219-1-29 0219-1-31

重慶電力公司職工調查表

6

電務科

姓名	吳錫瀛
籍貫	四川岳池
年齡	四十四
出生年月日	民國（前） 年 月 日
已否結婚	子 1 人 女 1 人
學歷	國立交通大學机械系畢業
經歷	建設委員會戚墅堰電廠工程師 華西公司工程師 喜國茂偉廠工程師
擅長何種技能	
平日生活情形	
家庭經濟是否需要本人負担	要
每月負擔若干	
到職日期	23年6月 日
永久住址	岳池縣易協文昌宮
本人通訊處 臨時	三元橋電力公司子弟校
本人通訊處 永久	

家庭狀況

	名	職業
父名	已故	商
母名	已故	〃
兄弟姊妹名號	兄名錫南	〃
	弟名錫嘏	〃
資產 不動產		
資產 動產		
家長通訊處 臨時		
家長通訊處 永久		

介紹人

姓名	華西公司	別號	
籍貫	省 市（縣）		
年齡	歲	職業	
通訊處	牛角沱		
與本人關係			

保證人

姓名		別號	
籍貫	省 縣（市）		
年齡	歲		
與本人關係			
職業及服務機關名稱			
營業種類			
開設地點			
通訊處 臨時			
通訊處 永久			

簽名蓋章 年 月 日

重庆电力股份有限公司一九三三年入职职工（一九四四年六月九日） 0219-1-29 0219-1-31

9

重慶電力股份有限公司

職工調查表

編　號 271

姓　名 陳光武

檢查號

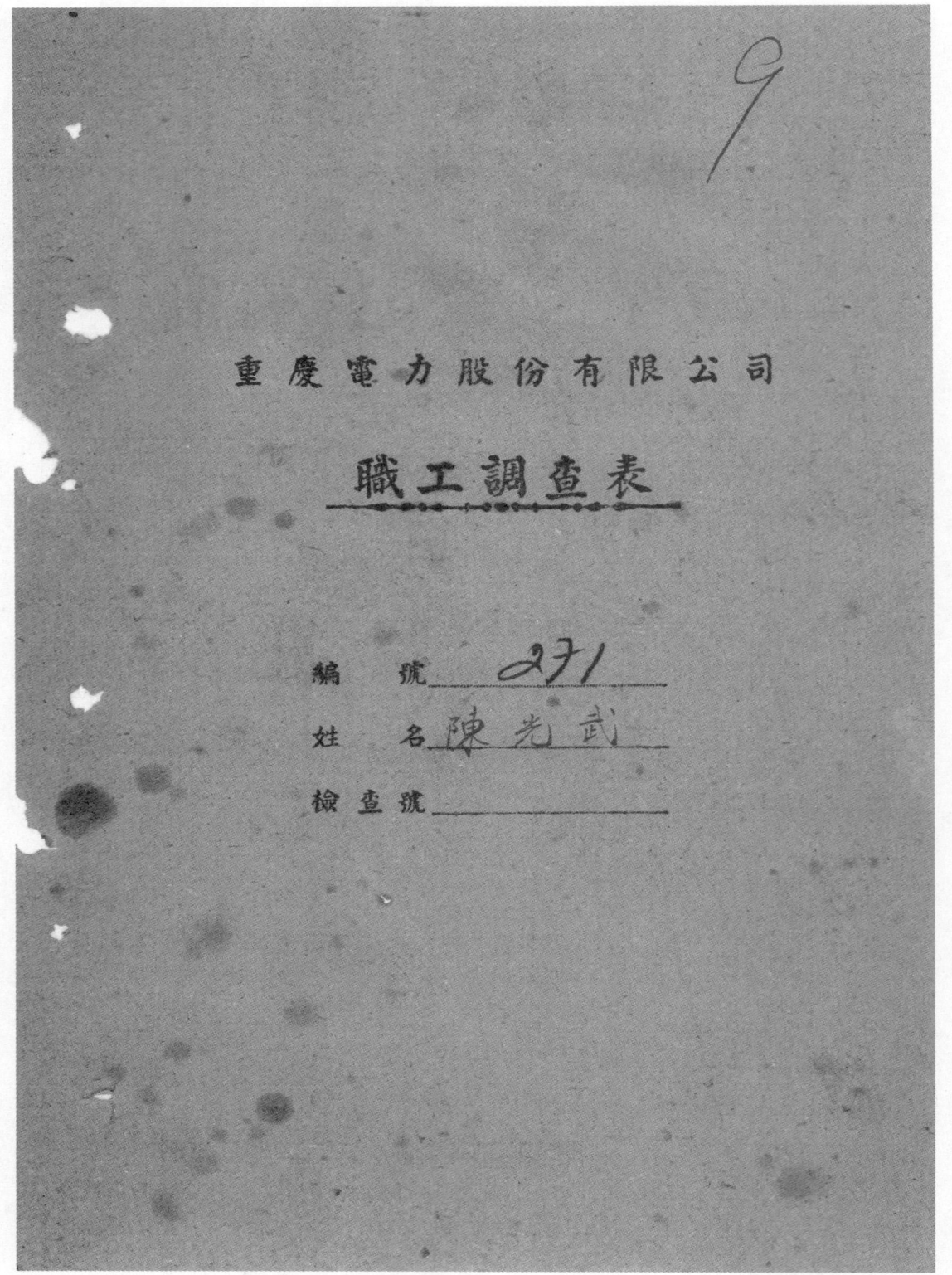

60

姓名陳光武 別號＿＿＿＿ 籍貫四川省岳池縣市

出生年月：民國（前）元年十一月十一日現年卅二歲

是否黨員＿＿黨證號數＿＿＿＿ 是否團員＿＿團證號數＿＿＿＿

現在住址＿＿＿＿（＿＿區＿＿鎮＿＿保＿＿甲）

固定住址或通訊處＿＿＿＿

到職工年月：民國二十二年七月＿＿日

介紹人姓名吳錫瀛 號＿＿＿＿ 現年＿＿歲籍貫四川省岳池縣市

職業＿＿＿＿ 住址或通訊處＿＿＿＿ 與本人關係＿＿＿＿

保證人姓名＿＿＿＿ 號＿＿＿＿ 現年＿＿歲籍貫＿＿＿＿省＿＿＿＿縣市

職業＿＿＿＿ 現在住址＿＿＿＿

固定住址或通訊處＿＿＿＿ 與本人關係＿＿＿＿

（甲）家庭狀況：

（一）家長名＿＿＿＿號＿＿＿＿現年＿＿＿＿歲係本人之＿＿＿＿

職業＿＿＿＿住址＿＿＿＿每月收入＿＿＿＿

（二）父名＿＿＿＿號＿＿＿＿現年＿＿＿＿歲職業＿＿＿＿

住址＿＿＿＿每月收入＿＿＿＿

母姓名李氏 現年五十五

（三）已否結婚＿＿＿＿配偶姓名李學清現年卄五歲籍貫四川省已縣市

（四）子一人最長者現年三歲半歲最幼者現年＿＿＿＿歲

現入學校者＿＿＿＿人學校名稱＿＿＿＿

現已服務者＿＿＿＿人處所名稱＿＿＿＿

女二人最長者現年十一歲最幼者現年一歲半歲

現入學校者一人學校名稱中正學校

現已出嫁者＿＿＿＿人

重庆电力股份有限公司一九三三年入职职工（一九四四年六月九日） 0219-1-29 0219-1-31

(五)兄弟姊妹：

名號	本人之	年齡	婚嫁否	職業	住址	備考

(六)除公司薪給外，本人尚有何種其他收入？

本人每月平均開支：

項目	開支金額
總計	

除去開支後能有積蓄否？

若干

不敷開支時如何彌補？

是否負債？　若干

何處借來？

歸還的方法？

(乙)教育及經歷：

(一)曾受何等教育？

程度	學校名稱	校址	肄業期間 自 年 月至 年 月	所習科目	讀完幾年級	離校原因
高級中學畢業	四川省立高工校	成都		電氣工程		

附註：請填所受最高級教育之名稱，或接近於所受之最高級教育者，例如高級職業學校畢業者，可填該高級職業學校，同時，並可填已受過教育之高級中學或初級中學，不識字，粗識字或只識字，并未入過學校者，請填「不識字」「粗識字」或「識字」

(二)在校時最感興趣之科目

12

（三）曾在何處服務：

機關名稱	地址	主管人姓名	月薪	服務期間 自 年 月至 年 月	離職原因

（四）經歷中最感興趣之工作

（丙）業餘生活

（一）每日工作時間：忙時＿＿＿小時，平時＿＿＿小時

（二）本人最喜歡的娛樂

（三）公餘經常作何消遣

（四）曾參加甚麼業餘團體：

名稱	性質	地址	主持人	何時加入	担任何職務

（丁）有何特殊狀況，特殊興趣或特殊技能，請列舉於

（戊）本人之簽字蓋章：簽字 陳崇光 蓋章

填寫日期：民國三十三年六月九日

填寫人＿＿＿＿代填寫人＿＿＿＿

重庆电力股份有限公司一九三三年入职职工（一九四四年六月九日） 0219-1-29 0219-1-31

13

重慶電力公司職工調查表

姓名	陳克武	
籍貫	四川岳池	
年齡	四十	
出生年月日	民國前）三年冬月十一日	
已（未）結婚	子 二 人	女 三 人
學歷	成都工科高級中學畢業	
經歷		
擅長何種技能		
平日生活情形	簡单樸素 粗茶淡飯	
家庭經濟是否需要本人負担	本人負担	
每月負擔若干	金圓貳佰元	
到職日期	22年8月15日	
永久住址	岳池顧縣場	
本人通訊處 臨時	本市郵政局巷32號	
本人通訊處 永久	岳池顧縣場	

家庭狀況			
父名		職業	
母名			
兄弟姊妹名號		職業	
資產 不動產	無		
資產 動產	無		
家長通訊處 臨時			
家長通訊處 永久			

介紹人			
姓名	楊長驤	別號	
籍貫	四川省岳池市（縣）		
年齡	四十二歲	職業	商
通訊處	本市重慶村24號		
與本人關係	友誼		

保證人			
姓名	蔣林陽	別號	
籍貫	四川省岳池縣（市）		
年齡	卅七歲		
與本人關係	友誼		
職業及服務機關名稱	商		
營業種類	土產		
開設地點	鄒容路39號		
通訊處 臨時			
通訊處 永久	岳池郵政轉交		

簽名蓋章　37年10月15日

第⑥辑

第一發電廠

43

重慶電力股份有限公司

職工調查表

編　號 113

姓　名 張揚瑞

檢查號

重庆电力股份有限公司一九三三年入职职工（一九四四年六月九日） 0219-1-29 0219-1-31

姓名 張鴻瑞 別號 儲才 籍貫 浙江 省 鄞縣 縣市

出生年月：民國（前） 拾 年 弍 月 拾陆 日 現年 四十三 歲

是否黨員 是 黨證號數 特63318 是否團員 否 團證號數 ×

現在住址 國府路104號 6 區 大溪溝 鎮 3 保 5 甲）

固定住址或通訊處 本公司第一廠

到職工年月：民國 22 年 12 月 1 日

介紹人姓名 姚德甫 號 現年 歲籍貫 省 縣市

職業 上海華通電業廠經理 住址或通訊處 與本人關係

保證人姓名 號 現年 歲籍貫 省 縣市

職業 現在住址

固定住址或通訊處 與本人關係

（甲）家庭狀況：

（一）家長名 故 號 現年 歲係本人之

職業 住址 每月收入

（二）父名 號 現年 歲職業

住址 每月收入

母姓名 故 現年 歲

（三）已否結婚 已 配偶姓名 鮑華蘭 現年 36 歲籍貫 浙江 省 鄞縣 縣市

（四）子 人最長者現年 歲最幼者現年 歲

現入學校者 人學校名稱

現已服務者 人處所名稱

女 3 人最長者現年 9 歲最幼者現年 3.2 歲

現入學校者 1 人學校名稱 本公司職工子弟學校

現已出嫁者 人

第⑥辑

45

（五）兄弟姊妹：

名	號	本人之	年齡	婚嫁否	職業	住址	備考

（六）除公司薪給外，本人尚有何種其他收入？

本人每月平均開支：

項目	開支金額
總計	

除去開支後能有積蓄否？

若干

不敷開支時如何彌補？

是否負債？ 若干

何處借來？

歸還的方法？

（乙）教育及經歷：

（一）曾受何等教育？

程度	學校名稱	校址	肄業期間 自 年 月 至 年 月	所習科目	讀完幾年級	離校原因
	上海同善学校	上海虹口北[illegible]路	民前二年[illegible]国三年			毕业
	[illegible]大机厂					
	[illegible]上海电力公司					

附註：請填所受最高級教育之名稱，或接近於所受之最高級教育者，例如高級職業學校畢業者，可填該高級職業學校，同時，並可填已受過教育之高級中學或初級中學，不識字，粗識字或只識字，并未入過學校者，請填「不識字」「粗識字」或「識字」

（二）在校時最感興趣之科目

重庆电力股份有限公司一九三三年入职职工（一九四四年六月九日） 0219-1-29 0219-1-31

666

（三）曾在何處服務：

機關名稱	地址	主管人姓名	月薪	服務期間 自 年 月至 年 月	離職原因

（四）經歷中最感興趣之工作

（丙）業餘生活

（一）每日工作時間：忙時　　小時，平時　　小時

（二）本人最喜歡的娛樂

（三）公餘經常作何消遣

（四）曾參加甚麼業餘團體：

名稱	性質	地址	主持人	何時加入	担任何種職務

（丁）有何特殊狀況、特殊興趣或特殊技能，請列舉於下：

（戊）本人之簽字蓋章：簽字 張錫瑞 蓋章

填寫日期：民國 33 年 6 月 10 日

填寫人 張錫瑞 代填寫人

重庆电力股份有限公司一九三三年入职职工（一九四四年六月九日） 0219-1-29 0219-1-31

重庆电力股份有限公司一九三三年入职职工（一九四四年六月九日） 0219-1-29 0219-1-31

重慶電力公司職工調查表

48

姓名	張鑪瑞
籍貫	浙江鄞縣
年齡	四十七歲
出生年月日	民國前十年二月十六日
已未結婚	子　人　女　三　人
學歷	上海澄衷学校肄業
經歷	上海協大機廠五年 上海電力公司十四年
擅長何種技能	機電工程
平日生活情形	
家庭經濟是否需要本人負担	
每月負擔若干	
到職日期	二十二年十二月一日
永久住址	
本人通訊處　臨時	國府路九十號
本人通訊處　永久	仝上

家庭狀況

父名	無	職業	
母名	〃	職業	
兄弟	〃	職業	
姊妹	〃	職業	
別號	〃	職業	
資產　不動產	無		
資產　動產	〃		
家長通訊處　臨時	〃		
家長通訊處　永久	〃		

介紹人

姓名	華西公司	別號	
籍貫	省　市（縣）		
年齡	歲	職業	
通訊處			
與本人關係			

保證人

姓名	賴秉杰	別號	
籍貫	四川省巴縣（市）		
年齡	四十五歲		
與本人關係	友誼		
職業及服務機關名稱	商		
營業種類	油腊		
開設地點	國府路六十五號附一號		
通訊處　臨時			
通訊處　永久	國府路六十五號附一號		

簽名蓋章　　　　年　月　日

重庆电力股份有限公司一九三三年入职职工（一九四四年六月九日） 0219-1-29 0219-1-31

重慶電力公司職工調查表

49

姓名	趙連生
籍貫	江蘇上海
年齡	61
出生年月日	民國（前） 年 月 日
已否結婚	子 2 人 女 2 人
學歷	中學
經歷	上海電力公司
擅長何種技能	總領工
平日生活情形	尚可
家庭經濟是否需要本人負担	
每月負擔若干	
到職日期	民國22年5月 日
永久住址	上海浦東居家橋永大昌
本人通訊處 臨時	重慶國府路電廠
本人通訊處 永久	仝第一項

家庭狀況

父名		職業
母名		
兄弟姊妹名號		職業
資產 不動產		
資產 動產		
家長通訊處 臨時		
家長通訊處 永久		

介紹人

姓名	林百川□敍然 別號
籍貫	省 市（縣）
年齡	歲 職業
通訊處	
與本人關係	

保證人

姓名	郭樹軒 別號
籍貫	四川巴縣 省 縣（市）
年齡	歲
與本人關係	友誼
職業及服務機關名稱	
營業種類	油商
開設地點	國府路九十三号
通訊處 臨時	仝上
通訊處 永久	

簽名蓋章　　　　年　　月　　日

重庆电力股份有限公司一九三三年入职职工（一九四四年六月九日） 0219-1-29 0219-1-31

工務科

61

重慶電力股份有限公司

職工調查表

編　號 118

姓　名 張琏琴

檢查號

62

姓名 張繼琴 別號 張天榮 籍貫 四川 省 巴 縣市

出生年月：民國（前） 三 年 五 月 十六 日現年 三十 歲

是否黨員 黨證號數 是否團員 是 團證號數 渝通字237號

現在住址 國府路92號（ 六 區 大溪溝 鎮 三 保 七 甲）

固定住址或通訊處 陶家鄉

到職工年月：民國 二十二 年 十 月 日

介紹人姓名 陳文儀 號 現年 歲籍貫 四川 省 巴 縣市

職業 工 住址或通訊處 自來水公司 與本人關係 師生

保證人姓名 張伯霖 號 現年 歲籍貫 四川 省 銅梁 縣市

職業 商 現在住址 自來水公司

固定住址或通訊處 與本人關係 友誼

（甲）家庭狀況：

（一）家長名 號 現年 歲係本人之

職業 住址 每月收入

（二）父名 號 現年 歲職業

住址 每月收入

母姓名 現年

（三）已否結婚 已結婚 配偶姓名 鄧鳴雅 現年 三十 歲籍貫 四川 省 巴 縣市

（四）子 壹 人最長者現年 十 歲最幼者現年 歲

現入學校者 壹 人學校名稱 私立子弟學校

現已服務者 人處所名稱

女 壹 人最長者現年 九 歲最幼者現年 歲

現入學校者 壹 人學校名稱 私立子弟學校

現已出嫁者 人

63

（五）兄弟姊妹：

名	號	本人之	年齡	嫁娶否	職業	住址	備考

（六）除公司薪給外，本人尚有何種其他收入？

本人每月平均開支：

項目	開支金額
總計	

除去開支後能有積蓄否？有

若干 少許

不敷開支時如何彌補？以每月結存彌補不敷開支之用

是否負債？無 若干

何處借來？

歸還的方法？

（乙）教育及經歷：

（一）曾受何等教育？

程度	學校名稱	校址	肄業期間 自年月至年月	所習科目	讀完幾年級	離校原因
中學	西里中學	巴縣龍隱鎮	十六年二月至十九年十二月	普通科		畢業

附註：請填所受最高級教育之名稱，或接近於所受之最高級教育者，例如高級職業學校畢業者，可填該高級職業學校，同時，並可填已受過教育之高級中學或初級中學，不識字，粗識字或只識字，并未入過學校者，請填「不識字」「粗識字」或「識字」

（二）在校時最感興趣之科目 中英文及商學

64

（三）曾在何處服務：

機關名稱	地址	主管人姓名	月薪	服務期間 自 年 月至 年 月	離職原因

（四）經歷中最感興趣之工作

（丙）業餘生活

（一）每日工作時間：忙時 拾 小時，平時 捌 小時

（二）本人最喜歡的娛樂

（三）公餘經常作何消遣

（四）曾參加甚麼業餘團體：

名稱	性質	地址	主持人	何時加入	担任何種職務

（丁）有何特殊狀況，特殊興趣或特殊技能，請列舉於下：

（戊）本人之簽字蓋章：簽字 張[illegible] 蓋章 [illegible]

填寫日期：民國 33 年 6 月 9 日

填寫人 張[illegible] 代填寫人

重庆电力股份有限公司一九三三年入职职工（一九四四年六月九日） 0219-1-29 0219-1-31

65

重慶電力公司職工調查表

66

姓名	張維琴
籍貫	四川巴縣
年齡	卅四
出生年月日民國（前）年月日	
已否結婚	子 三 人；女 一 人
學歷	西里中學畢業 巴縣電話專科學校畢業
經歷	
擅長何種技能	
平日生活情形	
家庭經濟是否需要本人負担	負担少許
每月負擔若干	十分之四
到職日期	廿二年 十 月 日
永久住址	巴縣陶家鄉
本人通訊處 臨時	仝上
本人通訊處 永久	仝上

家庭狀況			
父名	張娀之	職業	
母名		職業	
兄弟姊妹名號		職業	
資產 不動產	壹十畝		
資產 動產	無		
家長通訊處 臨時	建設路六号		
家長通訊處 永久	巴縣陶家鄉		
介紹人			
姓名		別號	
籍貫	省 市（縣）		
年齡	歲	職業	
通訊處			
與本人關係			
保證人			
姓名	王秉衡	別號	
籍貫	四川省 巴 縣（市）		
年齡	42歲		
與本人關係	友誼		
職業及服務機關名稱	榮案商店		
營業種類	奉酒兵		
開設地點	國府路 11十一引		
通訊處 臨時	仝上		
通訊處 永久	仝上		

簽名蓋章　　33年 10月 7日

重庆电力股份有限公司一九三三年入职职工（一九四四年六月九日） 0219-1-29 0219-1-31

67

重慶電力股份有限公司

職工調查表

編　號＿＿＿＿＿＿＿＿

姓　名　張[illegible]華

檢查號＿＿＿＿＿＿＿＿

68

姓名[illegible] 别號 籍貫 江蘇 省 上海 縣市

出生年月：民國（前） 七 年 十一 月 初一 日現年 四十 歲

是否黨員 [illegible] 黨證號數 特56318 是否團員 團證號數

現在住址 國府路132 （ 六 區 大溪溝 鎮 三 保 甲）

固定住址或通訊處 上海浦東[illegible]

到職工年月：民國 廿二 年 五 月 卅一 日

介紹人姓名 [illegible]生 號 現年 五十七 歲籍貫 江蘇 省 上海 縣市

職業 [illegible]工 住址或通訊處 國府路132 與本人關係 [illegible]

保證人姓名 [illegible] 號 現年 歲籍貫 省 縣市

職業 現在住址 [illegible]21號

固定住址或通訊處 與本人關係 朋友

（甲）家庭狀況：

（一）家長名 張[illegible]生 號 現年 六八 歲係本人之

職業 農 住址 每月收入

（二）父名 張[illegible] 號 現年 六八 歲職業 農

住址 每月收入

母姓名 故 現年 歲

（三）已否結婚 配偶姓名 [illegible] 現年 四十二 歲籍貫 江蘇 省 上海 縣市

（四）子 三 人最長者現年 十八 歲最幼者現年 [illegible] 歲

現入學校者 [illegible] 人學校名稱 國立化工[illegible]

現已服務者 人處所名稱

女 一 人最長者現年 歲最幼者現年 十三 歲

現入學校者 人學校名稱

現已出嫁者 人

重庆电力股份有限公司一九三三年入职职工（一九四四年六月九日） 0219-1-29 0219-1-31

59

（五）兄弟姊妹：

名	號	本人之	年齡	婚嫁否	職業	住址	備考

（六）除公司薪給外，本人尚有何種其他收入？________________

本人每月平均開支：

項目	開支金額
本人用費	$6.000.—
家內〃〃	$11.000.—
總計	$17.000.—

除去開支後能有積蓄否？________

若干________

不敷開支時如何彌補？________

是否負債？________ 若干________

何處借來？________

歸還的方法？________

（乙）教育及經歷：

（一）曾受何等教育？

程度	學校名稱	校址	肄業期間 自 年 月至 年 月	所習科目	讀完幾年級	離校原因

附註：請填所受最高級教育之名稱，或接近於所受之最高級教育者，例如高級職業學校畢業者，可填該高級職業學校，同時，並可填已受過教育之高級中學或初級中學，不識字，粗識字或只識字，幷未入過學校者，請填「不識字」「粗識字」或「識字」

（二）在校時最感興趣之科目________________

70

(三)曾在何處服務：

機關名稱	地址	主管人姓名	月薪	服務期間 自 年 月至 年 月	離職原因
上海電力公司	楊樹浦				

(四)經歷中最感興趣之工作

（丙）業餘生活

(一)每日工作時間：忙時＿＿小時，平時＿＿小時

(二)本人最喜歡的娛樂

(三)公餘經常作何消遣

(四)曾參加甚麼業餘團體：

名稱	性質	地址	主持人	何時加入	担任何種職務

（丁）有何特殊狀況、特殊興趣或特殊技能，請列舉於下：

（戊）本人之簽字蓋章：簽字 [illegible] 蓋章

填寫日期：民國卅三年六月廿二日

填寫人＿＿＿＿ 代填寫人＿＿＿＿

71

重庆电力股份有限公司一九三三年入职职工（一九四四年六月九日） 0219-1-29 0219-1-31

重慶電力公司職工調查表

72

姓名	張增華（印）		家庭狀況				
籍貫	江蘇上海		父名		張錫鴻	職業	務農
年齡	44		母名		故		
出生年月日	民國（前） 年 月 日		兄名		故		
已否結婚	子 4 人 女 / 人		弟		張振華		報館
			妹		張振明		仝上
			姊號		無		
學歷	高小		資產	不動產			
				動產			
經歷	上海電力公司		家長通訊處	臨時			
				永久	上海浦東金家橋永盛號		
			介紹人				
			姓名		趙秉生	別號	
			籍貫		江蘇省 上海 市（縣）		
			年齡		61 歲	職業	電業
擅長何種技能	領工		通訊處		上海浦東屋家橋永大昌		
			與本人關係		親戚		
平日生活情形	尚可		保證人				
			姓名		郭樹軒	別號	
			籍貫		四川省 巴 縣（市）		
			年齡		53 歲		
家庭經濟是否需要本人負担			與本人關係		友誼		
每月負擔若干			職業及服務機關名稱				
到廠日期	民國22年 5 月 日		營業種類		油商		
永久住址	上海浦東屋家橋永盛號		開設地點		國府路九十三號		
本人通訊處	臨時	重慶國府路電力廠	通訊處	臨時	仝上		
	永久	仝上第一項		永久			

簽名蓋章　　　　　年　　月　　日

重庆电力股份有限公司一九三四年入职职工（一九四四年六月九日） 0219-1-29 0219-1-30 0219-1-31

14

用戶股

重慶電力股份有限公司

職工調查表

編　號 218

姓　名 吴船倫

檢查號

15

姓名 王文銓 別號 紹綸 籍貫 四川 省 自貢 縣市

出生年月：民國（前） 17 年 3 月 20 日現年 50 歲

~~是否~~黨員 黨證號數 ~~是否團員~~ ~~團證號數~~

現在住址 郵政局巷32號（3 區 3 鎮 6 保 8 甲）

固定住址或通訊處 自流井五星店太和新

到職工年月：民國 廿三 年 十一 月 日

介紹人姓名 蔣伯莊 號 現年 歲籍貫 省 縣市

職業 政界 住址或通訊處 瀘縣上平遠路79 與本人關係 親戚

保證人姓名 號 現年 歲籍貫 省 縣市

職業 現在住址

固定住址或通訊處 與本人關係

（甲）家庭狀況：

（一）家長名 號 現年 歲係本人之

職業 住址 每月收入

（二）父名 號 現年 歲職業 去世

住址 每月收入

母姓名 王林浣霞 現年 76歲

（三）~~已否~~結婚 配偶姓名 王李洪文 現年 49 歲籍貫 四川 省 自貢 縣市

（四）子 二 人最長者現年 22 歲最幼者現年 20 歲

現入學校者 二 人學校名稱 四川省立印刷職業学校、又復旦高中三年級

現已服務者 人處所名稱

女 人最長者現年 歲最幼者現年 歲

現入學校者 人學校名稱

現已出嫁者 人

66

（五）兄弟姊妹：

名	號	本人之	年齡	婚嫁否	職業	住址	備考
王大鑫	雅儒	弟	47		教育	自貢市五星店街	
王玉玫		妹	42		家庭	同街	

（六）除公司薪給外，本人尚有何種其他收入？

本人每月平均開支：

項目	開支金額
	除家徵及教
	育費外每月
	收入不敷由
	家供給約四
	千元之譜
總計	

除去開支後能有積蓄否？

若干

不敷開支時如何彌補？

是否負債？ 若干？

何處借來？

歸還的方法

（乙）教育及經歷：

（ ）曾受何等教育？

程度	學校名稱	校址	肄業期間 自年月至年月	所習科目	讀完幾年級	離校原因
	天津高工	天津	民六年至民十年	機械科	畢業	

附註：請填所受最高級教育之名稱，或接近於所受之最高級教育者，例如高級職業學校畢業者，可填該高級職業學校，同時，並可填已受過教育之高級中學或初級中學，不識字，粗識字或只識字，幷未入過學校者，請填「不識字」「粗識字」或「識字」

（二）在校時最感興趣之科目

17

（三）曾在何處服務：

機關名稱	地址	主管人姓名	月薪	服務期間 自 年 月至 年 月	離職原因
瀘縣濟和發電廠	瀘縣	稅西恒	40元	民十一年至十五年	因事
萬縣討賊第四軍	萬縣	王兆奎	50元	民十五至十六年	就萬縣局事
萬梁馬路局	〃〃	[illegible]	70元	民十六至十七年	
渝萬馬路局	〃〃	蕭德明	70元	民十七年至十八年	
〃〃〃〃〃	〃〃	王方舟	100元	民十八年至廿三年	
〃〃〃〃	〃〃	毛百年	100元	民廿三年至廿三年	縮小範圍辭退

（四）經歷中最感興趣之工作 ______

（丙）業餘生活

（一）每日工作時間：忙時 ______ 小時，平時 3 小時

（二）本人最喜歡的娛樂 川劇

（三）公餘經常作何消遣 ______

（四）曾參加甚麼業餘團體：

名稱	性質	地址	主持人	何時加入	担任何種職務

（丁）有何特殊狀況，特殊興趣或特殊技能，請列舉於下：

（戊）本人之簽字蓋章：簽字 王紹綸 蓋章 [stamp]

填寫日期：民國 33 年 6 月 9 日

填寫人 ______ 代填寫人 ______

重庆电力股份有限公司一九三四年入职职工（一九四四年六月九日） 0219-1-29 0219-1-30 0219-1-31

18

重慶電力公司職工調查表

姓名	王紹编
籍貫	四川自貢市
年齡	五十四歲
出生年月日民國前） 年 月 日	
已否結婚	已　子 二 人　女 無 人
學歷	天津工業專门学校機械科畢業
經歷	曾任萬縣商埠馬路技師、瀘縣濟和電廠工程師
擅長何種技能	
平日生活情形	喜川劇
家庭經濟是否需要本人負担	需本人負担
每月負擔若干	約金元壹百廿元
到職日期	33年10月 日
永久住址	
本人通訊處 臨時	重慶都郵巷32号宿舍
本人通訊處 永久	自流井五星店太和新

家庭狀況

父名		職業	
母名	林滗霞	職業	居家
兄弟姊妹名號		職業	
資產 不動產	祖業租谷十老石		
資產 動產	無		
家長通訊處 臨時	重慶都郵巷32号		
家長通訊處 永久	自流井五星店太和新		

介紹人

姓名	薛代延	別號	
籍貫	四川省瀘縣市（縣）		
年齡	32歲	職業	銀行業
通訊處	重慶利羣銀行		
與本人關係	親戚		

保證人

姓名	陳季文	別號	
籍貫	四川省蓬溪縣（市）		
年齡	卌歲		
與本人關係	友誼		
職業及服務機關名稱	四川絲業公司		
營業種類	絲		
開設地點	重慶陝西路92號		
通訊處 臨時	同上		
通訊處 永久			

簽名蓋章　　年　月　日

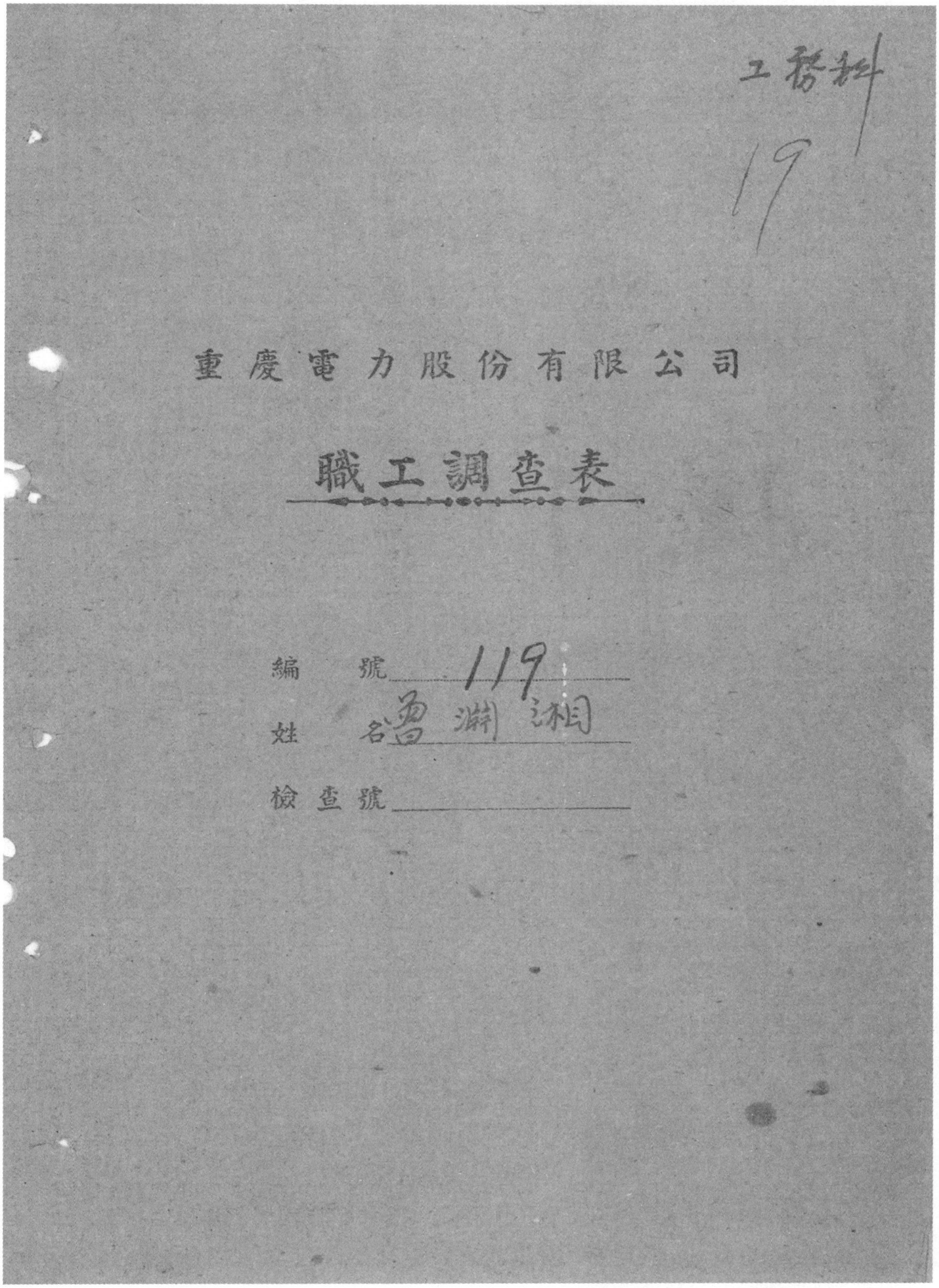

工務科

19

重慶電力股份有限公司

職工調查表

編　號 119

姓　名 魯淵湘

檢查號

重庆电力股份有限公司一九三四年入职职工（一九四四年六月九日） 0219-1-29 0219-1-30 0219-1-31

20

姓名 曾琳湖 別號 籍貫 四川 省 華陽 縣市

出生年月：民國（前） 六 年 十 月 十八 日現年 二十八 歲

是否黨員 是 黨證號數 特79331 是否團員 是 團證號數 孝10689

現在住址 國府路（ 區 大溪溝 鎮 三 保 甲）

固定住址或通訊處 四川華陽縣石板灘利車號

到職年月：民國 二十三 年 十一 月 十二 日

介紹人姓名 謝周剛 號 現年 歲籍貫 四川 省 璧山 縣市

職業 一廠主任 住址或通訊處 中四路辛廬 與本人關係 友誼

保證人姓名 鍾炳如 號 現年 歲籍貫 四川 省 江北 縣市

職業 商 現在住址 江北正街合川通葉莊號

固定住址或通訊處 華陽縣石板灘 與本人關係 同鄉親戚

（甲）家庭狀況：

（一）家長名 曾傳喜 號 現年 六十五歲 歲係本人之 父親

職業 商 住址 華陽石板灘 每月收入

（二）父名 曾傳喜 號 現年 六十五 歲職業 商

住址 同前 每月收入

母姓名 曾李何 現年 六十四歲 歲

（三）已否結婚 已結婚 配偶姓名 張國容 現年 二十六 歲籍貫 四川 省 巴 縣市

（四）子 人最長者現年 歲最幼者現年 歲

現入學校者 人學校名稱

現已服務者 人處所名稱

女 一 人最長者現年 約六 歲最幼者現年 歲

現入學校者 人學校名稱

現已出嫁者 人

21

（五）兄弟姊妹：

名	號	本人之	年齡	婚嫁否	職業	住址	備考
曾[illegible]		大哥		已婚	商	華陽石板[illegible]	
曾靜清		大姐		〃		金堂[illegible]寺	
曾靜[illegible]		三姐		〃		華陽龍潭寺	

（六）除公司薪給外，本人尚有何種其他收入？

本人每月平均開支：

項目	開支金額
當前伙食每月平均	7000元
油鹽燈燭炭薪油	
雜項雜支	
零用及服裝設備	
病痛及教育費三人共約	5000元
總計	~~8~~12000元

除去開支後能有積蓄否？無

若干

不敷開支時如何彌補？經常由家庭幫助

是否負債？未曾負債

何處借來？

歸還的方法？

（乙）教育及經歷：

（一）曾受何等育教？

程度	學校名稱	校址	肄業期間 自 年 月 至 年 月	所習科目	讀完幾年級	離校原因
高中	[illegible]	成都	[illegible]	普科	普科二年級	[illegible]

附註：請填所受最高級教育之名稱，或接近於所受之最高級教育者，例如高級職業學校畢業者，可填該高級職業學校，同時，並可填已受過教育之高級中學或初級中學，不識字，粗識字或只識字，幷未入過學校者，請填「不識字」「粗識字」或「識字」

（二）在校時最感興趣之科目

28

（三）曾在何處服務：離校後即入本公司服務迄今十年矣

機關名稱	地址	主管人姓名	月薪	服務期間 自 年 月至 年 月	離職原因

（四）經歷中最感興趣之工作：對於電氣工程及外線工程均感興趣

（丙）業餘生活

（一）每日工作時間：忙時10小時，平時七八小時外勤

（二）本人最喜歡的娛樂：口琴、騎馬、爬山、騎腳踏車、[illegible]等

（三）公餘經常作何消遣：大多業餘時間消耗在[illegible]公司參加球類方面唱川劇

（四）曾參加甚麼業餘團體：無

名稱	性質	地址	主持人	何時加入	担任何種職務

（丁）有何特殊狀況，特殊興趣或特殊技能，請列舉於下：

（戊）本人之簽字蓋章：簽字 曾[illegible] 蓋章 [印]

填寫日期：民國33年6月7日

填寫人 曾[illegible] 代填寫人

重庆电力股份有限公司一九三四年入职职工（一九四四年六月九日） 0219-1-29 0219-1-30 0219-1-31

重慶電力股份有限公司

職工調查表

編　號 029

姓　名 朱效先

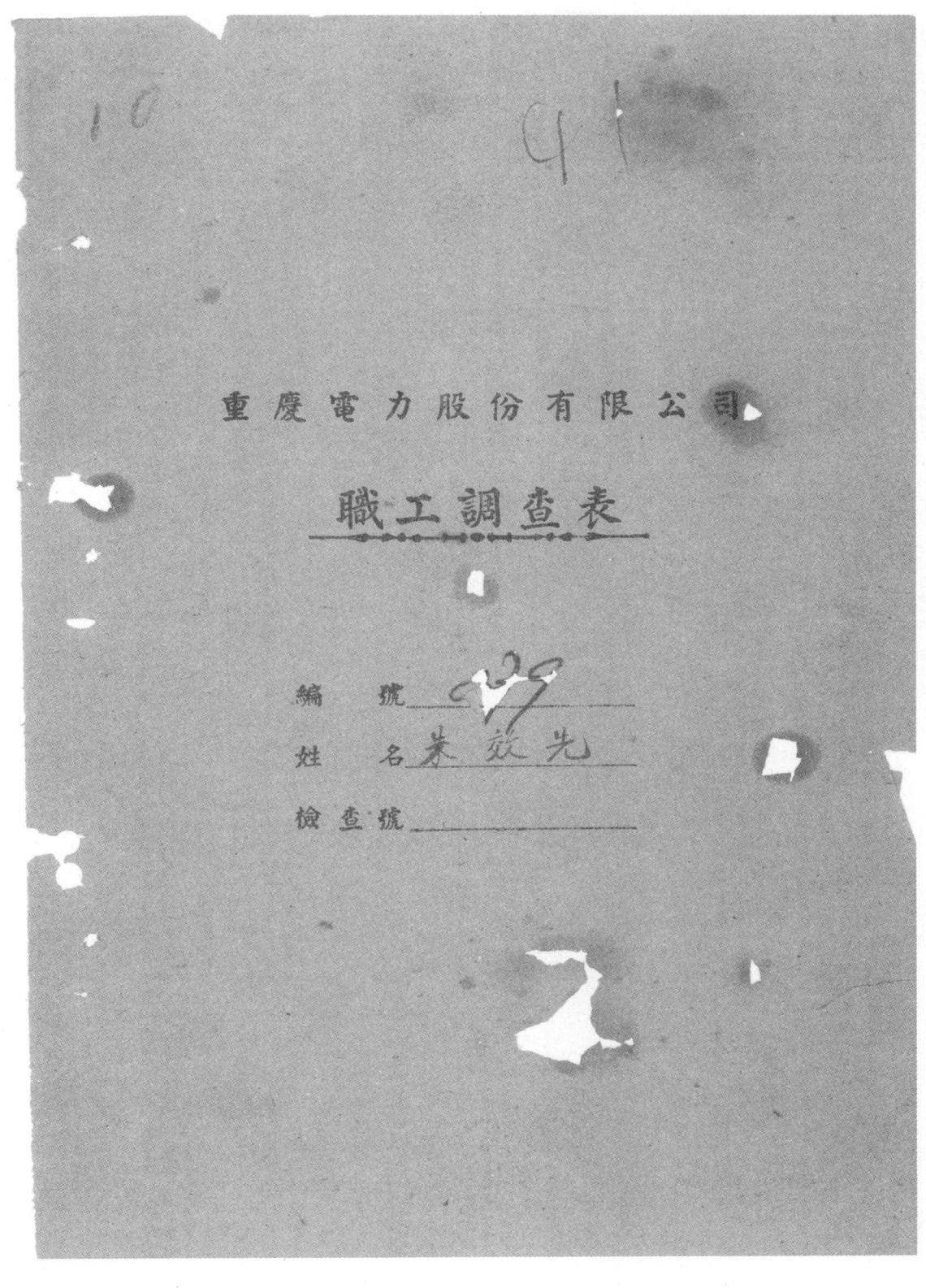

檢查號

42

姓名 [illegible] 别號 [illegible] 籍貫 四川 省 阆中 縣市

出生年月：民國（前）[illegible] 18 年 9 月 6 日現年 52 歲

是否黨員____黨證號數________ 是否團員____團證號數________

現在住址 [illegible]（____區 [illegible] 鎮 1 保 2 甲）

固定住址或通訊處________

到職工年月：民國 23 年 4 月 8 日

介紹人姓名 [illegible] 號 [illegible] 現年____歲籍貫____省____縣市

職業____住址或通訊處________與本人關係________

保證人姓名 [illegible] 號 [illegible] 現年 40 歲籍貫 四川 省 泸縣 縣市

職業 [illegible] 現在住址 [illegible] 28

固定住址或通訊處 [illegible]、與本人關係 朋友

（甲）家庭狀況：

（一）家長名____號____現年____歲係本人之____

職業____住址________每月收入____

（二）父名 [illegible] 號 [illegible] 現年____歲職業 故

住址________每月收入____

母姓名 [illegible] 現年____歲 故

（三）已否結婚 已 配偶姓名 [illegible] 現年 46 歲籍貫 [illegible] 省 [illegible] 縣市

（四）子 2 人最長者現年 24 歲最幼者現年 9 歲

現入學校者 已 人學校名稱 [illegible]

現已服務者____人處所名稱________

女 1 人最長者現年 16 歲最幼者現年____歲

現入學校者____人學校名稱________

現已出嫁者 [illegible] 人

重庆电力股份有限公司一九三四年入职职工（一九四四年六月九日） 0219-1-29 0219-1-30 0219-1-31

413

（五）兄弟姊妹：

名	號	本人之	年齡	婚嫁否	職業	住址	備考

（六）除公司薪給外，本人尚有何種其他收入？

本人每月平均開支：

項目	開支金額
總計	

除去開支後能有積蓄否？

若干

不敷開支時如何彌補？

是否負債？ 若干

何處借來？

歸還的方法？

（乙）教育及經歷：

（一）曾受何等教育？

程度	學校名稱	校址	肄業期間 自年月至年月	所習科目	讀完幾年級	離校原因
初中	華西初中学校	阆中				入商業

附註：請填所受最高級教育之名稱，或接近於所受之最高級教育者，例如高級職業學校畢業者，可填該高級職業學校，同時，並可填已受過教育之高級中學或初級中學，不識字，粗識字或只識字，并未入過學校者，請填「不識字」「粗識字」或「識字」

（二）在校時最感興趣之科目

44

（三）曾在何處服務：

機關名稱	地址	主管人姓名	月薪	服務期間 自 年 月至 年 月	離職原因
無					

（四）經歷中最感興趣之工作

（丙）業餘生活

（一）每日工作時間：忙時 8 小時，平時 小時

（二）本人最喜歡的娛樂 川劇

（三）公餘經常作何消遣 吃茶

（四）曾參加甚麼業餘團體：國民党以下無

名稱	性質	地址	主持人	何時加入	担任何種職務

（丁）有何特殊狀況，特殊興趣或特殊技能，請列舉於下：

（戊）本人之簽字蓋章：簽字　　蓋章

填寫日期：民國　年　月　日

填寫人　　代填寫人

重庆电力股份有限公司一九三四年入职职工（一九四四年六月九日） 0219-1-29 0219-1-30 0219-1-31

重庆电力股份有限公司一九三四年入职职工（一九四四年六月九日） 0219-1-29 0219-1-30 0219-1-31

4-5 登記股

重慶電力股份有限公司

職工調查表

編　號 093

姓　名 何篤暐

檢查號

重庆电力股份有限公司一九三四年入职职工（一九四四年六月九日） 0219-1-29 0219-1-30 0219-1-31

486

姓名 何篤睦 別號 嶪 籍貫 四川 省 巴中 縣市

出生年月：民國（前） 前一 年 七 月 十二 日現年 卅三 歲

是否黨員____黨證號數____ 是否團員____團證號數____

現在住址 重慶國水溝87號（ 五 區 金馬寺 鎮 四 保 九 甲）

固定住址或通訊處 巴中清江渡

到職工年月：民國 23 年 10 月 20 日

介紹人姓名____號____現年____歲籍貫____省____縣市

職業____住址或通訊處____與本人關係____

保證人姓名____號____現年____歲籍貫____省____縣市

職業____現在住址____

固定住址或通訊處____與本人關係____

（甲）家庭狀況：

（一）家長名 何劉達鑫 號____現年 54 歲係本人之 母

職業____住址 巴中清江渡 每月收入____

（二）父名 何堯生 號____現年 已歿 歲職業____

住址____每月收入____

母姓名 何劉達鑫 現年 54 歲

（三）已否結婚 已 配偶姓名 權正慈 現年 25 歲籍貫____省 重慶 縣市

（四）子 [illegible] 人最長者現年 三 歲最幼者現年 三 歲

現入學校者____人學校名稱____

現已服務者____人處所名稱____

女 [illegible] 人最長者現年 一 歲最幼者現年 一 歲

現入學校者____人學校名稱____

現已出嫁者____人

47

（五）兄弟姊妹：

名	號	本人之	年齡	婚嫁否	職業	住址	備考
何春禮		弟	17	未	求学	重庆回水沟	
何雲霞		妹	12	"	"	巴中[illegible]江渡	
何玉貴		"	8	"	"	"	

（六）除公司薪給外，本人尚有何種其他收入？ 無

本人每月平均開支：

項目	開支金額
家庭伙食费	12,000—
弟妹学费	5,000—
衣服费	4,000—
[illegible]费	3,000—
總計	¥24,000—

除去開支後能有積蓄否？ 無

若干

不敷開支時如何彌補？ 向友處借挪

是否負債？ 是　若干 [illegible]

何處借來？ 向友處

歸還的方法？

（乙）教育及經歷：

（一）曾受何等教育？

程度	學校名稱	校址	肄業期間 自年月至年月	所習科目	讀完幾年級	離校原因
中学	巴[illegible]中校	巴中西[illegible]	18年—21年	普通	三年	毕业
"	重庆市商校	[illegible]	22年	商学	一年	"

附註：請填所受最高級教育之名稱，或接近於所受之最高級教育者，例如高級職業學校畢業者，可填該高級職業學校，同時，並可填已受過教育之高級中學或初級中學，不識字，粗識字或只識字，幷未入過學校者，請填「不識字」「粗識字」或「識字」

（二）在校時最感興趣之科目 史地 数学 会计学

48

（三）曾在何處服務：

機關名稱	地址	主管人姓名	月薪	服務期間 自 年 月至 年 月	離職原因

（四）經歷中最感興趣之工作

（丙）業餘生活

（一）每日工作時間：忙時 八 小時，平時 六 小時

（二）本人最喜歡的娛樂 戲劇、電影、音乐、

（三）公餘經常作何消遣 练習戲劇

（四）曾参加甚麼業餘團體：

名稱	性質	地址	主持人	何時加入	担任何種職務
嚶鳴劇社	業餘	[illegible]	[illegible]	[illegible]	社员

（丁）有何特殊狀況，特殊興趣或特殊技能，請列舉於下：

（戊）本人之簽字蓋章：簽字 [illegible] 蓋章 [illegible]

填寫日期：民國 33 年 6 月 18 日

填寫人 何篤曉 代填寫人

重庆电力股份有限公司一九三四年入职职工（一九四四年六月九日） 0219-1-29 0219-1-30 0219-1-31

重庆电力股份有限公司一九三四年入职职工（一九四四年六月九日） 0219-1-29 0219-1-30 0219-1-31

用户股

126

重慶電力股份有限公司

職工調查表

編　號 221

姓　名 馮光富

檢查號

重庆电力股份有限公司一九三四年入职职工（一九四四年六月九日） 0219-1-29 0219-1-30 0219-1-31

127

姓名 冯元熹 别號 籍貫 浙江省 临安 縣市

出生年月：民國（前） 二 年 十一 月 日現年 二六 歲

是否黨員 黨證號數 是否團員 團證號數

現在住址 上新街[illegible] 區 鎮 保 甲）

固定住址或通訊處 浙江临安井口冯村

到職年月：民國 二三 年 十一 月 日

介紹人姓名 號 現年 歲籍貫 省 縣市

職業 住址或通訊處 與本人關係

保證人姓名 李家彬 號 現年 四四 歲籍貫 浙江省 杭州 縣市

職業 商 現在住址 道门口（[illegible]）

固定住址或通訊處 與本人關係

（甲）家庭狀況：

（一）家長名 冯仙度 號 現年 五十四 歲係本人之 父亲

職業 商 住址 临安井口冯村 每月收入

（二）父名 冯仙度 號 現年 五十四 歲職業 商

住址 临安井口冯村 每月收入

母姓名 周氏 現年 五十

（三）已否結婚 配偶姓名 現年 歲籍貫 省 縣市

（四）子 人最長者現年 歲最幼者現年 歲

現入學校者 人學校名稱

現已服務者 人處所名稱

女 人最長者現年 歲最幼者現年 歲

現入學校者 人學校名稱

現已出嫁者 人

128

（五）兄弟姊妹：

名號	本人之	年齡	婚嫁否	職業	住址	備考

（六）除公司薪給外，本人尚有何種其他收入？ 無

本人每月平均開支：

項目	開支金額
總計	

除去開支後能有積蓄否？

若干

不敷開支時如何彌補？

是否負債？ 若干？

何處借來？

歸還的方法

（乙）教育及經歷：

（ ）曾受何等育教？

程度	學校名稱	校址	肄業期間 自 年 月 至 年 月	所習科目	讀完幾年級	離校原因
高等	杭州省立高級職業校					

附註：請填所受最高級教育之名稱，或接近於所受之最高級教育者，例如高級職業學校畢業者，可填該高級職業學校，同時並可填已受過教育之高級中學或初級中學，不識字，粗識字或只識字，并未入過學校者，請填「不識字」「粗識字」或「識字」

（二）在校時最感興趣之科目

重庆电力股份有限公司一九三四年入职职工（一九四四年六月九日） 0219-1-29 0219-1-30 0219-1-31

129

（三）曾在何處服務：

機關名稱	地址	主管人姓名	月薪	服務期間 自 年 月至 年 月	離職原因

（四）經歷中最感興趣之工作

（丙）業餘生活

（一）每日工作時間：忙時____小時，平時____小時

（二）本人最喜歡的娛樂

（三）公餘經常作何消遣

（四）曾參加甚麼業餘團體：

名稱	性質	地址	主持人	何時加入	担任何種職務

（丁）有何特殊狀況，特殊興趣或特殊技能，請列舉於下：

（戊）本人之簽字蓋章：簽字 [illegible] 蓋章

填寫日期：民國 33 年 6 月 9 日

填寫人____ 代填寫人____

重庆电力股份有限公司一九三四年入职职工（一九四四年六月九日） 0219-1-29 0219-1-30 0219-1-31

130

重庆电力股份有限公司一九三五年入职职工（一九四四年六月九日） 0219-1-29

17

出納股

重慶電力股份有限公司

職工調查表

編號 091

姓名 秦光壁

檢查號

重庆电力股份有限公司一九三五年入职职工（一九四四年六月九日） 0219-1-29

1S

18

姓名 秦光璧 別號 昌榮 籍貫 四川 省 江北 縣市

出生年月：民國（前） 一 年 十 月 卅 日現年 卅三 歲

是否黨員____黨證號數____是否團員____團證號數____

現在住址 南岸玄壇廟正街卅八號 十一區____鎮 五 保 七 甲）

固定住址或通訊處 南岸玄壇廟正街卅八號

到職工年月：民國____年____月____日

介紹人姓名 毛麟書 號____現年 四十 歲籍貫 四川 省 江北 縣市

職業 政 住址或通訊處 江北魚嘴沱 與本人關係 同鄉

保證人姓名 張海清 號____現年 五二 歲籍貫 四川 省 江北 縣市

職業 商 現在住址 南岸玄壇廟正街廿七號

固定住址或通訊處 南岸玄壇廟正街廿七號 與本人關係 親戚

（甲）家庭狀況：

（一）家長名____號____現年____歲係本人之____

職業____住址____每月收入____

（二）父名____號____現年____歲職業____

住址____每月收入____

母姓名____現年____歲

（三）已否結婚 已結 配偶姓名 秦桂氏 現年 廿九 歲籍貫 四川 省 江北 縣市

（四）子____人最長者現年____歲最幼者現年____歲

現入學校者____人學校名稱____

現已服務者____人處所名稱____

女 六 人最長者現年 四 歲最幼者現年 一 歲

現入學校者____人學校名稱____

現已出嫁者____人

重庆电力股份有限公司一九三五年入职职工（一九四四年六月九日） 0219-1-29

19

（五）兄弟姊妹：

名	號	本人之	年齡	婚嫁否	職業	住址	備考
海清		哥	四二	婚	商	江北石船塢	
郭秦氏		姊	三五	婚	商	南岸友餘里	

（六）除公司薪給外，本人尚有何種其他收入？

本人每月平均開支：

項目	開支金額
總計	

除去開支後能有積蓄否？

若干

不敷開支時如何彌補？

是否負債？　　若干

何處借來？

歸還的方法？

（乙）教育及經歷：

（一）曾受何等教育？

程度	學校名稱	校址	肄業期間 自 年 月 至 年 月	所習科目	讀完幾年級	離校原因

附註：請填所受最高級教育之名稱，或接近於所受之最高級教育者，例如高級職業學校畢業者，可填該高級職業學校，同時，並可填已受過教育之高級中學或初級中學，不識字，粗識字或只識字，並未入過學校者，請填「不識字」「粗識字」或「識字」

（二）在校時最感興趣之科目

20

（三）曾在何處服務：

機關名稱	地址	主管人姓名	月薪	服務期間 自 年 月至 年 月	離職原因

（四）經歷中最感興趣之工作

（丙）業餘生活

（一）每日工作時間： 忙時＿＿＿小時，平時＿＿＿小時

（二）本人最喜歡的娛樂

（三）公餘經常作何消遣

（四）曾參加甚麼業餘團體：

名稱	性質	地址	主持人	何時加入	担任何種職務

（丁）有何特殊狀況，特殊興趣或特殊技能，請列舉於下：

（戊）本人之簽字蓋章：簽字 秦光璧 蓋章

填寫日期：民國＿＿＿年＿＿＿月＿＿＿日

填寫人＿＿＿＿＿＿代填寫人＿＿＿＿＿＿

重慶電力公司職工調查表

姓名	秦光璧
籍貫	四川江北
年齡	三十六
出生年月日	民國前二年十月廿日
已否結婚	已婚　子二人　女二人
學歷	小學
經歷	
擅長何種技能	
平日生活情形	
家庭經濟是否需要本人負担	本人負担
每月負擔若干	全部薪津
到職日期	廿四年二月　日
永久住址	江北石船場
本人通訊處　臨時	[illegible]四十六號
本人通訊處　永久	江北石船場

家庭狀況

父名		職業	
母名			
兄弟姊妹名號	秦海清	職業	務農
資產　不動產			
資產　動產			
家長通訊處　臨時	江北縣石船場		
家長通訊處　永久	仝上		

介紹人

姓名	朱小佛	別號	
籍貫	省　市(縣)		
年齡	歲	職業	
通訊處			
與本人關係			

保證人

姓名	張海清	別號	
籍貫	四川省巴縣(市)		
年齡	六十五歲		
與本人關係	友誼		
職業及服務機關名稱	商		
營業種類	油鹽		
開設地點	南岸玄壇廟正街二十八號		
通訊處　臨時	仝上		
通訊處　永久			

簽名蓋章　　　　年　　月　　日

重庆电力股份有限公司一九三五年入职职工（一九四四年六月九日）　0219-1-29

重庆电力股份有限公司一九三五年入职职工（一九四四年六月九日） 0219-1-29

工務科

55

重慶電力股份有限公司

職工調查表

編　號 117

姓　名 鄧德元

檢查號

重庆电力股份有限公司一九三五年入职职工（一九四四年六月九日） 0219-1-29

56

姓名鄧德元 别號______ 籍貫四川省璧山縣市

出生年月：民國(前)二年四月二日現年三一歲

是否黨員______ 黨證號數______ 是否團員______ 團證號數______

現在住址大溪溝電力廠（______區______鎮______保______甲）

固定住址或通訊處璧山縣丹鳳場

到職工年月：民國二四年八月十六日

介紹人姓名______號______現年______歲籍貫______省______縣市

職業______住址或通訊處______與本人關係______

保證人姓名______號______現年______歲籍貫______省______縣市

職業______現在住址______

固定住址或通訊處______與本人關係______

（甲）家庭狀況：

(一)家長名鄧錦垣 號______ 現年五二歲係本人之父親

職業經商 住址璧山縣丹鳳場 每月收入約萬元

(二)父名______號______現年______歲職業______

住址______每月收入______

母姓名鄧張氏 現年五三歲

(三)已否結婚已婚 配偶姓名建玉芬 現年二八歲籍貫四川省璧山縣市

(四)子二人最長者現年三歲最幼者現年二歲

現入學校者______人學校名稱______

現已服務者______人處所名稱______

女______人最長者現年______歲最幼者現年______歲

現入學校者______人學校名稱______

現已出嫁者______人

5-7

（五）兄弟姊妹：

名	號	本人之	年齡	婚嫁否	職業	住址	備考

（六）除公司薪給外，本人尚有何種其他收入？ 未有其他收入

本人每月平均開支：

項目	開支金額
伙食	＄3000元
日用品	＄1000元
衣物	＄2000元
其他應酬	＄2000元
家庭開支	＄3000元
總計	＄11000元

除去開支後能有積蓄否？ 無積蓄

若干

不敷開支時如何彌補？

是否負債？ 若干

何處借來？

歸還的方法？

（乙）教育及經歷：

（一）曾受何等教育？

程度	學校名稱	校址	肄業期間 自年月至年月	所習科目	讀完幾年級	離校原因
工專校機械科	重慶工專學校	重慶	自民21年至24年	機械	三年	畢業

附註：請填所受最高級教育之名稱，或接近於所受之最高級教育者，例如高級職業學校畢業者，可填該高級職業學校，同時，並可填已受過教育之高級中學或初級中學，不識字，粗識字或只識字，并未入過學校者，請填「不識字」「粗識字」或「識字」

（二）在校時最感興趣之科目

重庆电力股份有限公司一九三五年入职职工（一九四四年六月九日） 0219-1-29

58

（三）曾在何處服務：

機關名稱	地址	主管人姓名	月薪	服務期間 自 年 月至 年 月	離職原因

（四）經歷中最感興趣之工作

（丙）業餘生活

（一）每日工作時間：忙時 10 小時，平時 8 小時

（二）本人最喜歡的娛樂 電影、話劇，

（三）公餘經常作何消遣 看文藝小説

（四）曾參加甚麼業餘團體：

名稱	性質	地址	主持人	何時加入	担任何種職務

（丁）有何特殊狀況、特殊興趣或特殊技能，請列舉於下：

（戊）本人之簽字蓋章：簽字 [illegible] 蓋章

填寫日期：民國 三三 年 六 月 九 日

填寫人 鄭德元 代填寫人

重庆电力股份有限公司一九三五年入职职工（一九四四年六月九日） 0219-1-29

重庆电力股份有限公司一九三五年入职职工（一九四四年六月九日） 0219-1-29

重慶電力公司職工調查表

60

姓名	鄧德元
籍貫	四川璧山
年齡	三十六
出生年月日民國（前）	年 月 日
已否結婚	已婚 子 一 人 女 二 人
學歷	四川省立重慶高工校機械科畢業
經歷	
擅長何種技能	電氣校修電表等工作
平日生活情形	
家庭經濟是否需要本人負担	負担一部份
每月負擔若干	全部薪金
到職日期	廿四年 八月 日
永久住址	璧山丹鳳場
本人通訊處 臨時	大溪溝建設路六號
本人通訊處 永久	璧山丹鳳場郵交

家庭狀況

父名	鄧伯垣	職業	商
母名	張氏		
兄弟姊妹名號		職業	
資產 不動產	田地四十畝		
資產 動產			
家長通訊處 臨時			
家長通訊處 永久	璧山縣丹鳳場郵交		

介紹人

姓名		別號	
籍貫	省		市（縣）
年齡	歲	職業	
通訊處	廿四年攷入公司服務後		
與本人關係	有介紹人		

保證人

姓名		別號	
籍貫	省		縣（市）
年齡	歲		
與本人關係			
職業及服務機關名稱			
營業種類			
開設地點			
通訊處 臨時			
通訊處 永久			

簽名蓋章　　年　月　日

重庆电力股份有限公司一九三五年入职职工（一九四四年六月九日） 0219-1-29

第三發電廠

73

重慶電力股份有限公司

職工調查表

編　號　258

姓　名　戴次群

檢查號

重庆电力股份有限公司一九三五年入职职工（一九四四年六月九日） 0219-1-29

76

姓名 戴次群 別號 籍貫 四川 省 內江 縣市

出生年月：民國（前） 3 年 3 月 4 日現年 36 歲

是否黨員 黨證號數 是否團員 團證號數

現在住址 鵝公岩特1號（ 區 鎮 保 甲）

固定住址或通訊處 內江縣郭家鄉

到職工年月：民國 24 年 8 月 日

介紹人姓名 號 現年 歲籍貫 省 縣市

職業 住址或通訊處 與本人關係

保證人姓名 號 現年 歲籍貫 省 縣市

職業 現在住址

固定住址或通訊處 與本人關係

（甲）家庭狀況：

（一）家長名 戴文齋 號 現年 70 歲係本人之 父

職業 農 住址 內江郭家鄉 每月收入 貳萬餘元

（二）父名 同上 號 現年 歲職業

住址 每月收入

母姓名 何 現年 70

（三）已否結婚 已結婚 配偶姓名 歐延春 現年 29 歲籍貫 四川 省 資中 縣市

（四）子 1 人最長者現年 4 歲最幼者現年 歲

現入學校者 人學校名稱

現已服務者 人處所名稱

女 1 人最長者現年 1 歲最幼者現年 歲

現入學校者 人學校名稱

現已出嫁者 人

75

（五）兄弟姊妹：

名	號	本人之	年齡	已嫁否	職業	住址	備考
戴倫九		兄	50	已婚	商	內江郭家鄉	
戴祥九		〃	41	〃	農	〃	
王太姐		姊	53	〃		〃	
曾桂蘭		妹	30	〃			

（六）除公司薪給外，本人尚有何種其他收入？無

本人每月平均開支：

項目	開支金額
伙食	#5000.00
衣履	#1000.00
雜用	#3000.00
總計	九千元

除去開支後能有積蓄否？無
若干
不敷開支時如何彌補？

是否負債？無 若干
何處借來？
歸還的方法？

（乙）教育及經歷：

（一）曾受何等育教？

程度	學校名稱	校址	肄業期間 自 年 月 至 年 月	所習科目	讀完幾年級	離校原因
高等職業	高工校	成都	19年至23年	機械		畢業

附註：請填所受最高級教育之名稱，或接近於所受之最高級教育者，例如高級職業學校畢業者，可填該高級職業學校，同時，並可填已受過教育之高級中學或初級中學，不識字，粗識字或只識字，并未入過學校者，請填「不識字」「粗識字」或「識字」

（二）在校時最感興趣之科目 機械学

重庆电力股份有限公司一九三五年入职职工（一九四四年六月九日） 0219-1-29

76

（三）曾在何處服務：

機關名稱	地址	主管人姓名	月薪	服務期間 自　年　月至　年　月	離職原因

（四）經歷中最感興趣之工作

（丙）業餘生活

（一）每日工作時間：　忙時　　　　小時，平時　　　　小時

（二）本人最喜歡的娛樂

（三）公餘經常作何消遣

（四）曾參加甚麼業餘團體：

名稱	性質	地址	主持人	何時加入	担任何種職務

（丁）有何特殊狀況、特殊興趣或特殊技能，請列舉於下：

（戊）本人之簽字蓋章：簽字　戴次璧　蓋章

填寫日期：民國　33　年　7　月　10　日

填寫人　戴次璧　　代填寫人　㊀

重庆电力股份有限公司一九三五年入职职工（一九四四年六月九日） 0219-1-29

77

重慶電力公司職工調查表

28

姓名	戴汝群
籍貫	四川 内江
年齡	四十一歲
出生年月日	民國前一年3月1日
已否結婚	子 2 人 女 1 人
學歷	成都高工校機械科畢業
經歷	曾在成都光明實業公司工作一年 及本公司電務廠務各方面工作十餘年
擅長何種技能	
平日生活情形	公餘之暇回家幫助太太管教小孩讀書
家庭經濟是否需要本人負担	要
每月負擔若干	每月之全部收入
到勝日期	二十一年 8 月 日
永久住址	内江郭家鄉
本人通訊處 臨時	鵝公岩第三廠
本人通訊處 永久	内江縣郭家鄉

家庭狀況

父名	没	職業
母名	何	職業
兄弟姊妹名號	倫九；王氏；曾	職業
資產 不動產	每年收租谷五石	
資產 動產		
家長通訊處 臨時	~~鵝公岩第三廠~~	
家長通訊處 永久	内江縣郭家鄉	

介紹人

姓名		別號	
籍貫	省 市(縣)		
年齡	歲	職業	
通訊處	因係考入公司無介紹人		
與本人關係			

保證人

姓名	朱子昌	別號	
籍貫	巴縣 省 縣(市)		
年齡	四十七歲		
與本人關係	友誼		
職業及服務機關名稱	商		
營業種類	五金電料、米糧		
開設地點	林森路#43 信義街#5		
通訊處 臨時			
通訊處 永久	陝西街火藥巷248号		

簽名蓋章　　　　年　　月　　日

重庆电力股份有限公司一九三五年入职职工（一九四四年六月九日） 0219-1-29

重庆电力股份有限公司一九三五年入职职工（一九四四年六月九日） 0219-1-29

用戶股

131

重慶電力股份有限公司

職工調查表

編　　號 220

姓　　名 曾澤民

檢查號

重庆电力股份有限公司一九三五年入职职工（一九四四年六月九日） 0219-1-29

132

姓名 曾澤民 別號 ______ 籍貫 四川 省 璧山 縣市

出生年月：民國（前） 元 年 九 月 二四 日現年 三三 歲

是否黨員 是 黨證號數 ______ 是否團員 ______ 團證號數 ______

現在住址 人和灣宿舍（______區______鎮______保______甲）

固定住址或通訊處 璧山健龍鄉郵局

到職年月：民國 二四 年 八 月 ______ 日

介紹人姓名 ______ 號 ______ 現年 ______ 歲籍貫 ______ 省 ______ 縣市

職業 ______ 住址或通訊處 ______ 與本人關係 ______

保證人姓名 李玉堂 號 ______ 現年 三五 歲籍貫 四川 省 成都 縣市

職業 商 現在住址 民生路十二號

固定住址或通訊處 民生路十二號 與本人關係 朋友

（甲）家庭狀況：

（一）家長名 曾玉林 號 ______ 現年 五八 歲係本人之 父親

職業 農 住址 璧山健龍鄉 每月收入 無

（二）父名 曾玉林 號 ______ 現年 五八 歲職業 農

住址 璧山健龍鄉 每月收入 無

母姓名 廖氏 現年 五七

（三）已否結婚 已 配偶姓名 王朝清 現年 三四 歲籍貫 四川 省 丁家坳 縣市

（四）子 三 人最長者現年 十 歲最幼者現年 三 歲

現入學校者 二 人學校名稱 保国民学校

現已服務者 0 人處所名稱 0

女 0 人最長者現年 0 歲最幼者現年 0 歲

現入學校者 0 人學校名稱 0

現已出嫁者 0 人

133

（五）兄弟姊妹：

名	號	本人之	年齡	婚嫁否	職業	住址	備考
曾維祥		姊	35	已嫁	理家	璧山來鳳驛	
曾維嫒		妹	27	〃	〃	璧山龍鳳鄉	
曾維如		妹	14	未	讀書	璧山健龍鄉	

（六）除公司薪給外，本人尚有何種其他收入？ 全無

本人每月平均開支：

項目	開支金額
本人伙食	$2400.00
洗衣剪头，鞋，襪，衣	$4000.00
零用	$2000.00
并付家庭伙食子教费	$6000.00
總計	$14400.00

除去開支後能有積蓄否？ 無

若干

不敷開支時如何彌補？ 借

是否負債？ 是　若干？ 每朋约三千元

何處借來？ 朋友，親戚

歸還的方法 望年終公司分紅

（乙）教育及經歷：

（　）曾受何等育教？

程度	學校名稱	校址	肄業期間 自 年 月至 年 月	所習科目	讀完幾年級	離校原因
高等	省立陶瓷校	原在牛角沱	自民十七年至二十年	陶瓷科	三年畢業	畢業

附註：請填所受最高級教育之名稱，或接近於所受之最高級教育者，例如高級職業學校畢業者，可填該高級職業學校，同時，並可填已受過教育之高級中學或初級中學，不識字，粗識字或只識字，幷未入過學校者，請填「不識字」「粗識字」或「識字」

（二）在校時最感興趣之科目 中，英，算

重庆电力股份有限公司一九三五年入职职工（一九四四年六月九日） 0219-1-29

134

（三）曾在何處服務：

機關名稱	地址	主管人姓名	月薪	服務期間 自 年 月至 年 月	離職原因
北碚澄江小学	澄江鎮	刘[illegible]	30.00	民二十一年一月至六月	換校長
璧山健龍校	璧山	曾[illegible]	25.00	民二十一年七月至二十四年六月	到電力公司工作

（四）經歷中最感興趣之工作 在教学期间是体育

（丙）業餘生活

（一）每日工作時間：忙時＿＿小時，平時＿＿小時

（二）本人最喜歡的娛樂 打球

（三）公餘經常作何消遣 吃茶

（四）曾參加甚麼業餘團體：打川戲

名稱	性質	地址	主持人	何時加入	担任何種職務

（丁）有何特殊狀況，特殊興趣或特殊技能，請列舉於下：

（戊）本人之簽字蓋章：簽字 曾犀民 蓋章 [stamp]

填寫日期：民國 33 年 6 月 9 日

填寫人＿＿＿＿代填寫人＿＿＿＿

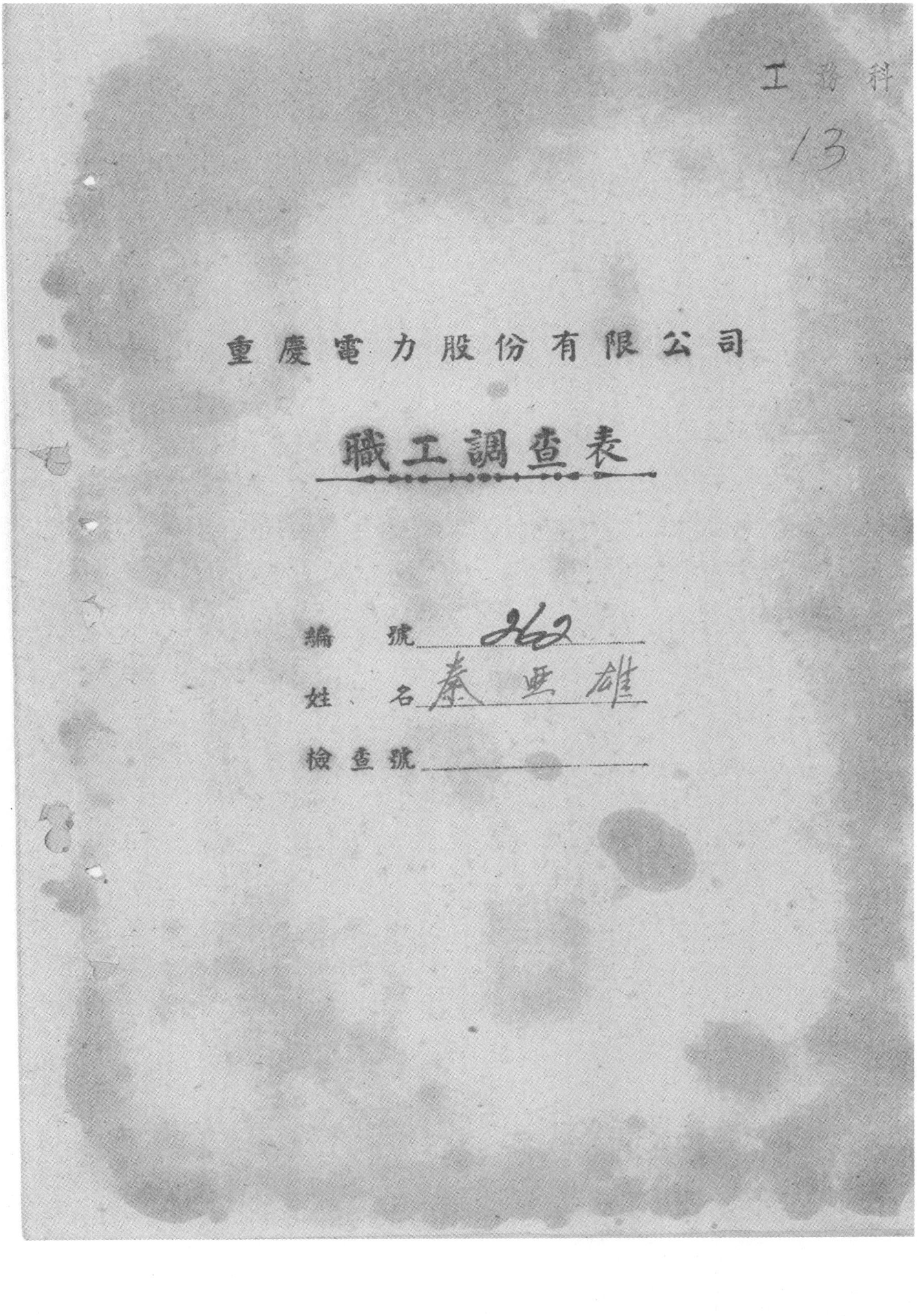

工務科

13

重慶電力股份有限公司

職工調查表

編　號 262

姓　名 秦西雄

檢查號

重庆电力股份有限公司一九三六年入职职工（一九四四年六月十日） 0219-1-29

重庆电力股份有限公司一九三六年入职职工（一九四四年六月十日）　0219-1-29

124

二寸正面半身免冠像片

姓名 秦西雄　別號＿＿＿＿　籍貫 河北 省 遵化 縣

出生年月：民國（前）元 年 三 月 九 日　現年 三十三 歲

是否黨員 否　黨證號數＿＿＿＿　是否團員＿＿＿＿　團證號數＿＿＿＿

現在住址 大溪溝電力廠（＿＿區＿＿鎮＿＿保＿＿甲）

固定住址或通訊處 北平西公府六號

到職年月：民國 二十五 年 三 月 一 日

介紹人姓名 吳克斌　號＿＿＿＿　現年 三十八 歲　籍貫 安徽 省＿＿縣

職業 本公司職員　住址或通訊處 中一路蔭廬一號　與本人關係 親戚

保證人姓名＿＿＿＿　號＿＿＿＿　現年＿＿歲　籍貫＿＿省＿＿縣

職業＿＿＿＿　現在住址＿＿＿＿

固定住址或通訊處＿＿＿＿　與本人關係＿＿＿＿

（甲）家庭狀況：

（一）家長名 秦燕伯　號＿＿　現年 七十三 歲　係本人之 祖父

職業 無　住址 北平西公府六號　每月收入 不詳

（二）父名 秦怡庭　號＿＿　現年 五十五 歲　職業 無

住址 北平西公府六號　每月收入 不詳

母姓名 潘氏　現年 五十七歲　住渝黃桷埡新市場69號

（三）已否結婚 未婚　配偶姓名＿＿＿＿　現年＿＿歲　籍貫＿＿省＿＿縣

（四）子＿＿人　最長者現年＿＿歲　最幼者現年＿＿歲

現入學校者＿＿人　學校名稱＿＿＿＿

現已服務者＿＿人　處所名稱＿＿＿＿

女＿＿人　最長者現年＿＿歲　最幼者現年＿＿歲

現入學校者＿＿人　學校名稱＿＿＿＿

現已出嫁者＿＿人

115

（五）兄弟姊妹：

名	號	本人之	年齡	婚嫁否	職業	住址	備考
秦亚钧		妹	28	未	渝士诊所助产士	上清寺32号	
秦婉娜		〃	15	未	南山中学学生	黄桷垭新市场六十九号	
秦亚东		弟	13	未	南山小学学生	仝上	

（六）除公司薪給外，本人尚有何種其他收入？

本人每月平均開支：物價波動甚大無法估計下表所列係卅三年五月份開支

項目	開支金額
房金	叁千元正
学费	贰千元正
伙食费及杂用	贰萬伍仟元
總計	壹萬捌仟元

除去開支後能有積蓄否？不定

若干

不敷開支時如何彌補？

是否負債？　　若干

何處借來？

歸還的方法？

（乙）教育及經歷：

（一）曾受何等教育？

程度	學校名稱	校址	肄業期間 自年月至年月	所習科目	讀完幾年級	離校原因
大学	中俄工大	哈尔滨	自17年9月至21年7月	电机	本科四年级	毕业

附註：請填所受最高級教育之名稱，或接近於所受之最高級教育者，例如高級職業學校畢業者，可填該高級職業學校，同時，並可填已受過教育之高級中學或初級中學，不識字，粗識字或只識字，并未入過學校者，請填「不識字」「粗識字」或「識字」

（二）在校時最感興趣之科目

16

（三）曾在何處服務：

機關名稱	地址	主管人姓名	月薪	服務期間 自 年 月至 年 月	離職原因

（四）經歷中最感興趣之工作

（丙）業餘生活

（一）每日工作時間：忙時 8 小時，平時 4 小時

（二）本人最喜歡的娛樂 平劇

（三）公餘經常作何消遣 [illegible]

（四）曾參加甚麼業餘團體：

名稱	性質	地址	主持人	何時加入	担任何種職務
中苏文化协会	文化	中一路	孙科	廿七年	会员
俄文学会	”	民族路	邵力子	卅二年	理事兼干事

（丁）有何特殊狀況，特殊興趣或特殊技能，請列舉於下：

（戊）本人之簽字蓋章：簽字 [illegible] 蓋章

填寫日期：民國 33 年 6 月 10 日

填寫人 [illegible] 代填寫人

重庆电力股份有限公司一九三六年入职职工（一九四四年六月十日） 0219-1-29

重庆电力股份有限公司一九三六年入职职工（一九四四年六月十日） 0219-1-29

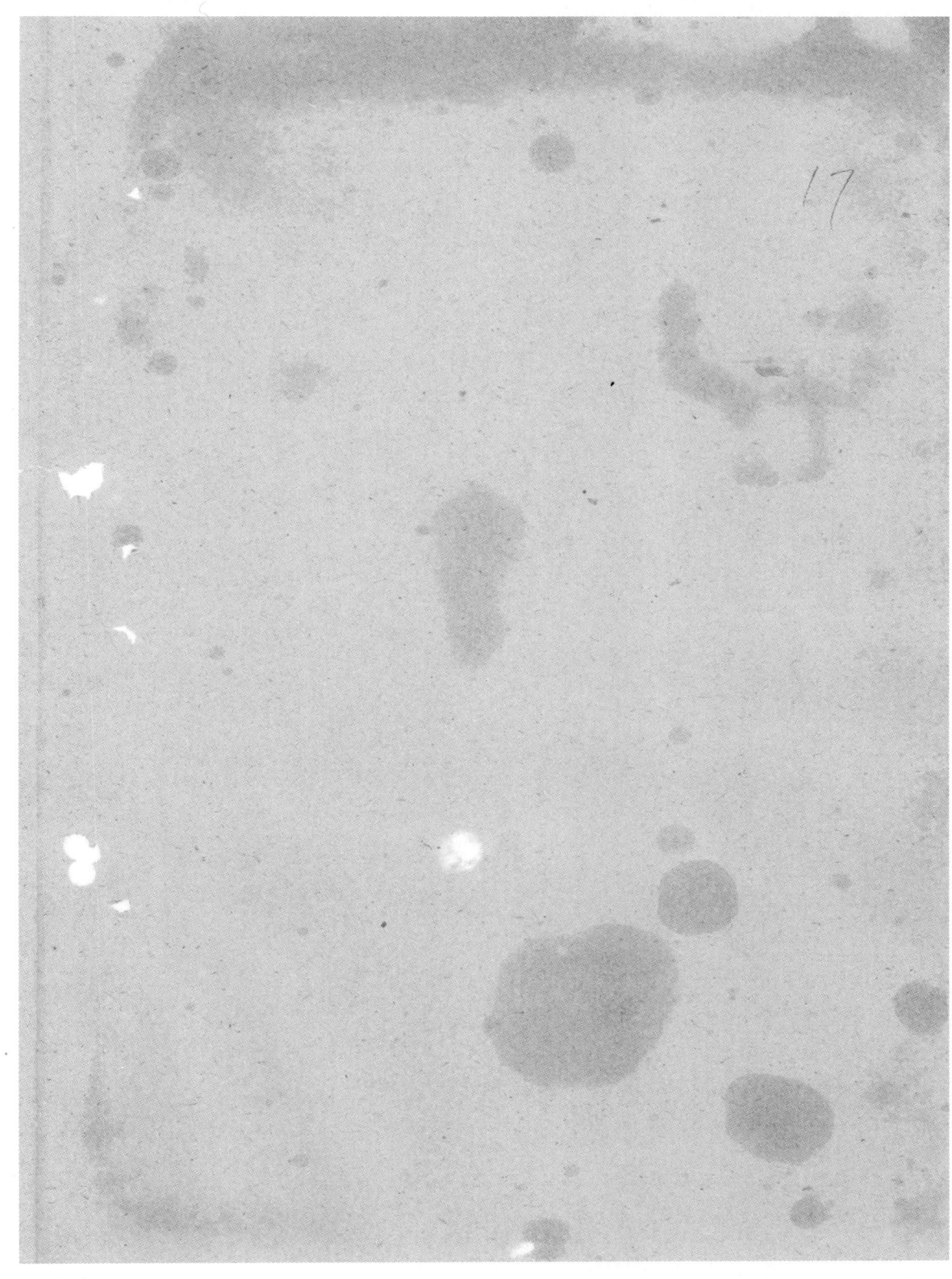

重庆电力股份有限公司一九三六年入职职工（一九四四年六月十日） 0219-1-29

重慶電力公司職工調查表

18

姓名	秦亚雄
籍貫	河北遵化
年齡	卅七
出生年月日	民國前元年三月九日
已否結婚	已　子 二 人　女 一 人
學歷	哈尔滨工業大学校电机科畢業
經歷	華西公司電政工程處工務員　本公司工務員　副工程師　工程師　股長及安事處主任
技能種類何長	
平日生活情形	
家庭經濟是否需要本人負担	無
每月負擔若干	
到職日期	25年3月1日
永久住址	河北遵化西果子河村
本人通訊處　臨時	國府路廿八號
本人通訊處　永久	

家庭狀況

父名	秦鼎廷	職業	天津中纺公司
母名	秦温氏	職業	
兄弟姊妹名號	妹秦亚均	職業	
資產　不動產			
資產　動產			
家通訊處　臨時			
家通訊處　永久			

介紹人

姓名	華西公司	別號	
籍貫	省 市(縣)		
年齡	歲	職業	
通訊處	中四路		
與本人關係			

保證人

姓名		別號	
籍貫	省 縣(市)		
年齡	歲		
與本人關係			
職業及服務機關名稱			
營業種類			
開設地點			
通訊處　臨時			
通訊處　永久			

秦亚雄 簽名蓋章　　37年9月30日

1

重慶電力股份有限公司

職工調查表

編　號 269

姓　名 張雲山

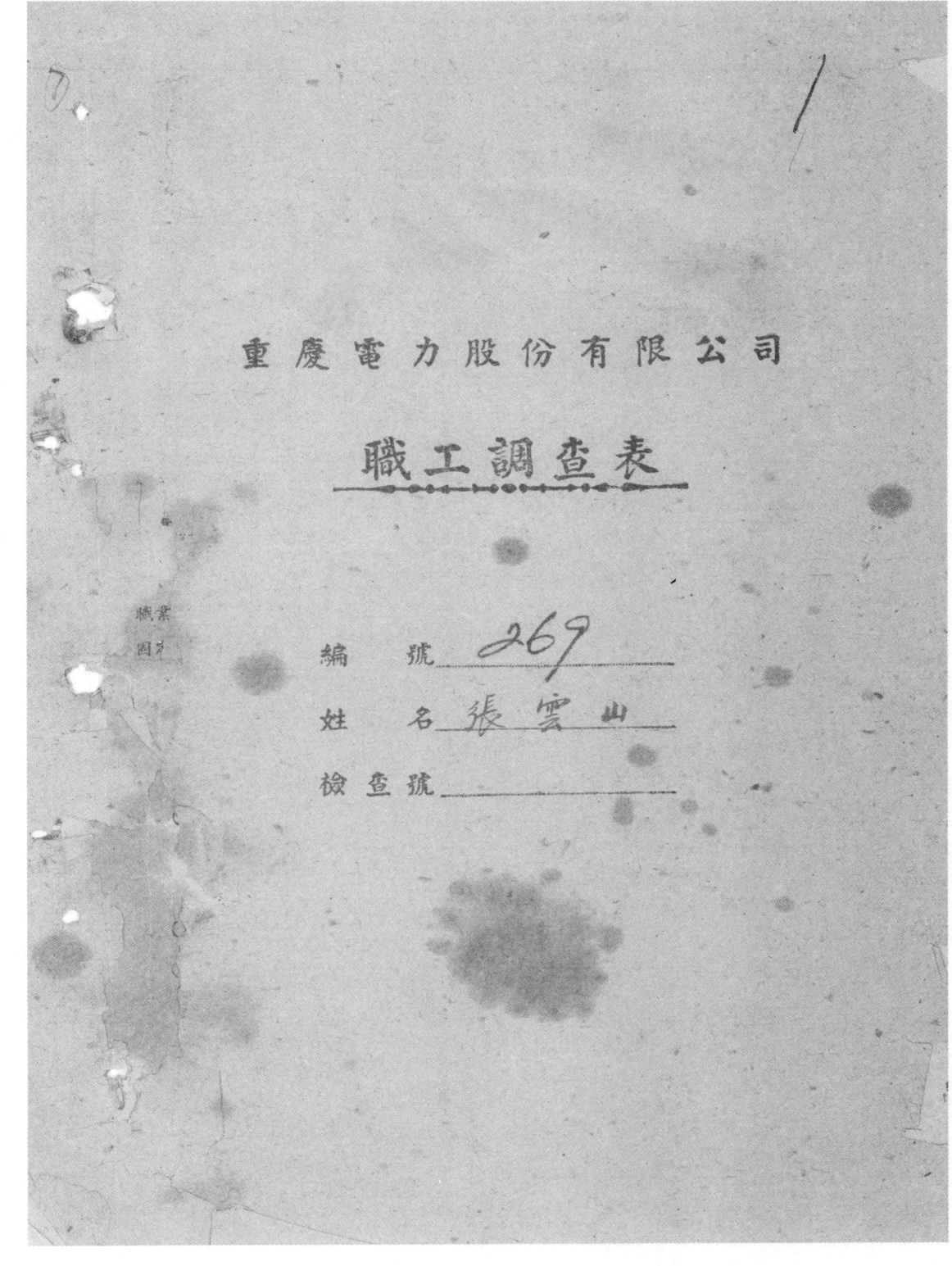

檢查號

重庆电力股份有限公司一九三八年入职职工（一九四四年六月八日） 0219-1-30 0219-1-31

2

姓名 張雲山 别號 ／ 籍貫 江蘇 省 上海 縣市

出生年月：民國（前） 元 年 五 月 三 日現年 三十三 歲

是否黨員 ／ 黨證號數 ／ 是否團員 團證號數 ／

現在住址 沙坪壩九十一号（十四 區 沙坪 鎮 三 保 六 甲）

固定住址或通訊處 上海新閘路德善里17号倪祥之轉

到職年月：民國 27 年 2 月 15 日

介紹人姓名 程本臧 號 現年 歲籍貫 省 縣市

職業 住址或通訊處 與本人關係

保證人姓名 [illegible] 號 現年 歲籍貫 省 縣市

職業 電機 現在住址 小龍坎天星橋

固定住址或通訊處 與本人關係

（甲）家庭狀況：

（一）家長名 號 現年 歲係本人之

職業 住址 每月收入

（二）父名 張盧 號 現年 五十二 歲職業

住址 每月收入

母姓名 邢氏 現年 五十四

（三）已否結婚 已 配偶姓名 瞿淑貞 現年 三十五 歲籍貫 江蘇 省 上海 縣市

（四）子 1 人最長者現年 1 歲最幼者現年 歲

現入學校者 人學校名稱

現已服務者 人處所名稱

女 人最長者現年 歲最幼者現年 歲

現入學校者 人學校名稱

現已出嫁者 人

3

（五）兄弟姊妹：

名	號	本人之	年齡	婚嫁否	職業	住址	備考

（六）除公司薪給外，本人尚有何種其他收入？

本人每月平均開支：

項目	開支金額
總計	

除去開支後能有積蓄否？

若干

不敷開支時如何彌補？

是否負債？　若干

何處借來？

歸還的方法？

（乙）教育及經歷：

（一）曾受何等育教？

程度	學校名稱	校址	肄業期間 自 年 月至 年 月	所習科目	讀完幾年級	離校原因
	中華職業	上海陸家浜		電工程	三年	

附註：請填所受最高級教育之名稱，或接近於所受之最高級教育者，例如高級職業學校畢業者，可填該高級職業學校，同時，並可填已受過教育之高級中學或初級中學，不識字，粗識字或只識字，并未入過學校者，請填「不識字」「粗識字」或「識字」

（二）在校時最感興趣之科目

重庆电力股份有限公司一九三八年入职职工（一九四四年六月八日） 0219-1-30 0219-1-31

6

(三)曾在何處服務：

機關名稱	地址	主管人姓名	月薪	服務期間 自 年 月至 年 月	離職原因

(四)經歷中最感興趣之工作

(丙)業餘生活

(一)每日工作時間：忙時　　小時，平時　　小時

(二)本人最喜歡的娛樂

(三)公餘經常作何消遣

(四)曾參加甚麼業餘團體：

名稱	性質	地址	主持人	何時加入	担任何種職務

(丁)有何特殊狀況、特殊興趣或特殊技能，請列舉於下：

(戊)本人之簽字蓋章：簽字 張雲山　　蓋章

填寫日期：民國 33 年 6 月 8 日

填寫人 張雲山　　代填寫人

重庆电力股份有限公司一九三八年入职职工（一九四四年六月八日） 0219-1-30 0219-1-31

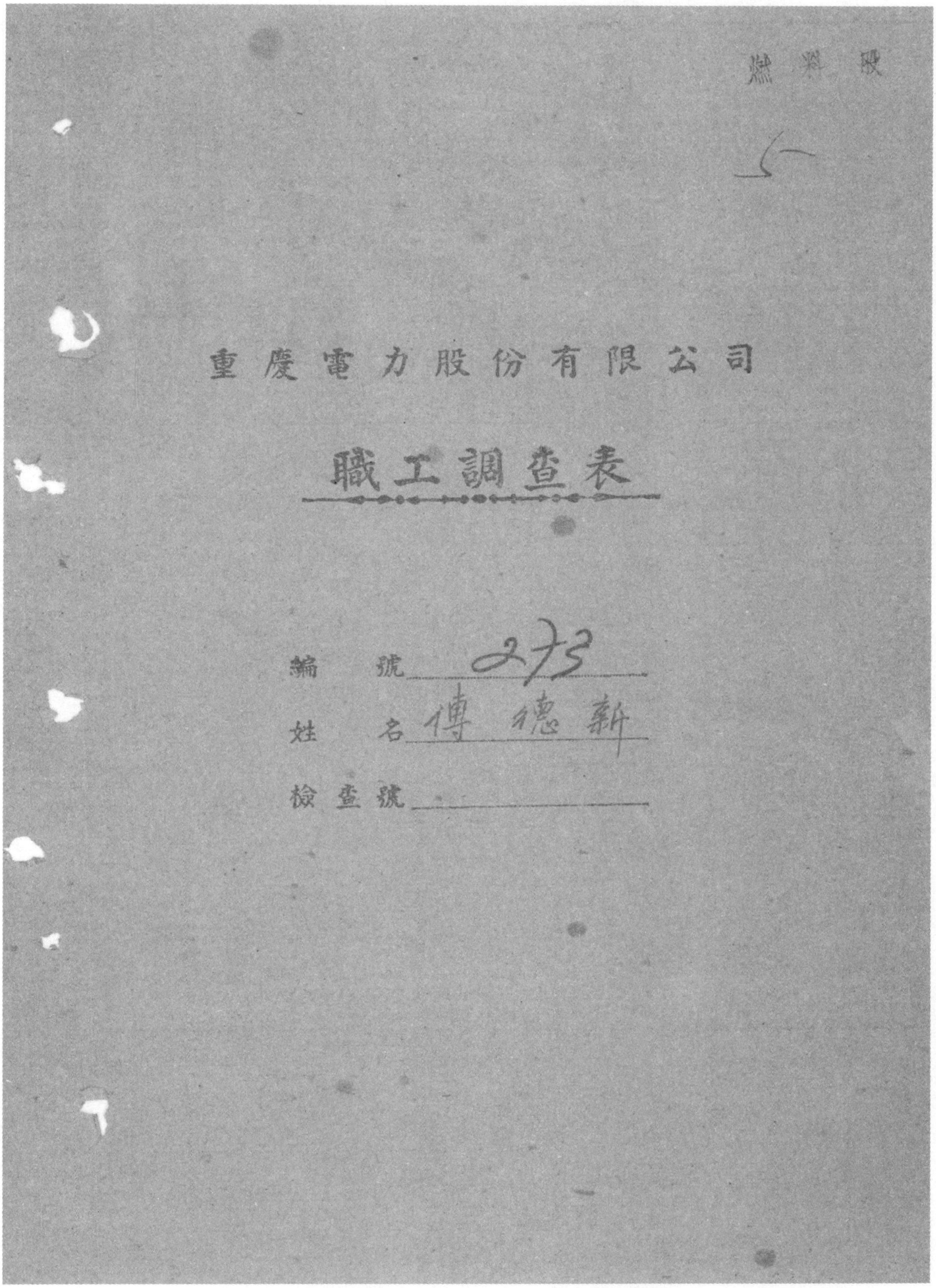

燃料股

5

重慶電力股份有限公司

職工調查表

編號 273

姓名 傅德新

檢查號

重庆电力股份有限公司一九三八年入职职工（一九四四年六月八日） 0219-1-30 0219-1-31

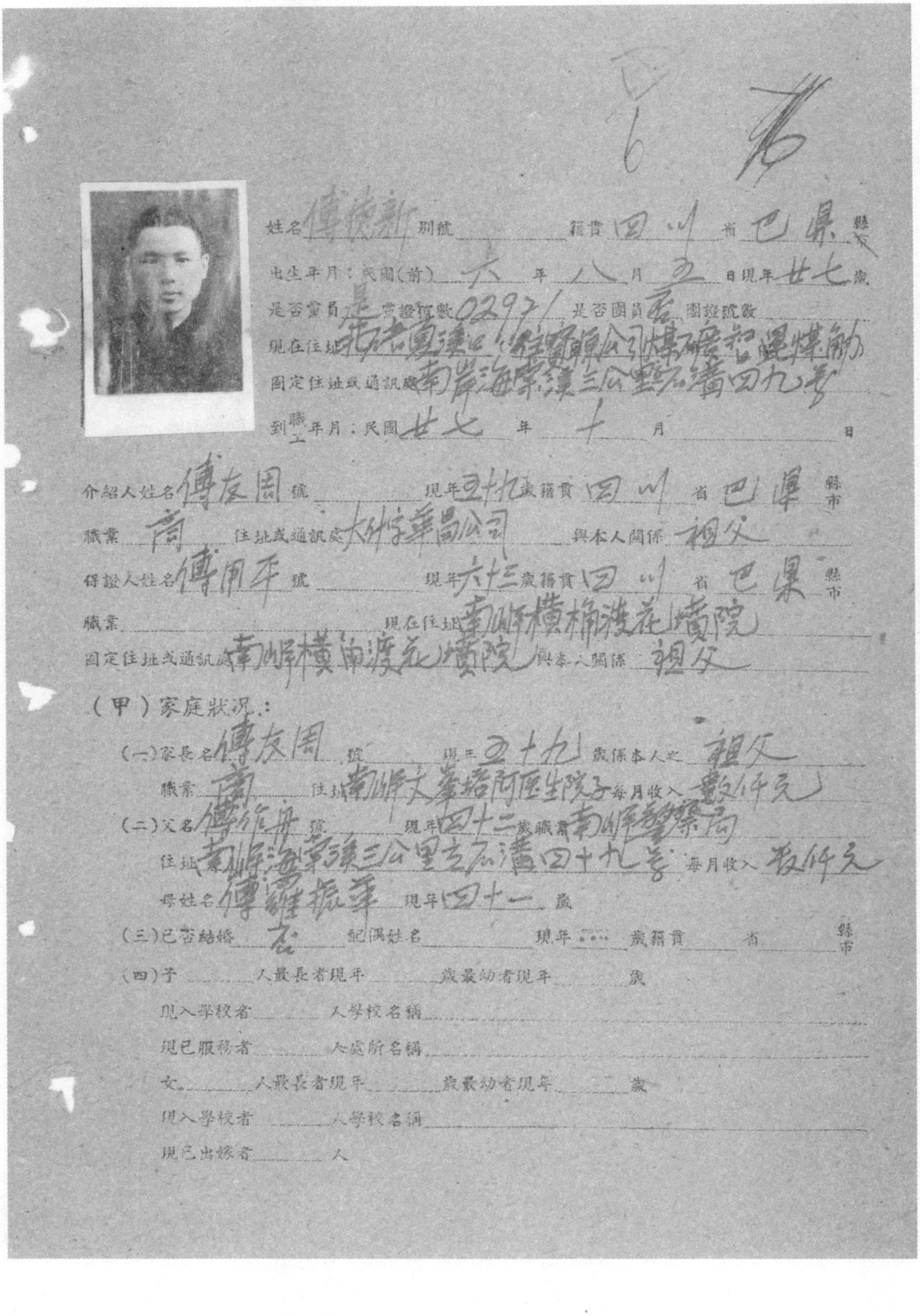

6 肖

姓名 傅俊新 别號 籍貫 四川 省 巴 縣

出生年月：民國（前） 六 年 八 月 五 日現年 廿七 歲

是否黨員 是 黨證號數 029721 是否團員 否 團證號數

現在住址 龍門浩 大溪溝 [illegible] 公司煤廠 [illegible] 煤[illegible]

固定住址或通訊處 南岸海棠溪三公里[illegible]舖四九號

到職年月：民國 廿七 年 十 月 日

介紹人姓名 傅友周 號 現年 五十九 歲籍貫 四川 省 巴 縣

職業 商 住址或通訊處 大什字華昌公司 與本人關係 祖父

保證人姓名 傅開平 號 現年 六十三 歲籍貫 四川 省 巴 縣

職業 現在住址 南岸橫梯渡花墳院

固定住址或通訊處 南岸橫梯渡花墳院 與本人關係 祖父

（甲）家庭狀況：

（一）家長名 傅友周 號 現年 五十九 歲係本人之 祖父

職業 商 住址 南岸文峰塔[illegible]院子 每月收入 數仟元

（二）父名 傅[illegible] 號 現年 四十二 歲職業 南岸警察局

住址 南岸海棠溪三公里[illegible]舖四十九號 每月收入 數仟元

母姓名 傅[illegible]振華 現年 四十一 歲

（三）已否結婚 否 配偶姓名 現年 歲籍貫 省 縣市

（四）子 人最長者現年 歲最幼者現年 歲

現入學校者 人學校名稱

現已服務者 人處所名稱

女 人最長者現年 歲最幼者現年 歲

現入學校者 人學校名稱

現已出嫁者 人

(五)兄弟姊妹：

名	號	本人之	年齡	婚嫁否	職業	住址	備考
傅澤祥		兄	[illegible]	已婚	[illegible]公司會計	[illegible]分公司	
傅澤沛		弟	廿	未婚	[illegible]	成都新京	
傅澤昌		〃	十八	〃〃	念書	重慶	

(六)除公司薪給外，本人尚有何種其他收入？除公司薪給外，尚無其他收入

本人每月平均開支：

項目	開支金額
總計	

除去開支後能有積蓄否？收入無[illegible]

若干 支平均

不敷開支時如何彌補？

是否負債？ 若干

何處借來？

歸還的方法？

(乙)教育及經歷：

(一)曾受何等育教？

程度	學校名稱	校址	肄業期間 自 年 月至 年 月	所習科目	讀完幾年級	離校原因
中學	治平	前在江北 現在水土沱	民國廿四年上期	普通科	畢業	

附註：請填所受最高級教育之名稱，或接近於所受之最高級教育者，例如高級職業學校畢業者，可填該高級職業學校，同時，並可填已受過教育之高級中學或初級中學，不識字，粗識字或只識字，並未入過學校者，請填「不識字」「粗識字」或「識字」

(二)在校時最感興趣之科目

8

（三）曾在何處服務：

機關名稱	地址	主管人姓名	月薪	服務期間 自 年 月至 年 月	離職原因
華西興業公司	道門口	胡仲實	廿元	自民國廿五年至民國廿七年	因製造廠停办

（四）經歷中最感興趣之工作 機器最感興趣，因他是實際的技術。

（丙）業餘生活

（一）每日工作時間： 忙時 三 小時，平時 三 小時

（二）本人最喜歡的娛樂 收音機

（三）公餘經常作何消遣 看報游泳看書等

（四）曾參加甚麼業餘團體：

名稱	性質	地址	主持人	何時加入	担任何種職務
怒吼劇社	抗战宣傳	重慶	余克稷	民國廿九年	鄉村演劇隊演員

（丁）有何特殊狀況：特殊興趣或特殊技能，請列舉於下：

（戊）本人之簽字蓋章：簽字 傅德新 蓋章

填寫日期：民國卅三年六月十二日

填寫人 傅德新 代填寫人

重庆电力股份有限公司一九三八年入职职工（一九四四年六月八日） 0219-1-30 0219-1-31

重庆电力股份有限公司一九三八年入职职工（一九四四年六月八日） 0219-1-30 0219-1-31

9

出納股

重慶電力股份有限公司

職工調查表

編　號 088

姓　名 魯秉清

檢查號

重庆电力股份有限公司一九三八年入职职工（一九四四年六月八日） 0219-1-30 0219-1-31

10

姓名 魯秉清 別號 ______ 籍貫 四川 省 閬中 縣市

出生年月：民國（前） 六 年 五 月 廿四 日 現年 廿七 歲

是否黨員 已入 黨證號數 _____ 是否團員 ___ 團證號數 ______

現在住址 人和灣宿舍 （第三 區 東華 鎮 六 保 八 甲）

固定住址或通訊處 閬中白果樹街十六号

到職工年月：民國 廿七 年 八 月 卅 日

介紹人姓名 朱本偉 號 已故 現年 ___ 歲 籍貫 ___ 省 ___ 縣市

職業 ______ 住址或通訊處 ______ 與本人關係 ______

保證人姓名 楊子亨 號 ______ 現年 四十 歲 籍貫 四川 省 閬中 縣市

職業 商 現在住址 朱集路和濟錢莊

固定住址或通訊處 ______ 與本人關係 同鄉

（甲）家庭狀況：

（一）家長名 ______ 號 ______ 現年 ______ 歲 係本人之 ______

職業 ______ 住址 ______ 每月收入 ______

（二）父名 魯玉如 號 維綱 現年 六十一 歲 職業 未作事

住址 閬中白果樹街十六号 每月收入 ______

母姓名 魯李氏 現年 五十

（三）已否結婚 未 配偶姓名 ______ 現年 ___ 歲 籍貫 ___ 省 ___ 縣市

（四）子 ___ 人 最長者現年 ___ 歲 最幼者現年 ___ 歲

現入學校者 ___ 人 學校名稱 ______

現已服務者 ___ 人 處所名稱 ______

女 ___ 人 最長者現年 ___ 歲 最幼者現年 ___ 歲

現入學校者 ___ 人 學校名稱 ______

現已出嫁者 ___ 人

11

（五）兄弟姊妹：

名	號	本人之	年齡	婚嫁否	職業	住址	備考
魯聿臺		弟	廿一	未	學	私立武漢大學	
魯惠瑛		妹	十九	〃	〃	閬中	
魯德貞		妹	十七	〃	〃	〃	
魯德馨		妹	十五	〃	〃	〃	
魯秀琼		姊	卅	已嫁		成都	

（六）除公司薪給外，本人尚有何種其他收入？ 無

本人每月平均開支：

項目	開支金額
每月寄家	6000.00
寄弟妹學校費用	2000.00
自用	4000.00
總計	

除去開支後能有積蓄否？ 無

若干

不敷開支時如何彌補？ 向親友借貸

是否負債？ 負債 若干 40000.00

何處借來？ 親友

歸還的方法？ 每月提薪償還20%

（乙）教育及經歷：

（一）曾受何等教育？

程度	學校名稱	校址	肄業期間	所習科目	讀完幾年級	離校原因
大學	華西協合	成都	自26年7月至27年6月	理化	一年	經濟關係

附註：請填所受最高級教育之名稱，或接近於所受之最高級教育者，例如高級職業學校畢業者，可填該高級職業學校，同時，並可填已受過教育之高級中學或初級中學，不識字，粗識字或只識字，并未入過學校者，請填「不識字」「粗識字」或「識字」

（二）在校時最感興趣之科目 理化

重庆电力股份有限公司一九三八年入职职工（一九四四年六月八日） 0219-1-30 0219-1-31

12

（三）曾在何處服務：

機關名稱	地址	主管人姓名	月薪	服務期間 自27年6月至27年8月	離職原因
青年會			50	兩月	自請長假

（四）經歷中最感興趣之工作 事務

（丙）業餘生活

（一）每日工作時間： 忙時＿＿小時，平時＿＿小時

（二）本人最喜歡的娛樂 戲劇

（三）公餘經常作何消遣 學習俱樂部或外[illegible]去飲茶

（四）曾參加甚麼業餘團體：

名稱	性質	地址	主持人	何時加入	担任何種職務

（丁）有何特殊狀況、特殊興趣或特殊技能，請列舉於下

（戊）本人之簽字蓋章：簽字 [illegible] 蓋章 [illegible]

填寫日期：民國卅三年六月九日

填寫人＿＿＿＿代填寫人＿＿＿＿

重庆电力股份有限公司一九三八年入职职工（一九四四年六月八日） 0219-1-30 0219-1-31

26

簿記股

重慶電力股份有限公司

職工調查表

編　號 095

姓　名 周光泳

檢查號

重庆电力股份有限公司一九三八年入职职工（一九四四年六月八日） 0219-1-30 0219-1-31

27

姓名 周光永 别號 籍貫 四川 省 達 縣市

出生年月：民國（前） 9 年 1 月 6 日現年 26 歲

是否黨員 是 黨證號數 入字 #9985 是否團員 團證號數

現在住址 中四路 #100 （ 區 鎮 保 甲）

固定住址或通訊處 達縣南市街

到職年月：民國 27 年 10 月 日

介紹人姓名 黃 號 現年 歲籍貫 省 縣市

職業 住址或通訊處 與本人關係

保證人姓名 李賢黃 號 現年 歲籍貫 四川 省 達 縣市

職業 商 現在住址 復興路一三号

固定住址或通訊處 達縣 與本人關係 鄉誼

（甲）家庭狀況：

（一）家長名 周劉瑞群 號 現年 五十 歲係本人之 母

職業 住址 每月收入

（二）父名 號 現年 歲職業

住址 每月收入

母姓名 現年

（三）已否結婚 未 配偶姓名 現年 歲籍貫 省 縣市

（四）子 人最長者現年 歲最幼者現年 歲

現入學校者 人學校名稱

現已服務者 人處所名稱

女 人最長者現年 歲最幼者現年 歲

現入學校者 人學校名稱

現已出嫁者 人

25

（五）兄弟姊妹：

名	號	本人之	年齡	婚嫁否	職業	住址	備考
光霞		妹	十六	未	讀書	達縣女師	
光雯		〃	十六	〃	〃	四川省立達縣女中	
光濟		弟	十八	〃	〃	達縣縣立第二中心小學	

（六）除公司薪給外，本人尚有何種其他收入？ 無

本人每月平均開支：

項目	開支金額
伙食	3500.00
雜支	6000.00
每月公[illegible]費用	3000.00
特別開支	2000.00
其他	3500.00
總計	$16,000.00

除去開支後能有積蓄否？ 不能

若干 無

不敷開支時如何彌補？ 借貸

是否負債？ 負欠 若干 陸仟元（每月）

何處借來？ 向親友借貸

歸還的方法？ 目前是以甲[illegible]款還乙款，以乙款借款還甲款，以敷信用

（乙）教育及經歷：

（一）曾受何等教育？

程度	學校名稱	校址	肄業期間 自年月至年月	所習科目	讀完幾年級	離校原因
	成都華西協合高中	成都	民國廿六年至廿五年		三年級	畢業
（夜校）	中國會計學校重慶補習學校	重慶	民國廿九年	統計	一年	畢業

附註：請填所受最高級教育之名稱，或接近於所受之最高級教育者，例如高級職業學校畢業者，可填該高級職業學校，同時，並可填已受過教育之高級中學或初級中學，不識字，粗識字或只識字，幷未入過學校者，請填「不識字」「粗識字」或「識字」

（二）在校時最感興趣之科目 數學

重庆电力股份有限公司一九三八年入职职工（一九四四年六月八日） 0219-1-30 0219-1-31

29

（三）曾在何處服務：

機關名稱	地址	主管人姓名	月薪	服務期間 自 年 月至 年 月	離職原因
遂寧[illegible]小學	遂寧	方克成	卅元	廿六年至廿七年	請假

（四）經歷中最感興趣之工作

（丙）業餘生活

（一）每日工作時間：忙時 8 小時，平時 8 小時

（二）本人最喜歡的娛樂 戲劇

（三）公餘經常作何消遣 [illegible]

（四）曾參加甚麼業餘團體：

名稱	性質	地址	主持人	何時加入	担任何種職務
惠[illegible]劇社	戲劇	人和場	余克[illegible]	廿七年	

（丁）有何特殊狀況，特殊興趣或特殊技能，請列舉於下：

（戊）本人之簽字蓋章：簽字 周光[illegible] 蓋章 [周光[illegible]]

填寫日期：民國 33 年 6 月 12 日

填寫人 周光[illegible] 代填寫人

重庆电力股份有限公司一九三九年入职职工（一九四四年六月八日） 0219-1-29 0219-1-30

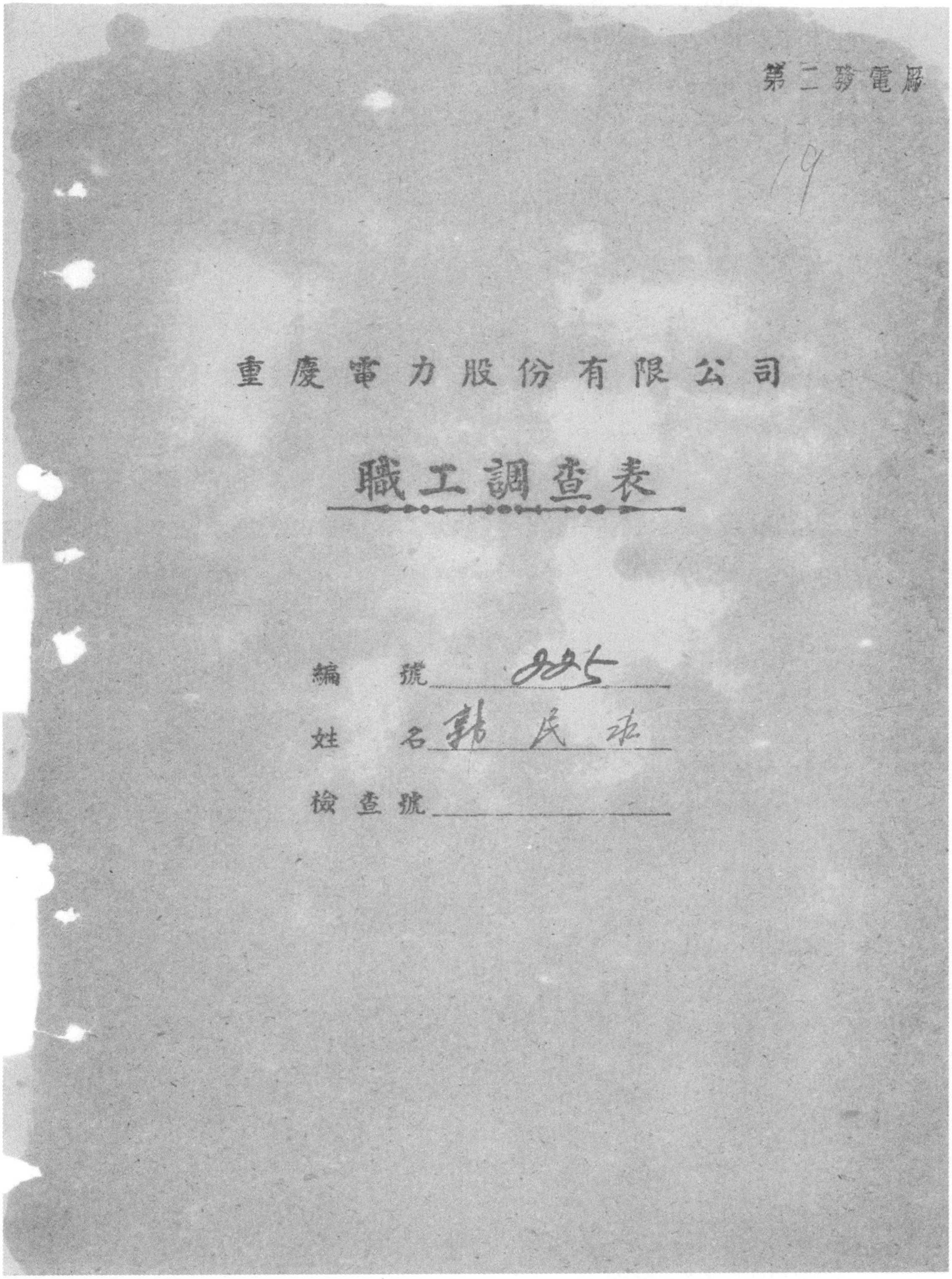

第二發電廠

19

重慶電力股份有限公司

職工調查表

編　號 225

姓　名 韓民本

檢查號

重庆电力股份有限公司一九三九年入职职工（一九四四年六月八日） 0219-1-29 0219-1-30

20

姓名 郭民平 別號 君勤 籍貫 四川省 成都縣市

出生年月：民國（前）五年十一月廿四日現年廿八歲

是否黨員____ 黨證號數____ 是否團員 是 團證號數 69

現在住址 弹子石廠內（____區____鎮____保____甲）

固定住址或通訊處 成都西城角街二号

到職工年月：民國 廿八 年 九 月 十九 日

介紹人姓名 潘文華 號 仲三 現年____歲籍貫 四川 省 仁壽 縣市

職業 軍 住址或通訊處 成都[illegible]巷21 與本人關係 世誼

保證人姓名 [illegible] 號 伯康 現年____歲籍貫 四川 省 成都 縣市

職業 政 現在住址 上清寺[illegible]院

固定住址或通訊處 成都[illegible]街廿号 與本人關係 世誼

（甲）家庭狀況：

（一）家長名 郭彥謙 號 仲權 現年 六十一 歲係本人之 父

職業 政 住址 成都 每月收入____

（二）父名 同上 號 同上 現年____歲職業____

住址____ 每月收入 1,000

母姓名 熊氏 現年 六十

（三）已否結婚 未 配偶姓名____ 現年____歲籍貫____省____縣市

（四）子____人最長者現年____歲最幼者現年____歲

現入學校者____人學校名稱____

現已服務者____人處所名稱____

女____人最長者現年____歲最幼者現年____歲

現入學校者____人學校名稱____

現已出嫁者____人

21

（五）兄弟姊妹：

名	號	本人之	年齡	婚嫁否	職業	住址	備考
郭诚彩	君婉	兄	卅一	已婚	政	成都	
郭浩彩	君裕	兄	廿九	已婚	政	成都	
郭綍彩	君適	弟	廿五	已婚	本公司	重慶	

（六）除公司薪給外，本人尚有何種其他收入？無

本人每月平均開支：

項目	開支金額
伙食	$3500
零用	$3000
交際	$5000
養家用	$5000
總計	$16500

除去開支後能有積蓄否？無

若干

不敷開支時如何彌補？東挪西扯

是否負債？未　若干

何處借來？

歸還的方法？

（乙）教育及經歷：

（一）曾受何等育教？

程度	學校名稱	校址	肄業期間 自年月至年月	所習科目	讀完幾年級	離校原因
小學	建本	成都	14—18			畢業
中學	成都聯中	〃	18—21			
高中	〃	〃	21—24			
大學	重慶大學	重慶	24年—28	電機工程		

附註：請填所受最高級教育之名稱，或接近於所受之最高級教育者，例如高級職業學校畢業者，可填該高級職業學校，同時，並可填已受過教育之高級中學或初級中學，不識字，粗識字或只識字，并未入過學校者，請填「不識字」「粗識字」或「識字」

（二）在校時最感興趣之科目

重庆电力股份有限公司一九三九年入职职工（一九四四年六月八日） 0219-1-29 0219-1-30

（三）曾在何處服務：

機關名稱	地址	主管人姓名	月薪	服務期間 自 年 月至 年 月	離職原因
大學畢業即加入本公司工作。					

（四）經歷中最感興趣之工作

（丙）業餘生活

（一）每日工作時間：忙時 [illegible] 小時，平時 8 小時

（二）本人最喜歡的娛樂 [illegible]，[illegible]。

（三）公餘經常作何消遣

（四）曾參加甚麼業餘團體：

名稱	性質	地址	主持人	何時加入	担任何種職務

（丁）有何特殊狀況，特殊興趣或特殊技能，請列舉於下：

（戊）本人之簽字蓋章，簽字 [illegible] 蓋章

填寫日期：民國卅三年 月 八 日

填寫人 [illegible] 代填寫人

重庆电力股份有限公司一九三九年入职职工（一九四四年六月八日） 0219-1-29 0219-1-30

重庆电力股份有限公司一九三九年入职职工（一九四四年六月八日） 0219-1-29 0219-1-30

重慶電力公司職工調查表

24

姓名	郭民永	家庭狀況			
籍貫	四川華陽	父名	郭仲權	職業	政、軍
年齡	三十一	母名	龐伯莊		
出生年月日	民國前1五年十一月廿四日	兄弟姊妹 名號	郭誠永	職業	學
已未結婚	子 人 女 一 人	資產	不動產	房屋	
學歷經歷	成都成屬聯立中學高初中畢業 國立重慶大學電機工程系畢業		動產		
		家通訊處	臨時		
			永久	成都西城角街二號	
		介紹人			
		姓名	潘文華	別號	仲三
		籍貫	四川省仁壽市(縣)		
		年齡	六十歲	職業	軍
種技能擅長何		通訊處	曾家岩		
		與本人關係	父誼		
形情平日生活		保證人			
		姓名	李繼華	別號	
		籍貫	四川省自貢市縣(市)		
		年齡	三十三歲		
家庭經濟是否需要本人負担		與本人關係	友誼		
每月負擔若干		職業及服務機關名稱	重慶市下水道工程處科長		
到職日期	二十八年九月一日	營業種類			
永久住址	成都西城角街二號	開設地點	上清寺		
本人通訊處 臨時	曾家岩綠安里86號	通訊處 臨時			
本人通訊處 永久		通訊處 永久	國立重慶大學轉		

簽名蓋章 郭民永 卅七年十月七日

重庆电力股份有限公司一九三九年入职职工（一九四四年六月八日） 0219-1-29 0219-1-30

簿記股

57

重慶電力股份有限公司

職工調查表

編　號 101

姓　名 廖冰岳

檢查號

重庆电力股份有限公司一九三九年入职职工（一九四四年六月八日） 0219-1-29 0219-1-30

55

姓名 廖水岩 別號 心一 籍貫 四川 省 巴 縣/市

出生年月：民國（前） 三 年 六 月 初一 日 現年 三一 歲

是否黨員＿＿ 黨證號數＿＿ 是否團員＿＿ 團證號數＿＿

現在住址 南岸覺林寺街廿17 ＿＿區＿＿鎮＿＿保＿＿甲）

固定住址或通訊處 巴縣百節鄉冷水井

到職（工）年月：民國 28 年 12 月 4 日

介紹人姓名＿＿ 號＿＿ 現年＿＿ 歲 籍貫＿＿ 省＿＿ 縣/市

職業＿＿ 住址或通訊處＿＿ 與本人關係＿＿

保證人姓名 蕭仰寧 號＿＿ 現年 35 歲 籍貫 四川 省 閬中 縣/市

職業 商 現在住址 民權路50號附7號

固定住址或通訊處 江北鳥嘴沱黃桷祠 與本人關係 舅甥

（甲）家庭狀況：

（一）家長名 王靜淵 號＿＿ 現年 56 歲 係本人之 母

職業 農 住址 巴縣百節鄉冷水井 每月收入＿＿

（二）父名＿＿ 號＿＿ 現年＿＿ 歲 職業＿＿

住址＿＿ 每月收入＿＿

母姓名 王靜淵 現年 56 歲

（三）已否結婚 已婚 配偶姓名 劉穎 現年 25 歲 籍貫 四川 省 閬中 縣/市

（四）子 一 人 最長者現年 六 歲 最幼者現年＿＿ 歲

現入學校者＿＿人 學校名稱＿＿

現已服務者＿＿人 處所名稱＿＿

女＿＿人 最長者現年＿＿ 歲 最幼者現年＿＿ 歲

現入學校者＿＿人 學校名稱＿＿

現已出嫁者＿＿人

第⑥辑

59

（五）兄弟姊妹：

名	號	本人之	年齡	已否婚嫁	職業	住址	備考

（六）除公司薪給外，本人尚有何種其他收入？

本人每月平均開支：

項目	開支金額
家庭伙食	8,000.00
應酬費	2,000.00
日常消耗	3,000.00
服裝費	2,000.00
雜支	3,000.00
總計	18,000.00

除去開支後能有積蓄否？無積蓄

若干 一

不敷開支時如何彌補？借貸

~~向親友借~~

是否負債 有負債 若干 6000.00

何處借來？親友處

歸還的方法？按月攤還

（乙）教育及經歷：

（一）曾受何等教育？

程度	學校名稱	校址	肄業期間 自年月至年月	所習科目	讀完幾年級	離校原因
高商	商職校	本市	19年下至22年上	商科	三年級	畢業

附註：請填所受最高級教育之名稱，或接近於所受之最高級教育者，例如高級職業學校畢業者，可填該高級職業學校，同時，並可填已受過教育之高級中學或初級中學，不識字，粗識字或只識字，幷未入過學校者，請填「不識字」「粗識字」或「識字」

（二）在校特最感興趣之科目 國文，英文，簿記，

重庆电力股份有限公司一九三九年入职职工（一九四四年六月八日） 0219-1-29 0219-1-30

6 C

（三）曾在何處服務：

機關名稱	地址	主管人姓名	月薪	服務期間 自 年 月至 年 月	離職原因
自來水公司	重慶	潘昌猷	50	27年6月至28年12月	朱科長小佛調來本公司

（四）經歷中最感興趣之工作 帳務及事務等

（丙）業餘生活

（一）每日工作時間： 忙時 5 小時，平時 3 小時

（二）本人最喜歡的娛樂 電影、音樂、游歷、讀書

（三）公餘經常作何消遣 讀書報、看電影、訪友、遠足旅行

（四）曾參加甚麼業餘團體：

名稱	性質	地址	主持人	何時加入	担任何種職務
聖經會（英文）	求學	本市	Lamb	25年	

（丁）有何特殊狀況、特殊興趣或特殊技能，請列舉於下：

（戊）本人之簽字蓋章：簽字 [illegible] 蓋章

填寫日期：民國 33 年 6 月 [illegible] 日

填寫人 廖永岳 代填寫人

重庆电力股份有限公司一九四〇年入职职工（一九四四年六月十二日） 0219-1-29 0219-1-30 0219-1-31

會計科

重慶電力股份有限公司

職工調查表

編　號　084

姓　名　黄大庸

檢查號

重庆电力股份有限公司一九四〇年入职职工（一九四四年六月十二日） 0219-1-29 0219-1-30 0219-1-31

1-1

姓名 黄大庸 別號 紹伋 籍貫 四川 省 犍為 縣市

出生年月：民國（前） 七 年 六 月 廿 日現年 四十 歲

是否黨員 是 黨證號數 工字405 是否團員 團證號數

現在住址 化龍橋化龍新區邨63號（ 保 甲）

固定住址或通訊處

到職工年月：民國 廿九 年 十 月 日

介紹人姓名 甯芷邨 號 現年 五十 歲籍貫 四川 省 犍為 縣市

職業 商 住址或通訊處 川康銀行 與本人關係 世誼

保證人姓名 號 現年 歲籍貫 省 縣市

職業 現在住址

固定住址或通訊處 與本人關係

（甲）家庭狀況：

（一）家長名 號 現年 歲係本人之

職業 住址 每月收入

（二）父名 號 現年 歲職業

住址 每月收入

母姓名 現年 歲

（三）已否結婚 已婚 配偶姓名 甯蜀欽 現年 卅六 歲籍貫 四川 省 犍為 縣市

（四）子 二 人最長者現年 十六 歲最幼者現年 七 歲

現入學校者 一 人學校名稱 四川省立石室中學校

現已服務者 人處所名稱

女 二 人最長者現年 九 歲最幼者現年 七 歲

現入學校者 二 人學校名稱 本公司子弟學校

現已出嫁者 人

2

（五）兄弟姊妹：

名	號	本人之	年齡	婚嫁否	職業	住址	備考
黃紹蘅		弟	廿六		商	[illegible]文林街	

（六）除公司薪給外：本人尚有何種其他收入？ 卅10000元

本人每月平均開支：

項目	開支金額
家繳	卅20000元
教育費	10000元
總計	卅30000元

除去開支後能有積蓄否？ 無

若干

不敷開支時如何彌補？ 地租收入

是否負責？ 若干

何處借來？

歸還的方法？

（乙）教育及經歷：

（一）曾受何等教育？

程度	學校名稱	校址	肄業期間 自年月至年月	所習科目	讀完幾年級	離校原因
大學	北京大學	北平		經濟	四年	畢業

附註：請填所受最高級教育之名稱，或接近於所受之最高級教育者，例如高級職業學校畢業者，可填該高級職業學校，同時，並可填已受過教育之高級中學或初級中學，不識字，粗識字或只識字，并未入過學校者，請填「不識字」「粗識字」或「識字」

（二）在校時最感興趣之科目

重庆电力股份有限公司一九四〇年入职职工（一九四四年六月十二日） 0219-1-29 0219-1-30 0219-1-31

（三）曾在何處服務：

機關名稱	地址	主管人姓名	月薪	服務期間 自 年 月至 年 月	離職原因
四川省政府	成都	劉湘	300	28年	改業

（四）經歷中最感興趣之工作

（丙）業餘生活

（一）每日工作時間：忙時 八 小時，平時 六 小時

（二）本人最喜歡的娛樂 平劇

（三）公餘經常作何消遣

（四）曾參加甚麼業餘團體：

名稱	性質	地址	主持人	何時加入	担任何種職務

（丁）有何特殊狀況，特殊興趣或特殊技能，請列舉於下：

（戊）本人之簽字蓋章：簽字 黄大庸 蓋章 [印]

填寫日期：民國卅三年六月十二日

填寫人 黄大庸 代填寫人

重庆电力股份有限公司一九四〇年入职职工（一九四四年六月十二日） 0219-1-29 0219-1-30 0219-1-31

61

重慶電力公司職工調查表

姓名	黄大庸	家庭狀況	
籍貫	四川犍為	父名	職業
年齡	四十四	母名	
出生年月日	民國（前）年 月 日	兄弟姊妹名號	黄紹穀 政
已否結婚	子三人 女三人		黄紹曾 教育
學歷	國立北京大學經濟系畢業 會計師	資產 不動產	住宅一院田租八十担
		資產 動產	
經歷	四川省政府視察 審計 編輯長 朝陽學院求精商學院等校教授，會計師 ~~亚西銀行經理從務~~	家長通訊處 臨時	
		家長通訊處 永久	
擅長何種技能	會計 成本會計	介紹人	
		姓名	甯芷邨 別號
		籍貫	四川省犍為市（縣）
		年齡	五十歲 職業 金融业
		通訊處	和通銀行
		與本人關係	戚誼
平日生活情形		保證人	
		姓名	別號
		籍貫	省 縣（市）
		年齡	歲
家庭經濟是否需要本人負担	本人全部負担	與本人關係	
每月負擔若干		職業及服務機關名稱	
到職日期	29年10月 日	營業種類	
永久住址		開設地點	
本人通訊處 臨時	春森路98号	通訊處 臨時	
本人通訊處 永久		通訊處 永久	

簽名蓋章 黄大庸 年 月 日

重庆电力股份有限公司一九四〇年入职职工（一九四四年六月十二日） 0219-1-29 0219-1-30 0219-1-31

沙坪壩辦事處

7

重慶電力股份有限公司

職工調查表

編　號 263

姓　名 范志高

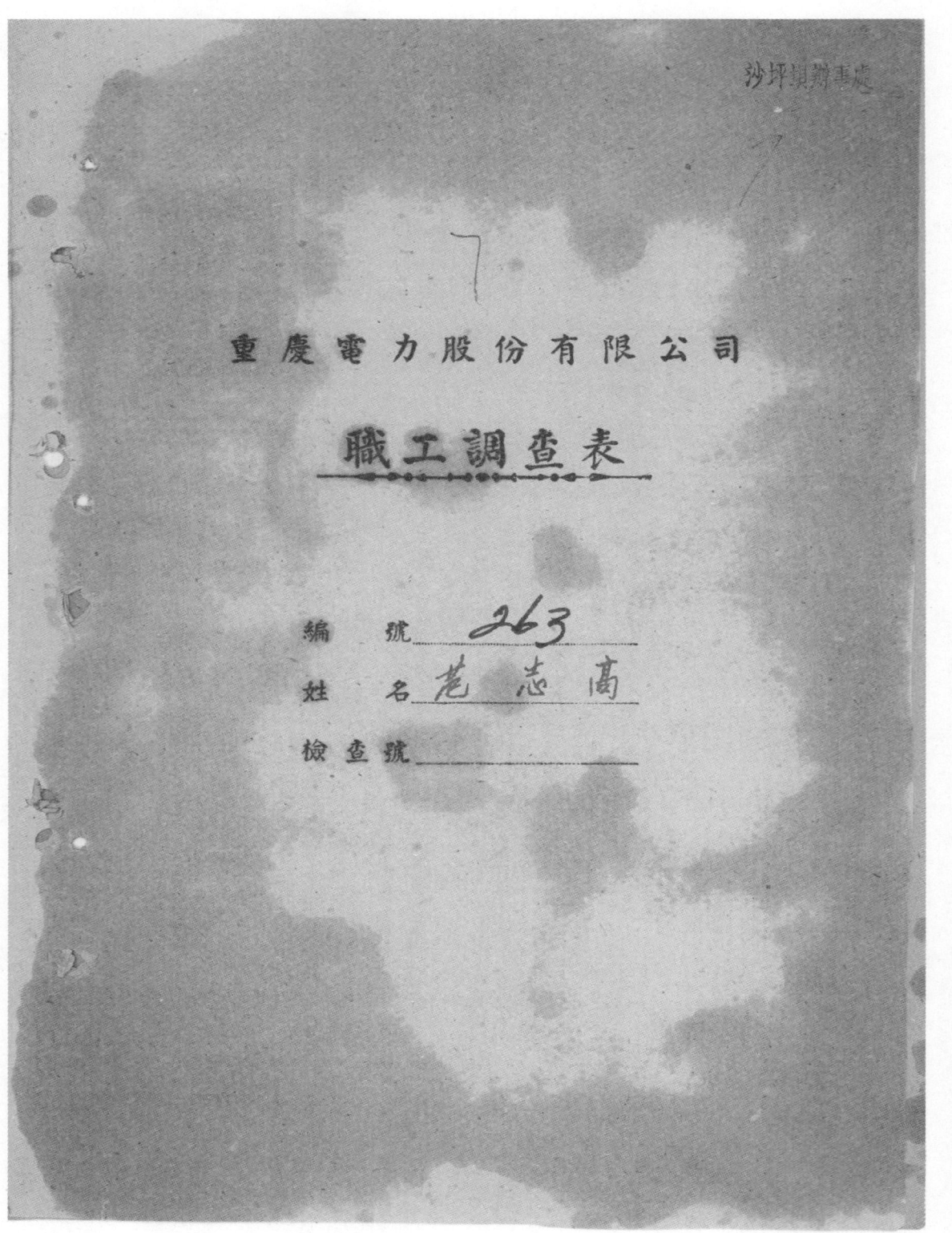

檢查號

重庆电力股份有限公司一九四〇年入职职工（一九四四年六月十二日） 0219-1-29 0219-1-30 0219-1-31

8

姓名 [illegible] 别號 [illegible] 籍貫 四川 省 華陽 縣市

出生年月：民國（前） 九 年 11 月 10 日現年 35 歲

是否黨員＿＿黨證號數＿＿是否團員＿＿團證號數＿＿

現在住址 沙坪壩辦事處 區＿鎮＿保＿甲）

固定住址或通訊處 沙坪壩辦事處或華陽[illegible]河鄉

到職工年月：民國 29 年 8 月 1 日

介紹人姓名＿＿號＿＿現年＿＿歲籍貫＿＿省＿＿縣市

職業＿＿住址或通訊處＿＿與本人關係＿＿

保證人姓名＿＿號＿＿現年＿＿歲籍貫＿＿省＿＿縣市

職業＿＿現在住址＿＿

固定住址或通訊處＿＿與本人關係＿＿

（甲）家庭狀況：

（一）家長名 [illegible] 號＿＿現年 [illegible] 歲係本人之 叔父

職業 教育 住址 華陽[illegible]河鄉 每月收入 [illegible]5,000.00

（二）父名 已故 號＿＿現年＿＿歲職業＿＿

住址＿＿每月收入＿＿

母姓名 [illegible] 現年 [illegible] 歲

（三）已否結婚 已結婚 配偶姓名 [illegible] 現年 28 歲籍貫 四川 省 江津 縣市

（四）子 一 人最長者現年 八 歲最幼者現年＿＿歲

現入學校者 一 人學校名稱 沙坪壩中心小學

現已服務者＿＿人處所名稱＿＿

女 一 人最長者現年 七 歲最幼者現年＿＿歲

現入學校者 一 人學校名稱 沙坪壩中心小學

現已出嫁者＿＿人

9

（五）兄弟姊妹：

名	號	本人之	年齡	婚嫁否	職業	住址	備考
葉文瀾		弟	24	已婚	郵	新[illegible]郵局	
葉文闓		弟	14	未婚	在校讀書		

（六）除公司薪給外，本人尚有何種其他收入？

本人每月平均開支：

項目	開支金額
總計	

除去開支後能有積蓄否？

若干

不敷開支時如何彌補？

是否負債？　　若干

何處借來？

歸還的方法？

（乙）教育及經歷：

（一）曾受何等教育？

程度	學校名稱	校址	肄業期間 自 年 月至 年 月	所習科目	讀完幾年級	離校原因
學士	重慶大學	沙坪壩				

附註：請填所受最高級教育之名稱，或接近於所受之最高級教育者，例如高級職業學校畢業者，可填該高級職業學校，同時，並可填已受過教育之高級中學或初級中學，不識字，粗識字或只識字，并未入過學校者，請填「不識字」「粗識字」或「識字」

（二）在校時最感興趣之科目

重庆电力股份有限公司一九四〇年入职职工（一九四四年六月十二日）　0219-1-29　0219-1-30　0219-1-31

10

（三）曾在何處服務：

機關名稱	地址	主管人姓名	月薪	服務期間 自 年 月至 年 月	離職原因

（四）經歷中最感興趣之工作＿＿＿＿

（丙）業餘生活

（一）每日工作時間： 忙時＿＿＿小時，平時＿＿＿小時

（二）本人最喜歡的娛樂＿＿＿＿

（三）公餘經常作何消遣＿＿＿＿

（四）曾參加甚麼業餘團體：

名稱	性質	地址	主持人	何時加入	担任何種職務

（丁）有何特殊狀況、特殊興趣或特殊技能，請列舉於下：

（戊）本人之簽字蓋章：簽字 范志齋 蓋章＿＿＿＿

填寫日期：民國 33 年 6 月 [illegible] 日

填寫人＿＿＿＿ 代填寫人＿＿＿＿

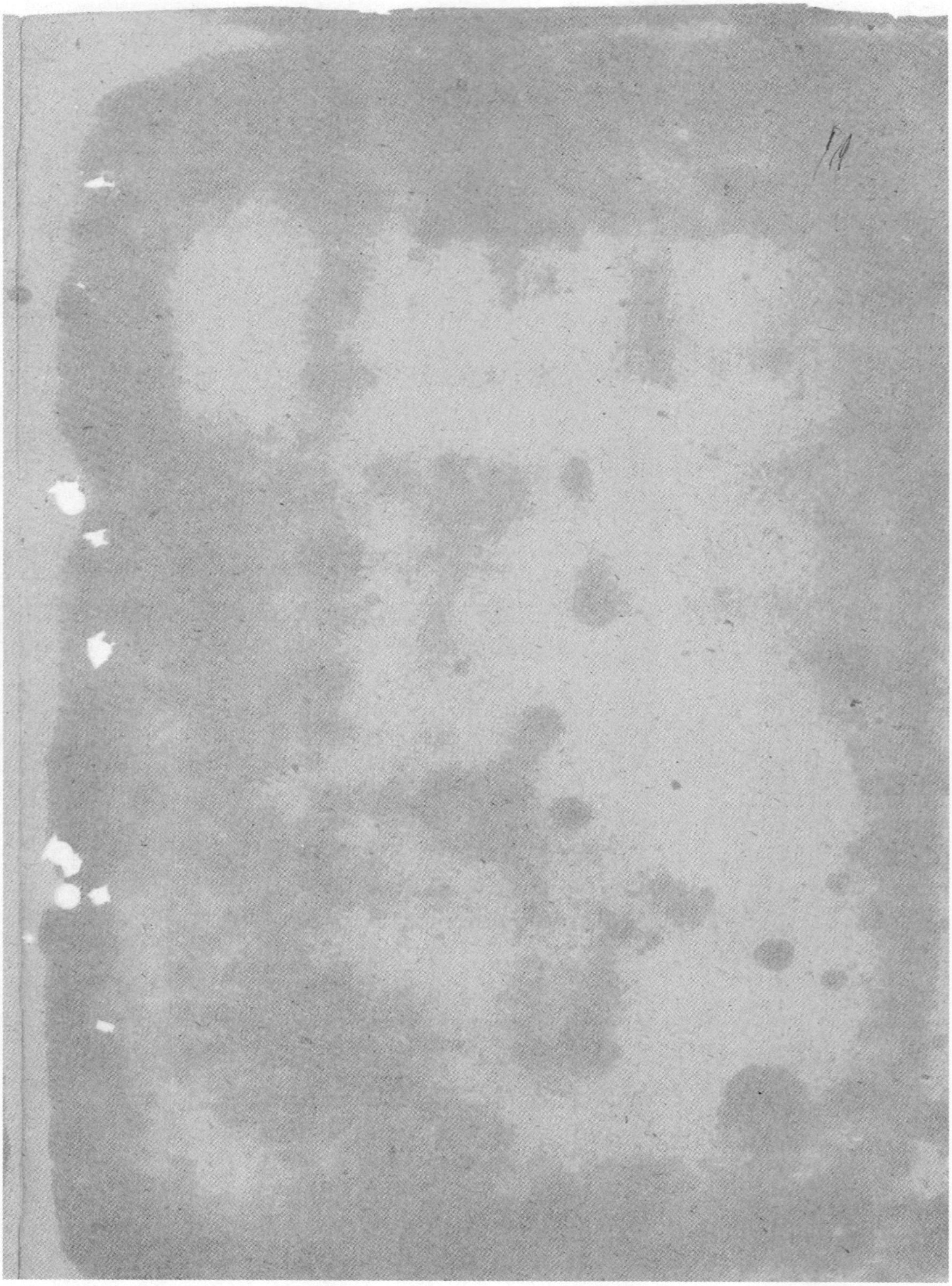

重庆电力股份有限公司一九四〇年入职职工（一九四四年六月十二日） 0219-1-29 0219-1-30 0219-1-31

重慶電力公司職工調查表

12

姓名	范[illegible]高
籍貫	四川省華陽縣
年齡	三十九歲
出生年月日	民國前元年11月10日
已未結婚	已
子	4人
女	2人
學歷	國立重慶大學電機工程學士
經歷	
擅長何種技能	機電工程及生産建設計劃
平日生活情形	
家庭經濟是否需要本人負担	全部負担
每月負擔若干	
到職日期	廿七年八月一日
永久住址	沙坪壩辦事處内
本人通訊處（臨時）	本公司
本人通訊處（永久）	沙坪壩辦事處

家庭狀況

		職業
父名		
母名		
兄名		
弟	范文閣	唸書
弟	范文瀾	服務郵局
姊妹號		

資產	不動產	
資產	動產	
家長通訊處	臨時	本公司
家長通訊處	永久	四川華陽西河鄉

介紹人

姓名	
別號	
籍貫	省 市(縣)
年齡	歲
職業	
通訊處	
與本人關係	

保證人

姓名	
別號	
籍貫	省 縣(市)
年齡	歲
與本人關係	
職業及服務機關名稱	
營業種類	
開設地點	
通訊處（臨時）	
通訊處（永久）	

簽名蓋章 1950年1月18日

重庆电力股份有限公司一九四〇年入职职工（一九四四年六月十二日） 0219-1-29 0219-1-30 0219-1-31

22

審核股

重慶電力股份有限公司

職工調查表

編　　號 071

姓　　名 吳穗超

檢查號

重庆电力股份有限公司一九四〇年入职职工（一九四四年六月十二日） 0219-1-29 0219-1-30 0219-1-31

23

姓名吴法铭 别號______ 籍貫广西省平南縣（市）

出生年月：民國（前）______年______月______日 現年______歲

是否黨員______ 黨證號數______ 是否團員______ 團證號數______

現在住址林森路______號 ______區______鎮______保______甲）

固定住址或通訊處______

到職（工）年月：民國廿九年十二月______日

介紹人姓名黃大庸 號______ 現年______歲 籍貫______省______縣（市）

職業______ 住址或通訊處______ 與本人關係______

保證人姓名______ 號______ 現年______歲 籍貫______省______縣（市）

職業______ 現在住址______

固定住址或通訊處______ 與本人關係______

（甲）家庭狀況：

（一）家長名吴秀彬 號______ 現年八十二歲 係本人之父

職業農 住址广西平南 每月收入______

（二）父名吴秀彬 號______ 現年八十二歲 職業______

住址广西平南______ 每月收入______

母姓名曾芳 現年______歲

（三）已否結婚結 配偶姓名張蕙妹 現年卅二歲 籍貫广西省平南縣（市）

（四）子三人 最長者現年十歲 最幼者現年五歲

現入學校者二人 學校名稱小学

現已服務者______人 處所名稱______

女______人 最長者現年______歲 最幼者現年______歲

現入學校者______人 學校名稱______

現已出嫁者______人

重庆电力股份有限公司一九四〇年入职职工（一九四四年六月十二日） 0219-1-29 0219-1-30 0219-1-31

24

（五）兄弟姊妹：

名號		本人之	年齡	婚嫁否	職業	住址	備考
吴法礼	无	兄		已	法界	广西桂林居住	
吴法智	无	兄		已	法界	杭州市善法院	
吴法信	无	弟		已	法界	仝上	

（六）除公司薪給外，本人尚有何種其他收入？ 无

本人每月平均開支：

項目	開支金額
總計	

除去開支後能有積蓄否？ 无

若干

不敷開支時如何彌補？

是否負債？ 无 若干

何處借來？

歸還的方法？

（乙）教育及經歷：

（一）曾受何等教育？

程度	學校名稱	校址	肄業期間 自 年 月至 年 月	所習科目	讀完幾年級	離校原因
大学	朝阳学院	北平	民廿四至廿八	经济	四	毕业

附註：請填所受最高級教育之名稱，或接近於所受之最高級教育者，例如高級職業學校畢業者，可填該高級職業學校，同時，並可填已受過教育之高級中學或初級中學，不識字，粗識字或只識字，并未入過學校者，請填「不識字」「粗識字」或「識字」

（二）在校時最感興趣之科目

25

（三）曾在何處服務：

機關名稱	地址	主管人姓名	月薪	服務期間 自 年 月至 年 月	離職原因
中学校	广西靖西	王健	约135.00	民十九至廿二	有新职
县政府	广西桂平	吴桥	约120.00	民廿二至廿四	升学
省政府	四川成都	嵇祖依	约140.00	民廿八至廿九	家庭关系

（四）經歷中最感興趣之工作________________

（丙）業餘生活

（一）每日工作時間：忙時______小時，平時______小時

（二）本人最喜歡的娛樂________________

（三）公餘經常作何消遣________________

（四）曾參加甚麼業餘團體：

名稱	性質	地址	主持人	何時加入	担任何種職務

（丁）有何特殊狀況，特殊興趣或特殊技能，請列舉於下：

（戊）本人之簽字蓋章：簽字________________蓋章________________

填寫日期：民國______年______月______日

填寫人________________代填寫人________________

重庆电力股份有限公司一九四〇年入职职工（一九四四年六月十二日） 0219-1-29 0219-1-30 0219-1-31

人事股
32

重慶電力股份有限公司

職工調查表

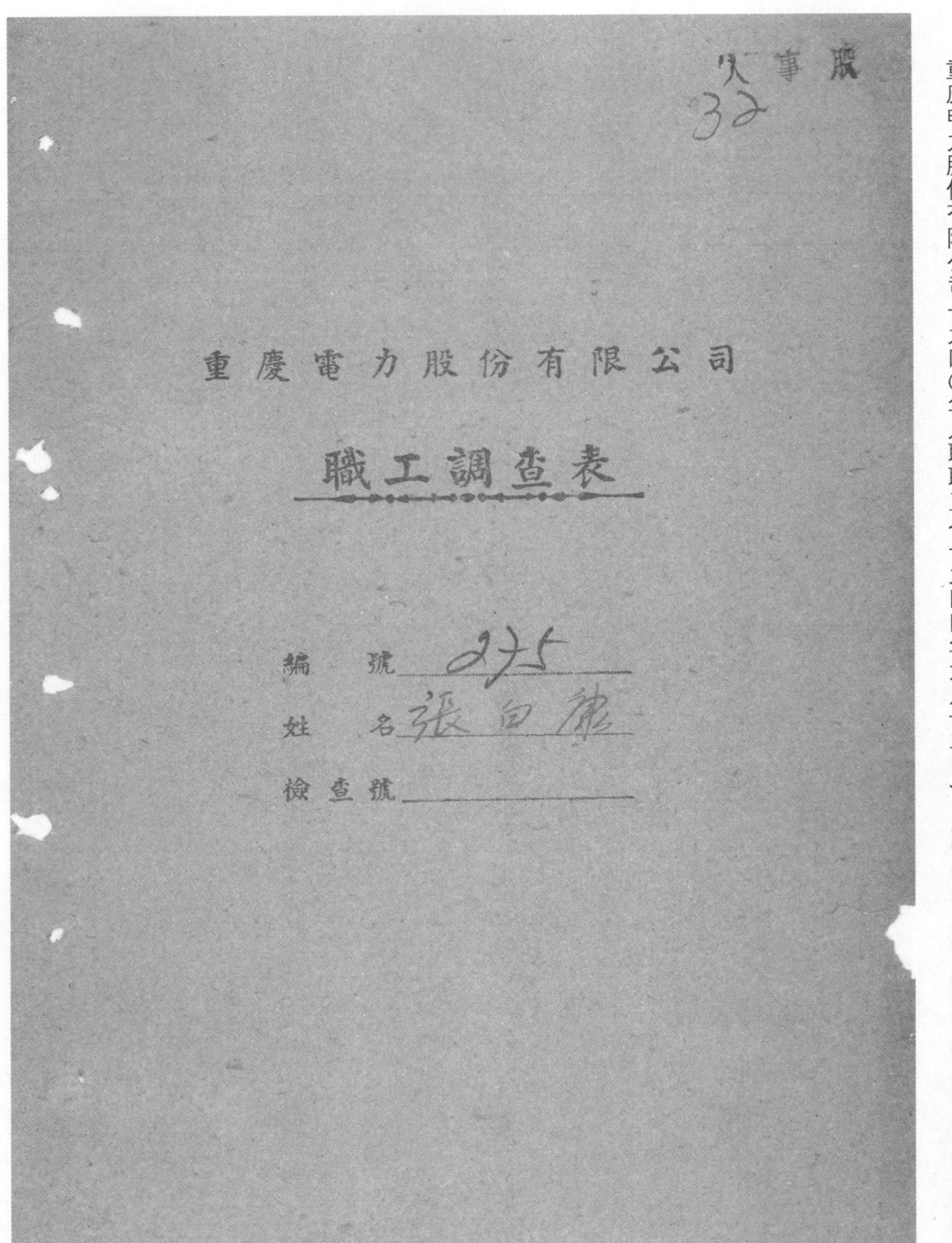

編號 275
姓名 張白康
檢查號

重庆电力股份有限公司一九四〇年入职职工（一九四四年六月十二日） 0219-1-29 0219-1-30 0219-1-31

33

姓名 張白鷺 別號 籍貫 四川 省 成都 縣市

出生年月：民國（前）元 年 十二 月 二十一 日 現年 卅三 歲

是否黨員 黨證號數 是否團員 團證號數

現在住址 中一路一四六（ 區 鎮 保 甲）

固定住址或通訊處

到職年月：民國 廿九 年 十二 月 二 日

介紹人姓名 吳克斌 號 現年 四十二 歲 籍貫 安徽 省 嘉山 縣市

職業 本公司 住址或通訊處 中一路陰廬一号 與本人關係 朋友

保證人姓名 楊紹白 號 現年 三十五 歲 籍貫 四川 省 樂山 縣市

職業 渝社會局第四科科員 現在住址 社局

固定住址或通訊處 與本人關係 朋友

（甲）家庭狀況：

（一）家長名 張佳修 號 休所 現年 四十五 歲 係本人之 兄

職業 郵政 住址 每月收入 八九千元

（二）父名 已亡 號 現年 歲 職業

住址 每月收入

母姓名 已亡 現年 歲

（三）已否結婚 已 配偶姓名 劉助潤 現年 二十六 歲 籍貫 四川 省 瀘 縣市

（四）子 二 人 最長者現年 三 歲 最幼者現年 一 歲

現入學校者 人 學校名稱

現已服務者 人 處所名稱

女 二 人 最長者現年 二 歲 最幼者現年 二 歲

現入學校者 人 學校名稱

現已出嫁者 人

34

（五）兄弟姊妹：

名	號	本人之	年齡	婚嫁否	職業	住址	備考
張德修	体修	兄	四三	已婚	郵政		因隨時調動故住址未填

（六）除公司薪給外，本人尚有何種其他收入？無

本人每月平均開支：

項目	開支金額
伙食	5,000.00
房租	3,500.00
零星開支	5,000.00
应酬	2,000.00
總計	[illegible]

除去開支後能有積蓄否？無

若干

不敷開支時如何彌補？借支維持，力節省以償抵

是否負債？偶有　若干

何處借來？

歸還的方法？

（乙）教育及經歷：

（一）曾受何等教育？

程度	學校名稱	校址	肄業期間 自年月至年月	所習科目	讀完幾年級	離校原因
中學	重慶聯立高中	重慶南岸衣寿	自廿年至廿三年	普通		畢業
專科	上海南洋電機工專校	上海	廿四年至廿五年	電機工程		畢業

附註：請填所受最高級教育之名稱，或接近於所受之最高級教育者，例如高級職業學校畢業者，可填該高級職業學校，同時，並可填已受過教育之高級中學或初級中學，不識字，粗識字或只識字，并未入過學校者，請填「不識字」「粗識字」或「識字」

（二）在校時最感興趣之科目 英文、化學、物理、歷史

35

（三）曾在何處服務：

機關名稱	地址	主管人姓名	月薪	服務期間 自 年 月至 年 月	離職原因
四川美丰银行	[illegible]	[illegible]	二百元	自廿六年四月至廿七年八月	以病休职
[illegible]	[illegible]	[illegible]	六十元	自廿七年十月至廿八年二月	以母病待养辞职
振济委员会	重庆	[illegible]	八十元	自廿八年[illegible]月至卅年[illegible]月	以病辞职

（四）經歷中最感興趣之工作 [illegible]

（丙）業餘生活

（一）每日工作時間： 忙時 六 小時，平時 二 小時

（二）本人最喜歡的娛樂 古平剧、电影

（三）公餘經常作何消遣 [illegible]

（四）曾參加甚麼業餘團體：[illegible]中学同学会

名稱	性質	地址	主持人	何時加入	担任何種職務
重庆高中同学会	[illegible]	[illegible]		三十[illegible]年一月	[illegible]

（丁）有何特殊狀況，特殊興趣或特殊技能，請列舉於下：

（戊）本人之簽字蓋章：簽字 [illegible] 蓋章

填寫日期：民國 [illegible] 年 六 月 [illegible] 日

填寫人 张白能 代填寫人

重庆电力股份有限公司一九四〇年入职职工（一九四四年六月十二日） 0219-1-29 0219-1-30 0219-1-31

36

重慶電力公司職工調查表

姓名	張白康	家庭狀況	
籍貫	河北順義	父名 / 母名	亡
年齡	三十七岁	兄名	張德修　職業 郵政
出生年月日	民國前九年十二月廿日	弟	無
已否結婚	子一人 女一人	姊妹號	
學歷	重慶川東聯立高中卒業 上海南洋無線電專科学校工程科卒業	資產 不動產 / 動產	兩者毫無
經歷	重慶防空司令部涪陵及恩施電台服務三年	家長通訊處 臨時	捍衛新邨114#
		家長通訊處 永久	
技能種類 / 擅長何		介紹人	
		姓名	吳克斌　別號
		籍貫	安徽省　市(縣)
		年齡	四十三歲　職業
		通訊處	
		與本人關係	
平日生活情形		保證人	
		姓名	宋志廉　別號
		籍貫	四川省成都縣(市)
		年齡	四十七歲
家庭經濟是否需要本人負担	全依本人過活	與本人關係	親戚
每月負擔若干	物價波動未能專額決定	職業及服務機關名稱	市立四八保校校長
到職日期	29年12月01日	營業種類	
永久住址		開設地點	
本人通訊處 臨時	捍衛新邨114#	通訊處 臨時	捍衛新邨114#
本人通訊處 永久		通訊處 永久	

簽名蓋章 張白康 3[illegible]年 10月 14日

重庆电力股份有限公司一九四〇年入职职工（一九四四年六月十二日） 0219-1-29 0219-1-30 0219-1-31

稽查股

37

重慶電力股份有限公司

職工調查表

編　　號 083

姓　　名 葉　新　民

檢 查 號

38

姓名 荣[illegible] 別號 聚恒 籍貫 江蘇 省 鎮江 縣/市

出生年月：民國（前）12 年 2 月 22 日 現年 45 歲

是否黨員 是 黨證號數 62809 是否團員 團證號數

現在住址 江北觀音橋 區 鎮 保 甲

固定住址或通訊處 同現在住址

到職/工年月：民國 29 年 5 月 日

介紹人姓名 孫光宗 號 現年 30 歲 籍貫 湖北 省 縣/市

職業 ?職員 住址或通訊處 市區上清寺 與本人關係 友誼

保證人姓名 號 [illegible] 現年 歲 籍貫 江蘇 省 縣/市

職業 商 現在住址 市區中四路

固定住址或通訊處 同現在住址 與本人關係 友誼

（甲）家庭狀況：

（一）家長名 號 現年 歲 係本人之

職業 住址 每月收入

（二）父名 號 現年 歲 職業

住址 每月收入

母姓名 現年 歲

（三）已否結婚 已 配偶姓名 荣吴氏 現年 46 歲 籍貫 江蘇鎮江 縣/市

（四）子 1 人 最長者現年 1 歲 最幼者現年 歲

現入學校者 人 學校名稱

現已服務者 人 處所名稱

女 1 人 最長者現年 22 歲 最幼者現年 歲

現入學校者 人 學校名稱

現已出嫁者 1 人

重庆电力股份有限公司一九四〇年入职职工（一九四四年六月十二日） 0219-1-29 0219-1-30 0219-1-31

39

（五）兄弟姊妹：

名	號	本人之	年齡	婚嫁否	職業	住址	備考
宗[illegible]		弟		已	商	江津縣江	
宗[illegible]昌		弟		已	〃	〃	

（六）除公司薪給外，本人尚有何種其他收入？ 無

本人每月平均開支：

項目	開支金額
伙食雜支等	1220.00元
總計	1220.00元

除去開支後能有積蓄否？ 無
若干
不敷開支時如何彌補？
是否負債？ 無 若干
何處借來？
歸還的方法？

（乙）教育及經歷：

（一）曾受何等育教？

程度	學校名稱	校址	肄業期間 自 年 月 至 年 月	所習科目	讀完幾年級	離校原因
舊學	私塾	江津縣江	12年			

附註：請填所受最高級教育之名稱，或接近於所受之最高級教育者，例如高級職業學校畢業者，可填該高級職業學校，同時，並可填已受過教育之高級中學或初級中學，不識字，粗識字或只識字，并未入過學校者，請填「不識字」「粗識字」或「識字」

（二）在校時最感興趣之科目

重庆电力股份有限公司一九四〇年入职职工（一九四四年六月十二日） 0219-1-29 0219-1-30 0219-1-31

40

（三）曾在何處服務：

機關名稱	地址	主管人姓名	月薪	服務期間 自 年 月至 年 月	離職原因
警[illegible]	重慶市蒲鳳鳴		60.00	4年	
警察局	南京市[illegible]		18.00	11年	
〃 〃	上海市		18.00	2年	

（四）經歷中最感興趣之工作

（丙）業餘生活

（一）每日工作時間： 忙時 4 小時 平時 11 小時

（二）本人最喜歡的娛樂

（三）公餘經常作何消遣 品茗 看書閱報

（四）曾參加甚麼業餘團體：

名稱	性質	地址	主持人	何時加入	担任何種職務

（丁）有何特殊狀況，特殊興趣或特殊技能，請列舉於下：

（戊）本人之簽字蓋章：簽字 [illegible] 蓋章

填寫日期：民國 33 年 6 月 10 日

填寫人 本人 代填寫人

重庆电力股份有限公司一九四〇年入职职工（一九四四年六月十二日） 0219-1-29 0219-1-30 0219-1-31

41

重慶電力公司職工調查表

姓名	榮新民
籍貫	江蘇
年齡	六十
出生年月日	民國前23年2月22日
已否結婚	已；子 1 人，女 2 人
學歷	
經歷	
擅長何種技能	
平日生活情形	
家庭經濟是否需要本人負担	
每月負擔若干	
到職日期	1940年5月　日
永久住址	
本人通訊處 臨時	
本人通訊處 永久	

家庭狀況

父名	亡	職業：
母名	亡	職業：
兄弟姊妹名號	榮[illegible]萬	職業：商
資產 不動產	無	
資產 動產	〃	
家長通訊處 臨時	民生路民生邨16號	
家長通訊處 永久	江蘇邵伯正街76號	

介紹人

姓名	[illegible]	別號	
籍貫	四川省重慶市(縣)		
年齡	五七歲	職業	商
通訊處	化龍橋		
與本人關係	友誼		

保證人

姓名	王懷同	別號	
籍貫	四川省 江蘇 縣(市)		
年齡	四十歲		
與本人關係	鄉親		
職業及服務機關名稱			
營業種類	浴池		
開設地點	臨江路		
通訊處 臨時	臨江路浴春池		
通訊處 永久			

榮新民 簽名蓋章　37年10月4日

重庆电力股份有限公司一九四〇年入职职工（一九四四年六月十二日） 0219-1-29 0219-1-30 0219-1-31

141

用户股

重慶電力股份有限公司

職工調查表

編　號 226

姓　名 毛自華

檢查號

重庆电力股份有限公司一九四〇年入职职工（一九四四年六月十二日） 0219-1-29 0219-1-30 0219-1-31

142

姓名 毛日章 別號 祜慶 籍貫 浙江 省 奉化 縣市

出生年月：民國(前) 6 年 11 月 25 日現年 30 歲

是否黨員 是 黨證號數 685 是否團員 團證號數

現在住址 郵政局巷32號（ 區 鎮 保 甲）

固定住址或通訊處 浙江奉化城內縣前街

到職工年月：民國 27 年 12 月 16 日

介紹人姓名 孝遷 號 現年 歲籍貫 省 縣市

職業 住址或通訊處 與本人關係

保證人姓名 顧宗璟 號 現年 66 歲籍貫 浙江 省 奉化 縣市

職業 [illegible] 住址 [illegible] 15號

固定住址或通訊處 與本人關係 親戚

（甲）家庭狀況：

（一）家長名 號 現年 歲係本人之

職業 住址 每月收入

（二）父名 號 現年 歲職業

住址 每月收入

母姓名 林氏 現年 55

（三）已否結婚 已婚 配偶姓名 顧萍 現年 26 歲籍貫 浙江 省 奉化 縣市

（四）子 人最長者現年 歲最幼者現年 歲

現入學校者 人學校名稱

現已服務者 人處所名稱

女 1 人最長者現年 6 歲最幼者現年 歲

現入學校者 人學校名稱

現已出嫁者 人

重庆电力股份有限公司一九四〇年入职职工（一九四四年六月十二日） 0219-1-29 0219-1-30 0219-1-31

143

（五）兄弟姊妹：

名	號	本人之	年齡	婚嫁否	職業	住址	備考

（六）除公司薪給外，本人尚有何種其他收入？

本人每月平均開支：

項目	開支金額
本人伙食	1,600.00
家庭開支	6,000.00
[illegible]	2,000.00
服裝費	4,000.00
總計	13,600.00

除去開支後能有積蓄否？無

若干

不敷開支時如何彌補？借

是否負債？無　若干？

何處借來？

歸還的方法

（乙）教育及經歷：

（　）曾受何等育教？

程度	學校名稱	校址	肄業期間 自年月至年月	所習科目	讀完幾年級	離校原因
本科	上海[illegible]	上海	民國十五年十二月至二十三年六月	英文	1st class	畢業

附註：請填所受最高級教育之名稱，或接近於所受之最高級教育者，例如高級職業學校畢業者，可填該高級職業學校，同時，並可填已受過教育之高級中學或初級中學，不識字，粗識字或只識字，并未入過學校者，請填「不識字」「粗識字」或「識字」

（二）在校時最感興趣之科目

144

（三）曾在何處服務：

機關名稱	地址	主管人姓名	月薪	服務期間 自 年 月至 年 月	離職原因
陝西禁烟[illegible]	西安	張[illegible]	60元	自24年1月至25年3	他調
禁烟督察處西安辦事處	西安	〃	80	自25年4月至26年12月	奉令他調
禁烟督察處老河口辦事處	湖北老河口	〃	100	自27年2月至28年8月	〃
第五戰區司令長官部	老河口	李宗仁	186	28年[illegible]月至31年6月	因病調治 [illegible]

（四）經歷中最感興趣之工作

（丙）業餘生活

（一）每日工作時間：　忙時　　　小時，平時　　　小時

（二）本人最喜歡的娛樂

（三）公餘經常作何消遣

（四）曾參加甚麼業餘團體：

名稱	性質	地址	主持人	何時加入	担任何種職務

（丁）有何特殊狀況，特殊興趣或特殊技能，請列舉於下：

（戊）本人之簽字蓋章：簽字 [illegible]　蓋章

填寫日期：民國 33 年 6 月 9 日

填寫人　　　　代填寫人

重庆电力股份有限公司一九四〇年入职职工（一九四四年六月十二日） 0219-1-29 0219-1-30 0219-1-31

146

用戶股

重慶電力股份有限公司

職工調查表

編　號 228

姓　名 楊世明

檢查號

147

姓名 楊世明 別號 [illegible] 籍貫 四川 省 巴 縣/市

出生年月：民國（前） 五 年 7 月 26 日現年 28 歲

是否黨員 黨員 黨證號數 [illegible] 是否團員 團證號數

現在住址 [illegible] 區 鎮 保 甲）

固定住址或通訊處 [illegible]

到職/工年月：民國 29 年 12 月 16 日

介紹人姓名 [illegible] 現年 歲籍貫 省 縣/市

職業 住址或通訊處 與本人關係

保證人姓名 [illegible] 號 現年 56 歲籍貫 湖北 省 縣/市

職業 鐘表業 現在住址 十八梯 76號

固定住址或通訊處 十八梯 76號 與本人關係 親戚

（甲）家庭狀況：

（一）家長名 楊[illegible] 號 現年 [illegible] 歲係本人之 兄

職業 [illegible] 住址 [illegible] 每月收入 [illegible]

（二）父名 號 現年 歲職業

住址 每月收入

母姓名 楊周氏 現年 68 歲

（三）已否結婚 已婚 配偶姓名 丁[illegible] 現年 25 歲籍貫 四川 省 江津 縣/市

（四）子 無 人最長者現年 歲最幼者現年 歲

現入學校者 人學校名稱

現已服務者 人處所名稱

女 無 人最長者現年 歲最幼者現年 歲

現入學校者 人學校名稱

現已出嫁者 人

重庆电力股份有限公司一九四〇年入职职工（一九四四年六月十二日） 0219-1-29 0219-1-30 0219-1-31

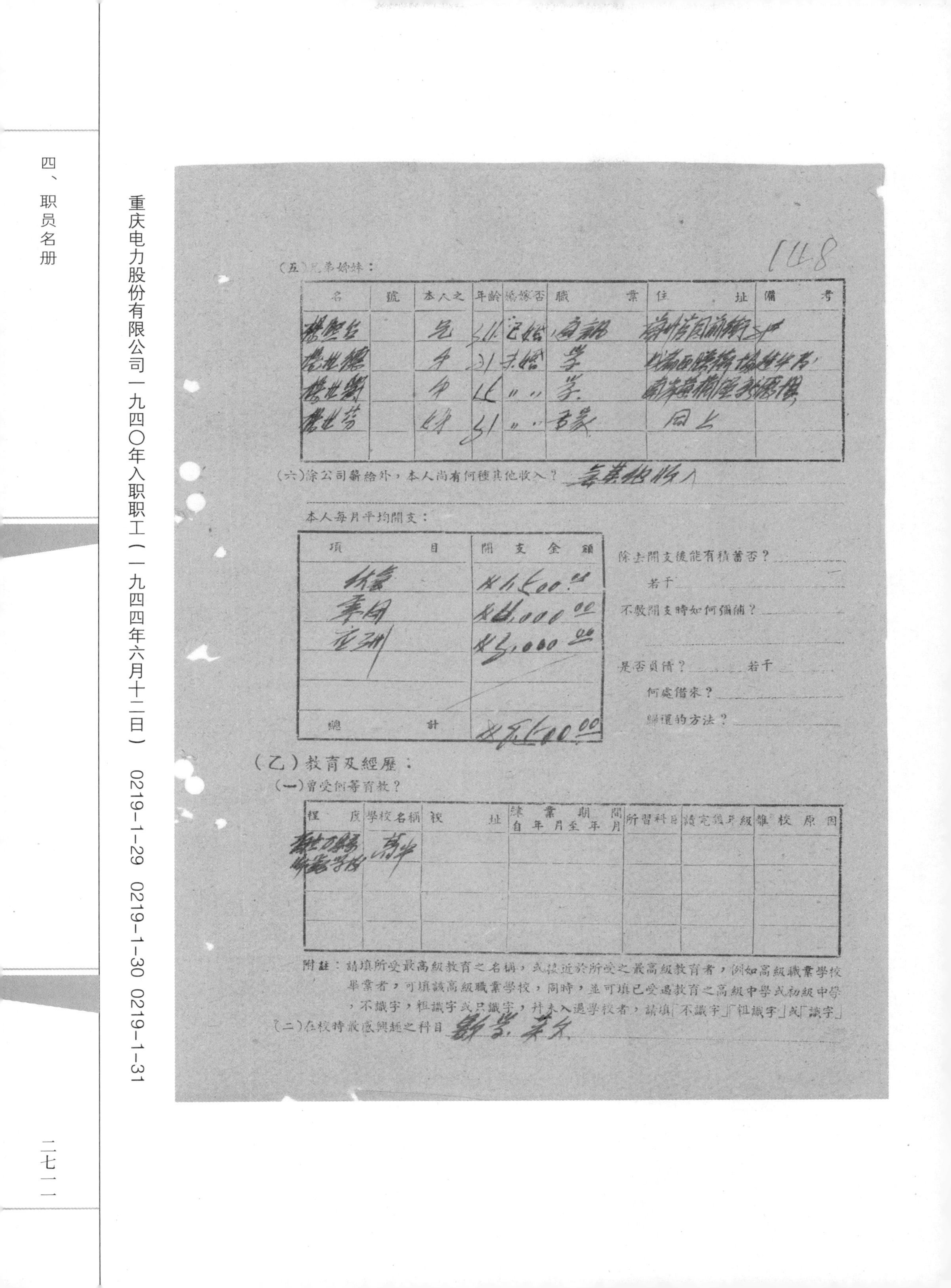

148

（五）兄弟姊妹：

名	號	本人之	年齡	婚嫁否	職業	住址	備考
[illegible]		兄	[illegible]	已婚	[illegible]	[illegible]	
[illegible]		弟	31	未婚	学	[illegible]	
[illegible]		弟	[illegible]	〃〃	学	[illegible]	
[illegible]		妹	[illegible]	〃〃	[illegible]	同上	

（六）除公司薪給外，本人尚有何種其他收入？ 無其他收入

本人每月平均開支：

項目	開支金額
伙食	¥1,500.00
零用	¥4,000.00
應酬	¥5,000.00
總計	¥[illegible]500.00

除去開支後能有積蓄否？

若干

不敷開支時如何彌補？

是否負債？ 若干

何處借來？

歸還的方法？

（乙）教育及經歷：

（一）曾受何等育教？

程度	學校名稱	校址	肄業期間 自 年 月至 年 月	所習科目	讀完幾年級	離校原因
[illegible]學校	[illegible]					

附註：請填所受最高級教育之名稱，或接近於所受之最高級教育者，例如高級職業學校畢業者，可填該高級職業學校，同時，並可填已受過教育之高級中學或初級中學，不識字，粗識字或只識字，并未入過學校者，請填「不識字」「粗識字」或「識字」

（二）在校時最感興趣之科目 [illegible]

重庆电力股份有限公司一九四〇年入职职工（一九四四年六月十二日） 0219-1-29 0219-1-30 0219-1-31

（三）曾在何處服務：

機關名稱	地址	主管人姓名	月薪	服務期間 自 年 月至 年 月	離職原因

（四）經歷中最感興趣之工作

（丙）業餘生活

（一）每日工作時間：忙時 8 小時，平時 6 小時

（二）本人最喜歡的娛樂

（三）公餘經常作何消遣

（四）曾參加甚麼業餘團體：

名稱	性質	地址	主持人	何時加入	担任何種職務

（丁）有何特殊狀況、特殊興趣或特殊技能，請列舉於下：

（戊）本人之簽字蓋章：簽字　　　　蓋章

填寫日期：民國 33 年 6 月 9 日

填寫人 楊世明　　代填寫人

150

重庆电力股份有限公司一九四〇年入职职工（一九四四年六月十二日） 0219-1-29 0219-1-30 0219-1-31

重庆电力股份有限公司一九四〇年入职职工（一九四四年六月十二日） 0219-1-29 0219-1-30 0219-1-31

重慶電力公司職工調查表

151

姓名	楊世明	
籍貫	四川省巴縣	
年齡	卅二岁	
出生年月日	民國前1年7月7日	
已否結婚	已婚	子 2 人 女 1 人
學歷	四川省立巴縣師範學校畢業，中央陸軍軍官學校第十六期學生步兵科畢業	
經歷	曾任民生公司班管理员，中央陸軍第十八師排連長副官等職	
擅長何種技能		
平日生活情形		
家庭經濟是否需要本人負担	本人負担	
每月負擔若干	捌拾元正	
到職日期	29年12月16日	
永久住址	南岸黃桷埡紅廠門 67	
本人通訊處 臨時	同上	
本人通訊處 永久	同上	

家庭狀況			
父名	亡故	職業	
母名	楊周氏	職業	居家
兄弟姊妹名號	楊熙台	職業	公路第……
	楊世德		學
	楊世錫		
	楊世祥		
資產 不動產	無		
資產 動產			
家長通訊處 臨時	仁濟		
家長通訊處 永久	南岸黃桷埡紅廠門 67		

介紹人			
姓名		別號	
籍貫	省 市（縣）		
年齡	歲	職業	
通訊處			
與本人關係			

保證人			
姓名	郭榮儀	別號	
籍貫	四川省璧山縣（市）		
年齡	35歲		
與本人關係	友誼		
職業及服務機關名稱	醫學院附設大藥房		
營業種類	藥		
開設地點	民權路39號		
通訊處 臨時	民權路39號		
通訊處 永久	民權路39號		

簽名蓋章 　　3年 10月 7日

重庆电力股份有限公司一九四〇年入职职工（一九四四年六月十二日） 0219-1-29 0219-1-30 0219-1-31

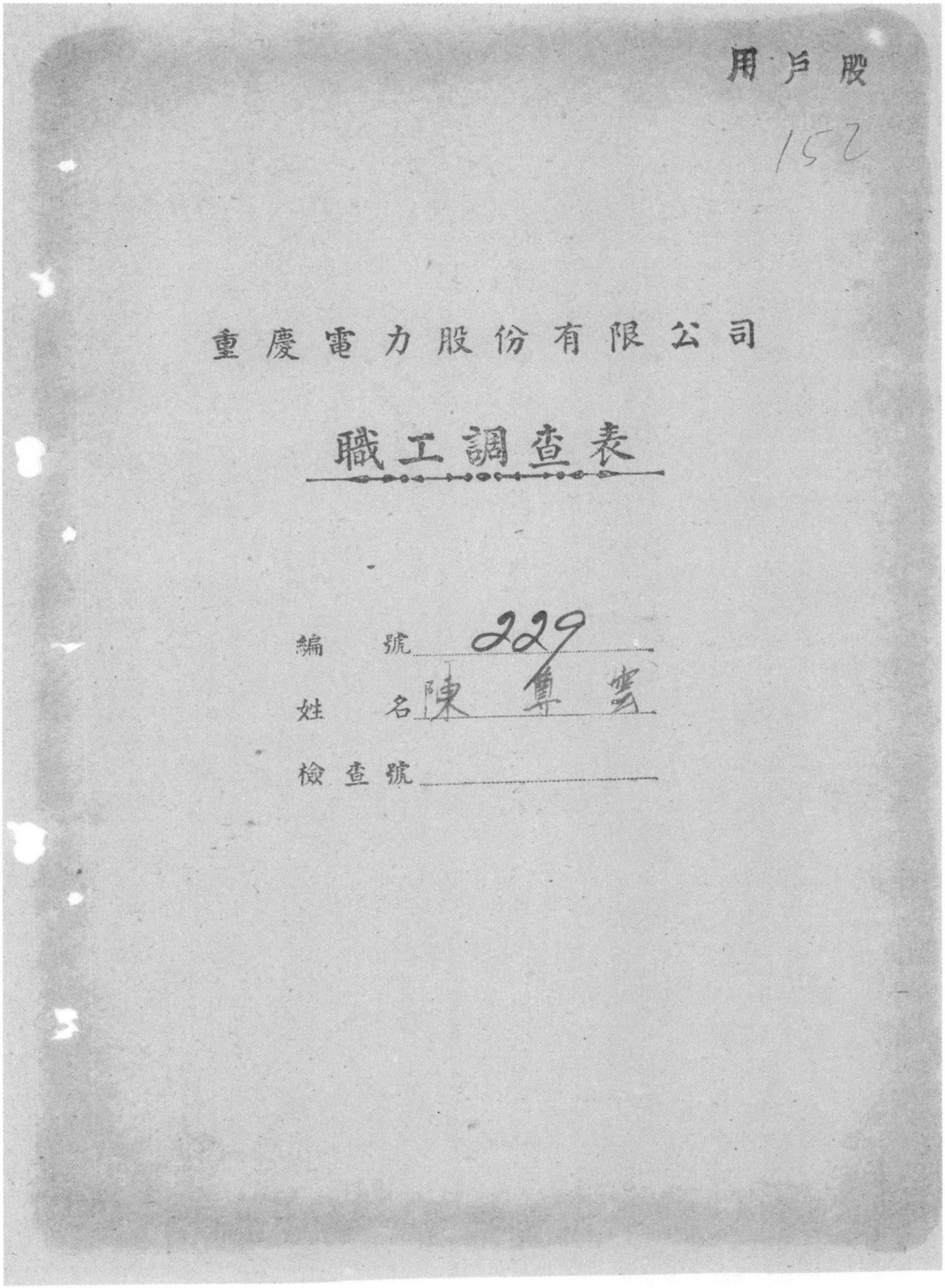

用戶股

152

重慶電力股份有限公司

職工調查表

編　號 229

姓　名 陳尊雲

檢查號

重庆电力股份有限公司一九四〇年入职职工（一九四四年六月十二日） 0219-1-29 0219-1-30 0219-1-31

1353

姓名陳尊崇 别號 籍貫四川省岳池縣市

出生年月：民國（前）四年三月三日現年廿九歲

是否黨員是 黨證號數1125 是否團員 團證號數

現在住址郵局巷32（三區東華觀鎮 保 甲）

固定住址或通訊處岳池縣政府肖文蕃轉岳池顧縣場

到職工年月：民國廿九年 月 日

介紹人姓名 號 現年 歲籍貫 省 縣市

職業 住址或通訊處 與本人關係

保證人姓名林健安號 現年廿八歲籍貫四川省岳池縣市

職業布商 現在住址本市較場口土布市內

固定住址或通訊處磁器街永華旅館與本人關係鄉誼

（甲）家庭狀況：

（一）家長名陳再膺號 現年六十歲係本人之父

職業農 住址岳池顧縣場 每月收入

（二）父名陳再膺號 現年六十歲職業農

住址 每月收入

母姓名楊明坤 現年六十歲

（三）已否結婚已 配偶姓名楊[illegible]現年二十七歲籍貫四川省岳池縣市

（四）子 人最長者現年 歲最幼者現年 歲

現入學校者 人學校名稱

現已服務者 人處所名稱

女一人最長者現年八歲最幼者現年 歲

現入學校者一人學校名稱篤行小學

現已出嫁者 人

本人住郵局巷家眷住黄桷[illegible]新填67#

154

（五）兄弟姊妹：

名	號	本人之	年齡	婚嫁否	職業	住址	備考

（六）除公司薪給外，本人尚有何種其他收入？

本人每月平均開支：

項目	開支金額
食（约）	$5,000.00
衣（约）	$3,000.00
住（约）	$500.00
杂支（约）	$3,000.00
应酬（约）	$1,200.00
總計	$12,700.00

除去開支後能有積蓄否？

若干

不敷開支時如何彌補？

是否負債？　　若干

何處借來？

歸還的方法？

（乙）教育及經歷：

（一）曾受何等育教？

程度	學校名稱	校址	肄業期間	所習科目	讀完幾年級	離校原因
高中	嘉陵	順慶	自22年7月至[illegible]年7月	普通	三年级	家境困难

附註：請填所受最高級教育之名稱，或接近於所受之最高級教育者，例如高級職業學校畢業者，可填該高級職業學校，同時，並可填已受過教育之高級中學或初級中學，不識字，粗識字或只識字，幷未入過學校者，請填「不識字」「粗識字」或「識字」

（二）在校時最感興趣之科目

1155

（三）曾在何處服務：

機關名稱	地址	主管人姓名	月薪	服務期間 自 年 月至 年 月	離職原因
岳池廣顧縣場		吳蜀青	(約)17.50		
完全小学教					
員及岳池縣		王元奎			
政府科員			(約)30.00		

（四）經歷中最感興趣之工作

（丙）業餘生活

（一）每日工作時間：忙時　　小時，平時　　小時

（二）本人最喜歡的娛樂　平劇

（三）公餘經常作何消遣　看書

（四）曾參加甚麼業餘團體：

名稱	性質	地址	主持人	何時加入	担任何種職務

（丁）有何特殊狀況，特殊興趣或特殊技能，請列舉於下：

（戊）本人之簽字蓋章：簽字　　　　蓋章

填寫日期：民國 33 年 6 月 8 日

填寫人 陳肇帶　代填寫人

重庆电力股份有限公司一九四〇年入职职工（一九四四年六月十二日） 0219-1-29 0219-1-30 0219-1-31

重庆电力股份有限公司一九四〇年入职职工（一九四四年六月十二日） 0219-1-29 0219-1-30 0219-1-31

重慶電力公司職工調查表

(157)

姓名	陳尊榮
籍貫	岳池
年齡	三三歲
出生年月日	民國前21年5月5日
已否結婚	已　子2人　女3人
學歷	岳池中學畢業
經歷	
種技擅能長何	
形情平日生活	
家庭經濟是否需要本人負担	全部負担
每月負擔若干	公司薪待遇尚不足
到勝日期	28年10月6日
永久住址	岳池顧縣塲
本人通訊處　臨時	郵政局32#
本人通訊處　永久	岳池縣銀行

家庭狀況

父名	陳再賡	職業	農
母名	楊明烈		
兄弟姊妹名號	陳亩恒	職業	農
資產　不動產	小康		
資產　動產			
家長通訊處　臨時			
家長通訊處　永久	岳池縣顧縣塲		

介紹人

姓名		別號	
籍貫	省　市（縣）		
年齡	歲	職業	
通訊處			
與本人關係			

保證人

姓名	彭宗山	別號	
籍貫	四川省巴縣（市）		
年齡	40歲		
與本人關係	友誼		
職業及服務機關名稱	賡和糧食公司		
營業種類	米粮		
開設地點	吴師爺巷1#		
通訊處　臨時	同上		
通訊處　永久	同上		

簽名蓋章 [印章]　37年10月6日

簿記股

重慶電力股份有限公司

職工調查表

編　號 094

姓　名 熊靜澤

檢查號

重庆电力股份有限公司一九四一年入职职工（一九四四年六月八日） 0219-1-29 0219-1-30

6

姓名 [illegible] 別號＿＿＿ 籍貫 四川 省 蓬 縣市

出生年月：民國(前) 六 年 八 月 十五 日現年 廿八 歲

是否黨員 否 黨證號數＿＿＿ 是否團員 否 團證號數＿＿＿

現在住址 中四路100号（ 六 區 [illegible] 鎮＿＿保＿＿甲）

固定住址或通訊處 [illegible]

到職工年月：民國 廿 年 三 月 八 日

介紹人姓名 [illegible] 號＿＿＿ 現年＿＿歲籍貫 四川 省 [illegible] 縣市

職業＿＿＿ 住址或通訊處 本公司 與本人關係 [illegible]

保證人姓名＿＿＿ 號＿＿＿ 現年＿＿歲籍貫＿＿＿省＿＿＿縣市

職業＿＿＿ 現在住址＿＿＿

固定住址或通訊處＿＿＿ 與本人關係＿＿＿

（甲）家庭狀況：

（一）家長名 [illegible] 號＿＿＿ 現年 五十 歲係本人之 母

職業 [illegible] 住址＿＿＿ 每月收入＿＿＿

（二）父名＿＿＿ 號＿＿＿ 現年＿＿歲職業＿＿＿

住址＿＿＿ 每月收入＿＿＿

母姓名＿＿＿ 現年＿＿＿

（三）已否結婚 已 配偶姓名 [illegible] 現年 廿四 歲籍貫 四川 省 成都 縣市

（四）子＿＿＿人最長者現年＿＿＿歲最幼者現年＿＿＿歲

現入學校者＿＿＿人學校名稱＿＿＿

現已服務者＿＿＿人處所名稱＿＿＿

女＿＿＿人最長者現年＿＿＿歲最幼者現年＿＿＿歲

現入學校者＿＿＿人學校名稱＿＿＿

現已出嫁者＿＿＿人

（五）兄弟姊妹：

名	號	本人之	年齡	婚嫁否	職業	住址	備考
[illegible]		姐	卅二	已	在家	[illegible]	
[illegible]		弟	廿三	未	商	大樑子大來公司	

（六）除公司薪給外，本人尚有何種其他收入？無

本人每月平均開支：

項目	開支金額
伙食及[illegible]費	6,000.00
日用品[illegible]費	5,000.00
應酬費	3,000.00
[illegible]開支	7,000.00
總計	廿一,000.00

除去開支後能有積蓄否？無

若干

不敷開支時如何彌補？[illegible]

是否負債？尚欠 若干 7,000.00

何處借來？親友

歸還的方法？[illegible]

（乙）教育及經歷：

（一）曾受何等育教？

程度	學校名稱	校址	肄業期間 自 年 月至 年 月	所習科目	讀完幾年級	離校原因
	志城高級商校	成都	卅年八至卅[illegible]年[illegible]	會計	三年級	畢業

附註：請填所受最高級教育之名稱，或接近於所受之最高級教育者，例如高級職業學校畢業者，可填該高級職業學校，同時，並可填已受過教育之高級中學或初級中學，不識字，粗識字或只識字，并未入過學校者，請填「不識字」「粗識字」或「識字」

（二）在校時最感興趣之科目 政府會計及銀行會計

重庆电力股份有限公司一九四一年入职职工（一九四四年六月八日） 0219-1-29 0219-1-30

（三）曾在何處服務：

機關名稱	地址	主管人姓名	月薪	服務期間 自　年　月至　年　月	離職原因
成都市政府	成都	[illegible]	六十		裁減
成都警察局	〃	[illegible]	四十		〃
四川省銀行	〃	[illegible]	一百一十		〃

（四）經歷中最感興趣之工作

（丙）業餘生活

（一）每日工作時間：　忙時[illegible]小時，平時　五　小時

（二）本人最喜歡的娛樂　運動及寫作

（三）公餘經常作何消遣　看書或運動

（四）曾參加甚麼業餘團體：

名稱	性質	地址	主持人	何時加入	担任何種職務

（丁）有何特殊狀況、特殊興趣或特殊技能，請列舉於下：

（戊）本人之簽字蓋章：簽字　[illegible]　蓋章

填寫日期：民國　33　年　6　月　10　日

填寫人＿＿＿＿＿＿　代填寫人＿＿＿＿＿＿

13

重慶電力股份有限公司

職工調查表

編　號　089

姓　名　顧景霖

檢查號

重庆电力股份有限公司一九四一年入职职工（一九四四年六月八日） 0219-1-29 0219-1-30

14

姓名 顧景霖 別號 立劍 籍貫 湖北 省 宜昌 縣市

出生年月：民國（前） 拾 年 拾壹 月 拾 日現年 廿三 歲

是否黨員 是 黨證號數 工字#820 是否團員＿＿ 團證號數＿＿

現在住址 本公司人和灣宿舍＿＿區＿＿鎮＿＿保＿＿甲）

固定住址或通訊處 本公司人和灣宿舍

到職工年月：民國 三十 年 三 月＿＿日

介紹人姓名＿＿號＿＿現年＿＿歲籍貫＿＿省＿＿縣市

職業＿＿住址或通訊處＿＿與本人關係＿＿

保證人姓名 王宗礼 號 賢卿 現年 卌七 歲籍貫 湖北 省 宜昌 縣

職業 商 現在住址 多吝路四明大藥房

固定住址或通訊處＿＿與本人關係 友誼

（甲）家庭狀況：

（一）家長名 顧慶楨 號 蘇臣 現年 四十七 歲係本人之 父親

職業 商 住址 南坪海棠溪 每月收入＿＿

（二）父名 顧慶楨 號 蘇臣 現年 四十七 歲職業 商

住址 南坪海棠溪 每月收入＿＿

母姓名 湯華蓉 現年 四十四

（三）已否結婚 否 配偶姓名＿＿現年＿＿歲籍貫＿＿省＿＿縣市

（四）子＿＿人最長者現年＿＿歲最幼者現年＿＿歲

現入學校者＿＿人學校名稱＿＿

現已服務者＿＿人處所名稱＿＿

女＿＿人最長者現年＿＿歲最幼者現年＿＿歲

現入學校者＿＿人學校名稱＿＿

現已出嫁者＿＿人

15

（五）兄弟姊妹：

名	號	本人之	年齡	婚嫁否	職業	住址	備考
景芬		妹	十九	否	學		
景[illegible]		弟	十七	否	學		
景芳		妹	十三	否	學	中心小学	
景秋		弟	九	否		〃	
景珊		妹	三	否			

（六）除公司薪給外，本人尚有何種其他收入？无其他收入

本人每月平均開支：

項目	開支金額
补助家用	伍仟元
本人伙食	贰仟元
弟妹學杂费	叁仟元
杂用（剃头洗衣等）	叁仟元
總計	

除去開支後能有積蓄否？毫无储蓄

若干

不敷開支時如何彌補？向朋友挪借

是否負債？是　若干 叁仟元

何處借來？朋友处

歸還的方法？

（乙）教育及經歷：

（一）曾受何等教育？

程度	學校名稱	校址	肄業期間 自年月至年月	所習科目	讀完幾年級	離校原因
高中	宜昌中学	宜昌新街	民国廿五年 至廿七年	普通	叁年级毕业	宜昌失陷

附註：請填所受最高級教育之名稱，或接近於所受之最高級教育者，例如高級職業學校畢業者，可填該高級職業學校，同時，並可填已受過教育之高級中學或初級中學，不識字，粗識字或只識字，并未入過學校者，請填「不識字」「粗識字」或「識字」

（二）在校特最感興趣之科目 科学、国文

16

（三）曾在何處服務：

機關名稱	地址	主管人姓名	月薪	服務期間 自 年 月至 年 月	離職原因

（四）經歷中最感興趣之工作

（丙）業餘生活

（一）每日工作時間： 忙時[illegible]小時，平時[illegible]小時

（二）本人最喜歡的娛樂 音樂、騎馬、[illegible]

（三）公餘經常作何消遣

（四）曾參加甚麼業餘團體：

名稱	性質	地址	主持人	何時加入	担任何種職務
湖北同鄉會		黨學巷	孔庚	廿九年	會員

（丁）有何特殊狀況、特殊興趣或特殊技能，請列舉於下：

（戊）本人之簽字蓋章：簽字 [illegible] 蓋章

填寫日期：民國卅三年六月八日

填寫人 顧景[illegible] 代填寫人

重庆电力股份有限公司一九四一年入职职工（一九四四年六月八日） 0219-1-29 0219-1-30

重庆电力股份有限公司一九四一年入职职工（一九四四年六月八日） 0219-1-29 0219-1-30

工務科

31

重慶電力股份有限公司

職工調查表

編　號 115

姓　名 吳昌悊

檢查號

重庆电力股份有限公司一九四一年入职职工（一九四四年六月八日） 0219-1-29 0219-1-30

1 32

姓名 吳昌恕 別號 籍貫 四川 省 青神 縣市

出生年月：民國（前） 6 年 10 月 9 日現年 27 歲

是否黨員 否 黨證號數 是否團員 否 團證號數

現在住址 國府路83号（ 6 區 大溪溝 鎮 3 保 1 甲）

固定住址或通訊處 四川青神縣

到職工年月：民國 30 年 9 月 5 日

介紹人姓名 徐軒齋 號 現年 歲籍貫 四川 省 盧 縣市

職業 政 住址或通訊處 四川水泥公司 與本人關係 世交

保證人姓名 黃新吾 號 現年 歲籍貫 四川 省 隆昌 縣市

職業 四川水泥公司總務科長 現在住址 四川水泥公司

固定住址或通訊處 四川水泥公司 與本人關係 世交

（甲）家庭狀況：

（一）家長名 吳永謙 號 吉仁 現年 62 歲係本人之 父親

職業 教育 住址 四川青神縣 每月收入

（二）父名 吳永謙 號 吉仁 現年 62 歲職業 教育

住址 四川青神縣 每月收入

母姓名 曾瑜 現年 60

（三）已否結婚 未 配偶姓名 現年 歲籍貫 省 縣市

（四）子 人最長者現年 歲最幼者現年 歲

現入學校者 人學校名稱

現已服務者 人處所名稱

女 人最長者現年 歲最幼者現年 歲

現入學校者 人學校名稱

現已出嫁者 人

33

（五）兄弟姊妹：

名	號	本人之	年齡	已嫁否	職業	住址	備考
吳昌潤		弟	19	未	學生		
吳昌秀		妹	16	未	學生		

（六）除公司薪給外，本人尚有何種其他收入？ 毫無其他收入

本人每月平均開支： 量收入多寡而開支，故無積蓄，亦不負債。

項目	開支金額
總計	

除去開支後能有積蓄否？ 無

若干

不敷開支時如何彌補？

是否負債？ 若干

何處借來？

歸還的方法？

（乙）教育及經歷：

（一）曾受何等教育？

程度	學校名稱	校址	肄業期間 自 年 月至 年 月	所習科目	讀完幾年級	離校原因
大學	重慶大學	重慶	30年7月畢業			

附註：請填所受最高級教育之名稱，或接近於所受之最高級教育者，例如高級職業學校畢業者，可填該高級職業學校，同時，並可填已受過教育之高級中學或初級中學，不識字，粗識字或只識字，并未入過學校者，請填「不識字」「粗識字」或「識字」

（二）在校時最感興趣之科目 有關工程之科學皆感興趣

重庆电力股份有限公司一九四一年入职职工（一九四四年六月八日） 0219-1-29 0219-1-30

（三）曾在何處服務：

機關名稱	地址	主管人姓名	月薪	服務期間 自 年 月至 年 月	離職原因

（四）經歷中最感興趣之工作

（丙）業餘生活

（一）每日工作時間：忙時 10 小時，平時 8 小時

（二）本人最喜歡的娛樂 正當娛樂之有益身心者皆喜以

（三）公餘經常作何消遣 閱書報

（四）曾參加甚麼業餘團體：

名稱	性質	地址	主持人	何時加入	担任何種職務

（丁）有何特殊狀況，特殊興趣或特殊技能，請列舉於下：

（戊）本人之簽字蓋章：簽字 吴吕想 蓋章

填寫日期：民國 33 年 6 月 9 日

填寫人 代填寫人

重庆电力股份有限公司一九四一年入职职工（一九四四年六月八日） 0219-1-29 0219-1-30

重庆电力股份有限公司一九四一年入职职工（一九四四年六月八日） 0219-1-29 0219-1-30

重慶電力公司職工調查表

36

姓名	吳昌熙		
籍貫	四川青神		
年齡	三十一岁		
出生年月日	民國（前）6年10月9日		
已否結婚	已婚	子 二 人	女 一 人
學歷	重慶大學工學士		
經歷	重慶電力公司工程師		
擅長何種技能	電氣工程		
平日生活情形			
家庭經濟是否需要本人負担	需要		
每月負擔若干	全部薪津		
到職日期	30年9月10日		
永久住址			
本人通訊處 臨時	本公司大溪溝廠		
本人通訊處 永久	四川青神縣		

家庭狀況

父名	吳吉仁	職業	理家
母名			
兄弟姊妹名號	吳昌源	職業	教育
資產 不動產			
資產 動產			
家長通訊處 臨時	四川青神縣		
家長通訊處 永久			

介紹人

姓名	席新齋	別號	
籍貫	四川省瀘市（縣）		
年齡	歲	職業	商
通訊處	四川水泥廠		
與本人關係	世誼		

保證人

姓名	陳居乾	別號	
籍貫	四川省富順縣（市）		
年齡	31歲		
與本人關係	同學		
職業及服務機關名稱	正中書局經理		
營業種類			
開設地點			
通訊處 臨時	中一路正中書局		
通訊處 永久			

簽名蓋章 吳昌熙 3?年10月9日

重庆电力股份有限公司一九四一年入职职工（一九四四年六月八日） 0219-1-29 0219-1-30

簿記股

49

重慶電力股份有限公司

職工調查表

編　號 096

姓　名 崔穗冰

檢查號

50

姓名 崔德洣 别號 籍貫 四川 省 成都 縣市

出生年月：民國（前） 十一 年 正 月 廿三 日現年 廿三 歲

是否黨員 是 黨證號數 工字456 是否團員 團證號數

現在住址 重慶（ 六 區 曾家岩 鎮 三 保 甲）

固定住址或通訊處 成都文聖街第五號

到職工年月：民國 卅 年 九 月 日

介紹人姓名 黄大庸 號 緒役 現年 歲籍貫 四川 省 犍為 縣市

職業 公司稽核 住址或通訊處 總公司 與本人關係 师生

保證人姓名 號 現年 歲籍貫 省 縣市

職業 現在住址

固定住址或通訊處 與本人關係

（甲）家庭狀況：

（一）家長名 崔幼明 號 現年 廿八 歲係本人之 兄

職業 教育 住址 成都文聖街第五號 每月收入 甚少

（二）父名 已故 號 現年 歲職業

住址 每月收入

母姓名 劉逸仙 現年 五十 歲

（三）已否結婚 未婚 配偶姓名 現年 歲籍貫 省 縣市

（四）子 人最長者現年 歲最幼者現年 歲

現入學校者 人學校名稱

現已服務者 人處所名稱

女 人最長者現年 歲最幼者現年 歲

現入學校者 人學校名稱

現已出嫁者 人

重庆电力股份有限公司一九四一年入职职工（一九四四年六月八日） 0219-1-29 0219-1-30

重庆电力股份有限公司一九四一年入职职工（一九四四年六月八日） 0219-1-29 0219-1-30

51

（五）兄弟姊妹：

名	號	本人之	年齡	婚嫁否	職業	住址	備考
崔幼明			卅八	已婚	教	成都	
崔德輝			廿二	未	讀書	〃	

（六）除公司薪給外，本人尚有何種其他收入？每月坐本公室 並無意外收入 惟每月需付債務一些 月終尚欠尚有一奠節宽

本人每月平均開支：

項目	開支金額
伙食	3500元
房租家務	1500元
必要開支	4000元
其他開支	3000元
理髮洗衣等	1500元
總計	共13500元

除去開支後能有積蓄否？毫無積蓄

若干 無.00

不敷開支時如何彌補？節省

是否負債？確負債 若干 約6000元

何處借來？親戚朋友

歸還的方法？借乙還甲借丙還乙 依次循環以全信用

（乙）教育及經歷：

（一）曾受何等育教？

程度	學校名稱	校址	肄業期間 自年月至年月	所習科目	讀完幾年級	離校原因
高商	志城	成都	自廿八年至卅年	会計	三	

附註：請填所受最高級教育之名稱，或接近於所受之最高級教育者，例如高級職業學校畢業者，可填該高級職業學校，同時，並可填已受過教育之高級中學或初級中學，不識字，粗識字或只識字，并未入過學校者，請填「不識字」「粗識字」或「識字」

（二）在校時最感興趣之科目 打算盤

重庆电力股份有限公司一九四一年入职职工（一九四四年六月八日） 0219-1-29 0219-1-30

50

（三）曾在何處服務：

機關名稱	地址	主管人姓名	月薪	服務期間 自 年 月至 年 月	離職原因

（四）經歷中最感興趣之工作

（丙）業餘生活

（一）每日工作時間：忙時 8 小時，平時 8 小時

（二）本人最喜歡的娛樂

（三）公餘經常作何消遣 压马路喝清茶谈天

（四）曾參加甚麼業餘團體：

名稱	性質	地址	主持人	何時加入	担任何種職務

（丁）有何特殊狀況，特殊興趣或特殊技能，請列舉於下：

（戊）本人之簽字蓋章：

簽字 [illegible] 蓋章

填寫日期：民國卅三年六月九日

填寫人 [illegible] 代填寫人

76

收費股

76

重慶電力股份有限公司

職工調查表

編　號 147

姓　名 馮體玫

檢查號

重庆电力股份有限公司一九四一年入职职工（一九四四年六月八日） 0219-1-29 0219-1-30

77

姓名 馮傳政 別號＿＿＿ 籍貫 四川 省 瀘 縣
出生年月：民國(~~前~~) 六 年 九 月 三十 日現年 二十七 歲
是否黨員 是 黨證號數 未發下 是否團員＿＿ 團證號數＿＿＿
現在住址 和平路四十九號（＿＿區＿＿鎮＿＿保＿＿甲）
固定住址或通訊處 同上
到職年月：民國 三十 年 六 月 十九 日

介紹人姓名 黃大庸 號＿＿ 現年＿＿歲籍貫＿＿省＿＿縣市
職業＿＿ 住址或通訊處＿＿＿ 與本人關係 友誼
保證人姓名＿＿ 號＿＿ 現年＿＿歲籍貫＿＿省＿＿縣市
職業＿＿＿ 現在住址＿＿＿
固定住址或通訊處＿＿＿ 與本人關係＿＿＿

（甲）家庭狀況：

（一）家長名＿＿ 號＿＿ 現年＿＿歲係本人之＿＿
職業＿＿ 住址＿＿＿ 每月收入＿＿
（二）父名 馮野樵 號＿＿ 現年 五十一 歲職業 經商
住址 瀘縣 每月收入 6,000.—
母姓名 馮蕭秀淑 現年 五十 歲
（三）已否結婚 已婚 配偶姓名 施永康 現年 廿五 歲籍貫 四川 省 瀘 縣
（四）子 二 人最長者現年 五 歲最幼者現年 二 歲
現入學校者＿＿人學校名稱＿＿＿
現已服務者＿＿人處所名稱＿＿＿
女＿＿人最長者現年＿＿歲最幼者現年＿＿歲
現入學校者＿＿人學校名稱＿＿＿
現已出嫁者＿＿人

（五）兄弟姊妹：

名	號	本人之	年齡	婚嫁否	職業	住址	備考
[illegible]		妹	十四	已嫁			
[illegible]		〃	廿	未嫁			
[illegible]		〃	十一	〃			

（六）除公司薪給外，本人尚有何種其他收入？無

本人每月平均開支：

項目	開支金額
油	1000.—
米	1400.—
柴	1000.—
菜	4000.—
其他雜支	7000.—
總計	

除去開支後能有積蓄否？收支尚可平衡

若干

不敷開支時如何彌補？

是否負債？　　若干

何處借來？

歸還的方法？

（乙）教育及經歷：

（一）曾受何等教育？

程度	學校名稱	校址	肄業期間 自年月至年月	所習科目	讀完幾年級	離校原因
高中	[illegible]	[illegible]	廿六年九月至廿九年七月	普通	三年級	畢業

附註：請填所受最高級教育之名稱，或接近於所受之最高級教育者，例如高級職業學校畢業者，可填該高級職業學校，同時，並可填已受過教育之高級中學或初級中學，不識字，粗識字或只識字，幷未入過學校者，請填「不識字」「粗識字」或「識字」

（二）在校時最感興趣之科目 數科及體育

179

（三）曾在何處服務：

機關名稱	地址	主管人姓名	月薪	服務期間 自 年 月至 年 月	離職原因
集義鹽號	新打銅街	李文衡	廿五元	自廿九年至卅一年五月	營業結束
新蜀報	[illegible]	[illegible]	一百元	自卅一年至本年底	入本公司服務

（四）經歷中最感興趣之工作 會計

（丙）業餘生活

（一）每日工作時間： 忙時 七 小時，平時 一 小時

（二）本人最喜歡的娛樂 電影及話劇

（三）公餘經常作何消遣 讀報

（四）曾參加甚麼業餘團體：

名稱	性質	地址	主持人	何時加入	担任何種職務

（丁）有何特殊狀況、特殊興趣或特殊技能，請列舉於下

（戊）本人之簽字蓋章：簽字 連偉政 蓋章 [illegible]

填寫日期：民國 卅三 年 六 月 八 日

填寫人 連偉政 代填寫人

重庆电力股份有限公司一九四一年入职职工（一九四四年六月八日） 0219-1-29 0219-1-30

80

重慶電力公司職工調查表

姓名	馮體政
籍貫	瀘縣
年齡	卅二歲
出生年月日	民國前 廿年九月卅日
已否結婚	已婚　子 二 人　女 人
學歷	瀘縣縣立中學高中部畢業
經歷	曾任新蜀報會計兩年
擅長何種技能	
平日生活情形	
家庭經濟是否需要本人負担	需要負担
每月負擔若干	全部薪津
到職日期	卅 年 六 月 日
永久住址	瀘縣小市中街五十九號
本人通訊處 臨時	十八梯公司宿舍
本人通訊處 永久	

家庭狀況

父名	馮野莊	職業	醫
母名	黃淑淑	職業	
兄弟姊妹名號	尚忠	職業	儲運處
資產 不動產			
資產 動產			
家長通訊處 臨時	瀘縣小市中街五十九號		
家長通訊處 永久			

介紹人

姓名	黃大康	別號	
籍貫	省		市（縣）
年齡	歲	職業	
通訊處			
與本人關係			

保證人

姓名	邱 湯	別號	
籍貫	省	瀘	縣（市）
年齡	卅三 歲		
與本人關係	友誼		
職業及服務機關名稱	警備司令部法官		
營業種類			
開設地點			
通訊處 臨時	警備部		
通訊處 永久	瀘縣安瀾場		

簽名蓋章　　卅七年 十 月 十三 日

重庆电力股份有限公司一九四一年入职职工（一九四四年六月八日） 0219-1-29 0219-1-30

用户 85

重慶電力股份有限公司

職工調查表

編號 140

姓名 鄭忠崇

檢查號

86

姓名鄭忠崇 別號________ 籍貫 四川 省 崇慶 縣市

出生年月：民國（前） 四 年 六 月 四 日 現年 廿九 歲

是否黨員 ___ 黨證號數 軍黨三七一 是否團員 ___ 團證號數 ________

現在住址 中四路 （____區____鎮____保____甲）

固定住址或通訊處 成都梨花街廿五七號

到職年月：民國 三十 年 三 月 一 日

介紹人姓名 張儒修 號________ 現年 卅八 歲 籍貫 四川 省 成都 縣市

職業 商業 住址或通訊處 李子壩 與本人關係 友誼

保證人姓名 李樹衡 號________ 現年 卅五 歲 籍貫 四川 省 隆昌 縣市

職業 政 現在住址 江北後方勤務部政治部

固定住址或通訊處 江北 龔家花園 與本人關係 親戚

（甲）家庭狀況：

（一）家長名 鄭嗣蘐 號________ 現年 卅四 歲 係本人之 兄

職業 政 住址 成都梨花街 每月收入________

（二）父名 鄭動椿 號________ 現年 七五 歲 職業 商

住址 成都梨花街 每月收入________

母姓名 李氏 現年 七三

（三）已否結婚 未 配偶姓名________ 現年____歲 籍貫____省____縣市

（四）子____人 最長者現年____歲 最幼者現年____歲

現入學校者____人 學校名稱________

現已服務者____人 處所名稱________

女____人 最長者現年____歲 最幼者現年____歲

現入學校者____人 學校名稱________

現已出嫁者____人

87

（五）兄弟姊妹：

名	號	本人之	年齡	婚嫁否	職業	住址	備考
鄭瑞芝		兄	卅五	已婚	政	成都	
鄭嗣襄		〃	卅四	〃	〃	〃	
鄭壽重		弟		未婚	郵政	樂山	
鄭[illegible]榮		〃			本公司	重慶	

（六）除公司薪給外，本人尚有何種其他收入？ 無

本人每月平均開支：

項目	開支金額
總計	

除去開支後能有積蓄否？

若干

不敷開支時如何彌補？

是否負債？ 若干

何處借來？

歸還的方法？

（乙）教育及經歷：

（一）曾受何等育教？

程度	學校名稱	校址	肄業期間 自年月至年月	所習科目	讀完幾年級	離校原因
	華陽高小	蓉	十六年至十八年			畢業
	成都中學	〃	十九至廿一年			〃
	建國高中	〃	廿二至			肄業
	中央軍校	南京後遷[illegible]	廿七至廿八年			畢業

附註：請填所受最高級教育之名稱，或接近於所受之最高級教育者，例如高級職業學校畢業者，可填該高級職業學校，同時，並可填已受過教育之高級中學或初級中學，不識字，粗識字或只識字，并未入過學校者，請填「不識字」「粗識字」或「識字」

（二）在校特最感興趣之科目

88

（三）曾在何處服務：

機關名稱	地址	主管人姓名	月薪	服務期間 自 年 月至 年 月	離職原因
别動總隊	重慶	康澤		民廿六至廿七年	
西安分營	西安	蔣鼎文		廿八年至廿八年三月	
第三預備師	寶鷄	周[illegible]		廿八年至廿九年五月	
軍政部軍需訓練班	重慶	周駿彥		廿九年至卅年二月	
軍需校學員班	桂林	陳良		卅年至卅一年一月	
軍委会政治部	重慶	張治中		卅一年至本年三月	

（四）經歷中最感興趣之工作

（丙）業餘生活

（一）每日工作時間：忙時＿＿小時，平時＿＿小時

（二）本人最喜歡的娛樂

（三）公餘經常作何消遣

（四）曾參加甚麼業餘團體：

名稱	性質	地址	主持人	何時加入	担任何種職務

（丁）有何特殊狀況，特殊興趣或特殊技能，請列舉於下：

（戊）本人之簽字蓋章：簽字 鄭忠榮 蓋章

填寫日期：民國 33 年 6 月 8 日

填寫人＿＿＿＿代填寫人

重庆电力股份有限公司一九四一年入职职工（一九四四年六月八日） 0219-1-29 0219-1-30

重慶電力公司職工調查表

90

姓名	鄭忠宇（印）				
籍貫	崇慶縣				
年齡	卅五				
出生年月日	民國前二年六月四日				
已否結婚	已	子　人	女　人		
學歷	建國高中及中央軍校畢業，四川大學肄業				
經歷	曾任隊長及軍事教官政治指導員科長等職				
擅長何種技能					
平日生活情形					
家庭經濟是否需要本人負担					
每月負擔若干					
到職日期	叁拾年叁月　日				
永久住址	成都青羊場沙堰				
本人通訊處	臨時	本公司			
	永久	成都青羊場沙堰鄭宅			

家庭狀況

父名	樹棠	職業	商	
母名	李氏			
兄弟姊妹名號	鄭瑞芝	職業	醫	
	嗣農		軍政	
	寄重		郵政	
	傑棠		學	
資產	不動產	壹萬元		
	動產	貳仟元		
家長通訊處	臨時	成都南大街廿五號		
	永久	成都青羊宮側沙堰鄭宅		

介紹人

姓名	張儒修	別號	
籍貫	四川省成都市（縣）		
年齡	四十歲	職業	
通訊處	成都石馬巷		
與本人關係	友誼		

保證人

姓名	李國棟	別號	
籍貫	四川省成都縣（市）		
年齡	卅二歲		
與本人關係	親戚		
職業及服務機關名稱	民生公司		
營業種類	航業		
開設地點	道門口		
通訊處	臨時	道門口民生公司編審課	
	永久	南岸民生新村宿舍	

簽名蓋章　　33年10月7日

重庆电力股份有限公司一九四一年入职职工（一九四四年六月八日） 0219-1-29 0219-1-30

用戶股

115

重慶電力股份有限公司

職工調查表

編　號 219

姓　名 李培陽

檢查號

重庆电力股份有限公司一九四一年入职职工（一九四四年六月八日） 0219-1-29 0219-1-30

116

姓名 李培陽 別號 ______ 籍貫 山西 省 陽高 縣

出生年月：民國（清） 三 年 十 月 二十四 日 現年 三十一 歲

是否黨員 ____ 黨證號數 ______ 是否團員 ____ 團證號數 ______

現在住址 郵政局巷卅二號 ______ 區 ______ 鎮 ______ 保 ______ 甲）

固定住址或通訊處 ______

到職工年月：民國 三十 年 十 月 ______ 日

介紹人姓名 余克禩 號 ______ 現年 三十三 歲 籍貫 湖南 省 ______ 縣市

職業 ______ 住址或通訊處 郵政局巷32 與本人關係 友

保證人姓名 [illegible] 號 ______ 現年 ______ 歲 籍貫 ______ 省 ______ 縣市

職業 ______ 現在住址 較陽巷特三號

固定住址或通訊處 ______ 與本人關係 友

（甲）家庭狀況：

（一）家長名 李蓋丞 號 ______ 現年 五十四 歲 係本人之 父

職業 ______ 住址 ______ 每月收入 ______

（二）父名 李蓋丞 號 ______ 現年 五十四 歲 職業 ______

住址 ______ 每月收入 ______

母姓名 趙氏（仁[illegible]） 現年 ______

（三）已否結婚 ______ 配偶姓名 ______ 現年 ______ 歲 籍貫 ______ 省 ______ 縣市

（四）子 ______ 人 最長者現年 ______ 歲 最幼者現年 ______ 歲

現入學校者 ______ 人 學校名稱 ______

現已服務者 ______ 人 處所名稱 ______

女 ______ 人 最長者現年 ______ 歲 最幼者現年 ______ 歲

現入學校者 ______ 人 學校名稱 ______

現已出嫁者 ______ 人

重庆电力股份有限公司一九四一年入职职工（一九四四年六月八日） 0219-1-29 0219-1-30

117

（五）兄弟姊妹

名	號	本人之	年齡	婚嫁否	職業	住址	備考
無							

（六）除公司薪給外，本人尚有何種其他收入？ 無

本人每月平均開支：

項目	開支金額
伙食	＄4,000
購製衣物	5,000
孩子們零用	7,000
總計	＄16,000

除去開支後能有積蓄否？ 無

若干

不敷開支時如何彌補？

是否負債？ 若干？

何處借來？

歸還的方法

（乙）教育及經歷：

（一）曾受何等育教？

程度	學校名稱	校址	肄業期間 自 年 月至 年 月	所習科目	讀完幾年級	離校原因
小学	陽高县立小学	陽高				
中学	北平市立一中	北平				
大学	北平大学工学院	北平				

附註：請填所受最高級教育之名稱，或接近於所受之最高級教育者，例如高級職業學校畢業者，可填該高級職業學校，同時，並可填已受過教育之高級中學或初級中學，不識字，粗識字或只識字，並未入過學校者，請填「不識字」「粗識字」或「識字」

（二）在校時最感興趣之科目 工程

118

（三）曾在何處服務：

機關名稱	地址	主管人姓名	月薪	服務期間 自 年 月至 年 月	離職原因
中國興業公司	重慶		卅150		辭職
軍政部電信廠	〃		卅80		〃

（四）經歷中最感興趣之工作

（丙）業餘生活

（一）每日工作時間：忙時____小時，平時____小時

（二）本人最喜歡的娛樂 電影 話劇 爬山 游泳

（三）公餘經常作何消遣

（四）曾參加甚麼業餘團體：

名稱	性質	地址	主持人	何時加入	担任何種職務

（丁）有何特殊狀況，特殊興趣或特殊技能，請列舉於下：

（戊）本人之簽字蓋章：簽字 李培陽 蓋章

填寫日期：民國三十三年六月十日

填寫人____________代填寫人

119

重庆电力股份有限公司一九四一年入职职工（一九四四年六月八日） 0219-1-29 0219-1-30

簿記股

53

重慶電力股份有限公司

職工調查表

編　號 098

姓　名 徐自擇

檢查號

重庆电力股份有限公司一九四二年入职职工（一九四四年六月十日） 0219-1-29 0219-1-30 0219-1-31

54

姓名 徐自律 別號＿＿ 籍貫 四川 省 璧山 縣/市

出生年月：民國（前） 元 年 7 月 21 日現年 33 歲

是否黨員＿＿ 黨證號數＿＿ 是否團員＿＿ 團證號數＿＿

現在住址 本公司（＿＿區＿＿鎮＿＿保＿＿甲）

固定住址或通訊處 璧山東街27號

到職工年月：民國 31 年 5 月 14 日

介紹人姓名 劉德惠 號＿＿ 現年 27 歲籍貫 四川 省 巴 縣/市

職業＿＿ 住址或通訊處 中四路一〇〇號 與本人關係 友

保證人姓名＿＿ 號＿＿ 現年＿＿ 歲籍貫＿＿ 省＿＿ 縣/市

職業＿＿ 現在住址＿＿

固定住址或通訊處＿＿ 與本人關係＿＿

（甲）家庭狀況：

（一）家長名＿＿ 號＿＿ 現年＿＿ 歲係本人之＿＿

職業＿＿ 住址＿＿ 每月收入＿＿

（二）父名＿＿ 號＿＿ 現年＿＿ 歲職業＿＿

住址＿＿ 每月收入＿＿

母姓名＿＿ 現年＿＿ 歲

（三）已否結婚 已婚 配偶姓名 伍朝芳 現年 34 歲籍貫 四川 省 璧山 縣/市

（四）子＿＿人最長者現年＿＿歲最幼者現年＿＿歲

現入學校者＿＿人學校名稱＿＿

現已服務者＿＿人處所名稱＿＿

女＿＿人最長者現年＿＿歲最幼者現年＿＿歲

現入學校者＿＿人學校名稱＿＿

現已出嫁者＿＿人

55

（五）兄弟姊妹：

名	號	本人之	年齡	婚嫁否	職業	住址	備考

（六）除公司薪給外，本人尚有何種其他收入？

本人每月平均開支：

項目	開支金額
食費	$7600.00
服裝費	$2800.00
樵費	$3200.00
其他費	$2500.00
總計	$18100.00

除去開支後能有積蓄否？沒有

若干

不敷開支時如何彌補？借貸

是否負債？負債 若千 一仟餘元

何處借來？親戚朋友

歸還的方法？揭如歸還

（乙）教育及經歷：

（一）曾受何等育教？

程度	學校名稱	校址	肄業期間 自 年 月至 年 月	所習科目	讀完幾年級	離校原因

附註：請填所受最高級教育之名稱，或接近於所受之最高級教育者，例如高級職業學校畢業者，可填該高級職業學校，同時，並可填已受過教育之高級中學或初級中學，不識字，粗識字或只識字，并未入過學校者，請填「不識字」「粗識字」或「識字」

（二）在校時最感興趣之科目

56

（三）曾在何處服務：

機關名稱	地址	主管人姓名	月薪	服務期間 自 年 月至 年 月	離職原因

（四）經歷中最感興趣之工作

（丙）業餘生活

（一）每日工作時間：忙時 8 小時，平時 8 小時

（二）本人最喜歡的娛樂

（三）公餘經常作何消遣

（四）曾參加甚麼業餘團體：

名稱	性質	地址	主持人	何時加入	担任何種職務

（丁）有何特殊狀况、特殊興趣或特殊技能，請列舉於下：

（戊）本人之簽字蓋章：簽字 徐有律 蓋章

填寫日期：民國 33 年 6 月 9 日

填寫人 代填寫人

重庆电力股份有限公司一九四二年入职职工（一九四四年六月十日） 0219-1-29 0219-1-30 0219-1-31

重庆电力股份有限公司一九四二年入职职工（一九四四年六月十日） 0219-1-29 0219-1-30 0219-1-31

61

簿記股

重慶電力股份有限公司

職工調查表

編　號 102

姓　名 冷榮喜

檢查號

重庆电力股份有限公司一九四二年入职职工（一九四四年六月十日） 0219-1-29 0219-1-30 0219-1-31

62

姓名 冷荣喜 别號＿＿＿ 籍貫 四川 省 巴 縣市

出生年月：民國（前） 五 年 十二 月 十七 日現年 廿八 歲

是否黨員＿＿＿ 黨證號數＿＿＿ 是否團員＿＿＿ 團證號數＿＿＿

現在住址 公司宿舍 ~~巴縣馬王鄉~~（＿＿區＿＿鎮＿＿保＿＿甲）

固定住址或通訊處 巴縣馬王鄉

到職（工）年月：民國 三十一 年 九 月 一 日

介紹人姓名 學校介绍 號＿＿＿ 現年＿＿ 歲籍貫＿＿＿ 省＿＿＿ 縣市

職業＿＿＿ 住址或通訊處＿＿＿ 與本人關係＿＿＿

保證人姓名＿＿＿ 號＿＿＿ 現年＿＿ 歲籍貫＿＿＿ 省＿＿＿ 縣市

職業＿＿＿ 現在住址＿＿＿

固定住址或通訊處＿＿＿ 與本人關係＿＿＿

（甲）家庭狀況：

（一）家長名＿＿＿ 號＿＿＿ 現年＿＿ 歲係本人之＿＿＿

職業＿＿＿ 住址＿＿＿ 每月收入＿＿＿

（二）父名 已故 號＿＿＿ 現年＿＿ 歲職業＿＿＿

住址＿＿＿ 每月收入＿＿＿

母姓名 冷郭氏 現年 六十 歲

（三）已否結婚 未 配偶姓名＿＿＿ 現年＿＿ 歲籍貫＿＿＿ 省＿＿＿ 縣市

（四）子＿＿ 人最長者現年＿＿ 歲最幼者現年＿＿ 歲

現入學校者＿＿ 人學校名稱＿＿＿

現已服務者＿＿ 人處所名稱＿＿＿

女＿＿ 人最長者現年＿＿ 歲最幼者現年＿＿ 歲

現入學校者＿＿ 人學校名稱＿＿＿

現已出嫁者＿＿ 人

63

（五）兄弟姊妹：

名	號	本人之	年齡	婚嫁否	職業	住址	備考
冷伯鈞		兄		婚	農	巴縣馬王鄉	已分居
冷康寧		兄					
冷荣清		姊		嫁	農	本市石橋鋪	

（六）除公司薪給外，本人尚有何種其他收入？ 無

本人每月平均開支：

項目	開支金額
伙食	$4,500.00元
漿洗	400.00元
住	1,000.00元
雜項	4,000.00元
日常用品	3,000.00元
總計	$12,800.00元

除去開支後能有積蓄否？ 無

若干

不敷開支時如何彌補？ 負債

是否負債？ 負債 若干 $4,[illegible]元

何處借來？ 親戚

歸還的方法？

（乙）教育及經歷：

（一）曾受何等教育？

程度	學校名稱	校址	肄業期間 自年月至年月	所習科目	讀完幾年級	離校原因
中学	省立高商校	巴縣馬王鄉	28年至31年	会计学科	畢業	

附註：請填所受最高級教育之名稱，或接近於所受之最高級教育者，例如高級職業學校畢業者，可填該高級職業學校，同時，並可填已受過教育之高級中學或初級中學，不識字，粗識字或只識字，并未入過學校者，請填「不識字」「粗識字」或「識字」

（二）在校時最感興趣之科目 会计学科

重庆电力股份有限公司一九四二年入职职工（一九四四年六月十日） 0219-1-29 0219-1-30 0219-1-31

664

（三）曾在何處服務：

機關名稱	地址	主管人姓名	月薪	服務期間 自 年 月至 年 月	離職原因

（四）經歷中最感興趣之工作

（丙）業餘生活

（一）每日工作時間： 忙時 8 小時，平時 8 小時

（二）本人最喜歡的娛樂

（三）公餘經常作何消遣 吃清茶

（四）曾參加甚麼業餘團體：

名稱	性質	地址	主持人	何時加入	担任何種職務

（丁）有何特殊狀況，特殊興趣或特殊技能，請列舉於下：

（戊）本人之簽字蓋章：簽字 冷榮喜 蓋章

填寫日期：民國 33 年 6 月 10 日

填寫人＿＿＿＿ 代填寫人＿＿＿＿

股記簿

72

重慶電力股份有限公司

職工調查表

編　　號 104

姓　　名 吳崇樑

檢 查 號

73

姓名 王荣璟 別號 協欽 籍貫 四川 省 荣昌 縣市

出生年月：民國（前） 10 年 7 月 8 日 現年 22 歲

是否黨員 黨證號數 是否團員 團證號數

現在住址 人和灣公司宿舍（ 區 鎮 保 甲）

固定住址或通訊處 荣昌盤龍鎮

到職工年月：民國 31 年 4 月 5 日

介紹人姓名 黄大庸 號 現年 歲籍貫 四川 省 犍為 縣市

職業 住址或通訊處 與本人關係

保證人姓名 陳光咸 號 — 現年 60 歲籍貫 四川 省 巴 縣市

職業 商 現在住址 南岸上隆茂洽和號王家院内

固定住址或通訊處 仝前 與本人關係 親屬

（甲）家庭狀況：

（一）家長名 號 現年 歲係本人之

職業 住址 每月收入

（二）父名 王伯琴 號 尊余 現年 60 歲職業 賦閑

住址 荣昌盤龍鎮 每月收入

母姓名 王陳竹筠 現年 60 歲

（三）已否結婚 已婚 配偶姓名 黄素蘭 現年 24 歲籍貫 四川 省 大足 縣市

（四）子 人最長者現年 歲最幼者現年 歲

現入學校者 人學校名稱

現已服務者 人處所名稱

女 人最長者現年 歲最幼者現年 歲

現入學校者 人學校名稱

現已出嫁者 人

74

（五）兄弟姊妹：

名	號	本人之	年齡	婚嫁否	職業	住址	備考
王榮琢	竟成	兄	30	婚	醫	合川衛生院	已分居
王榮學	蔭梧	姐	36	未	學	榮昌盤龍鎮	任教
王榮婕		妹	20	未	學	[illegible]女職校	唸書
王榮珂		妹	10	未	學	榮昌盤龍鎮	唸書
王榮琳		弟	8	未	學	仝上	仝上

（六）除公司薪給外，本人尚有何種其他收入？無

本人每月平均開支：

項目	開支金額
伙食	＄6,000.
家庭負担	＄4,000.
雜支	＄2,000.
衣襪	＄2,000.
特別開支	＄2,000.
總計	＄16,000.

除去開支後能有積蓄否？無

若干 尚不敷＄6,000.

不敷開支時如何彌補？借貸

是否負債？負債 若干＄6,000.

何處借來？親友處

歸還的方法？縮減開支或借貸

（乙）教育及經歷：

（一）曾受何等育教？

程度	學校名稱	校址	肄業期間 自年月至年月	所習科目	讀完幾年級	離校原因
普高	協合	成都	28——29		一年級	缺學費供給
商高	志城	成都	29——30	会計	一年級	工作

附註：請填所受最高級教育之名稱，或接近於所受之最高級教育者，例如高級職業學校畢業者，可填該高級職業學校，同時，並可填已受過教育之高級中學或初級中學，不識字，粗識字或只識字，并未入過學校者，請填「不識字」「粗識字」或「識字」

（二）在校時最感興趣之科目

重庆电力股份有限公司一九四二年入职职工（一九四四年六月十日） 0219-1-29 0219-1-30 0219-1-31

75

（三）曾在何處服務：

機關名稱	地址	主管人姓名	月薪	服務期間 自 年 月至 年 月	離職原因

（四）經歷中最感興趣之工作

（丙）業餘生活

（一）每日工作時間：忙時 3 小時，平時 2 小時

（二）本人最喜歡的娛樂 戲劇

（三）公餘經常作何消遣 飲茶，閱讀書報，遊街，

（四）曾參加甚麼業餘團體：

名稱	性質	地址	主持人	何時加入	担任何種職務

（丁）有何特殊狀況，特殊興趣或特殊技能，請列舉於下

（戊）本人之簽字蓋章：簽字 [illegible] 蓋章

填寫日期：民國 33 年 6 月 9 日

填寫人 王棠琛 代填寫人

71

重慶電力公司職工調查表

姓名	王榮琛
籍貫	四川榮昌
年齡	二十七
出生年月日	民國前1十年七月八日
已否結婚	已婚 子乙人 女乙人
學歷	成都志城高商校畢業
經歷	
擅長何種技能	會計
平日生活情形	
家庭經濟是否需要本人負担	完全負担
每月負擔若干	金圓壹佰壹拾元
到職日期	三十一年四月一日
永久住址	榮昌盤龍鎮
本人通訊處 臨時	本市新尚巷公司宿舍
本人通訊處 永久	榮昌盤龍鎮

家庭狀況			
父名	伯琴	職業	
母名	竹筠	職業	
兄弟姊妹名號	竟成	職業	医生
	榮琳		学
	榮凰		学
	榮建 榮珂		学
資產 不動產			
資產 動產			
家長通訊處 臨時	榮昌盤龍鎮		
家長通訊處 永久	仝上		

介紹人			
姓名	黄大庸	別號	
籍貫	四川省犍為市（縣）		
年齡	歲	職業	
通訊處	犍為		
與本人關係	師生		

保證人			
姓名	鄭策先	別號	
籍貫	四川省大足縣（市）		
年齡	五十歲		
與本人關係	友誼		
職業及服務機關名稱			
營業種類	乾菜		
開設地點	大陽溝九十號		
通訊處 臨時	仝上		
通訊處 永久	大足龍水鎮郵局		

簽名蓋章　　　　年　　月　　日

重庆电力股份有限公司一九四二年入职职工（一九四四年六月十日） 0219-1-29 0219-1-30 0219-1-31

登記股

81

重慶電力股份有限公司

職工調查表

編　號 103

姓　名 童伯俊

檢查號

82

姓名 章裕俊 別號＿＿＿＿ 籍貫 四川 省 彭 縣/市

出生年月：民國（前） 6 年 8 月 9 日現年 27 歲

是否黨員＿＿＿ 黨證號數＿＿＿＿ 是否團員＿＿＿ 團證號數＿＿＿＿

現在住址 中四路100號（＿＿＿區＿＿＿鎮＿＿＿保＿＿＿甲）

固定住址或通訊處 彭县小北街60號

到職/工年月：民國 31 年 1 月 6 日

介紹人姓名 黄大庸 號 繼紱 現年＿＿＿歲 籍貫 四川 省 犍為 縣/市

職業 會計科科長 住址或通訊處 總公司 與本人關係 師生

保證人姓名＿＿＿＿ 號＿＿＿＿ 現年＿＿＿歲 籍貫＿＿＿＿省＿＿＿＿縣/市

職業＿＿＿＿ 現在住址＿＿＿＿

固定住址或通訊處＿＿＿＿ 與本人關係＿＿＿＿

（甲）家庭狀況：

（一）家長名 章成拭 號 淑夷 現年 59 歲係本人之 伯父

職業 學 住址＿＿＿＿ 每月收入＿＿＿＿

（二）父名＿＿＿＿ 號＿＿＿＿ 現年＿＿＿歲 職業＿＿＿＿

住址＿＿＿＿ 每月收入＿＿＿＿

母姓名 何淑蘭 現年 62 歲

（三）已否結婚 已 配偶姓名 劉惠君 現年 22 歲 籍貫 四川 省 成都 縣/市

（四）子＿＿＿人最長者現年＿＿＿歲最幼者現年＿＿＿歲

現入學校者＿＿＿人學校名稱＿＿＿＿

現已服務者＿＿＿人處所名稱＿＿＿＿

女＿＿＿人最長者現年＿＿＿歲最幼者現年＿＿＿歲

現入學校者＿＿＿人學校名稱＿＿＿＿

現已出嫁者＿＿＿人

83

（五）兄弟姊妹：

名	號	本人之	年齡	婚嫁否	職業	住址	備考

（六）除公司薪給外，本人尚有何種其他收入？無

本人每月平均開支：

項目	開支金額
伙食	¥4,500.
房租	¥800.
特別開支	¥2,000.
其他費用	¥5,000.
日常用品	¥1,000.
總計	¥13,300.

除去開支後能有積蓄否？無

若干

不敷開支時如何彌補？負債

是否負責？[illegible]負債 若干 ¥5,000.

何處借來？親友

歸還的方法？借甲還乙借丙還乙已數積來

（乙）教育及經歷：

（一）曾受何等教育？

程度	學校名稱	校址	肄業期間 自 年 月至 年 月	所習科目	讀完幾年級	離校原因
高商	成都志誠高商校			会計	三年	畢業

附註：請填所受最高級教育之名稱，或接近於所受之最高級教育者，例如高級職業學
畢業者，可填該高級職業學校，同時，並可填已受過教育之高級中學或
，不識字，粗識字或只識字，幷未入過學校者，請填「不識字」「粗識

（二）在校時最感興趣之科目 運動

84

（三）曾在何處服務：

機關名稱	地址	主管人姓名	月薪	服務期間 自 年 月至 年 月	離職原因

（四）經歷中最感興趣之工作

（丙）業餘生活

（一）每日工作時間： 忙時 [illegible] 小時，平時 三 小時

（二）本人最喜歡的娛樂 影戲

（三）公餘經常作何消遣 運動及看雜誌

（四）曾參加甚麼業餘團體：

名稱	性質	地址	主持人	何時加入	担任何種職務

（丁）有何特殊狀況，特殊興趣或特殊技能，請列舉於下：

（戊）本人之簽字蓋章：簽字 [illegible] 蓋章 [illegible]

填寫日期：民國 33 年 6 月 12 日

填寫人 [illegible] 代填寫人

重庆电力股份有限公司一九四二年入职职工（一九四四年六月十日） 0219-1-29 0219-1-30 0219-1-31

1.56

用戶股

重慶電力股份有限公司

職工調查表

編　號　223

姓　名　任培江

檢查號

137

姓名 任培汸 別號______ 籍貫 四川 省 南充 縣市

出生年月：民國（前） 8 年 9 月 28 日現年 26 歲

是否黨員______ 黨證號數______ 是否團員______ 團證號數______

現在住址 人和灣（______區______鎮______保______甲）

固定住址或通訊處 南充金寶場

到職工年月：民國 31 年 7 月 28 日

介紹人姓名 范克明 號______ 現年______ 歲籍貫 四川 省 井研 縣市

職業 工 住址或通訊處 重慶自來水公司 與本人關係 師生

保證人姓名 韋明华 號______ 現年______ 歲籍貫 江蘇 省 武進 縣市

職業 工 現在住址 本市農民銀行儲行

固定住址或通訊處______ 與本人關係 師生

（甲）家庭狀況：

（一）家長名 任備周 號______ 現年 六十 歲係本人之 父子

職業 農 住址 南充金寶場 每月收入 不定

（二）父名______ 號______ 現年______ 歲職業______

住址______ 每月收入______

母姓名______ 現年 六十

（三）已否結婚______ 配偶姓名 張靜梅 現年 廿一 歲籍貫 四川 省 西充 縣市

（四）子 一 人最長者現年 一 歲最幼者現年______ 歲

現入學校者______ 人學校名稱______

現已服務者______ 人處所名稱______

女______ 人最長者現年______ 歲最幼者現年______ 歲

現入學校者______ 人學校名稱______

現已出嫁者______ 人

重庆电力股份有限公司一九四二年入职职工（一九四四年六月十日） 0219-1-29 0219-1-30 0219-1-31

138

（五）兄弟姊妹：

名	號	本人之	年齡	婚嫁否	職業	住址	備考
任柏（?）							
任培潍	柏康	弟	廿岁	未	讀書	南充建華中学	
任培谦		〃	十六	〃	〃〃	南充縣中	

（六）除公司薪給外，本人尚有何種其他收入？無

本人每月平均開支：

項目	開支金額
衣物	$3500.00
伙食	$4000.00
雜費	$2500.00
房租（?）	$800.00
讀書娛樂	$2000.00
總計	$12800.00

除去開支後能有積蓄否？無

若干

不敷開支時如何彌補？借債

是否負債？是　若干？$2800.00（?）

何處借來？友

歸還的方法　無着

（乙）教育及經歷：

（一）曾受何等育教？

程度	學校名稱	校址	肄業期間	所習科目	讀完幾年級	離校原因
高中	四川省成都高級工業職業学校	成都外東多寶寺	自27年3月至29年12月	電機科	三年級	畢業

附註：請填所受最高級教育之名稱，或接近於所受之最高級教育者，例如高級職業學校畢業者，可填議高級職業學校，同時，並可填已受過教育之高級中學或初級中學，不識字，粗識字或只識字，并未入過學校者，請填「不識字」「粗識字」或「識字」

（二）在校特感興趣之科目　物理，數学

139

（三）曾在何處服務：

機關名稱	地址	主管人姓名	月薪	服務期間 自30年1月至30年6月	離職原因
国際电台	成都外南	盧宗澄	85元	30年1月至30年6月	受命调往西康工作
交通部西昌电台	西康西昌	刘[illegible]	65元	30年7月至32年3月	因病

（四）經歷中最感興趣之工作 實際工作

（丙）業餘生活

（一）每日工作時間：忙時 8 小時，平時 小時

（二）本人最喜歡的娛樂 电影

（三）公餘經常作何消遣 电影 散外散步 讀書

（四）曾參加甚麼業餘團體：

名稱	性質	地址	主持人	何時加入	担任何種職務

（丁）有何特殊狀況，特殊興趣或特殊技能，請列舉於下：

（戊）本人之簽字蓋章：簽字 任培江 蓋章

填寫日期：民國 33 年 6 月 10 日

填寫人 任培江 代填寫人

重庆电力股份有限公司一九四三年入职职工（一九四四年六月十日） 0219-1-29 0219-1-30 0219-1-31

24

姓名 張德安 別號＿＿ 籍貫 四川 省 富順 縣市

出生年月：民國（前） 一 年 九 月 二五 日現年 三四 歲

是否黨員＿＿ 黨證號數＿＿ 是否團員＿＿ 團證號數＿＿

現在住址 電力總公司（＿＿區＿＿鎮＿＿保＿＿甲）

固定住址或通訊處＿＿

到職工年月：民國 三二 年 六 月 一 日

介紹人姓名 王照顺 號＿＿ 現年 四〇 歲籍貫 湖北 省＿＿縣市

職業＿＿ 住址或通訊處＿＿ 與本人關係＿＿

保證人姓名 田述書 號＿＿ 現年 五六 歲籍貫 四川 省 巴縣 縣市

職業 營業 現在住址＿＿

固定住址或通訊處＿＿ 與本人關係＿＿

（甲）家庭狀況：

（一）家長名 張先發 號＿＿ 現年 六〇 歲係本人之 父

職業 商 住址 四川省富順縣 每月收入＿＿

（二）父名＿＿ 號＿＿ 現年＿＿ 歲職業＿＿

住址＿＿ 每月收入＿＿

母姓名 張簡氏 現年 五五 歲

（三）已否結婚 已婚 配偶姓名 張李素貞 現年 二八 歲籍貫 四川 省 富順 縣市

（四）子 一 人最長者現年 八 歲最幼者現年＿＿歲

現入學校者 一 人學校名稱 保民校

現已服務者＿＿人處所名稱＿＿

女 二 人最長者現年 一〇 歲最幼者現年 六 歲

現入學校者 一 人學校名稱 保民校

現已出嫁者＿＿人

25

（五）兄弟姊妹：

名	號	本人之	年齡	婚嫁否	職業	住址	備考

（六）除公司薪給外，本人尚有何種其他收入？

本人每月平均開支：

項目	開支金額
本公司伙食	1500元
零資	2500元
各項開支	4000元
總計	8000元

除去開支後能有積蓄否？

若干

不敷開支時如何彌補？

是否負債？　　若干

何處借來？

歸還的方法？

（乙）教育及經歷：

（一）曾受何等教育？

程度	學校名稱	校址	肄業期間 自 年 月至 年 月	所習科目	讀完幾年級	離校原因

附註：請填所受最高級教育之名稱，或接近於所受之最高級教育者，例如高級職業學校畢業者，可填該高級職業學校，同時，並可填已受過教育之高級中學或初級中學、，不識字，粗識字或只識字，幷未入過學校者，請填「不識字」「粗識字」或「識字」

（二）在校時最感興趣之科目

重庆电力股份有限公司一九四三年入职职工（一九四四年六月十日） 0219-1-29 0219-1-30 0219-1-31

26

（三）曾在何處服務：

機關名稱	地址	主管人姓名	月薪	服務期間 自 年 月至 年 月	離職原因

（四）經歷中最感興趣之工作

（丙）業餘生活

（一）每日工作時間： 忙時 十二 小時，平時 十 小時

（二）本人最喜歡的娛樂

（三）公餘經常作何消遣

（四）曾參加甚麼業餘團體：

名稱	性質	地址	主持人	何時加入	担任何種職務

（丁）有何特殊狀況：特殊興趣或特殊技能，請列舉於下：

（戊）本人之簽字蓋章：簽字 張德安 蓋章

填寫日期：民國 三三 年 六 月 一四 日

填寫人　　　　代填寫人

重庆电力股份有限公司一九四三年入职职工（一九四四年六月十日） 0219-1-29 0219-1-30 0219-1-31

27

重慶電力股份有限公司

職工調查表

編　　號 272

姓　　名 盧惠鏗

檢查號

重庆电力股份有限公司一九四三年入职职工（一九四四年六月十日） 0219-1-29 0219-1-30 0219-1-31

28

二寸正面半身免冠像片

姓名 盧惠銘 別號＿＿＿＿ 籍貫 廣东 省 中山 縣市

出生年月：民國（前） 六 年 四 月 廿四 日現年 廿七 歲

是否黨員＿＿ 黨證號數＿＿＿＿ 是否團員＿＿ 團證號數＿＿＿＿

現在住址 普安巷25（＿＿區＿＿鎮＿＿保＿＿甲）

固定住址或通訊處 仝上

到職年月：民國 卅二 年 十二 月＿＿日

介紹人姓名 胡偉英 號＿＿ 現年 50 歲籍貫 四川 省 广安 縣市

職業＿＿ 住址或通訊處 華西公司 與本人關係 胡公舊屬

保證人姓名 殷大明 號＿＿ 現年 33 歲籍貫 湖南 省 長沙 縣市

職業 華西公司秘書 現在住址 牛角沱華西公司

固定住址或通訊處 仝上 與本人關係 友誼

（甲）家庭狀況：

（一）家長名 唐少珍 號＿＿ 現年 52 歲係本人之 母子

職業＿＿ 住址 普安巷25 每月收入＿＿

（二）父名＿＿ 號＿＿ 現年＿＿ 歲職業＿＿

住址＿＿ 每月收入＿＿

母姓名＿＿ 現年＿＿ 歲

（三）已否結婚 未結婚 配偶姓名＿＿ 現年＿＿ 歲籍貫＿＿ 省＿＿ 縣市

（四）子＿＿人最長者現年＿＿歲最幼者現年＿＿歲

現入學校者＿＿人學校名稱＿＿

現已服務者＿＿人處所名稱＿＿

女＿＿人最長者現年＿＿歲最幼者現年＿＿歲

現入學校者＿＿人學校名稱＿＿

現已出嫁者＿＿人

29

（五）兄弟姊妹：

名	號	本人之	年齡	婚嫁否	職業	住址	備考
[illegible]		姊		已		昆明	

（六）除公司薪給外，本人尚有何種其他收入？ 無

本人每月平均開支：

項目	開支金額
總計	

除去開支後能有積蓄否？

若干

不夠開支時如何彌補？

是否負債？ 否 若干

何處借來？

歸還的方法？

（乙）教育及經歷：

（一）曾受何等育教？

程度	學校名稱	校址	肄業期間 自 年 月至 年 月	所習科目	讀完幾年級	離校原因
	南開中學	天津	21年至26年			
	中山大學	廣州	27—28年	机械	一年級	貴州大學

附註：請填所受最高級教育之名稱，或接近於所受之最高級教育者，例如高級職業學校畢業者，可填該高級職業學校，同時，並可填已受過教育之高級中學或初級中學，不識字，粗識字或只識字，幷未入過學校者，請填「不識字」「粗識字」或「識字」

（二）在校時最感興趣之科目

重庆电力股份有限公司一九四三年入职职工（一九四四年六月十日） 0219-1-29 0219-1-30 0219-1-31

30

（三）曾在何處服務：

機關名稱	地址	主管人姓名	月薪	服務期間 自 年 月至 年 月	離職原因
[illegible]	重慶	[illegible]	200	29年至31年	因故自動辭職
[illegible]	重慶	[illegible]	280	31年3月至32年7月	結束
[illegible]					

（四）經歷中最感興趣之工作

（丙）業餘生活

（一）每日工作時間： 忙時＿＿小時，平時＿＿小時

（二）本人最喜歡的娛樂

（三）公餘經常作何消遣

（四）曾參加甚麼業餘團體：

名稱	性質	地址	主持人	何時加入	担任何種職務

（丁）有何特殊狀況，特殊興趣或特殊技能，請列舉於下：

（戊）本人之簽字蓋章：簽字 [illegible] 蓋章

填寫日期：民國 32 年 12 月 5 日

填寫人 [illegible] 代填寫人

31

重慶電力公司職工調查表

姓名	盧惠鏗
籍貫	廣東
年齡	廿二
出生年月日	民國前 2年4月2日
已否結婚	未　子 人　女 人
學歷	天津南開中學 廣州中山大學
經歷	
擅長何種技能	
平日生活情形	
家庭經濟是否需要本人負担	
每月負擔若干	
到職日期	1943年12月 日
永久住址	
本人通訊處　臨時	[illegible]105
本人通訊處　永久	

家庭狀況

父名	已故	職業
母名	〃	
兄弟姊妹名號		職業

資產	
不動產	無
動產	無

家通訊處	
臨時	無
永久	無

介紹人

姓名	胡仕寬	別號	
籍貫	四川省 廣安市(縣)		
年齡	54歲	職業	商
通訊處	牛角沱資委會大廈		
與本人關係	[illegible]		

保證人

姓名	張克炎	別號	大炎
籍貫	河北省 [illegible]縣(市)		
年齡	37歲		
與本人關係	朋友		
職業及服務機關名稱	中國興業公司		
營業種類	鋼鐵		
開設地點	上清寺		
通訊處　臨時	上清寺中興公司		
通訊處　永久			

簽名蓋章 盧惠鏗 32年10月16日

重庆电力股份有限公司一九四三年入职职工（一九四四年六月十日） 0219-1-29 0219-1-30 0219-1-31

32

南岸辦事處

重慶電力股份有限公司

職工調查表

編　號 259

姓　名 蒙汶河

檢查號

33

姓名 蒙江河 別號 、 籍貫 四川 省 長壽 縣市

出生年月：民國（前） 七 年 五 月 十三 日現年 廿四 歲

是否黨員 黨證號數 是否團員 團證號數

現在住址 渝南岸上浩（十一 區 上龍门 鎮 十六 保 六 甲）

固定住址或通訊處 長壽縣葛蘭鄉

到職工年月：民國 三十二 年 六 月 十二 日

介紹人姓名 秦瞻 號 現年 五十 歲籍貫 四川 省 酆都 縣市

職業 會計師 住址或通訊處 酆都高家鎮 與本人關係 師生

保證人姓名 廖國良 號 绍银 現年 三十 歲籍貫 四川 省 長壽 縣市

職業 商 現在住址 重慶市領事巷十八號

固定住址或通訊處 長壽縣人和鄉 與本人關係 親戚

（甲）家庭狀況：

（一）家長名 蒙永成 號 現年 六十九 歲係本人之 叔侄

職業 商 住址 長壽縣葛蘭鄉 每月收入

（二）父名 蒙壽山 號 現年 六十八 歲職業 學

住址 長壽縣葛蘭鄉 每月收入

母姓名 黄氏 現年 七十二 歲

（三）已否結婚 已 配偶姓名 葉氏 現年 廿二 歲籍貫 四川 省 墊江 縣市

（四）子 人最長者現年 歲最幼者現年 歲

現入學校者 人學校名稱

現已服務者 人處所名稱

女 一 人最長者現年 四 歲最幼者現年 歲

現入學校者 人學校名稱

現已出嫁者 人

34

（五）兄弟姊妹：

名	號	本人之	年齡	婚嫁否	職業	住址	備考
蒙素霞		姊	四十	已	居家	長壽九龍鄉	
蒙巽慧		姊	三十五	已	教育	長壽石堰	

（六）除公司薪給外，本人尚有何種其他收入？無

本人每月平均開支：

項目	開支金額
膳費	$8,000.00
雜支	800.00
應酬費	900.00
零用費	1,200.00
總計	$10,900.00

除去開支後能有積蓄否？無

若干

不敷開支時如何彌補？

是否負債？　若干

何處借來？

歸還的方法？

（乙）教育及經歷：

（一）曾受何等教育？

程度	學校名稱	校址	肄業期間 自年月至年月	所習科目	讀完幾年級	離校原因
高級	重慶高級職業學校	巴縣馬王鄉	民國29年至32年	會計	三年級	畢業

附註：請填所受最高級教育之名稱，或接近於所受之最高級教育者，例如高級職業學校畢業者，可填該高級職業學校，同時，並可填已受過教育之高級中學或初級中學，不識字，粗識字或只識字，并未入過學校者，請填「不識字」「粗識字」或「識字」

（二）在校時最感興趣之科目　國文

35

（三）曾在何處服務：

機關名稱	地址	主管人姓名	月薪	服務期間 自 年 月至 年 月	離職原因
長壽縣第一中學	長壽城内	韓光策	三十元	民國廿七年至廿九年	升學

（四）經歷中最感興趣之工作 會計

（丙）業餘生活

（一）每日工作時間：化時 八 小時，平時 ＿＿ 小時

（二）本人最喜歡的娛樂 看電影

（三）公餘經常作何消遣 習字看書

（四）曾參加甚麼業餘團體：

名稱	性質	地址	主持人	何時加入	担任何種職務

（丁）有何特殊狀況，特殊興趣或特殊技能，請列舉於下：

（戊）本人之簽字蓋章：簽字 蒙江河 蓋章

填寫日期：民國 三十三 年 六 月 九 日

填寫人 本人 代填寫人

31

重慶電力公司職工調查表

姓名	蒙江河
籍貫	長壽
年齡	卅一歲
出生年月日	民國 前) 年 月 日
已否結婚	已　子 二 人　女 三 人
學歷	四川省立重慶高商校畢業
經歷	
擅長何種技能	會計
平日生活情形	
家庭經濟是否需要本人負担	須要本人負担
每月負擔若干	約負担金圓壹佰元左右
到職日期	32年 6 月 日
永久住址	長壽縣葛蘭鄉
本人通訊處 臨時	渝南岸上浩電力公司办事處
本人通訊處 永久	長壽縣葛蘭鄉郵转

家庭狀況			
父名	蒙永年	職業	
母名	楊氏	職業	
兄弟姊妹姓名	蒙興家	職業	商
資產 不動產	田產百餘老石		
資產 動產			
家長通訊處 臨時			
家長通訊處 永久	長壽縣葛蘭鄉郵转		

介紹人			
姓名	黄紹伋	別號	大庸
籍貫	四川 省 犍為 市(縣)		
年齡	四十七歲	職業	會計師
通訊處	本公司會計科		
與本人關係	師生		

保證人			
姓名	楊茂脩	別號	肖
籍貫	四川 省 長壽 縣(市)		
年齡	卅 歲		
與本人關係	同學同鄉		
職業及服務機關名稱	金融業 永利銀行		
營業種類			
開設地點			
通訊處 臨時	民族路184號		
通訊處 永久	長壽縣河街新街郵转		

簽名蓋章　　　　年　　月　　日

重庆电力股份有限公司一九四三年入职职工（一九四四年六月十日） 0219-1-29 0219-1-30 0219-1-31

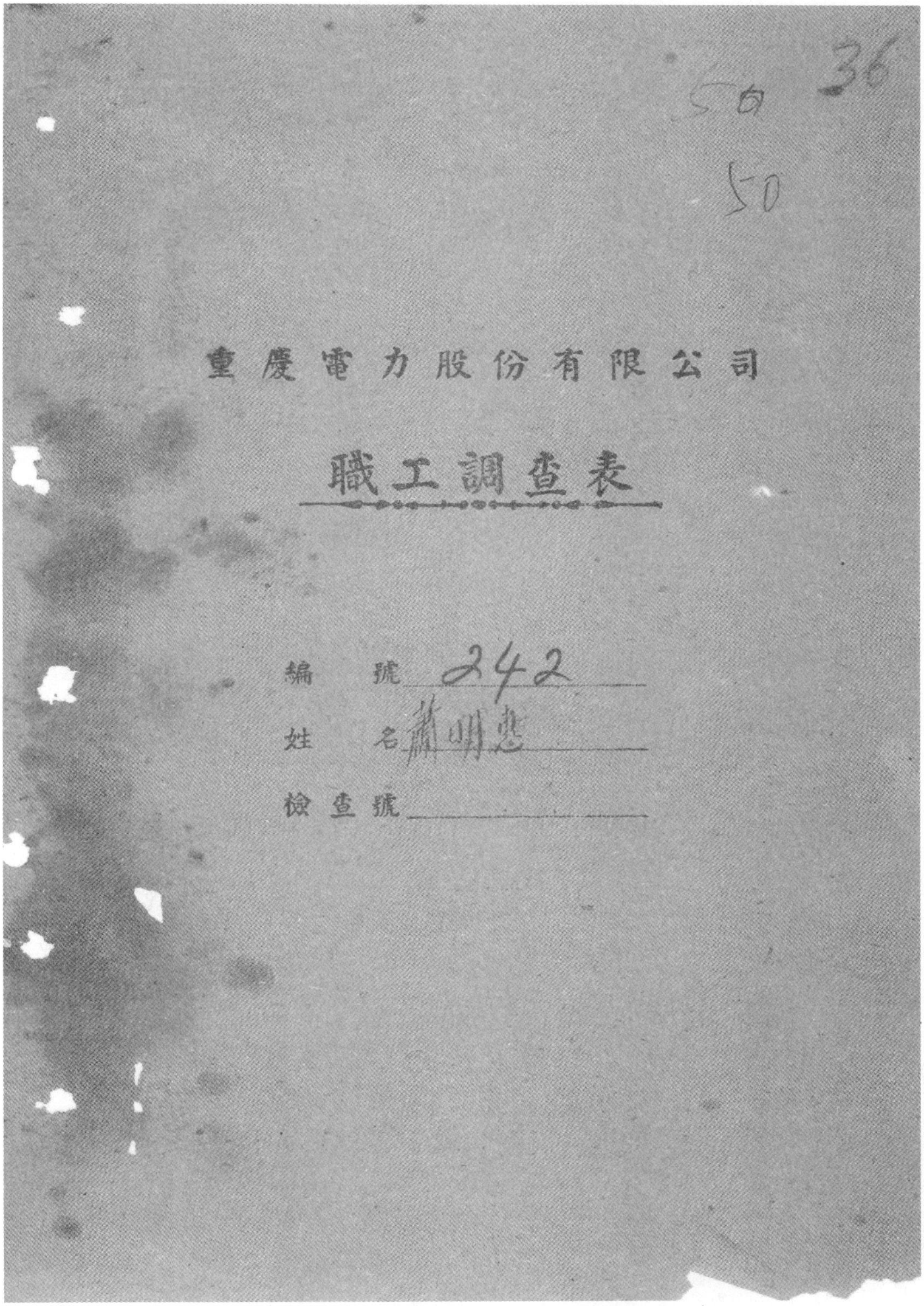

36

50

50

重慶電力股份有限公司

職工調查表

編號 242

姓名 蕭明惠

檢查號

重庆电力股份有限公司一九四三年入职职工（一九四四年六月十日） 0219-1-29 0219-1-30 0219-1-31

54

姓名 蕭明忠 別號 籍貫 四川 省 岳池 縣市

出生年月：民國（前） 十五 年 四 月 八 日現年 十八 歲

是否黨員 黨證號數 是否團員 團證號數

現在住址 [illegible] 區 鎮 保 甲）

固定住址或通訊處

到職工年月：民國 32 年 3 月 日

介紹人姓名 吳錫瀛 號 現年 卅八 歲籍貫 四川 省 岳池 縣市

職業 住址或通訊處 與本人關係 同鄉

保證人姓名 號 現年 歲籍貫 省 縣市

職業 現在住址

固定住址或通訊處 與本人關係

（甲）家庭狀況：

（一）家長名 蕭健德 號 現年 四九 歲係本人之 父

職業 住 駐陝軍新編第九師司令部 每月收入

（二）父名 蕭健德 號 現年 四九 歲職業

住址 廣元陸軍新編第九師司令部 每月收入

母姓名 刘子彬 現年 四十 歲

（三）已否結婚 配偶姓名 現年 歲籍貫 省 縣市

（四）子 人最長者現年 歲最幼者現年 歲

現入學校者 人學校名稱

現已服務者 人處所名稱

女 人最長者現年 歲最幼者現年 歲

現入學校者 人學校名稱

現已出嫁者 人

5-2

（五）兄弟姊妹：

名	號	本人之	年齡	婚嫁否	職業	住址	備考
[illegible]		兄	卅四	娶	[illegible]	[illegible]	
[illegible]		兄	卅一	未	[illegible]	[illegible]	

（六）除公司薪給外，本人尚有何種其他收入？ 無

本人每月平均開支：

項目	開支金額
伙食	[illegible]
衣服費	5000元
零用	2000元
總計	[illegible]7000元

除去開支後能有積蓄否？

若干

不敷開支時如何彌補？

是否負債？ 若干

何處借來？

歸還的方法？

（乙）教育及經歷：

（一）曾受何等育教？

程度	學校名稱	校址	肄業期間	所習科目	讀完幾年級	離校原因
	新中	[illegible]	自[illegible]年1月至[illegible]年7月			

附註：請填所受最高級教育之名稱，或接近於所受之最高級教育者，例如高級職業學校畢業者，可填該高級職業學校，同時，並可填已受過教育之高級中學或初級中學，不識字，粗識字或只識字，幷未入過學校者，請填「不識字」「粗識字」或「識字」

（二）在校時最感興趣之科目

重庆电力股份有限公司一九四三年入职职工（一九四四年六月十日） 0219-1-29 0219-1-30 0219-1-31

5-3

（三）曾在何處服務：

機關名稱	地址	主管人姓名	月薪	服務期間 自 年 月至 年 月	離職原因

（四）經歷中最感興趣之工作……

（丙）業餘生活

（一）每日工作時間：忙時……小時，平時……小時

（二）本人最喜歡的娛樂……

（三）公餘經常作何消遣……

（四）曾參加甚麼業餘團體：

名稱	性質	地址	主持人	何時加入	担任何種職務

（丁）有何特殊狀況，特殊興趣或特殊技能，請列舉於下：

（戊）本人之簽字蓋章：簽字 [illegible] 蓋章

填寫日期：民國 33 年 6 月 9 日

填寫人 [illegible] 代填寫人

材料股

91

重慶電力股份有限公司

職工調查表

編　號 042

姓　名 湯徵英

檢查號

重庆电力股份有限公司一九四三年入职职工（一九四四年六月十日） 0219-1-29 0219-1-30 0219-1-31

92

姓名 湯徵英　別號　　籍貫 浙江 省 杭州 縣/市

出生年月：民國（前）十三 年 十 月 九 日現年 二十 歲

是否黨員　黨證號數　　是否團員　團證號數

現在住址 沙坪垻楊公橋（十四 區 沙坪 鎮 一 保 七 甲）

固定住址或通訊處

到職/工年月：民國 三二 年 十一 月 一 日

介紹人姓名 惲心揆 號　　現年 四十 歲籍貫 江蘇 省 武進 縣/市

職業 政　　住址或通訊處 ~~[illegible]~~長安寺一號　與本人關係 友誼

保證人姓名 吴伯平 號　　現年 三五 歲籍貫 浙江 省 吴兴 縣/市

職業 机器五金汽車材料行　現在住址 中一路二二大號

固定住址或通訊處 中一路二二大號　　與本人關係 鄉誼

（甲）家庭狀況：

（一）家長名 湯孔錦明 號　　現年 四二 歲係本人之 母

職業 理家　住址 沙坪垻楊公橋十七號　每月收入

（二）父名 已歿　號　　現年　　歲職業

住址　　每月收入

母姓名 湯孔錦明　　現年 四十二 歲

（三）已否結婚 未　　配偶姓名　　現年　　歲籍貫　　省　　縣/市

（四）子　　人最長者現年　　歲最幼者現年　　歲

現入學校者　　人學校名稱

現已服務者　　人處所名稱

女　　人最長者現年　　歲最幼者現年　　歲

現入學校者　　人學校名稱

現已出嫁者　　人

93

（五）兄弟姊妹：

名號		本人之	年齡	婚嫁否	職業	住址	備考
振玲		妹	十二	未	求學	楊公橋地院	

（六）除公司薪給外，本人尚有何種其他收入？無

本人每月平均開支：

項目	開支金額
總計	

除去開支後能有積蓄否？

若干

不敷開支時如何彌補？

是否負債？　　若干

何處借來？

歸還的方法？

（乙）教育及經歷：

（一）曾受何等育教？

程度	學校名稱	校址	肄業期間 自年月至年月	所習科目	讀完幾年級	離校原因
初中畢業	九江鄉村師範	南门外山川嶺	二五年[illegible]	普通	三年级	畢業

附註：請填所受最高級教育之名稱，或接近於所受之最高級教育者，例如高級職業學校畢業者，可填該高級職業學校，同時，並可填已受過教育之高級中學或初級中學，不識字，粗識字或只識字，并未入過學校者，請填「不識字」「粗識字」或「識字」

（二）在校時最感興趣之科目 化學

重庆电力股份有限公司一九四三年入职职工（一九四四年六月十日） 0219-1-29 0219-1-30 0219-1-31

44

（三）曾在何處服務：

機關名稱	地址	主管人姓名	月薪	服務期間 自 年 月至 年 月	離職原因
九江縣立六角石小學教員	九江六角石	范瓊	二十元	自廿七年至廿八年四月	淪陷
湖南省電話局話務員	湖南湘潭	陳樹仁	五十元	自廿九年二月至三十一年四月	家庭遷渝

（四）經歷中最感興趣之工作

（丙）業餘生活

（一）每日工作時間：　忙時＿＿小時，平時＿＿小時

（二）本人最喜歡的娛樂

（三）公餘經常作何消遣

（四）曾參加甚麼業餘團體：

名稱	性質	地址	主持人	何時加入	担任何種職務
未					

（丁）有何特殊狀況、特殊興趣或特殊技能，請列舉於下：

（戊）本人之簽字蓋章：簽字　湯徵英　　蓋章

填寫日期：民國三二年十月廿四日

填寫人　湯徵英　　代填寫人

重庆电力股份有限公司一九四三年入职职工（一九四四年六月十日） 0219-1-29 0219-1-30 0219-1-31

95

重慶電力公司職工調查表 96

姓名	湯徽英
籍貫	浙江杭州
年齡	廿二歲
出生年月日	民國16年10月9日
已否結婚	已　子 0 人　女 0 人
學歷	江西九江女子師範畢業
經歷	已在公司服務五年
擅長何種技能	
平日生活情形	
家庭經濟是否需要本人負担	需由本人負担
每月負擔若干	全部
到職日期	32年 11月 日
永久住址	
本人通訊處　臨時	本公司總管第二廠
本人通訊處　永久	

家庭狀況

父名	已故	職業	~~家居~~
母名	湯孔錦明	職業	家居
兄名		職業	
弟	一人		
姊	一人		
妹號	二人		
資產　不動產			
資產　動產			
家長通訊處　臨時			
家長通訊處　永久			

介紹人

姓名		別號	
籍貫	省	市(縣)	
年齡	歲	職業	
通訊處			
與本人關係			

保證人

姓名	韓平成	別號	
籍貫	四川省	巴縣(市)	
年齡	卅八歲		
與本人關係	友誼		
職業及服務機關名稱	四川省銀行		
營業種類			
開設地點			
通訊處　臨時	四川省銀行儲信部		
通訊處　永久			

簽名蓋章 湯徽英　37年 10月 16日

重庆电力股份有限公司一九四三年入职职工（一九四四年六月十日）　0219-1-29　0219-1-30　0219-1-31

重庆电力股份有限公司一九四三年入职职工（一九四四年六月十日） 0219-1-29 0219-1-30 0219-1-31

材料股

103

重慶電力股份有限公司

職工調查表

編　號 022

姓　名 汪振祥

檢查號

重庆电力股份有限公司一九四三年入职职工（一九四四年六月十日） 0219-1-29 0219-1-30 0219-1-31

104

片

姓名汪振祥 別號 籍貫浙江省杭縣市

出生年月：民國（前）五年三月十日現年三八歲

是否黨員是 黨證號數特47207 是否團員不是 團證號數

現在住址化龍橋正街十二号 區2鎮7保 甲）

固定住址或通訊處

到職年月：民國三十二年五月十日

介紹人姓名黄樹勳 號 現年31歲籍貫江蘇省阜寧縣市

職業工程师 住址或通訊處本公司大溪溝電力廠 與本人關係同学

保證人姓名張毓鏡 號 現年32歲籍貫江西省[illegible]縣市

職業川康營造廠 現在住址中華路十一號

固定住址或通訊處 與本人關係友誼

（甲）家庭狀況：

（一）家長名汪振祥 號 現年三八 與本人[illegible]

職業 住址 每月收入

（二）父名已故 號 現年 歲職業

住址 每月收入

母姓名蔣氏 現年六七歲

（三）已否結婚已婚 配偶姓名湯壽康 現年三八歲籍貫浙江省杭縣市

（四）子一人最長者現年三歲最幼者現年／歲

現入學校者／人學校名稱／

現已服務者／人處所名稱／

女一人最長者現年八歲最幼者現年／歲

現入學校者一人學校名稱軍政部電信機械修造廠職工子弟學校

現已出嫁者／人

105

（五）兄弟姊妹：

名	號	本人之	年齡	婚嫁否	職業	住址	備考

（六）除公司薪給外，本人尚有何種其他收入？

本人每月平均開支：

項目	開支金額
家庭伙食及雜用	14,000元
房租	2000元
總計	16,000元

除去開支後能有積蓄否？不定

若干

不敷開支時如何彌補？

是否負債？ 若干

何處借來？

歸還的方法？

（乙）教育及經歷：

（一）曾受何等育教？

程度	學校名稱	校址	肄業期間 自年月至年月	所習科目	讀完幾年級	離校原因
	浙大高級工科職校	杭州	民十二年七月至民十七年七月	電機科	五年畢業	畢業

附註：請填所受最高級教育之名稱，或接近於所受之最高級教育者，例如高級職業學校畢業者，可填該高級職業學校，同時，並可填已受過教育之高級中學或初級中學，不識字，粗識字或只識字，并未入過學校者，請填「不識字」「粗識字」或「識字」

（二）在校時最感興趣之科目

重庆电力股份有限公司一九四三年入职职工（一九四四年六月十日） 0219-1-29 0219-1-30 0219-1-31

106

（三）曾在何處服務：

機關名稱	地址	主管人姓名	月薪	服務期間 自 年 月至 年 月	離職原因
浙江省廣播無綫電台	杭州市	李振吾	六十	民廿年十月至廿三年六月	辭職他就
委員長行營（南昌）	南昌	蔣中正	一百廿元	民廿三年九月至廿四年三月	奉調
委員長行營參謀團	重慶	蔣中正	二百四十	民廿三年十一月至廿六年八月	奉
委員長行營通信處	重慶	蔣中正	二百四十	民廿六年十一月至廿八年三月	調
陸軍通信兵第三團	重慶	王壽	二百四十	民廿八年三月至廿九年九月	調
重慶衛戍總部通信指揮部	重慶	劉峙	二百四十	民廿九年十月至三十年五月	奉

（四）經歷中最感興趣之工作

（丙）業餘生活

（一）每日工作時間：忙時 三 小時，平時 五 小時

（二）本人最喜歡的娛樂 平劇

（三）公餘經常作何消遣 小工藝

（四）曾參加甚麼業餘團體：

名稱	性質	地址	主持人	何時加入	担任何種職務
青年會					

（丁）有何特殊狀況、特殊興趣或特殊技能，請列舉於下：

（戊）本人之簽字蓋章：簽字 汪振祥 蓋章

填寫日期：民國 三三 年 六 月 十 日

填寫人 —— 代填寫人 ——

重庆电力股份有限公司一九四三年入职职工（一九四四年六月十日） 0219-1-29 0219-1-30 0219-1-31

重慶電力公司職工調查表

108

姓名	汪振祥	
籍貫	浙江杭縣	
年齡	四二	
出生年月日	民國前15年3月10日	
已否結婚	已	子一人 女一人
學歷	浙大高級工科職校電機科畢業	
經歷	浙江省廣播無線電台工務員 委員長南昌行營交通處少校技士 委員長行營參謀團中校技士 委員長行營通信處中校技士 陸軍通信兵三團中校技士 重慶衛戍總司令部通信指揮部技正	
擅長何種技能	電信機件及各種電器修造	
平日生活情形		

家庭狀況			
父名	已故	職業	
母名	蔣氏	職業	
兄弟姊妹名號	兄一振邦	職業	工程
資產	不動產	無	
	動產	無	
家長通訊處	臨時		
	永久		

介紹人			
姓名	黄樹腴	別號	
籍貫	江蘇省如皋市(縣)		
年齡	三五歲	職業	
通訊處	上海電力公司		
與本人關係	同學		

保證人			
姓名	林燧明	別號	
籍貫	江西省九江縣(市)		
年齡	四八歲		
與本人關係	戚		
職業及服務機關名稱	商		
營業種類	糖果罐頭		
開設地點	中山三路三十號		
通訊處	臨時	中山三路三十號	
	永久		

家庭經濟是否需要本人負担	全由本人負担	
每月負擔若干		
到職日期	32年5月10日	
永久住址		
本人通訊處	臨時	國府路建設路十號
	永久	

簽名蓋章　　　　年　月　日

重庆电力股份有限公司一九四三年入职职工（一九四四年六月十日）　0219-1-29　0219-1-30　0219-1-31

重庆电力股份有限公司一九四四年入职职工（一九四四年五月十日） 0219-1-31

46

重慶電力股份有限公司

職工調查表

編　號 274

姓　名 鄒功甫

檢查號

重庆电力股份有限公司一九四四年入职职工（一九四四年五月十日） 0219-1-31

47

二寸正面半身免冠像片

姓名 鄒功甫 別號 ______ 籍貫 四川 省 華陽 縣市

出生年月：民國（前） 四 年 十二 月 廿八 日現年 卅 歲

是否黨員 ______ 黨證號數 ______ 是否團員 ______ 團證號數 ______

現在住址 [illegible] ______ 區 ______ 鎮 ______ 保 ______ 甲）

固定住址或通訊處 同上

到職工年月：民國 卅三 年 五 月 十 日

介紹人姓名 程本臧 號 ______ 現年 四十二 歲籍貫 浙江 省 杭州 縣市

職業 本公司 住址或通訊處 國府路 與本人關係 友

保證人姓名 錢崇涟 號 ______ 現年 四十五 歲籍貫 浙江 省 海甯 縣市

職業 華西興業公司 現在住址 ______

固定住址或通訊處 牛角沱廿八號 與本人關係 友

（甲）家庭狀況：

（一）家長名 鄒致圻 號 ______ 現年 卅五 歲係本人之 叔侄

職業 ______ 住址 ______ 每月收入 ______

（二）父名 致鈞 號 ______ 現年 六十四 歲職業 ______

住址 ______ 每月收入 ______

母姓名 宗毓 現年 六十 歲

（三）已否結婚 否 配偶姓名 ______ 現年 ______ 歲籍貫 ______ 省 ______ 縣市

（四）子 ______ 人最長者現年 ______ 歲最幼者現年 ______ 歲

現入學校者 ______ 人學校名稱 ______

現已服務者 ______ 人處所名稱 ______

女 ______ 人最長者現年 ______ 歲最幼者現年 ______ 歲

現入學校者 ______ 人學校名稱 ______

現已出嫁者 ______ 人

48

（五）兄弟姊妹：

名	號	本人之	年齡	婚嫁否	職業	住址	備考
[illegible]		弟	28	未	工務局	棗子嵐埡[illegible]	
[illegible]		妹	24	〃	華西公司	〃	

（六）除公司薪給外，本人尚有何種其他收入？ 無

本人每月平均開支：

項目	開支金額
總計	量入為出

除去開支後能有積蓄否？ 無

若干

不敷開支時如何彌補？

是否負債？ 否 若干

何處借來？

歸還的方法？

（乙）教育及經歷：

（一）曾受何等育教？

程度	學校名稱	校址	肄業期間 自 年 月至 年 月	所習科目	讀完幾年級	離校原因
小學	廣東	天津法租界				
中學	南開	天津				
大學	光華	成都	23-29	政經	三年	

附註：請填所受最高級教育之名稱，或接近於所受之最高級教育者，例如高級職業學校畢業者，可填該高級職業學校，同時，並可填已受過教育之高級中學或初級中學，不識字，粗識字或只識字，并未入過學校者，請填「不識字」「粗識字」或「識字」

（二）在校時最感興趣之科目

重庆电力股份有限公司一九四四年入职职工（一九四四年五月十日） 0219-1-31

49

（三）曾在何處服務：

機關名稱	地址	主管人姓名	月薪	服務期間 自 年 月至 年 月	離職原因
昆明華[illegible]電廠	昆明黄土坡	金[illegible]	1000	31～32	

（四）經歷中最感興趣之工作

（丙）業餘生活

（一）每日工作時間：忙時＿＿小時，平時＿＿小時

（二）本人最喜歡的娛樂

（三）公餘經常作何消遣

（四）曾參加甚麼業餘團體：

名稱	性質	地址	主持人	何時加入	担任何種職務

（丁）有何特殊狀況，特殊興趣或特殊技能，請列舉於下：

（戊）本人之簽字蓋章：簽字 鄒功甫 蓋章

填寫日期：民國卅三年五月十日

填寫人 鄒功甫 代填寫人

重庆电力股份有限公司一九四五年入职职工（一九四五年二月二十八日） 0219-1-29 0219-1-30

25

重慶電力股份有限公司

職工調查表

編　號 222

姓　名 余威鈿

檢查號

重庆电力股份有限公司一九四五年入职职工（一九四五年二月二十八日） 0219-1-29 0219-1-30

26

姓名 余盛鈿 别號 西濤 籍貫 四川 省 萬 縣市

出生年月：民國（前） 九 年 六 月 九 日 現年 廿五 歲

是否黨員____ 黨證號數____ 是否團員____ 團證號數____

現在住址____（____區____鎮____保____甲）

固定住址或通訊處 四川萬縣余家鄉郵局交

到職年月：民國 卅四 年 二 月____日

介紹人姓名 陳銘德 號____ 現年____ 歲 籍貫____ 省____ 縣市

職業 新聞事業 住址或通訊處 渝七星崗新民報社 與本人關係 友誼

保證人姓名 陳鳳翔 號____ 現年____ 歲 籍貫 四川 省 萬 縣市

職業 四川省銀行襄理 現在住址 渝金沙岡省銀行宿舍

固定住址或通訊處____ 與本人關係 友誼

（甲）家庭狀況：

（一）家長名 余樹端 號____ 現年 五十 歲 係本人之 兄

職業 農 住址 萬縣余家鄉 每月收入____

（二）父名 余序淅 號____ 現年 七十 歲 職業 農

住址 萬縣余家鄉 每月收入____

母姓名 賴淑惠 現年 七十三 歲

（三）已否結婚____ 配偶姓名____ 現年____ 歲 籍貫____ 省____ 縣市

（四）子____人 最長者現年____ 歲 最幼者現年____ 歲

現入學校者____人 學校名稱____

現已服務者____人 處所名稱____

女____人 最長者現年____ 歲 最幼者現年____ 歲

現入學校者____人 學校名稱____

現已出嫁者____人

27

（五）兄弟姊妹：

名	號	本人之	年齡	婚嫁否	職業	住址	備考

（六）除公司薪給外，本人尚有何種其他收入？

本人每月平均開支：

項目	開支金額
總計	

除去開支後能有積蓄否？

若干

不敷開支時如何彌補？

是否負責？　若干

何處借來？

歸還的方法？

（乙）教育及經歷：

（一）曾受何等教育？

程度	學校名稱	校址	肄業期間 自28年6月至32年6月	所習科目	讀完幾年級	離校原因
大學畢業	國立西北工學院	陝西城固		電機工程電力組	畢業	

附註：請填所受最高級教育之名稱，或接近於所受之最高級教育者，例如高級職業學校畢業者，可填該高級職業學校，同時，並可填已受過教育之高級中學或初級中學，不識字，粗識字或只識字，升未入過學校者，請填「不識字」「粗識字」或「識字」

（二）在校時最感興趣之科目　水力發電，動力廠，交流電機，及電機設計

28

（三）曾在何處服務：

機關名稱	地址	主管人姓名	月薪	服務期間 自32年7月至34年 月	辭職原因
經濟部	重慶	翁文灝 張家祉	180		欲求電廠實際經驗

（四）經歷中最感興趣之工作

（丙）業餘生活

（一）每日工作時間：忙時 12 小時，平時 8 小時

（二）本人最喜歡的娛樂 音樂，電影，話劇

（三）公餘經常作何消遣 自修功課，或音樂練習。

（四）曾參加甚麼業餘團體：

名稱	性質	地址	主持人	何時加入	担任何種職務

（丁）有何特殊狀況、特殊興趣或特殊技能，請列舉於下：

（戊）本人之簽字蓋章：簽字 余盛鈿 蓋章

填寫日期：民國 34 年 2 月 28 日

填寫人 代填寫人

重庆电力股份有限公司一九四五年入职职工（一九四五年二月二十八日） 0219-1-29 0219-1-30

重庆电力股份有限公司一九四五年入职职工（一九四五年二月二十八日） 0219-1-29 0219-1-30

297

重庆电力股份有限公司一九四五年入职职工（一九四五年二月二十八日） 0219-1-29 0219-1-30

重慶電力公司職工調查表

30

姓名	余盛鈿		
籍貫	四川萬縣		
年齡	三十歲		
出生年月日民國（前） 年 月 日			
已否結婚	已	子 人	女 人
學歷	國立西北工學院電機工程系電力組畢業		
經歷	經濟部技士		
擅長何種技能	電機工程		
平日生活情形			
家庭經濟是否需要本人負担	是		
每月負擔若干	全部薪津		
到職日期	三十四年四月一日		
永久住址	四川萬縣余家場		
本人通訊處	臨時	本市大溪溝第一發電廠	
	永久	萬縣余家場	

家庭狀況			
父名	余序淅	職業	
母名	賴靜嫻		
兄弟姊妹名號	余樹端	職業	理家
資產	不動產	小康	
	動產		
家長通訊處	臨時		
	永久	萬縣余家場	

介紹人			
姓名	涂銘傳 向雋	別號	
籍貫	四川省 市（縣）		
年齡	歲	職業	
通訊處	南京 白塆		
與本人關係			

保證人			
姓名		別號	
籍貫	省 縣（市）		
年齡	歲		
與本人關係			
職業及服務機關名稱			
營業種類			
開設地點			
通訊處	臨時		
	永久		

簽名蓋章　　年　月　日

66

重慶電力股份有限公司

職工調查表

編　號 108

姓　名 鄧祥森

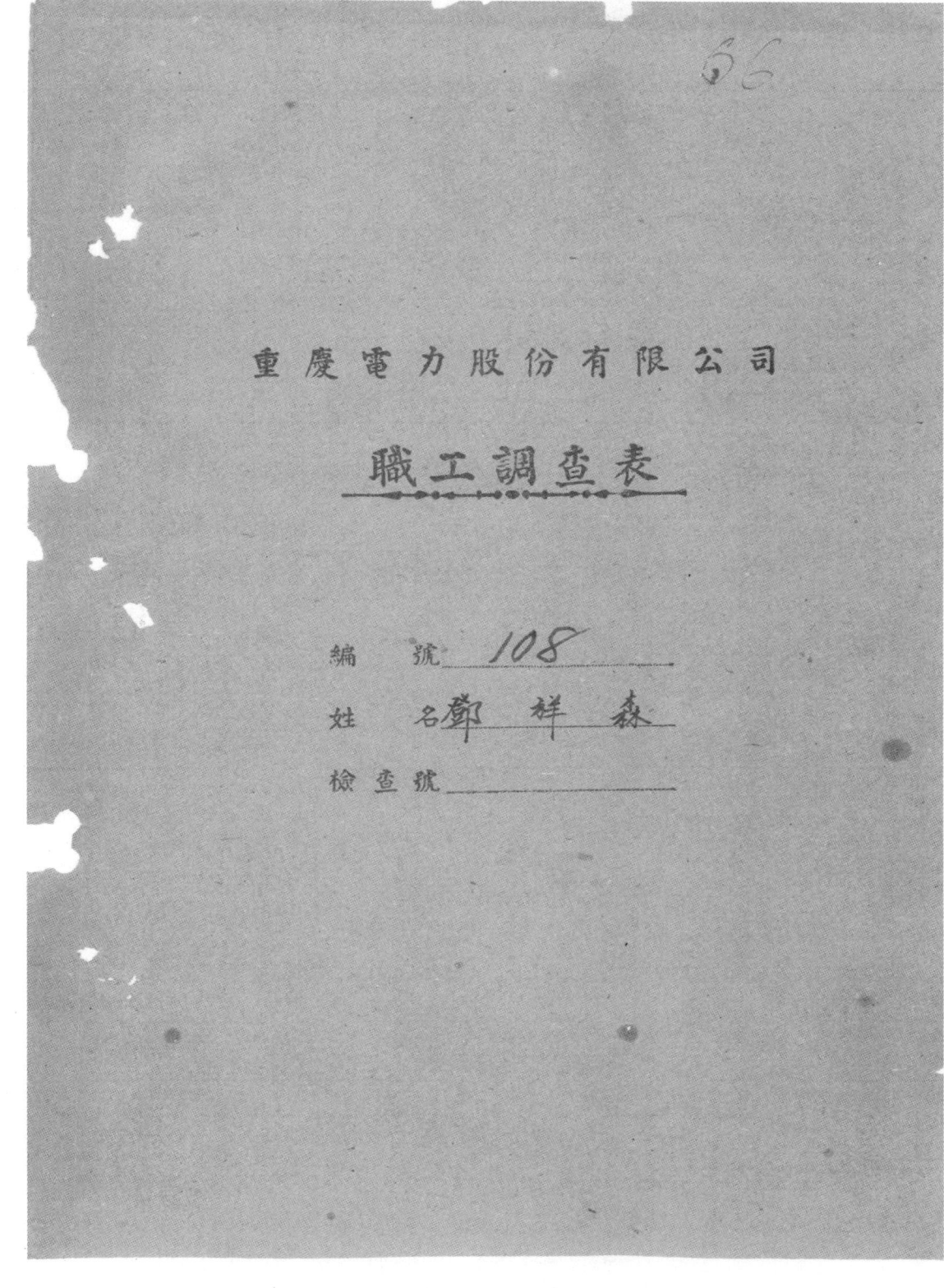

檢查號

67　67

姓名 鄧祥森　別號＿＿＿＿　籍貫 四川 省 巴 縣/市

出生年月：民國（前）八[illegible]年 十二 月 十三 日現年 二十六 歲

是否黨員 否 黨證號數＿＿＿＿　是否團員 否 團證號數＿＿＿＿

現在住址 臨江甕城街52號（二 區 麾家橋 鎮 十九 保 二十二 甲）

固定住址或通訊處 重慶臨江門甕城街五十二號

到職年月：民國＿＿年＿＿月＿＿日

介紹人姓名 胡仲貴 號＿＿＿＿　現年 五十六 歲籍貫 四川 省 廣安 縣/市

職業 商，政　住址或通訊處 重慶牛角沱華西公司　與本人關係 師生

保證人姓名 太新糖菓塗料號（經理 于德彰）現年 四十五 歲籍貫 四川 省 巴 縣/市

職業 商　現在住址 重慶民權路七十五號

固定住址或通訊處 巴縣白市驛　與本人關係 親戚

（甲）家庭狀況：

（一）家長名 鄧美卿 號＿＿＿＿　現年 六十九 歲係本人之 父親

職業 商　住址 重慶臨江門甕城街52號　每月收入 夠開支

（二）父名 同上 號＿＿＿＿　現年＿＿歲職業＿＿＿＿

住址＿＿＿＿＿＿＿＿　每月收入＿＿＿＿

母姓名 劉淑君　現年 五十八 歲

（三）已否結婚 否　配偶姓名＿＿＿＿　現年＿＿歲籍貫＿＿省＿＿縣/市

（四）子＿＿人最長者現年＿＿歲最幼者現年＿＿歲

現入學校者＿＿人學校名稱＿＿＿＿

現已服務者＿＿人處所名稱＿＿＿＿

女＿＿人最長者現年＿＿歲最幼者現年＿＿歲

現入學校者＿＿人學校名稱＿＿＿＿

現已出嫁者＿＿人

重庆电力股份有限公司一九四五年入职职工（一九四五年二月二十八日） 0219-1-29 0219-1-30

68 ~~68~~

（五）兄弟姊妹：

名	號	本人之	年齡	婚嫁否	職業	住址	備考
祥坤		兄	三十	已婚	學	西江製械衍分会	
祥沐		弟	十五	未	學	〃	

（六）除公司薪給外，本人尚有何種其他收入？ 無

本人每月平均開支：

項目	開支金額
總計	

除去開支後能有積蓄否？

若干

不敷開支時如何彌補？

是否負債？ 若干

何處借來？

歸還的方法？

（乙）教育及經歷：

（一）曾受何等教育？

程度	學校名稱	校址	肄業期間 自年月至年月	所習科目	讀完幾年級	離校原因
專科	華西	江北金紫山	32年7月—34年7月	會計	二年級	畢業

附註：請填所受最高級教育之名稱，或接近於所受之最高級教育者，例如高級職業學校畢業者，可填該高級職業學校，同時，並可填已受過教育之高級中學或初級中學，不識字，粗識字或只識字，并未入過學校者，請填「不識字」「粗識字」或「識字」

（二）在校時最感興趣之科目 經濟学、高等会計、会計問題及分析

重庆电力股份有限公司一九四五年入职职工（一九四五年二月二十八日） 0219-1-29 0219-1-30

69

（三）曾在何處服務：

機關名稱	地址	主管人姓名	月薪	服務期間 自 年 月至 年 月	離職原因
南華中學	大興場		四仟元	30年—32年	投考大学

（四）經歷中最感興趣之工作 集团生活

（丙）業餘生活

（一）每日工作時間： 忙時______小時，平時______小時

（二）本人最喜歡的娛樂 音樂、話劇

（三）公餘經常作何消遣 閱讀、研究

（四）曾參加甚麼業餘團體：

名稱	性質	地址	主持人	何時加入	担任何種職務
漫流歌詠团	業餘	化龍橋		29年	合唱指導
漫流話劇团	〃	〃		〃	演员

（丁）有何特殊狀況、特殊興趣或特殊技能，請列舉於下：

（戊）本人之簽字蓋章：簽字 鄒祥森 蓋章

填寫日期：民國 三十四 年 〃 月 十〃 日

填寫人 鄒祥森 代填寫人

65

重慶電力公司職工調查表

姓名	鄧祥森
籍貫	四川巴縣
年齡	廿七
出生年月日	民國 甯10年12月13日
已否結婚	已；子 1 人；女 1 人
學歷	私立華西文商補校會計科畢業
經歷	
擅長何種技能	
平日生活情形	
家庭經濟是否需要本人負担	需本人負担
每月負擔若干	[illegible]
到職日期	34年8月24日
永久住址	臨江門[illegible]街#52
本人通訊處 臨時	仝上
本人通訊處 永久	

家庭狀況	名	職業
父名	美卿	商
母名	劉淑居	
兄弟姊妹名號	祥坤	商[illegible]
	祥沐	
資產 不動產		
資產 動產		
家通訊處 臨時	臨江門[illegible]街#52	
家通訊處 永久	仝上	

介紹人	
姓名	李进
別號	
籍貫	省 市(縣)
年齡	歲
職業	
通訊處	
與本人關係	

保證人	
姓名	桂秀村
別號	
籍貫	省 縣(市)
年齡	歲
與本人關係	
職業及服務機關名稱	
營業種類	糖果
開設地點	中華路#146
通訊處 臨時	仝上
通訊處 永久	

簽名蓋章　　　　年　　月　　日

重庆电力股份有限公司一九四六年入职职工（一九四七年七月八日）　0219-1-29　0219-1-31

37

重慶電力股份有限公司

職工調查表

編　號

姓　名　邱脈悌

檢查號

38

姓名 邱脉悌 別號＿＿＿＿ 籍貫 四川 省 酉陽 縣/市

出生年月：民國（前） 七 年 十 月 三 日現年 廿九 歲

是否黨員＿＿ 黨證號數＿＿＿＿ 是否團員＿＿ 團證號數＿＿＿＿

現在住址 鵝公岩電廠（＿＿區＿＿鎮＿＿保＿＿甲）

固定住址或通訊處 鵝公岩電力公司第三發電廠

到職年月：民國 卅五 年 十一 月 十五 日

介紹人姓名 楊簡初 號＿＿＿＿ 現年 四三 歲 籍貫 江蘇 省＿＿縣/市

職業 教育 住址或通訊處 南京金陵大學 與本人關係 師生

保證人姓名 黄漢三 號＿＿＿＿ 現年 五二 歲 籍貫 四川 省 酉陽 縣/市

職業 商 現在住址 重慶林森路大川銀行三樓永濟公司

固定住址或通訊處 林森路大川銀行三樓永濟公司 與本人關係 同鄉

（甲）家庭狀況：

（一）家長名 邱濤 號 子敬 現年 五三 歲 係本人之 父親

職業 賦閒 住址 酉陽龍潭中街85號 每月收入＿＿＿＿

（二）父名 邱濤 號 子敬 現年 五三 歲 職業 賦閒

住址 酉陽龍潭中街85號 每月收入＿＿＿＿

母姓名 楊淑芳 現年 五五 歲

（三）已否結婚 已 配偶姓名 顧恒札 現年 二四 歲 籍貫 四川 省 銅梁 縣/市

（四）子 一 人 最長者現年 一 歲 最幼者現年＿＿歲

現入學校者＿＿人 學校名稱＿＿＿＿

現已服務者＿＿人 處所名稱＿＿＿＿

女＿＿人 最長者現年＿＿歲 最幼者現年＿＿歲

現入學校者＿＿人 學校名稱＿＿＿＿

現已出嫁者＿＿人

39

（三）曾在何處服務：

機關名稱	地址	主管人姓名	月薪	服務期間 自 年 月至 年 月	離職原因
金陵大學	重慶	陳裕光	140元	32年6月至35年4月	該校遷回南京
建新變压器厰	重慶	楊簡初	140元	33年6月至34年9月	該厰停辦
白沙水力發電厰	江津白沙	夏仲實	240元	35年5月至35年11月	至本公司服務

（四）經歷中最感興趣之工作 實驗工作

（丙）業餘生活

（一）每日工作時間： 忙時 24 小時，平時 6 小時

（二）本人最喜歡的娛樂 音樂、運動、

（三）公餘經常作何消遣 玩無綫電訊

（四）曾參加甚麼業餘團體：

名稱	性質	地址	主持人	何時加入	担任何種職務

（丁）有何特殊狀況，特殊興趣或特殊技能，請列舉於下：

（戊）本人之簽字蓋章：簽字 邱脈怖 蓋章

填寫日期：民國 36 年 7 月 8 日

填寫人 邱脈怖 代填寫人

重庆电力股份有限公司一九四六年入职职工（一九四七年七月八日） 0219-1-29 0219-1-31

40

（五）兄弟姊妹：

名	號	本人之	年齡	婚嫁否	職業	住址	備考
脉忠			廿二		學	與本人同	

（六）除公司薪給外，本人尚有何種其他收入？ 無

本人每月平均開支：

項目	開支金額
總計	

除去開支後能有積蓄否？ 無

若干

不敷開支時如何彌補？ 由家庭供給

是否負責？　　若干

何處借來？

歸還的方法？

（乙）教育及經歷：

（一）曾受何等教育？

程度	學校名稱	校址	肄業期間 自 年 月至 年 月	所習科目	讀完幾年級	離校原因
大學畢業	金陵大學	南京	29年7月至32年6月	電機	全學程	畢業

附註：請填所受最高級教育之名稱，或接近於所受之最高級教育者，例如高級職業學校畢業者，可填該高級職業學校，同時，並可填已受過教育之高級中學或初級中學，不識字，粗識字或只識字，并未入過學校者，請填「不識字」「粗識字」或「識字」

（二）在校時最感興趣之科目 電機工程

重庆电力股份有限公司一九四六年入职职工（一九四七年七月八日） 0219-1-29 0219-1-31

41

重慶電力公司職工調查表

42

姓名	邱脈[illegible]		
籍貫	四川酉陽		
年齡	卅		
出生年月日	民國前17年10月3日		
已否結婚		子 一 人	女 一 人
學歷	私立金陵大學工學士 電機系		
經歷	金陵大學助教三年 四川[illegible]電廠工程師一年 [illegible]兩年		
擅長何種技能			
平日生活情形			
家庭經濟是否需要本人負担			
每月負擔若干			
到職日期	35年11月 日		
永久住址	眉山府街[illegible]號		
本人通訊處	臨時	鵝公岩三廠	
	永久	眉山府街[illegible]號	

家庭狀況

父名	邱[illegible]	職業	[illegible]
母名	楊[illegible]		
兄弟姊妹名號	邱脈[illegible]	職業	學
資產	不動產		
	動產		
家長通訊處	臨時	中正路[illegible]號	
	永久	眉山府街[illegible]號	

介紹人

姓名	楊簡[illegible]	別號	
籍貫	浙江省 市(縣)		
年齡	四十五歲	職業	教育
通訊處	南京金陵大學電機系		
與本人關係	師生		

保證人

姓名	黃漢三	別號	
籍貫	四川省巴縣(市)		
年齡	五十三歲		
與本人關係	戚誼		
職業及服務機關名稱	商裕通公司		
營業種類	進出口貿易		
開設地點	重慶中正路[illegible]號		
通訊處	臨時	重慶中正路[illegible]號	
	永久	巴縣[illegible]	

簽名蓋章 邱脈[illegible] 37年10月30日

重庆电力股份有限公司一九四六年入职职工（一九四七年七月八日）　0219-1-29　0219-1-31

43

姓名 楊伯昇 別號＿＿＿ 籍貫 四川 省 新津 縣市

出生年月：民國（前） 拾 年 捌 月 壹 日現年 弍拾伍 歲

是否黨員＿＿ 黨證號數＿＿＿ 是否團員＿＿ 團證號數＿＿＿

現在住址＿＿＿（＿＿區＿＿鎮＿＿保＿＿甲）

固定住址或通訊處＿＿＿

到職工年月：民國 叁拾伍 年 玖 月 拾壹 日

介紹人姓名＿＿ 號＿＿ 現年＿＿ 歲籍貫＿＿ 省＿＿ 縣市

職業＿＿ 住址或通訊處＿＿＿ 與本人關係＿＿

保證人姓名 楊澤浣 號＿＿ 現年 31 歲籍貫 四川 省 新津 縣市

職業 商 現在住址 國府路大溪別墅六號

固定住址或通訊處＿＿＿ 與本人關係 親誼

（甲）家庭狀況：

（一）家長名 楊國華 號＿＿ 現年 伍拾壹 歲係本人之 父

職業 商 住址 新津花橋[illegible] 每月收入＿＿

（二）父名 [illegible] 號＿＿ 現年＿＿ 歲職業＿＿

住址＿＿＿ 每月收入＿＿

母姓名＿＿＿ 現年＿＿ 歲

（三）已否結婚 已 配偶姓名 鍾孝芝 現年 二十四 歲籍貫 四川 省 璧流 縣市

（四）子 二 人最長者現年 四 歲最幼者現年 二 歲

現入學校者＿＿人學校名稱＿＿＿

現已服務者＿＿人處所名稱＿＿＿

女＿＿人最長者現年＿＿歲最幼者現年＿＿歲

現入學校者＿＿人學校名稱＿＿＿

現已出嫁者＿＿人

44

（五）兄弟姊妹：

名	號	本人之	年齡	婚嫁否	職業	住址	備考

（六）除公司薪給外，本人尚有何種其他收入？

本人每月平均開支：

項目	開支金額
總計	—

除去開支後能有積蓄否？

若干

不敷開支時如何彌補？

是否負責？　　若干

何處借來？

歸還的方法？

（乙）教育及經歷：

（一）曾受何等教育？

程度	學校名稱	校址	肄業期間 自 年 月至 年 月	所習科目	讀完幾年級	離校原因
高中	瑞中學	成都	24年至27年	普通科	三年級	
	志城高商	成都	28年至29年	會計科	二年	

附註：請填所受最高級教育之名稱，或接近於所受之最高級教育者，例如高級職業學校畢業者，可填該高級職業學校，同時，並可填已受過教育之高級中學或初級中學，不識字，粗識字或只識字，并未入過學校者，請填「不識字」「粗識字」或「識字」

（二）在校時最感興趣之科目

重庆电力股份有限公司一九四六年入职职工（一九四七年七月八日） 0219-1-29 0219-1-31

45

（三）曾在何處服務：

機關名稱	地址	主管人姓名	月薪	服務期間 自 年 月至 年 月	離職原因
蜀南公司	瀘縣		140	3[illegible]年至35年	因事
重慶[illegible]公司	重慶		130	34年	

（四）經歷中最感興趣之工作

（丙）業餘生活

（一）每日工作時間： 忙時＿＿＿＿小時，平時＿＿＿＿小時

（二）本人最喜歡的娛樂＿＿＿＿

（三）公餘經常作何消遣＿＿＿＿

（四）曾參加甚麼業餘團體：

名稱	性質	地址	主持人	何時加入	担任何種職務

（丁）有何特殊狀況，特殊興趣或特殊技能，請列舉於下：

（戊）本人之簽字蓋章：簽字＿＿＿＿＿＿ 蓋章＿＿＿＿

填寫日期：民國＿＿＿年＿＿＿月＿＿＿日

填寫人＿＿＿＿＿＿代填寫人＿＿＿＿＿＿

重庆电力股份有限公司一九四六年入职职工（一九四七年七月八日） 0219-1-29 0219-1-31

79

重慶電力股份有限公司

職工調查表

編　　號

姓　　名 袁維謨

檢 查 號

重庆电力股份有限公司一九四六年入职职工（一九四七年七月八日） 0219-1-29 0219-1-31

80

姓名袁維謹 别號肇伯 籍貫四川省瀘縣市

出生年月：民國（前）十四年一月二十五日現年二十一歲

是否黨員否 黨證號數無 是否團員否 團證號數無

現在住址大溪溝第一廠 後太平門海關巷一號（ 保 甲）

固定住址或通訊處瀘縣藍田壩黄壩

到職工年月：民國三十五年十一月三日

介紹人姓名袁玉麟 號 現年四十九歲籍貫四川省瀘縣市

職業商業 住址或通訊處成都慶雲東街三十一號 與本人關係叔姪

保證人姓名袁石麟 號承祜 現年四十五歲籍貫四川省瀘縣市

職業商業 現在住址重慶太平門海關巷一號

固定住址或通訊處瀘縣凝光城垣街二十一號 與本人關係叔姪

（甲）家庭狀況：

（一）家長名袁志衡 號 現年六十三（二）歲係本人之父

職業無 住址瀘縣藍田壩黄壩 每月收入無

（二）父名袁志衡 號 現年六十三歲職業無

住址瀘縣藍田壩黄壩 每月收入無

母姓名鄺布蘊 現年六十一歲

（三）已否結婚已結婚 配偶姓名黄昌銘 現年二十歲籍貫四川省江安縣市

（四）子一人最長者現年一歲最幼者現年 歲

現入學校者未 人學校名稱無

現已服務者未 人處所名稱無

女無人最長者現年無歲最幼者現年無歲

現入學校者無人學校名稱無

現已出嫁者無人

81

（五）兄弟姊妹：

名	號	本人之	年齡	婚嫁否	職業	住址	備考
袁維靜		姊	三一	嫁	無	瀘縣藍田壩	

（六）除公司薪給外，本人尚有何種其他收入？ 無

本人每月平均開支：

項目	開支金額
食費	叁萬元
洗衣費	肆仟元
零用	肆萬陸仟元
總計	

除去開支後能有積蓄否？ 無

若干 匯家作家用

不敷開支時如何彌補？

是否負責？ 若干

何處借來？

歸還的方法？

（乙）教育及經歷：

（一）曾受何等教育？

程度	學校名稱	校址	肄業期間 自 年 月至 年 月	所習科目	讀完幾年級	離校原因
高級中學	四川省立重慶高工	瀘縣彌陀場	三十二年至三十四	機械科	三年級	畢業

附註：請填所受最高級教育之名稱，或接近於所受之最高級教育者，例如高級職業學校畢業者，可填該高級職業學校，同時，並可填已受過教育之高級中學或初級中學，不識字，粗識字或只識字，幷未入過學校者，請填「不識字」「粗識字」或「識字」

（二）在校時最感興趣之科目 機械製圖 工廠習實 數學 理、化、機械管理

重庆电力股份有限公司一九四六年入职职工（一九四七年七月八日） 0219-1-29 0219-1-31

82

（三）曾在何處服務：

機關名稱	地址	主管人姓名	月薪	服務期間 自 年 月至 年 月	離職原因
瀘縣糧食儲運處	瀘縣	徐公偉	壹佰肆拾元	自卅四年九月至卅五年九月	奉令裁撤

（四）經驗中最感興趣之工作

（丙）業餘生活

（一）每日工作時間：忙時 八 小時，平時 八 小時

（二）本人最喜歡的娛樂

（三）公餘經常作何消遣 公餘閱報溫書

（四）曾參加甚麼業餘團體：

名稱	性質	地址	主持人	何時加入	担任何種職務

（丁）有何特殊狀況，特殊興趣及特殊技能，請列舉於下：

（戊）本人之簽字蓋章：簽字 袁維謹 蓋章

填寫日期：民國 三十五 年 十一 月 二十六 日

填寫人＿＿＿＿＿＿＿＿ 代填寫人＿＿＿＿＿＿＿＿

重庆电力股份有限公司一九四六年入职职工（一九四七年七月八日） 0219-1-29 0219-1-31

重庆电力股份有限公司一九四六年入职职工（一九四七年七月八日） 0219-1-29 0219-1-31

重慶電力公司職工調查表

84

姓名	袁維謹
籍貫	四川瀘縣
年齡	廿三
出生年月日	民國 [illegible]年 1月廿日
已否結婚	已
子	一人
女	無人
學歷	重慶高工畢業
經歷	曾任瀘縣儲運處助理員及一級科員
擅長何種技能	機械工程
平日生活情形	公餘處理家務
家庭經濟是否需要本人負担	是
每月負擔若干	八十元
到職日期	卅五年十一月一日
永久住址	瀘縣藍田場黄壩
本人通訊處 臨時	大溪溝第一發電廠
本人通訊處 永久	瀘縣藍田場黄壩

家庭狀況

		職業
父名	袁承熹（殁）	
母名	鄺希蘐（存）	
兄名	袁維基（殁）	
弟	無	
姊	袁維静（適）	
妹號	無	

資產	不動產	
	動產	無
家通訊處	臨時	瀘縣藍田壩復興路四十二號
	永久	瀘縣藍田壩黄壩

介紹人

姓名	袁玉麟	別號	
籍貫	四川省 瀘市（縣）		
年齡	五十一歲	職業	商
通訊處	重慶太平门海向巷一號		
與本人關係	叔姪		

保證人

姓名	孫謙牧	別號	
籍貫	四川省 巴縣（市）		
年齡	卅八歲		
與本人關係	世誼		
職業及服務機關名稱	川康銀行副經理		
營業種類			
開設地點	本市打銅街		
通訊處 臨時			
通訊處 永久	林森路双巷子12号		

簽名蓋章　　　　年　　月　　日

97

重慶電力股份有限公司

職工調查表

編　號 043

姓　名 吴摯儂

檢查號

重庆电力股份有限公司一九四六年入职职工（一九四七年七月八日） 0219-1-29 0219-1-31

98

姓名吴攀儂　別號　　籍貫四川省重慶縣市

出生年月：民國（前）七年九月二十九日現年二十八歲

是否黨員否　黨證號數　　是否團員否　團證號數

現在住址陝西路二二〇（　區　鎮　保　甲）

固定住址或通訊處復興關平橋十二號

到職工年月：民國三十五年三月二十二日

介紹人姓名白郁　號　　現年　歲籍貫　省　縣市

職業電信局課長　住址或通訊處純陽洞電信局　與本人關係

保證人姓名李元德　號　　現年三十八歲籍貫四川省巴縣市

職業四川省銀行課長　現在住址陝西路二二〇號

固定住址或通訊處　　與本人關係戚誼

（甲）家庭狀況：

（一）家長名吴伯卿　號　　現年六十歲係本人之父

職業无　住址復興關平橋十二號　每月收入

（二）父名　號　現年　歲職業

住址　　每月收入

母姓名蔡德卿　現年五十九歲

（三）已否結婚已　配偶姓名李仲龍　現年三十一歲籍貫四川省巴縣市

（四）子　人最長者現年　歲最幼者現年　歲

現入學校者　人學校名稱

現已服務者　人處所名稱

女　人最長者現年　歲最幼者現年　歲

現入學校者　人學校名稱

現已出嫁者　人

99

（五）兄弟姊妹：

名	號	本人之	年齡	婚嫁否	職業	住址	備考

（六）除公司薪給外，本人尚有何種其他收入？無

本人每月平均開支：

項目	開支金額
總計	

除去開支後能有積蓄否？

若干

不敷開支時如何彌補？

是否負責？ 若干

何處借來？

歸還的方法？

（乙）教育及經歷：

（一）曾受何等教育？

程度	學校名稱	校址	肄業期間 自 年 月至 年 月	所習科目	讀完幾年級	離校原因
高中	立信會計校	北碚				畢業

附註：請填所受最高級教育之名稱，或接近於所受之最高級教育者，例如高級職業學校畢業者，可填該高級職業學校，同時，並可填已受過教育之高級中學或初級中學，不識字，粗識字或只識字，并未入過學校者，請填「不識字」「粗識字」或「識字」

（二）在校時最感興趣之科目

重庆电力股份有限公司一九四六年入职职工（一九四七年七月八日） 0219-1-29 0219-1-31

（三）曾在何處服務： 1012

機關名稱	地址	主管人姓名	月薪	服務期間 自27年5月至32年2月	離職原因
重慶電信局	林陽洞	黄如祖	八十		因病

（四）經歷中最感興趣之工作

（丙）業餘生活

（一）每日工作時間： 忙時　小時，平時　小時

（二）本人最喜歡的娛樂

（三）公餘經常作何消遣

（四）曾參加甚麼業餘團體：

名稱	性質	地址	主持人	何時加入	担任何種職務

（丁）有何特殊狀況、特殊興趣或特殊技能，請列舉於下：

（戊）本人之簽字蓋章：簽字 儁　蓋章

填寫日期：民國三十五年二月二十二日

填寫人吴塑儁　代填寫人

重庆电力股份有限公司一九四六年入职职工（一九四七年七月八日） 0219-1-29 0219-1-31

101.

重庆电力股份有限公司一九四六年入职职工（一九四七年七月八日） 0219-1-29 0219-1-31

重慶電力公司職工調查表

102

姓名	吳藝儐
籍貫	重慶
年齡	卅八
出生年月日	民國（前）九年七月廿九日
已否結婚	已　子　人　女　人
學歷	立信會计学校畢業
經歷	
擅長何種技能	
平日生活情形	
家庭經濟是否需要本人負担	是
每月負擔若干	
到職日期	卅五年三月十九日
永久住址	大坪12号
本人通訊處　臨時	陝西路三官之巷九号
本人通訊處　永久	

家庭狀況

父名	吳伯卿	職業	無
母名	吳德卿	職業	
兄弟姊妹名號		職業	
資產　不動產			
資產　動產			
家長通訊處　臨時			
家長通訊處　永久	大坪12号		

介紹人

姓名		別號	
籍貫	省　市（縣）		
年齡	歲	職業	
通訊處			
與本人關係			

保證人

姓名	李猶龍	別號	
籍貫	四川江北省　縣（市）		
年齡	四十歲		
與本人關係	戚		
職業及服務機關名稱	四川省銀行信託部		
營業種類			
開設地點			
通訊處　臨時			
通訊處　永久	四川省銀行		

簽名蓋章　　年　月　日

重庆电力股份有限公司一九四六年入职职工（一九四七年七月八日） 0219-1-29 0219-1-31

109

重慶電力股份有限公司

職工調查表

編　號

姓　名 張心敏

檢查號

110

姓名張心敏 別號 籍貫四川省南溪縣市

出生年月：民國（前）十年十月廿二日 現年廿五歲

是否黨員 黨證號數 是否團員 團證號數

現在住址（ 區 鎮 保 甲）

固定住址或通訊處 南溪縣桂花街五五號

到職工年月：民國卅五年七月廿九日

介紹人姓名何绍明 號 現年 歲 籍貫 省 縣市

職業 住址或通訊處 大溪溝本公司第一廠 與本人關係 同學

保證人姓名孫良楷 號 現年 歲 籍貫四川省巴縣市

職業 復興麵粉公司修理廠廠長 現在住址 江北香國寺復興二廠側

固定住址或通訊處 與本人關係 友誼

（甲）家庭狀況：

（一）家長名張雨生 號又忱 現年六十歲 係本人之父

職業 商 住址 南溪桂花街五五號 每月收入

（二）父名張雨生 號又忱 現年六十歲 職業 商

住址 南溪桂花街五五号 每月收入

母姓名 張屈氏 現年五十八歲

（三）已否結婚 配偶姓名 現年 歲 籍貫 省 縣市

（四）子 人 最長者現年 歲 最幼者現年 歲

現入學校者 人 學校名稱

現已服務者 人 處所名稱

女 人 最長者現年 歲 最幼者現年 歲

現入學校者 人 學校名稱

現已出嫁者 人

重庆电力股份有限公司一九四六年入职职工（一九四七年七月八日） 0219-1-29 0219-1-31

111

(五)兄弟姊妹：

名	號	本人之	年齡	婚嫁否	職業	住址	備考
張心恕		姐	卅六		教育	南溪	
張心燡		弟	廿一		學	南溪	
張心煇		弟	十三		學	南溪	

(六)除公司薪給外，本人尚有何種其他收入？

本人每月平均開支：

項目	開支金額
總計	

除去開支後能有積蓄否？

若干

不敷開支時如何彌補？

是否負責？ 若干

何處借來？

歸還的方法？

(乙)教育及經歷：

(一)曾受何等教育？

程度	學校名稱	校址	肄業期間 自年月至年月	所習科目	讀完幾年級	離校原因
高職	中央工校	渝沙坪壩	卅九年至卅二年	電機	三年	畢業

附註：請填所受最高級教育之名稱，或接近於所受之最高級教育者，例如高級職業學校畢業者，可填該高級職業學校，同時，並可填已受過教育之高級中學或初級中學，不識字，粗識字或只識字，并未入過學校者，請填「不識字」「粗識字」或「識字」

(二)在校時最感興趣之科目

重庆电力股份有限公司一九四六年入职职工（一九四七年七月八日） 0219-1-29 0219-1-31

112

（三）曾在何處服務：

機關名稱	地址	主管人姓名	月薪	服務期間 自 年 月至 年 月	離職原因
中央通訊社	重慶中二路	蕭同茲	100	卅二年七月至卅四年[illegible]	回家省親

（四）經歷中最感興趣之工作

（丙）業餘生活

（一）每日工作時間： 忙時____小時，平時____小時

（二）本人最喜歡的娛樂

（三）公餘經常作何消遣

（四）曾參加甚麼業餘團體：

名稱	性質	地址	主持人	何時加入	担任何種職務

（丁）有何特殊狀況，特殊興趣或特殊技能，請列舉於下：

（戊）本人之簽字蓋章：簽字 張心敏 蓋章

填寫日期：民國卅五年 七 月廿九日

填寫人____________代填寫人

重庆电力股份有限公司一九四六年入职职工（一九四七年七月八日） 0219-1-29 0219-1-31

113

重庆电力股份有限公司一九四六年入职职工（一九四七年七月八日） 0219-1-29 0219-1-31

重慶電力公司職工調查表

114

- 姓名：張心敏
- 籍貫：四川省南溪縣
- 年齡：廿五歲
- 出生年月日：民國 前11年10月22日
- 已否結婚：未　子 人　女 人
- 學歷：民國卅二年秋畢業於國立中央工業專科學校中等電機技術科同年秋參加經濟部中等技術人員考試及格。
- 經歷：曾任軍政部電信機械修造廠宝鸡修配所少尉技術員
- 擅長何種技能：
- 平日生活情形：
- 家庭經濟是否需要本人負担：需本人負担
- 每月負擔若干：全部負担
- 到職日期：35年7月 日
- 永久住址：南溪縣桂花街55#
- 本人通訊處：臨時 棗子嵐埡56#；永久 南溪桂花街55#

家庭狀況

父名	張又忱	職業	
母名	岳育富		
兄弟姊妹名號		職業	
資產	不動產		
	動產		
家通訊處	臨時		
	永久	南溪縣桂花街55#	

介紹人

姓名		別號	
籍貫	省 市（縣）		
年齡	歲	職業	
通訊處			
與本人關係			

保證人

姓名	孫良楷	別號	
籍貫	四川省巴縣 縣（市）		
年齡	28歲		
與本人關係	同学		
職業及服務機關名稱	硯記机械廠廠長		
營業種類	製造各種機械		
開設地點	南岸石溪路		
通訊處	臨時		
	永久	重慶二府街10#	

簽名蓋章　37年10月 日

120

重慶電力股份有限公司

職工調查表

編　號

姓　名 ~~唐知材~~ 唐芝富

檢查號

重庆电力股份有限公司一九四六年入职职工（一九四七年七月八日） 0219-1-29 0219-1-31

121

姓名 唐芝富 別號 知祜 籍貫 四川 省 巴縣 縣/市

出生年月：民國（前） 九 年 一 月 廿八 日現年 廿六 歲

是否黨員 否 黨證號數 —— 是否團員 否 團證號數 ——

現在住址 林森路59#附一號 區 鎮 保 甲）

固定住址或通訊處 仝現在住址

到職（工）年月：民國 卅五 年 八 月 壹 日

介紹人姓名 號 現年 歲籍貫 省 縣/市

職業 住址或通訊處 與本人關係

保證人姓名 張闓波 號 現年 五十二 歲籍貫 四川 省 巴縣 縣/市

職業 商 現在住址 林森路57號華德藥房

固定住址或通訊處 仝現在住址 與本人關係

（甲）家庭狀況：

（一）家長名 唐玟濱 號 現年 五十四 歲係本人之 父

職業 商 住址 林森路59號附1號 每月收入

（二）父名 唐玟濱 號 現年 歲職業

住址 每月收入

母姓名 現年 歲

（三）已否結婚 未婚 配偶姓名 現年 歲籍貫 省 —— 縣/市

（四）子 人最長者現年 歲最幼者現年 歲

現入學校者 人學校名稱

現已服務者 人處所名稱

女 人最長者現年 歲最幼者現年 歲

現入學校者 人學校名稱

現已出嫁者 人

122

（五）兄弟姊妹：

名	號	本人之	年齡	婚嫁否	職業	住址	備考
唐知贵		弟	廿五	未婚	商	成都	
唐知韡		妹	廿三	已婚		上海	
唐知愚		弟	廿二	未婚		北平	肄業清華大学

（六）除公司薪給外，本人尚有何種其他收入？

本人每月平均開支：

項目	開支金額
總計	

除去開支後能有積蓄否？

若干

不敷開支時如何彌補？

是否負責？ 若干

何處借來？

歸還的方法？

（乙）教育及經歷：

（一）曾受何等教育？

程度	學校名稱	校址	肄業期間 自 年 月至 年 月	所習科目	讀完幾年級	離校原因
大学	重慶大学	重慶沙坪壩	自卅年至卅四年	電机系	四年	畢業
	重慶聯中	〃	自廿七年至卅年		三年	〃
	廣益中学	南岸文峰塔	自廿三年至廿七年		四年	〃

附註：請填所受最高級教育之名稱，或接近於所受之最高級教育者，例如高級職業學校畢業者，可填該高級職業學校，同時，並可填已受過教育之高級中學或初級中學，不識字，粗識字或只識字，幷未入過學校者，請填「不識字」「粗識字」或「識字」

（二）在校時最感興趣之科目

123

（三）曾在何處服務：

機關名稱	地址	主管人姓名	月薪	服務期間 自 年 月至 年 月	離職原因
天府鑛業公司	北碚後峯岩	[illegible]	一百五拾	自卅四年至卅五年	

（四）經歷中最感興趣之工作

（丙）業餘生活

（一）每日工作時間： 忙時　　小時，平時　　小時

（二）本人最喜歡的娛樂

（三）公餘經常作何消遣

（四）曾參加甚麼業餘團體：

名稱	性質	地址	主持人	何時加入	担任何種職務

（丁）有何特殊狀況，特殊興趣或特殊技能，請列舉於下：

（戊）本人之簽字蓋章：簽字　　蓋章

填寫日期：民國卅五年八月七日

填寫人[illegible]　代填寫人

重庆电力股份有限公司一九四六年入职职工（一九四七年七月八日） 0219-1-29 0219-1-31

重慶電力公司職工調查表

125

姓名	唐知富
籍貫	巴縣
年齡	廿八歲
出生年月日	民國前九年一月廿八日
已否結婚	未　子　人　女　人
學歷	國立重慶大學電機系畢業
經歷	
擅長何種技能	
平日生活情形	
家庭經濟是否需要本人負担	負担部分
每月負擔若干	
到職日期	卅五年八月一日
永久住址	重慶林森路59號附1號
本人通訊處　臨時	仝上
本人通訊處　永久	仝上

家庭狀況			
父名	唐汝濱	職業	商
母名			
兄弟姊妹名號	唐知桂	職業	
	唐知驊		
	唐知愚		
	唐知涵		
資產　不動產	無		
資產　動產	無		
家通訊處　臨時	林森路五十九號附壹號		
家通訊處　永久	仝上		

介紹人			
姓名		別號	
籍貫	省　市(縣)		
年齡	歲	職業	
通訊處			
與本人關係			

保證人			
姓名	張潤波	別號	
籍貫	四川省巴縣(市)		
年齡	五十歲		
與本人關係	世誼		
職業及服務機關名稱	華德藥房經理		
營業種類	林森路五十七號		
開設地點	西藥		
通訊處　臨時			
通訊處　永久			

簽名蓋章　37年10月6日

重庆电力股份有限公司一九四七年入职职工（一九四七年四月六日） 0219-1-29

5-0

重慶電力股份有限公司

職工調查表

編　號

姓　名 劉盛雲

檢查號

重庆电力股份有限公司一九四七年入职职工（一九四七年四月六日） 0219-1-29

51

姓名 劉盛雲 別號＿＿＿＿ 籍貫 四川 省 雲陽 縣市

出生年月：民國(前) 十一 年 十一 月 廿三 日現年 廿四 歲

是否黨員＿＿黨證號數＿＿＿＿ 是否團員＿＿團證號數＿＿＿＿

現在住址＿＿＿＿（＿＿區＿＿鎮＿＿保＿＿甲）

固定住址或通訊處 重慶上清寺特園路六十五號

到職工年月：民國 卅六 年 三 月 廿五 日

介紹人姓名＿＿＿＿號＿＿＿＿現年＿＿歲籍貫＿＿＿＿省＿＿＿＿縣市

職業＿＿＿＿住址或通訊處＿＿＿＿＿＿與本人關係＿＿＿＿

保證人姓名＿＿＿＿號＿＿＿＿現年＿＿歲籍貫＿＿＿＿省＿＿＿＿縣市

職業＿＿＿＿＿＿現在住址＿＿＿＿＿＿

固定住址或通訊處＿＿＿＿＿＿與本人關係＿＿＿＿

（甲）家庭狀況：

（一）家長名 劉守禮 號 敷五 現年 四十八 歲係本人之 父親

職業＿＿＿＿住址＿＿＿＿＿＿每月收入＿＿＿＿

（二）父名 劉守禮 號 敷五 現年 四十八 歲職業＿＿＿＿

住址 重慶上清寺特園路六十五號 每月收入＿＿＿＿

母姓名 夏寶慧 現年＿＿＿＿歲

（三）已否結婚 未 配偶姓名＿＿＿＿現年＿＿歲籍貫＿＿省＿＿縣市

（四）子＿＿人最長者現年＿＿歲最幼者現年＿＿歲

現入學校者＿＿人學校名稱＿＿＿＿

現已服務者＿＿人處所名稱＿＿＿＿

女＿＿人最長者現年＿＿歲最幼者現年＿＿歲

現入學校者＿＿人學校名稱＿＿＿＿

現已出嫁者＿＿人

52

（五）兄弟姊妹：

名	號	本人之	年齡	婚嫁否	職業	住址	備考
盛正		弟	十八		學生	同前	
盛榮		弟	十三		學生	〃	
盛秀		弟	七		學生	〃	
盛庸		弟	四		學生	〃	
盛熙		妹	十		學生	〃	

（六）除公司薪給外，本人尚有何種其他收入？ 無

本人每月平均開支：

項目	開支金額
總計	

除去開支後能有積蓄否？

若干

不敷開支時如何彌補？

是否負債？ 若干

何處借來？

歸還的方法？

（乙）教育及經歷：

（一）曾受何等教育？

程度	學校名稱	校址	肄業期間 自 年 月至 年 月	所習科目	讀完幾年級	離校原因
初中	求精	重慶			三年級	畢業
高中	精益	重慶			三年級	畢業
大學	金陵	南京		電工	四年級	畢業

附註：請填所受最高級教育之名稱，或接近於所受之最高級教育者，例如高級職業學校畢業者，可填該高級職業學校，同時，並可填已受過教育之高級中學或初級中學，不識字，粗識字或只識字，并未入過學校者，請填「不識字」「粗識字」或「識字」

（二）在校時最感興趣之科目

重庆电力股份有限公司一九四七年入职职工（一九四七年四月六日） 0219-1-29

5-3

（三）曾在何處服務：

機關名稱	地址	主管人姓名	月薪	服務期間 自　年　月至　年　月	離職原因

（四）經歷中最感興趣之工作

（丙）業餘生活

（一）每日工作時間：　忙時　　小時，平時　　小時

（二）本人最喜歡的娛樂　音樂，運動.

（三）公餘經常作何消遣　閱讀，運動，音樂.

（四）曾参加甚麼業餘團體：

名稱	性質	地址	主持人	何時加入	担任何種職務

（丁）有何特殊狀況，特殊興趣或特殊技能，請列舉於下：

（戊）本人之簽字蓋章：簽字　　　　蓋章

填寫日期：民國卅六年四月六日

填寫人 劉盛雲　　代填寫人

重庆电力股份有限公司一九四七年入职职工（一九四七年四月六日） 0219-1-29

54

36

重慶電力股份有限公司

職工調查表

編　號

姓　名 萬朝傑

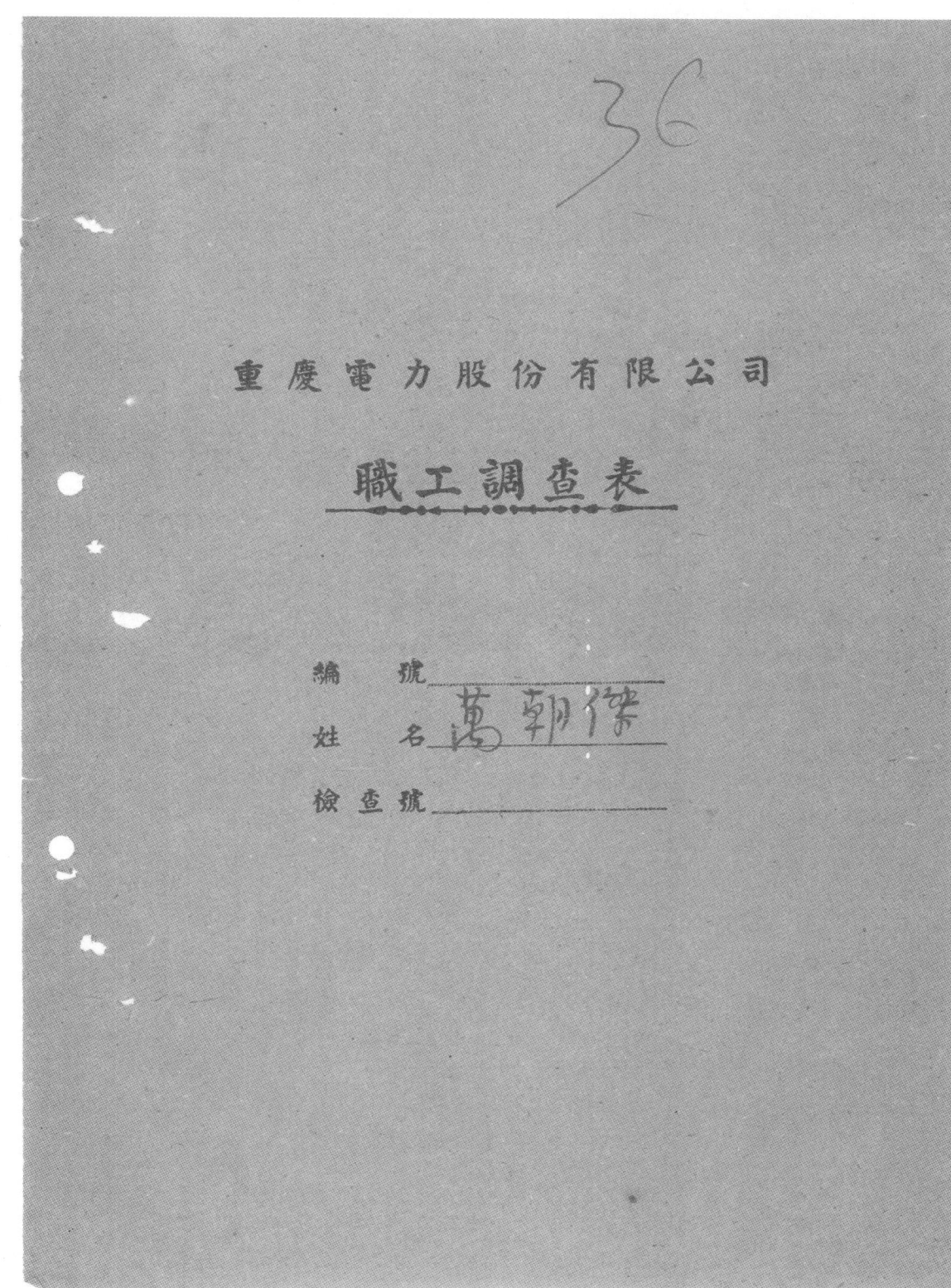

檢查號

重庆电力股份有限公司一九四八年入职职工（一九四八年六月三日） 0219-1-30

姓名 萬朝傑 別號 ____ 籍貫 四川 省 渠 縣市

出生年月：民國（前） 二 年 七 月 十六 日 現年 三六 歲

是否黨員 ____ 黨證號數 ____ 是否團員 ____ 團證號數 ____

現在住址 重慶南坪場（____ 區 ____ 鎮 ____ 保 ____ 甲）

固定住址或通訊處 重慶南岸馬家店天星橋拾伍號

到職年月：民國 三十七 年 六 月 三 日

介紹人姓名 黄大庸 號 ____ 現年 四八 歲 籍貫 四川 省 犍為 縣

職業 商 住址或通訊處 重慶春森路九十八號 與本人關係 友誼

保證人姓名 泉源商號 號 ____ 現年 ____ 歲 籍貫 ____ 省 ____ 縣市

職業 足頭 現在住址 重慶民族路130號

固定住址或通訊處 ____ 與本人關係 ____

（甲）家庭狀況：

（一）家長名 萬華卿 號 ____ 現年 五十八 歲係本人之 父

職業 紳 住址 渠縣三滙鎮正街 每月收入 足以自給

（二）父名 華卿 號 ____ 現年 五八 歲 職業 紳

住址 渠縣三滙鎮 每月收入 ____

母姓名 達氏 現年 五十七 歲

（三）已否結婚 已 配偶姓名 王永燦 現年 三六 歲 籍貫 四川 省 巴 縣市

（四）子 紹正 人最長者現年 六 歲最幼者現年 無 歲

現入學校者 一 人學校名稱 南坪鎮中心國民學校

現已服務者 ____ 人處所名稱 ____

女 二 人最長者現年 十 歲最幼者現年 八 歲

現入學校者 二 人學校名稱 南坪場中心國民學校

現已出嫁者 0 人

第⑥辑

（五）兄弟姊妹：

名	號	本人之	年齡	婚嫁否	職業	住址	備考
朝	偉	弟 二十	歲	已婚	商	渠縣三匯	
朝	修	弟 八	歲	未婚	就學	仝上	
朝	芳	妹 十	歲	未婚	就學	仝上	

（六）除公司薪給外，本人尚有何種其他收入？　無其他收入

本人每月平均開支：

項目	開支金額
房租	600（萬）
伙食	1,500（萬）
衣着及書籍	1,200（萬）
教育及醫藥	500（萬）
雜支（交際文具）	500（萬）
總計	4,300（萬）

除去開支後能有積蓄否？　無力積蓄

若干

不敷開支時如何彌補？　以每月薪津維持

是否負債？　無　若干

何處借來？

歸還的方法？

（乙）教育及經歷：

（一）曾受何等教育？

程度	學校名稱	校址	肄業期間 自 年 月至 年 月	所習科目	讀完幾年級	離校原因
大學	光華大學	成都	三十一年秋季畢業	會計系	四年級	畢業

附註：請填所受最高級教育之名稱，或接近於所受之最高級教育者，例如高級職業學校畢業者，可填該高級職業學校，同時，並可填已受過教育之高級中學或初級中學，不識字，粗識字或只識字，并未入過學校者，請填「不識字」「粗識字」或「識字」

（二）在校時最感興趣之科目

39

（三）曾在何處服務：

機關名稱	地址	主管人姓名	月薪	服務期間 自 年 月至 年 月	辭職原因
光華大學助教	成都	校長 張壽鏞	一四〇元	三十一年上學期全期	請假
財政部花紗局營區辦事處業務專員	成都	主任 王樾	一八〇元	三十一年八月至卅三年九月	請假
糧食部督導處一級科員	重慶	處長 李永懋	二〇〇元	卅三年九月至卅四年七月	調職
重慶市田糧處股長	重慶	處長 李永懋	二六〇元	卅四年七月卅六年一月	機關裁撤
岳池田糧處副處長	岳池	處長 張樹仲	三二〇元	卅六年三月至卅[illegible]年壹月	奉令調省
正中會計師	重慶				

（四）經歷中最感興趣之工作

（丙）業餘生活

（一）每日工作時間：忙時＿＿小時，平時＿＿小時

（二）本人最喜歡的娛樂

（三）公餘經常作何消遣　讀書

（四）曾參加甚麼業餘團體：

名稱	性質	地址	主持人	何時加入	担任何種職務
正中會計師事務所		本市臨江路			

（丁）有何特殊狀況、特殊興趣或特殊技能，請列舉於下：

（戊）本人之簽字蓋章：簽字　萬朝傑　蓋章　（印）

填寫日期：民國三十七年六月三日

填寫人＿＿＿＿代填寫人＿＿＿＿

重庆电力股份有限公司一九四八年入职职工（一九四八年六月三日）　0219-1-30

重庆电力股份有限公司一九四八年入职职工（一九四八年六月三日） 0219-1-30

420

重慶電力公司職工調查表

姓名	萬朝傑
籍貫	四川渠縣
年齡	二十八歲
出生年月日	民國前一年七月 日
已否結婚	已　子 二 人　女 二 人
學歷	光華大學商學院會計系畢業商學士 高等考試會計師考試及格
經歷	曾任機關及行號主辦會計暨執行會計師業務有年
擅長何種技能	喜好會計實施及理論
平日生活情形	自奉菲薄一貫以淡泊明志
家庭經濟是否需要本人負担	是本人負担
每月負擔若干	約銀幣壹佰伍拾元正
到職日期	37年 5月 1日
永久住址	本市南岸專家site大星橋拾叁號
本人通訊處　臨時	公司
本人通訊處　永久	〃 〃

家庭狀況			
父名	華卿	職業	商
母名	聶氏	職業	
兄弟姊妹名號	共五人	職業	
資產　不動產	無		
資產　動產	無		
家通訊處　臨時			
家通訊處　永久			

介紹人			
姓名	黄大庸	別號	
籍貫	四川省 犍為 市（縣）		
年齡	四九歲	職業	
通訊處	本公司		
與本人關係	友誼		

保證人			
姓名	王典之	別號	
籍貫	四川省 巴 縣（市）		
年齡	五十二歲		
與本人關係	戚誼		
職業及服務機關名稱	大昌公司		
營業種類	出口		
開設地點	本市陝西街231號		
通訊處　臨時	公司		
通訊處　永久	〃 〃		

簽名蓋章　37年 8月20日

重庆电力股份有限公司一九四八年入职职工（一九四八年六月三日） 0219-1-30

10

重慶電力公司職工調查表

姓名	楊昌祿	
籍貫	四川巴縣	
年齡	三十五歲	
出生年月日	民國(二前) 年 月 日	
已否結婚	已	子 女 無 人 人
學歷	川東師範畢業	
經歷	西昌新昌銀行業務主任	
擅長何種技能		
平日生活情形		
家庭經濟是否需要本人負担		
每月負擔若干		
到職日期	37年10月7日	
永久住址	南坪場天星橋14號	
本人通訊處	臨時	
	永久	

家庭狀況			
父名	楊月秋	職業	
母名	王澤芫		
兄弟姊妹名號		職業	
	楊昌陵		
	楊昌龢		
資產	不動產		
	動產		
家長通訊處	臨時	南坪場天星橋14號	
	永久		

介紹人			
姓名		別號	
籍貫	省 市(縣)		
年齡	歲	職業	
通訊處			
與本人關係			

保證人			
姓名	王由之	別號	
籍貫	巴县 縣(市)		
年齡	55歲		
與本人關係	鄉		
職業及服務機關名稱	大星公司經理		
營業種類	出口業		
開設地點	陝西路231號		
通訊處	臨時	陝西路231號	
	永久		

簽名蓋章　　　　年　　月　　日

重庆电力股份有限公司一九四九年入职职工（一九四九年八月二十五日） 0219-1-30 0219-1-31

23

重慶電力公司職工調查表

姓名	申倚晨	家庭狀況	
籍貫	重慶	父名 申鶴賓	職業 商
年齡	三二歲	母名 亡	
出生年月日	民國前17年3月5日	兄弟姊妹 名號	職業
已否結婚	子 三 人 女 人		
學歷	國立復旦大學商學院會計系畢業	資產 不動產	
		資產 動產	
經歷	財政部重慶直接稅局秘書 利群銀行總行業務專員	家通訊處 臨時	
		家通訊處 永久	小較場#67
		介紹人	
		姓名	別號
		籍貫 省 市（縣）	
		年齡 歲	職業
擅長何種技能		通訊處	
		與本人關係	
		保證人	
		姓名 趙錫昌	別號
平日生活情形		籍貫 雲南 省 縣（市）	
		年齡 六一歲	
家庭經濟是否需要本人負担	是	與本人關係	世誼
每月負擔若干		職業及服務機關名稱	蒙藏委員會委員
到職日期	38年8月25日	營業種類	
永久住址	小較場#67	開設地點	
本人通訊處 臨時	小較場#67	通訊處 臨時	
本人通訊處 永久		通訊處 永久	

申倚晨 簽名蓋章 38年8月25日

重庆电力股份有限公司一九四九年入职职工（一九四九年八月二十五日）　0219-1-30　0219-1-31

30

重慶電力公司職工調查表

姓名	沈懷丹		
籍貫	四川成都		
年齡	三十五歲		
出生年月日	民國（前）四年四月廿一日		
已否結婚	已婚	子一人	女　人
學歷	華西協合中學高中理科畢業 華西會計職業學校高級會計班畢業		
經歷	曾任兵工署貴陽辦事处会計兵工署昆明辦事处会计昆明昆華煤鉄特種股份有限公司会計兵工署第二十四工廠会计处会计等職		
擅長何種技能			
平日生活情形			
家庭經濟是否需要本人負担			
每月負擔若干			
到職日期	38年10月　日		
永久住址			
本人通訊處	臨時	重慶上清寺第五區公路局统計室沈有年轉	
	永久		

家庭狀況			
父名	循初	職業	
母名	汪氏		
兄弟姊妹名號	克俊	職業	政
	有年		政
資產	不動產		
	動產		
家長通訊處	臨時	化龍橋第十兵工廠	
	永久		

介紹人			
姓名	韓鶴卿	別號	
籍貫	四川省成都市（縣）		
年齡	六十二歲	職業	
通訊處	曾家岩植廬清公舘轉		
與本人關係	戚		

保證人			
姓名	王心浩	別號	
籍貫	江西省九江縣（市）		
年齡	三十九歲		
與本人關係	友		
職業及服務機關名稱	第五區公路局統計室主任		
營業種類			
開設地點			
通訊處	臨時	重慶上清寺第五區公路局统計室	
	永久		

簽名蓋章　沈懷丹　38年9月7日

55

重慶電力公司職工調查表

姓名	楊雲齋
籍貫	四川仁壽縣
年齡	廿八歲
出生年月日	民國前廿年十月八日
已否結婚	已結婚　子 二 人　女 一 人
學歷	重慶正陽法學院經濟系肄業
經歷	交通部公路總局第五區公路工程管理局第三總段一級會計員 交通部公路總局第五區公路局會計室一級會計員
擅長何種技能	
平日生活情形	
家庭經濟是否需要本人負担	
每月負擔若干	
到職日期	38年4月23日
永久住址	四川仁寿禾嘉鄉
本人通訊處　臨時	大情寺273號
本人通訊處　永久	四川仁寿禾嘉鄉

家庭狀況

父名	楊為質	職業	政
母名	曾光燦	職業	居家
兄弟姊妹名號		職業	
資產　不動產	無		
資產　動產	無		
家長通訊處　臨時	大情寺街貳佰柒拾叁号		
家長通訊處　永久	仁壽縣禾嘉鄉		

介紹人

姓名	章曙敍	別號	
籍貫	河北 省 天津 市(縣)		
年齡	四十二 歲	職業	
通訊處			
與本人關係	友誼		

保證人

姓名	邱丙乙（印）	別號	
籍貫	四川 省 仁壽 縣(市)		
年齡	五十四 歲		
與本人關係	鄉誼		
職業及服務機關名稱	四川水泥公司董事長		
營業種類			
開設地點			
通訊處　臨時	大情寺蘅廬<312号>		
通訊處　永久			

簽名蓋章　　　　年　　月　　日

重庆电力股份有限公司稽核室现有及拟添用人员职务分配参考表（一九四一年二月一日） 0219-1-14

1000　001

重慶電力公司稽核室現有及擬添用人員職務分配參考表

重庆电力股份有限公司稽核室现有及拟添用人员职务分配参考表（一九四一年二月一日） 0219-1-14

職別	姓名	職務	備考
主任稽核	劉靜之	主办全室一切事務	
副主任稽核	吳克斌	協办全室一切事務	主任工程師兼
科員	李仙槎	办理文牘	原在稽查股
見習	駱祥麟	管理檔卷繕寫公文	
工務員	戴次群	調查材料	由總廠調來正在办理公司資產賬
審核股主任			請添用有會計審計專門學識經驗者一人担任
審核股代主任	程志學	办理一切事務	因在公司年久留作帮办審核事務
科員	楊明振	審核票據及雜項審核	
	汪徵祥	審核各種收費日報月報及定額票據之核發	原在收費股任外勤

重庆电力股份有限公司稽核室现有及拟添用人员职务分配参考表（一九四一年二月一日） 0219-1-14

21

507

暫緩

職別	姓名	職務	備註
科員	趙麗生	審核票據	
〃	王樹椿	審核票據	
〃			办理審核材料事宜（以工程人員為宜）
見習			預備办理日常事務並臨時調派查賬之用
〃			〃
統計股主佐			請添用有統計專門學識經歷者或由審核主佐兼
科員	吳德超	办理會計、經濟統計事項	
〃	浦承爵	办理各種管理統計事項	
〃	朱洪鏞	办理製表事項	
〃	張伯康	办理原始統計材料登記事項	

重庆电力股份有限公司稽核室现有及拟添用人员职务分配参考表（一九四一年二月一日） 0219-1-14

003

暫緩

科員			办理業務統計事項
〃			办理統計製圖畫表事項
見習			办理日常事務並練習統計事務
催收股主任	杜培先	統办全股事務	
科員	唐鶴生	外勤	
〃	鄧宗禹	〃	原在收費股任外勤
〃	陳紹華	〃	〃
〃	洪子樵	〃	〃
〃	游勳斯	〃	原在稽查股兼取締組督查員
〃	徐世和	〃	〃

重庆电力股份有限公司稽核室现有及拟添用人员职务分配参考表（一九四一年二月一日） 0219-1-14

34

暫緩 暫緩

科員	喻勗民	外勤	
〃	毛信懋	〃	
見習	周顯燾	内勤	
〃			亟須内勤預備調換人員臨時之用
稽查股主任			
科員	金馨遠	稽查事務	
〃	孫光宗	〃	
〃	傅德新	監視磅煤	
〃	盧聚星	〃	
〃	陳桑張	稽查事項	

重庆电力股份有限公司稽核室现有及拟添用人员职务分配参考表（一九四一年二月一日） 0219-1-14

004

暫緩

科員			辦理稽查內外勤臨時調派之用
〃			〃
〃			管理警士之用
〃			奉令諭辦理三示事處稽查收費抄表及業務一切事務
〃			〃
〃			〃
見習			偵備各廠收煤監磅及收發材料臨時調派之用
〃			〃
〃			〃
〃			〃

41

見習			預備各廠收煤過磅及收發材料臨時調派之用
科員	易抗強		特別職務
〃	曾碧青		〃
〃	葉伯藝		〃

主任稽核

副主任稽核

重庆电力股份有限公司稽核室现有及拟添用人员职务分配参考表（一九四一年二月一日）　0219-1-14

重庆电力股份有限公司稽核室现有及拟添用人员职务分配参考表（一九四一年二月一日）　0219-1-14

No. 005

稽核室催收股職員到職日期表：

姓名	職別	到職日期	新或舊	備考
唐鶴生	科員	十二月廿三日	舊職員	內勤服務
陳紹華	〃	〃	〃	外勤
洪子樵	〃	〃	〃	〃
喻蜀民	〃	〃	新職員	〃
周顯燾	見習	十二月廿四日	〃	內勤
陳乃修	科員	十二月廿六日	〃	外勤
毛信懋	〃	〃	〃	〃
楊緒堃	〃	十二月廿七日	〃	〃

51

盧孚星	〃	〃	〃稽核员	〃 〃
鄧宗禹	〃	〃 〃	〃 〃	〃 〃 〃
陳季屹	〃	十二月卅日	〃	〃 〃

重庆电力股份有限公司稽核室现有及拟添用人员职务分配参考表（一九四一年二月一日） 0219-1-14

重庆电力股份有限公司稽核室现有及拟添用人员职务分配参考表（一九四一年二月一日）　0219-1-14

006

重慶市電力公司竊電取締組員工茶役攷績表

職別	姓名	攷核等級	備攷
督察	陳洪奎	甲等	二九、十月
〃〃	周靜誠	甲等	二九、八月
書記	許映槐	甲等	二九、八月
庶務	陶純武	甲等	二八、六月
稽查	吳緒珊	甲等	二九、八月
檢查	盧國祥	乙等	三〇、二月
〃〃	歐文祿	乙等	三〇、三月
稽查	劉英三	乙等	三〇、二月

重庆电力股份有限公司稽核室现有及拟添用人员职务分配参考表（一九四一年二月一日） 0219-1-14

〃 〃	邱培根	乙等	三〇，三月
工匠	劉振凡	甲等	廿九年八月六日
〃 〃	胡國興	甲等	廿九年九月十五日
〃 〃	高永發	甲等	廿九年八月六日
〃 〃	李德金	乙等	廿九年二月一日
小工	夏輝俊	甲等	廿九年八月六日
〃 〃	高永壽	甲等	廿九年 〃
〃 〃	黃海揚	甲等	廿九年 〃
〃 〃	劉延華	乙等	卅年二月一日
傳	張廉輝	甲等	廿九年八月六日

重庆电力股份有限公司稽核室现有及拟添用人员职务分配参考表（一九四一年二月一日） 0219-1-14

007

茶役 白清武 甲等 廿九年八月六日

叶世福 卅年二月一日

編號·011

CL-49001

已登記

重慶電力股份有限公司職員公務報單

字第　　號　民國三十年五月十二日

事由

謹呈者：謹將職室及所屬各股現有職員及文卷公物分別造具清冊呈請

鑒核備查謹呈

總經理 劉

協理 程

鑒

（附各股清冊共五份）

鑒核

（蓋章）報

中華民國卅年五月　日收到

收文電字第14083號

重庆电力股份有限公司稽核室现有及拟添用人员职务分配参考表（一九四一年二月一日）　0219-1-14

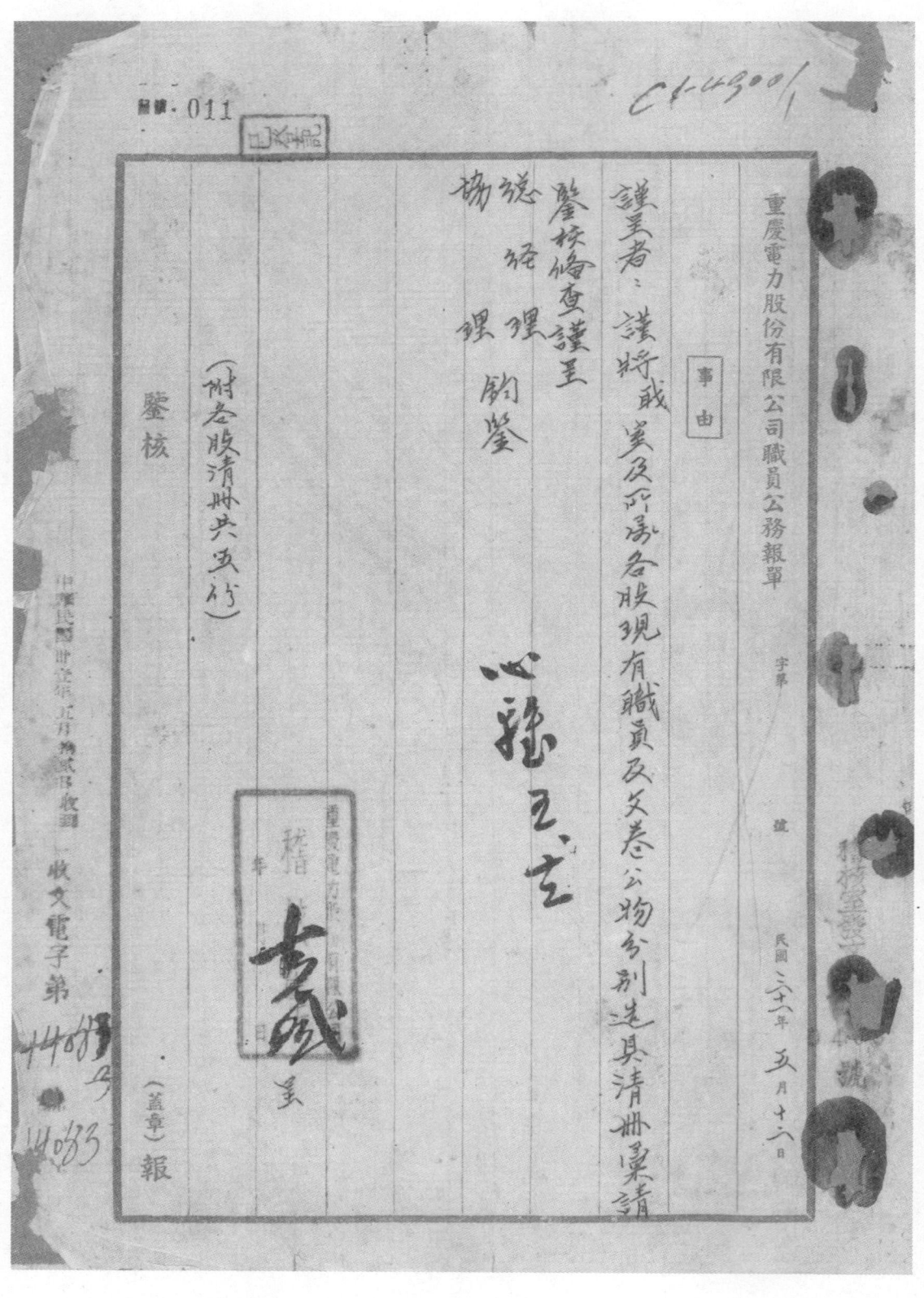

关于报送重庆电力股份有限公司稽核室及所属各股现有职员及文卷、公物清册的呈（附清册）（一九四二年五月十二日） 0219-1-14

012

重慶電力公司稽核室職員名冊

職別	姓名	年齡	籍貫	到職日期	備考
主任稽核	劉靜之	五二	四川華陽	二十八年七月	
副主任稽核	吳克斌	三五	安徽	二十八年七月	
兼文牘	李仙槎	五二	四川秀山	二十七年五月	
科員	駱祥麟	二二	四川巴縣	二十九年十月	

卅一年五月六日

重慶電力股份有限公司 稽核室 年 月 日 收

关于报送重庆电力股份有限公司稽核室及所属各股现有职员及文卷、公物清册的呈（附清册）（一九四二年五月十二日） 0219-1-14

013

重慶電力公司稽核室公物清册

卅一年五月 日

名称	數量	備考
辦公桌	弍張	
籐椅	肆把	
公文箱	伍隻	
檔卷櫃	弍個	
硯池	叁方	
印泥	弍盒	
打印台	叁個	
水盂	弍個	

重慶電力股份有限公司 稽核室 年 月 日

关于报送重庆电力股份有限公司稽核室及所属各股现有职员及文卷、公物清册的呈（附清册）（一九四二年五月十二日） 0219-1-14

004

筆架	叁隻
油印機	壹部
油印鋼板	式塊
訂書機	壹隻
打孔機	壹隻
送件簿	叁本
登記簿	拾本
發文簿	壹本
卷宗	式拾陆個
日記簿	壹本

关于报送重庆电力股份有限公司稽核室及所属各股现有职员及文卷、公物清册的呈（附清册）（一九四二年五月十二日） 0219-1-14

014

名稱	數量	備攷
稽核室章	壹枚	
收文章	壹枚	
發文章	壹枚	

重庆电力股份有限公司工人工资表（从军工友）（一九四五年五月）　0219-1-26

重慶電力股份有限公司工人工資表

第　全　頁　　（從軍工友）　　自/至 34 年 5 月份 日 起/止

工別	姓名	每工工資	正工數	正工資	加工數	加工資	合計	蓋章	備考
[illegible]	劉總初	3.80	30				114.00		
	朱如興	2.40	〃				72.00		
	~~劉秉民~~	~~1.05~~	〃				~~31.50~~		
〃	龔承遠	.80	〃				24.00		
〃	張毓澧	.80	〃				24.00		
〃	黃熙文	.80	〃				24.00		
〃	夏代琛	.80	〃				24.00		
〃	胡真林	.40	〃				12.00		
〃	周俊良	.50	〃				15.00		
	合計						309.00 ~~340.50~~		

總務科長　　會計科長　　審核股　　庶務股　　監放　　經放

總協理　　總工程師 工務科長　　主管主任　　製表

重庆电力股份有限公司工人工资表（从军工友）（一九四五年五月） 0219-1-26

重慶電力股份有限公司茶役司機顧警薪津表

從軍工友 費用 借支

民國 年 月 日至 日止 第 頁

科室	工别	姓名	薪金（六月份应领薪金数）	薪金附加（六月份领差额薪津数）	一般津貼（借支数）	米貼（减百倍以下不领数）	房貼	合計（实得金额）	扣款：印花稅	所得稅	福利基金	扣回房租	單據扣款	伙食	會費	合計	實得金額	蓋章	備考
	学	張毓湘	10249.68	8185.40	2064.28	49.28		20600.00											
	徒	傅言千	9705.68	7785.40	1917.28	97.28		19100.00											
		合計	19955.36	15970.48	3754.56	146.56		39700.00											

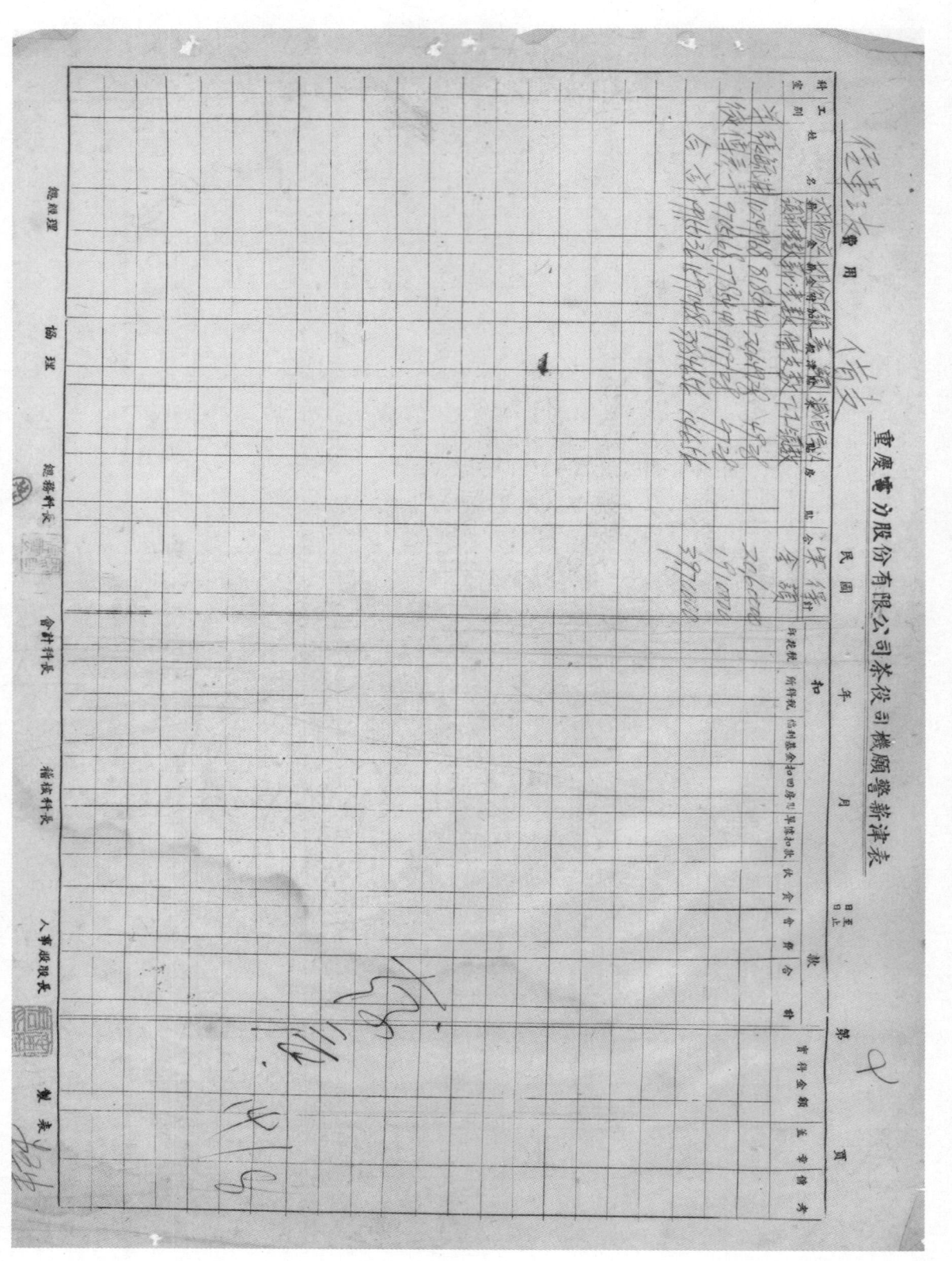

總經理 協理 總務科長 會計科長 稽核科長 人事股股長 製表

重庆电力股份有限公司全体职员名册（一九四五年七月二十日） 0219-2-138

86

重慶電力公司全體職員名冊

人事股

人事股

卅四年七月廿日

重慶電力公司職員名冊

民國三十四年度用

経理室

職別	部數 姓名	年齡	到職年月	薪金	備註
總経理	劉航琛	五五	廿一年		
〃	浦心雅	五四	卅一年五月		
協理	程本藏	四二	廿二年二月		
秘書	張君鼎	四一	廿八年十月	三二〇〇〇	
〃	夏賦初	五五	卅二年一月	五八〇〇〇	停薪留職
〃	錢健夫	三六	卅三年五月	二三〇〇〇	仝右
稽核	王道平	三三	卅二年一月	三二〇〇〇	仝右

重庆电力股份有限公司全体职员名册（一九四五年七月二十日） 0219-2-138

88

總工程師室

總工程師	吳錫瀛	四〇	廿二年六月	九〇〇〇〇
工程師	周傳甲	三六	卅三年四月	二四五〇〇
工務員	郭大成	二八	卅五年一月	

重庆电力股份有限公司全体职员名册（一九四五年七月二十日） 0219-2-138

總務科

科長	陶丕顯	五二	卅二年二月	三六〇〇	停職
副科長	董毓庚	四〇	卅一年四月	二三〇〇	
科員	徐圖強	二七	卅三年二月	九〇〇	停職
工程师	汪振祥	三九	卅三年五月	一七〇〇	
科員	劉大有	二七	卅三年十一月	七〇〇	

89

文書股

職別	姓名	年齡	到職年月	薪額	備考
股長	闞倬雲	五〇	廿四年五月	二六〇〇	外支超級津貼捌拾元
副股長	周丕南	四七	廿七年二月	一八五〇	
科員	汪海東	五七	廿八年四月	一四〇〇	
〃〃	孫希騂	三四	卅三年二月	一二〇〇	停職
〃〃	楊同培	三四	廿八年十月	九〇〇	
〃〃	賀美修	四一	卅三年三月	五五〇	停職
〃〃	陳志唐	二七	卅四年二月	三五〇	
〃〃	龔伯皋	三二	卅四年四月	八〇〇	
見習	蕭堯先	二八	卅一年四月	三五〇	外支超級津貼捌拾元

見習	張懋玉	三六	廿七年一月	三五〇	外支超級津貼拾元

重庆电力股份有限公司全体职员名册（一九四五年七月二十日） 0219-2-138

重庆电力股份有限公司全体职员名册（一九四五年七月二十日） 0219-2-138

90

人事股

副股長	許文熙	四七	卅二年五月	一二〇〇〇
科員	祝振庭	三〇	卅一年十二月	九〇〇〇
,,	曾德風	二九	廿九年十一月	六〇〇〇
,,	韋在中	二四	卅一年十二月	五〇〇〇
,,	孟世德	二二	卅一年十月	四〇〇〇
,,	錢韋元	二八	卅四年二月	五〇〇〇
見習	楊子玉	二二	卅三年六月	二〇〇〇 調總料股
科員	謝景安		卅四年八月	八〇〇〇

重庆电力股份有限公司全体职员名册（一九四五年七月二十日）　0219-2-138

材料股

股長	鄢仲康	三四	廿三年十一月	二一五〇〇	
副股長	陳西黎	三〇	廿三年七月	二一五〇〇	
工程師	王殿鰲	五〇	卅二年六月	二一五〇〇	
料員	朱家鈺	二九	廿六年六月	一四〇〇〇	
〃 〃	王永思	三七	廿八年十月	一二〇〇〇	
〃 〃	陳銘謨	二九	廿六年六月	一〇〇〇〇	
〃 〃	喻邦仕	三〇	廿三年一月	一四〇〇〇	
〃 〃	李重芳	二八	廿九年九月	五〇〇〇	
〃 〃	鄭傑雲	二八	卅二年九月	六五〇〇	長假

91

科員	胡黼文	三三	卅二年十二月	八〇〇	
〃	陽先他	二一	卅一年一月	四五〇	
見習	葉永吉	二一	卅四年二月	二〇〇	停職
〃	湯徵英	二二	卅二年十二月	二六〇	
〃	陳麗之	二二	卅二年十二月	二六〇	
〃	陳文璟		卅一年五月	三五〇	

重庆电力股份有限公司全体职员名册（一九四五年七月二十日） 0219-2-138

燃料股

股長	曾昭元	三一	廿三年一月	二六〇〇〇	外支超级俸伍式拾元
副股長	周立剛	二八	廿四年一月	一二〇〇〇	
科員	楊紹勳	二三	卅年七月	八〇〇〇	
〃〃	傅德新	二八	廿七年十月	七〇〇〇	调用電檢查组
〃〃	胡智成	四九	卅一年二月	六五〇〇	
〃〃	馮棠初	二七	卅二年一月	六〇〇〇	
〃〃	連鐘毓	三四	卅二年九月	四〇〇〇	
〃〃	嚴　正	三二	卅二年十二月	九〇〇〇	
〃〃	劉大有	二七	卅年十二月	七〇〇〇	调總務科〃長室

92

料員	周顯熹	二四	廿九年十二月	五〇〇
〃〃	龔伯階	三五	卅四年一月	三五〇
見習	林鯤化	二二	卅三年一月	二〇〇

重庆电力股份有限公司全体职员名册（一九四五年七月二十日） 0219-2-138

購置股

股長 工程師	王德華	三一	廿七年九月	二[illegible]〇〇	[illegible]
副股長	唐鶴生	二八	廿六年八月	一五五〇	
科員	晏懷憶	二五	廿六年八月	一二〇〇	
〃	陳義權	二五	卅二年一月	七〇〇	

重庆电力股份有限公司全体职员名册（一九四五年七月二十日） 0219-2-138

93

庶務股

兼股長	董毓庚				
副股長	劉鳴皋	三一	廿四年四月	一七〇〇	
科員	徐世和	三三	廿九年八月	一五五〇	
〃〃	譚謀遂	二八	卅二年五月	一一〇〇	
副股長	甯席君	二九	卅一年三月	七〇〇	六月五日
〃〃	劉煥成	二六	廿八年九月	七〇〇	
〃〃	王祥璋	二三	卅年八月	六五〇	
〃〃	余家齊	二五	卅年十二月	三五〇	停職
〃〃	劉子傑	三五	卅二年六月	四五〇	

料員	盧國全	二七	卅年八月	五〇〇

重庆电力股份有限公司全体职员名册（一九四五年七月二十日） 0219-2-138

94

醫務室

主任醫師	羅步一	三七	廿七年一月	四〇〇〇〇	
醫師	劉継成	五三	卅三年	四〇〇〇〇	
〃	傅文祥	三一	廿七年三月	一七〇〇〇	
助理醫師	王咸康	三一	卅年七月	一五五〇〇	
〃	葉文全	二八	卅一年十月	一二〇〇〇	
見習	杜朝鑫	二三	卅三年四月	三五〇〇	外支超級津貼五元
〃	柏渝民	二五	廿八年三月	三五〇〇	
〃	謝慶餘	二六	卅二年三月	二六〇〇	

重庆电力股份有限公司全体职员名册（一九四五年七月二十日） 0219-2-138

95

工務科

兼科長	吳錫瀛				
副科長兼視務主任	易宗模	三七	廿七年十月	四八〇〇	
副科長兼業務主任	宗達金	三九	廿三年十月	五八〇〇	
線路設計股長	朱福騮	五一	卅年六月	二三〇〇	
線路維持股長	吳昌恕	二八	卅年九月	一五五〇	
工程師	唐政權	三三	廿三年一月	三〇〇〇	
副工程師	張謌瑞	四四	卅年七月	三二〇〇	外支超級津貼伍拾元
工務員	鄧德元	三二	廿四年八月	二〇〇〇	
〃	張繼琴	三一	廿二年十一月	一八五〇	

重庆电力股份有限公司全体职员名册（一九四五年七月二十日） 0219-2-138

〃工務員	何濬溥	三二	卅四年七月	一四〇〇〇	死亡
〃 〃	曾淵湘	二八	廿五年二月	一四〇〇〇	
〃 〃	王一宇	二四	卅四年	八〇〇〇	
〃 〃	余威鈿	二五	卅四年	七〇〇〇	
工務見習	何紹明	二四	卅年十月	四〇〇〇	改支科員津貼

重庆电力股份有限公司全体职员名册（一九四五年七月二十日） 0219-2-138

96

業務科

○○	科長	張玠	四五	廿四年九月	五四〇〇〇	
	科員	陳樹風	三二	廿五年九月	一五五〇〇	
	〃	李子濬	三七	廿九年十二月	五〇〇〇	
○○	副科長	陳景嵐	三五	廿四年五月	四〇〇〇〇	
×	〃〃	余克稷	三六	廿三年七月	四五〇〇〇	停薪留資

用户股

副股長	李德全	三七	廿三年一月	二六〇〇	
工程師	王紹綸	五〇	廿三年十一月	二八〇〇	
〃	李培陽	三一	卅年十二月	二五〇〇	調第三廠
工務員	曾澤民	三三	廿五年九月	一八五〇	
〃	馮先富	二六	廿三年十月	一八五〇	
〃	羅鴻璨	三六	卅三年六月	一〇〇〇	
〃	蕭琴武	二八	卅四年三月	七〇〇〇	停職
助理工務員	任培江	二七	卅年十月	七〇〇〇	

重庆电力股份有限公司全体职员名册（一九四五年七月二十日） 0219-2-138

97

科員	劉正昌	二七	廿六年八月	一三〇〇〇
〃	周公正	三三	廿九年十二月	一〇〇〇〇
〃	孫續亨	二五	廿九年十月	七〇〇〇
〃	蕭一可	二三	廿九年十二月	一〇〇〇〇
〃	毛日章	三一	廿九年十二月	一〇〇〇〇
〃	王大緒	二四	廿七年六月	一一〇〇〇
〃	楊世明	二九	廿九年七月	一〇〇〇〇
〃	陳尊雲	三〇	卅年二月	七〇〇〇
〃	趙芳舉	三四	廿九年十二月	七〇〇〇
〃	薛慕班	四九	卅二年二月	六五〇〇

科員	徐昌裔	二九	廿九年十二月	五〇〇〇
〃	王德懋	二四	廿九年十二月	五〇〇〇
〃	蕭藻年	三七	卅二年九月	六五〇〇
〃	毛信懋	二六	廿九年十二月	八〇〇〇

重庆电力股份有限公司全体职员名册（一九四五年七月二十日） 0219-2-138

98

抄表股

股長	王恒	二八	卅二年十二月	一二〇〇〇	副工程師
工務見習	鄒承瑨	二一	卅三年八月	四五〇〇	改支科員津貼
科員	鄭權	二七	廿四年八月	一七〇〇〇	
,, ,,	夏仲康	三七	廿四年八月	二〇〇〇〇	外支超級津貼叁拾元
,, ,,	洪家楨	三三	廿五年十二月	一四〇〇〇	
,, ,,	胡澄秋	三五	廿七年十月	一一〇〇〇	
,, ,,	文家敏	二五	廿五年九月	八〇〇〇	
,, ,,	唐勤序	三〇	廿四年九月	九〇〇〇	
,, ,,	賴光輝	二八	廿六年八月	一三〇〇〇	

99

科員	何開元	四〇	廿七年九月	八〇〇〇
〃	馮堯安	二八	廿七年九月	八〇〇〇
〃	盧廷錫	三四	卅年五月	一〇〇〇〇
〃	費興業	二五	廿七年十月	六五〇〇
〃	朱立之	四一	廿四年六月	一五〇〇〇
〃	尹輝暄	二九	卅三年二月	三五〇〇
〃	張道剛	二四	卅年十二月	六五〇〇
〃	劉慶岩	二六	卅年六月	七〇〇〇
〃	何足鼎	三五	廿九年十月	八〇〇〇

重庆电力股份有限公司全体职员名册（一九四五年七月二十日） 0219-2-138

100

票據股

股長	黃登榮	二九	廿六年八月	一五五00
副股長	李文修	三二	廿七年九月	一四000
科員	李樹輝	二六	廿六年八月	一二000
〃〃	王澤崇	三一	廿六年一月	一一000
〃〃	毛君渠	三四	廿八年八月	八000
〃〃	劉祖芳	二六	廿八年八月	九000
〃〃	廖成富	二七	卅年二月	七000
〃〃	余造邦	三二	卅年二月	七000
〃〃	周復生	二六	廿八年七月	八000

重庆电力股份有限公司全体职员名册（一九四五年七月二十日） 0219-2-138

科員	周邦智	二四	廿八年六月	九〇〇
〃 〃	劉竹然	三〇	廿八年九月	九〇〇
〃 〃	費世昌	二九	卅年二月	七〇〇
〃 〃	吳重賢	二四	廿八年七月	五五〇
〃 〃	谷其友	二五	廿九年十二月	六〇〇
〃 〃	趙國棟	三〇	卅年四月	六〇〇
〃 〃	王邦寧	二三	廿九年十二月	五〇〇
〃 〃	鄭立農	二七	卅二年十月	七〇〇
〃 〃	王武度	三二	廿六年八月	一一〇〇
〃 〃	張永達	二五	卅二年八月	四五〇

重庆电力股份有限公司全体职员名册（一九四五年七月二十日） 0219-2-138

101

科員	吴敞熹	二四	廿八年七月	九〇〇
見習	賀震中	二八	卅二年四月	三五〇
〃〃	謝洪鈞	四五	卅二年四月	二六〇
〃〃	車錫鑑	二一	卅四年八月	
〃〃	傅浩然	二〇	卅四年八月	
〃〃	賴君富	二〇	卅四年八月	
〃〃	林雲森	三一	卅四年八月	
〃〃	傅彦時	二三	卅四年八月	
〃〃	吴静生	二四	卅四年八月	
〃〃	周　文	二八	卅四年八月	

見習	劉良善	二九	卅四年九月

重庆电力股份有限公司全体职员名册（一九四五年七月二十日） 0219-2-138

102

收費股

股長	劉希伯	四八	卅一年七月	二六〇〇〇	外支超級津貼四十元
副股長	邵治宏	二八	廿七年六月	一八五〇〇	
科員	羅守信	三一	廿九年十二月	一二〇〇〇	
〃〃	廖積輝	四九	廿三年十月	一七〇〇〇	
〃〃（副股長）	杭鶴聲	三一	卅年四月	一〇〇〇〇	卅四年十二月卅日升副股長
〃〃	李來義	四七	廿三年十月	二〇〇〇〇	外支超級津貼六十元
〃〃	楊達雲	五三	廿三年八月	二〇〇〇〇	外支超級津貼叁拾元
〃〃	龐烈輝	五一	廿八年六月	一四〇〇〇	
〃〃	黃明材	二七	廿九年十月	一〇〇〇〇	

重庆电力股份有限公司全体职员名册（一九四五年七月二十日） 0219-2-138

科員	吴瑞生	三一	廿九年十月	六五〇〇	
〃 〃	郭紹林	三二	廿四年二月	二〇〇〇〇	外支超級津貼如数但元
〃 〃	彭君儒	三二	廿九年十月	八〇〇〇	
〃 〃	李石蓀	三二	廿九年十月	一〇〇〇〇	
〃 〃	何澤浦	四一	廿九年十月	一〇〇〇〇	
〃 〃	耿應林	二五	廿八年六月	一〇〇〇〇	
〃 〃	丁道宏	三一	廿五年九月	一二〇〇〇	
〃 〃	朱榖英	三〇	廿六年八月	一八五〇〇	
〃 〃	胡仲文	四四	廿七年九月	七〇〇〇	
〃 〃	韓永慶	二六	廿七年九月	六〇〇〇	

重庆电力股份有限公司全体职员名册（一九四五年七月二十日） 0219-2-138

103/6

科員	唐亞夫	二六	卅年九月	五五〇〇	
〃	門慶仁	三六	卅年九月	六〇〇〇	
〃	竇紹臣	四三	卅年九月	四五〇〇	停職
〃	劉心一	四一	卅年四月	七〇〇〇	
〃	馮體政	二八	卅年六月	九〇〇〇	
〃	王世相	二六	卅年九月	七〇〇〇	
〃	劉德銓	四四	卅一年三月	五五〇〇	
〃	程仲顧	四三	卅二年一月	五〇〇〇	
〃	余世昌	三〇	卅一年八月	八〇〇〇	
〃	文伯威	四〇	卅二年八月	八〇〇〇	

科員	劉國章	四三	卅一年二月	五〇〇〇	
〃〃	何啟儀	三六	卅三年五月	四五〇〇	
〃〃	伍叔康	三七	卅三年十月	六〇〇〇	
〃〃	程守頤	三〇	卅四年	五〇〇〇	
〃〃	許國鈐	二二	卅四年	四〇〇〇	
〃〃			卅四年		
〃〃	方至誠	三〇	卅四年	四〇〇〇	
〃〃	章慕京	二七	卅四年	五〇〇〇	
〃〃	鮮文焮	三〇	卅四年	四〇〇〇	
見習	陳紹軒	三五	卅二年三月	三五〇〇	外支超級津貼拾伍元

重庆电力股份有限公司全体职员名册（一九四五年七月二十日） 0219-2-138

10k

見習	魯淳揚	三八	卅四年一月	三五〇	外支超級津貼柒元
〃	康紹良	三二	卅四年九月	二〇〇	

105

會計科

○	科長	黃大庸	四一	廿九年十月	三六〇〇〇
○	副科長	劉伊九	三八	廿四年三月	三八〇〇〇
	科員	艾明郁	四〇	廿八年十月	九〇〇〇

重庆电力股份有限公司全体职员名册（一九四五年七月二十日） 0219–2–138

出納股

兼股長	劉伊凡			
副股長	馬衍之	五一	廿三年七月	二四五〇
科員	魯秉清	二八	廿七年八月	一〇〇〇
〃	顧景霖	二四	卅年二月	七〇〇
〃	漆先進	二六	卅年十二月	六〇〇
見習	秦光璧	三四	卅三年二月	三五〇

重庆电力股份有限公司全体职员名册（一九四五年七月二十日） 0219-2-138

106

簿記股

股長	劉德惠	二八	廿六年八月	二一五〇
副股長	何篤睦	三四	廿三年十二月	一七〇〇〇
科員	熊靜澤	二九	卅年二月	一一〇〇〇
〃 〃	周光泳	二七	廿七年十月	五五〇〇
〃 〃	崔德沭	二四	卅年十月	六〇〇〇
〃 〃	鄒昭琯	二五	卅年十月	六〇〇〇
〃 〃	徐自律	三六	卅一年五月	六五〇〇
〃 〃	湯大棨	二七	卅年七月	九〇〇〇
〃 〃	王友籍	二七	卅一年七月	五五〇〇

重庆电力股份有限公司全体职员名册（一九四五年七月二十日） 0219-2-138

科員	廖冰嵩	三二	卅年六月	九〇〇〇	
〃〃	~~鄧興鄴~~	~~二六~~	~~卅年七月~~	~~七〇〇〇~~	停職
〃〃	冷崇喜	二九	卅一年九月	四〇〇〇	
〃〃	章伯俊	二八	卅一年一月	三五〇〇	
〃〃	王崇琛	二四	卅一年四月	三五〇〇	
見習	朱文德		卅二年六月	二〇〇〇	
〃〃	何敬平	二七	卅四年八月		
〃〃	周自攀	二九	卅三年八月		
〃〃	楊世榮	二四	卅三年八月		
〃〃	武克勤	二五	卅四年八月		

107

見習	鄧祥森	二六	卅四年八月	
科員	張治源	二八	廿七年三月	一七〇〇

稽核科

科長	劉靜之	五六	廿二年七月	四五00	
主任工程師兼副科長	吳克斌	三九	廿二年七月	五八000	外支超級俸貼加給元
科員	駱祥麟	二四	廿九年十月	六000	
務員	陳毓龍	二十六	卅一年	七000	停職

重庆电力股份有限公司全体职员名册（一九四五年七月二十日） 0219-2-138

重庆电力股份有限公司全体职员名册（一九四五年七月二十日） 0219-2-138

108

稽查股

股長	王松懋	三八	卅二年十二月	一八五〇
副股長	李仙槎	五六	廿七年五月	一五五〇
〃	孫光宗	二九	廿九年八月	一七〇〇
科員	金聲遠	三六	廿八年六月	八〇〇
〃	胡子傑	三九	卅年一月	七〇〇
〃	傅適乾	三八	廿七年五月	二〇〇
〃	劉遠鴻	四四	卅二年六月	五〇〇
〃	陶純武	五〇	廿六年六月	八〇〇
〃	榮新民	四六	卅二年一月	六〇〇

重庆电力股份有限公司全体职员名册（一九四五年七月二十日） 0219-2-138

109

审核股

股長	吳德超	三〇	廿九年十二月	二〇〇〇〇
副股長	程志學	四八	廿三年七月	一八五〇〇
科員	楊明振	三三	廿六年十月	一三〇〇〇
〃	王樹椿	二五	廿七年七月	七〇〇〇
〃	趙麗生	三八	廿九年四月	一二〇〇〇
〃	劉德棠	三〇	卅一年二月	一〇〇〇〇
〃	夏瑞峰	三一	卅一年二月	六五〇〇 停職
〃	伍學詩	二四	卅一年四月	四〇〇〇
〃	陳克仁	二一	卅一年二月	四〇〇〇

科員	陶基寬	三0	廿年十月	五00

110

統計股

股長	浦承霽	三〇	卅年二月	二〇〇〇〇
科員	王如松	三〇	卅年七月	一〇〇〇〇
〃	屠瑜	二七	卅年七月	九〇〇〇
〃	余運如	二八	卅一年十月	八〇〇〇

重庆电力股份有限公司全体职员名册（一九四五年七月二十日） 0219-2-138

重庆电力股份有限公司全体职员名册（一九四五年七月二十日） 0219-2-138

第一發電廠

廠主任	易宗樸				
工程師	趙云陳	三八	廿八年四月	三四〇〇〇	
〃〃	陳 瑞	三一	廿九年三月	二四五〇〇	
〃〃	楊賢生	五六	廿三年四月	四五〇〇〇	
副工程師	楊如坤	五四	廿二年四月	三二〇〇〇	外支超級津貼弍拾元
〃〃	花光棠	二五	卅二年六月	一〇〇〇〇	
科員	楊富尊	三七	廿二年六月	二〇〇〇〇	外支超級津貼捌拾伍元 調人事股
× 工務員	黃文恭	二六	卅四年	八〇〇〇	
× 見習工务員	徐煥新		卅四年八月	八〇〇〇	

重庆电力股份有限公司全体职员名册（一九四五年七月二十日） 0219-2-138

111

X

6

第二發電廠

主任兼管理股長	劉希孟	三七	廿七年九月	三八〇〇〇	
修配股長	郭民永	二九	廿八年九月	二六〇〇〇	
工程師	黄士澄	二九	卅年九月	二〇〇〇〇	
〃	張先立	二八	卅年八月	一五五〇〇	
副工程師	戴策	三〇	卅三年一月	一二〇〇〇	卅五年元月十三日升工程師
工務員	張道曾	二七	卅四年二月	一〇〇〇〇	升副工程師
材料員	高燮明	三五	廿七年十二月	一四〇〇〇	
〃	彭定智	二四	廿九年一月	一〇〇〇〇	
工務員	羅經南	二八	卅二年四月	六〇〇〇	

112

見習 張世華

重庆电力股份有限公司全体职员名册（一九四五年七月二十日） 0219-2-138

第三發電廠

主任	劉澤民	三七	廿八年三月	四二〇〇〇	停薪留資
副主任兼修配股長	張禹楷	三一	廿八年九月	三二〇〇〇	
管理股長	孫新傳	二九	廿九年八月	二〇〇〇〇	
工程師	王國新	三五	卅二年三月	一七〇〇〇	
〃	郭錫永	二六	卅一年七月	一四〇〇〇	
〃	王德彰	二八	卅一年七月	一二〇〇〇	
〃	張博文	三三	廿九年十月	二六〇〇〇	調用戶股
工務員	戴次群	三七	廿四年八月	一五五〇〇	
副工程師	吳浩興	二七	卅三年六月	一〇〇〇〇	卅三年九月十四日晉升副工程師

113

料員	王國俌	三七	卅年十二月	九〇〇〇
〃〃	劉登嶽	二七	廿八年六月	一一〇〇〇
見習	肖明忠			
〃〃	王國壽			

80

江北办事處

主任	章疇叙	三二	廿年十二月	三0100	
工務員	冉模	三一	廿三年十月	一七000	
工務見習	周正倫	三一	卅二年六月	四0000	升科員
科員	李仲康	二八	廿六年七月	六0000	
營業股長	吳季鶴	二九	廿五年九月	一0000	
科員	陳遠清	二九	廿九年六月	九000	
〃	馬雲程	五九	廿五年六月	一三100	

重庆电力股份有限公司全体职员名册（一九四五年七月二十日）　0219-2-138

114

南岸辦事處

職別	姓名	年齡	到職年月	薪額	備註
主任	劉佩雄	四一	廿二年七月	四五〇〇〇	
營業股長	謝天澤	三六	廿三年八月	二一五〇〇	
工程股長	高昌瑞	三〇	卅三年六月	一五五〇〇	
工務員	程孟晋	三三	廿四年八月	一七〇〇〇	
〃	施慎安	三〇	廿七年七月	一三〇〇〇	
〃	鍾恩堅	二四	卅二年五月	六〇〇〇	
	羅經南	二八	卅二年四月	六〇〇〇	調第二廠
科員	歐陽民	三一	廿九年四月	八〇〇〇	
〃	杜紡佩	二五	卅二年四月	五〇〇〇	

料員	何靜波	二七	卅年六月	四〇〇	
見習	蒙江河	二五	卅年六月	二六〇〇	
見習工務員	徐煥新		卅四年八月	八〇〇	調第一廠
學習工務員	樂宝秀	二三			

重庆电力股份有限公司全体职员名册（一九四五年七月二十日） 0219-2-138

重庆电力股份有限公司全体职员名册（一九四五年七月二十日） 0219-2-138

115

〇〇

沙坪壩辦事處

主任	秦典雄	三四	廿八年三月	三八〇〇〇
工程股長	范志高	三四	廿七年八月	三〇〇〇〇
營業股長	劉祖蔭	二九	廿五年十二月	一四〇〇〇
副工程師	陳欽桂	二六	卅年六月	一〇〇〇〇
助理工務員	唐啟海	二五	廿七年十月	一二〇〇〇
科員	楊慶麃	四八	卅年一月	二〇〇〇〇
〃〃	何中聖	三一	廿八年七月	九〇〇〇

116

用電檢查組

職別	姓名	年齡	到職年月	薪額	備考
組長	張似修	四八	卅年四月	三二〇〇〇	
專交涉員	王松懋		卅年四月		
交涉員	王康生	五一	廿九年八月	二一五〇	
工務員	王 恒	二八	卅二年十月	一三〇〇〇	調升抄表股股長
副股長	張雲山	三四	廿七年二月	二〇〇〇〇	外支超級津貼三十元照股長待遇
〃	陳光武	三三	卅三年七月	一五五〇〇	
科員	盧惠鑾	二八	卅二年十二月	五〇〇〇	
〃	鄒功甫	三一	卅三年二月	四〇〇〇	
工務員	吳英銓	三〇	卅四年二月	一〇〇〇〇	升副工程師

重庆电力股份有限公司全体职员名册（一九四五年七月二十日） 0219-2-138

重庆电力股份有限公司全体职员名册（一九四五年七月二十日） 0219-2-138

○	科員	張白康	三四	廿九年十二月	一〇〇〇〇
X	学習工務員	林炳之	二七	卅〇年十月	五〇〇〇

重庆电力股份有限公司全体职员名册（一九四五年七月二十日） 0219-2-138

117

福利社

主任	楊新民	四三	廿四年六月	二六〇〇〇	
料員	毛世偉	二九	卅一年十二月	五五〇〇	
〃	楊靜安	三八	卅一年三月	七〇〇〇	
〃	鄭忠榮	三〇	卅一年三月	五五〇〇	
〃	劉祖春	二三	廿八年六月	一〇〇〇〇	
見習	莊依盦	二四	卅三年七月	三五〇〇	
〃	楊玉泉	二六	卅三年四月	二二〇〇	停職
料員	朱效先	五三	廿三年四月	二〇〇〇〇	

重庆电力股份有限公司全体职员一九四五年度考绩清册（一九四五年） 0219-1-34

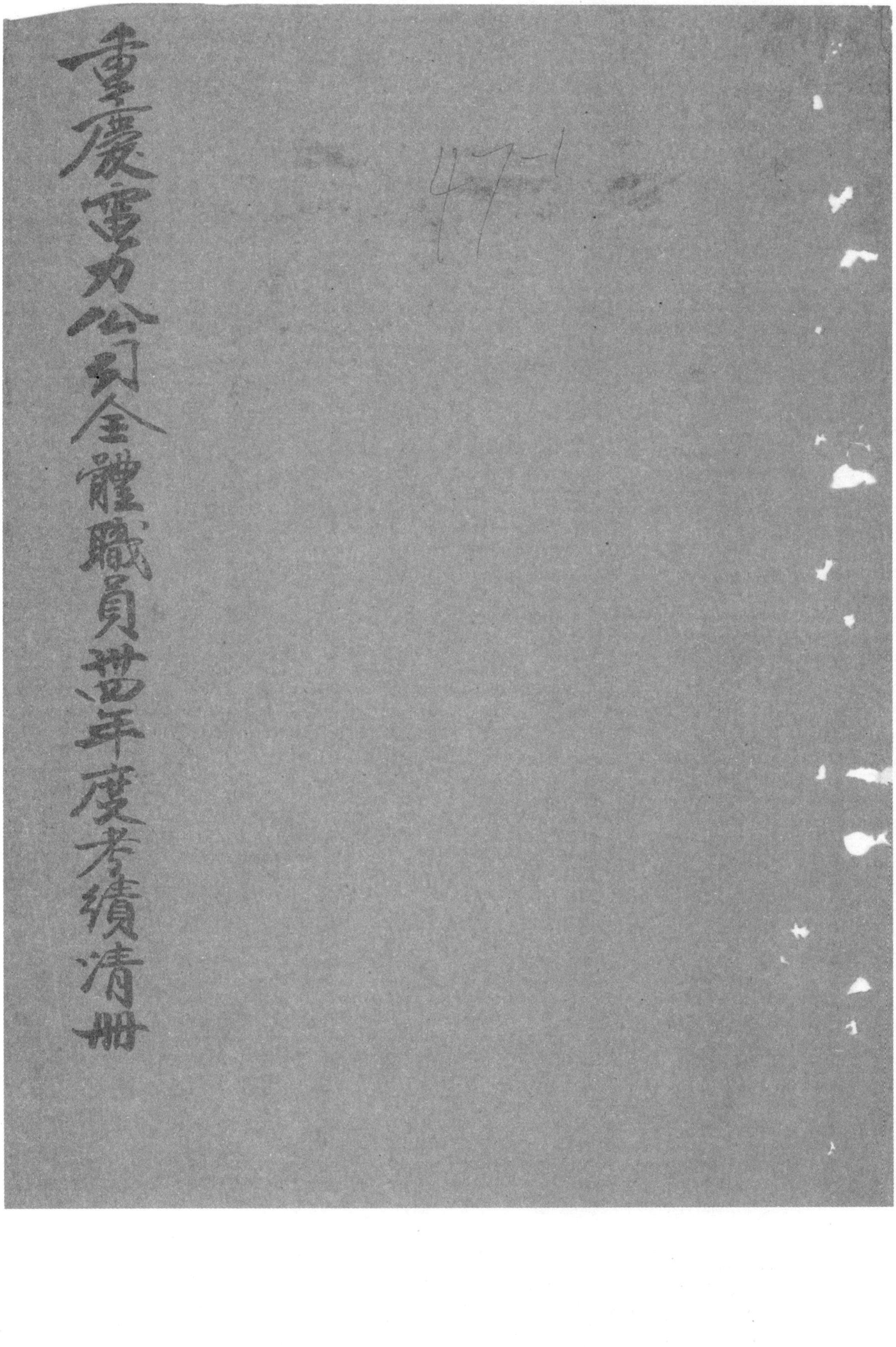
重慶電力公司全體職員卅四年度考績清冊

47-1

重庆电力股份有限公司全体职员一九四五年度考绩清册（一九四五年） 0219-1-34

48

重慶電力公司全体職員本年度考績加級人數表

部別	實有人數	甲級名額	乙級名額	丙級名額	不加	合計	備註
經理室	4	2	2	0	0	4	内超級二人
總務科	56	13	27	12	4	56	
會計科	28	7	20	1	0	28	
業務科	103	29	56	17	1	103	内超級七人
稽核科	24	5	14	3	2	24	内超級一人
工務科	9	4	4	0	1	9	内超級一人
第一廠	6	2	4	0	0	6	内超級一人
第二廠	8	2	6	0	0	8	
	9	2	7	0			

總務科

48-1

第三廠	南办處	沙办處	江办處	福利社	用檢組	總計
	10	7	7	7	7	285
	2	2	2	1	1	74
	8	[illegible]	5	5	5	167
		1	0	1	0	35
		0	0	0	1	9
		7	7	7	7	285
		內超級一人		內超級一人		

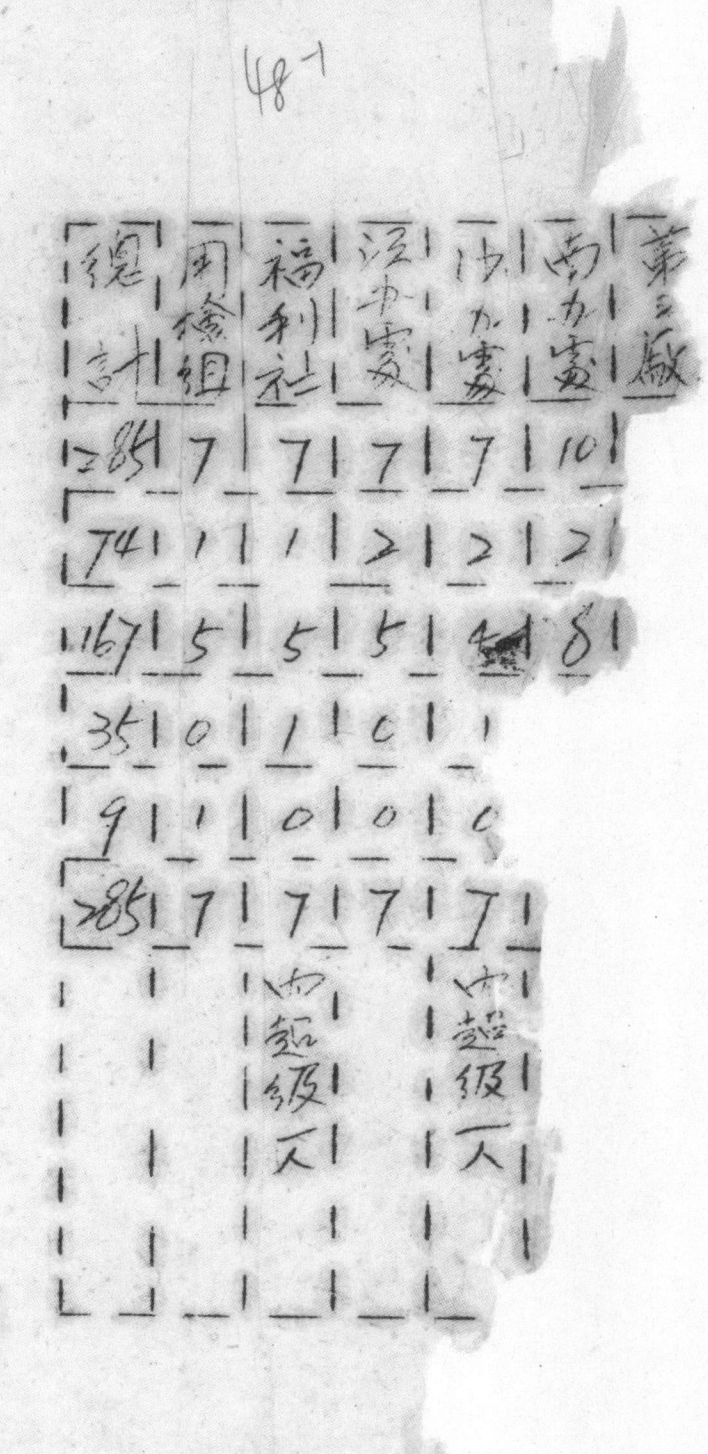

重庆电力股份有限公司全体职员一九四五年度考绩清册（一九四五年） 0219-1-34

稽核 [illegible]

卅六、六、廿五 [illegible]
刘代董事长 [illegible]
[illegible]

文书股 科员	王仲康	七、廿三	八〇〇		
收发股 科员	陈璧臣	七、廿六	三五.〇〇	二年全未 [illegible] 十、廿六 [illegible]	

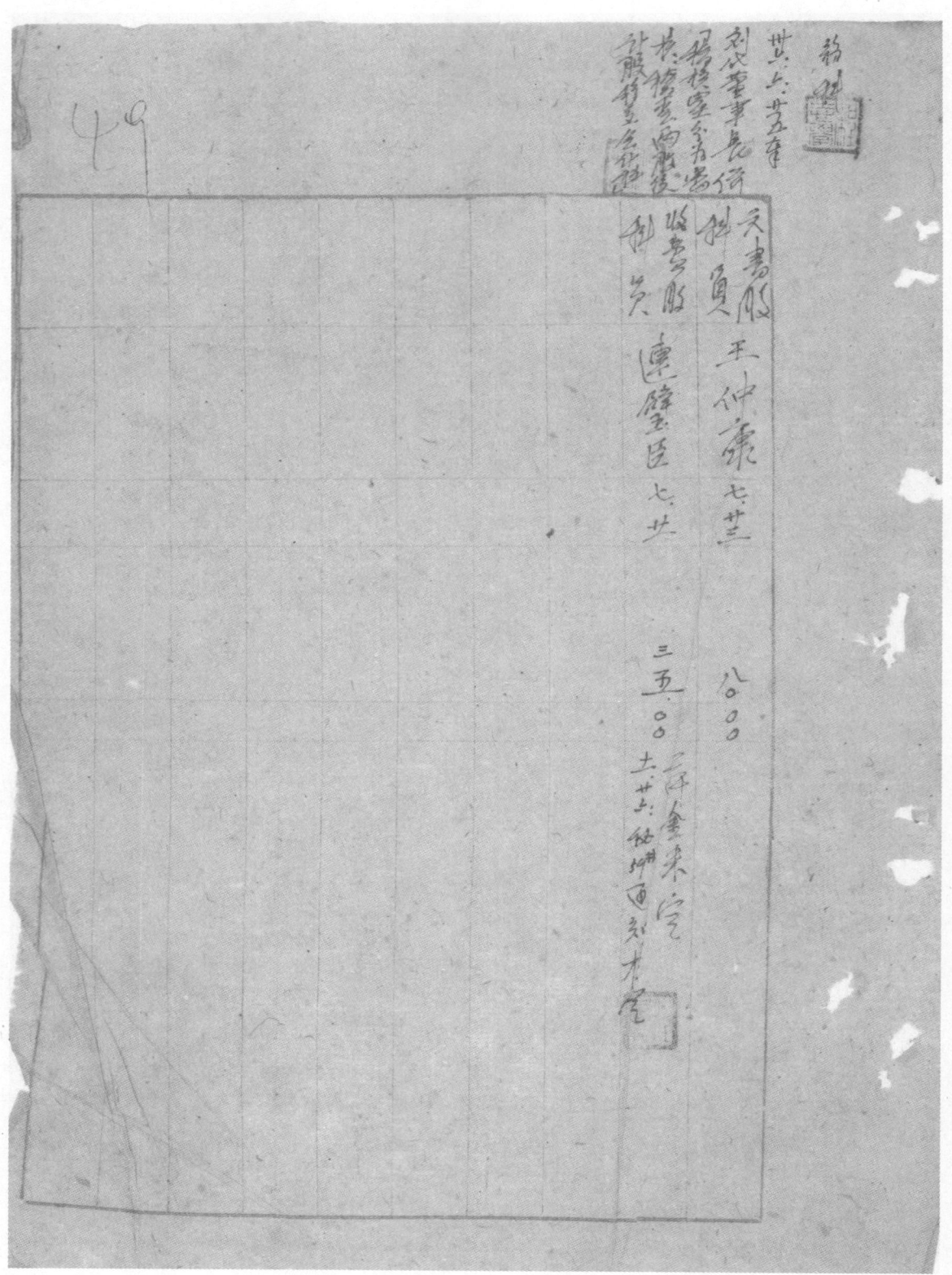

重庆电力股份有限公司全体职员一九四五年度考绩清册（一九四五年） 0219-1-34

50

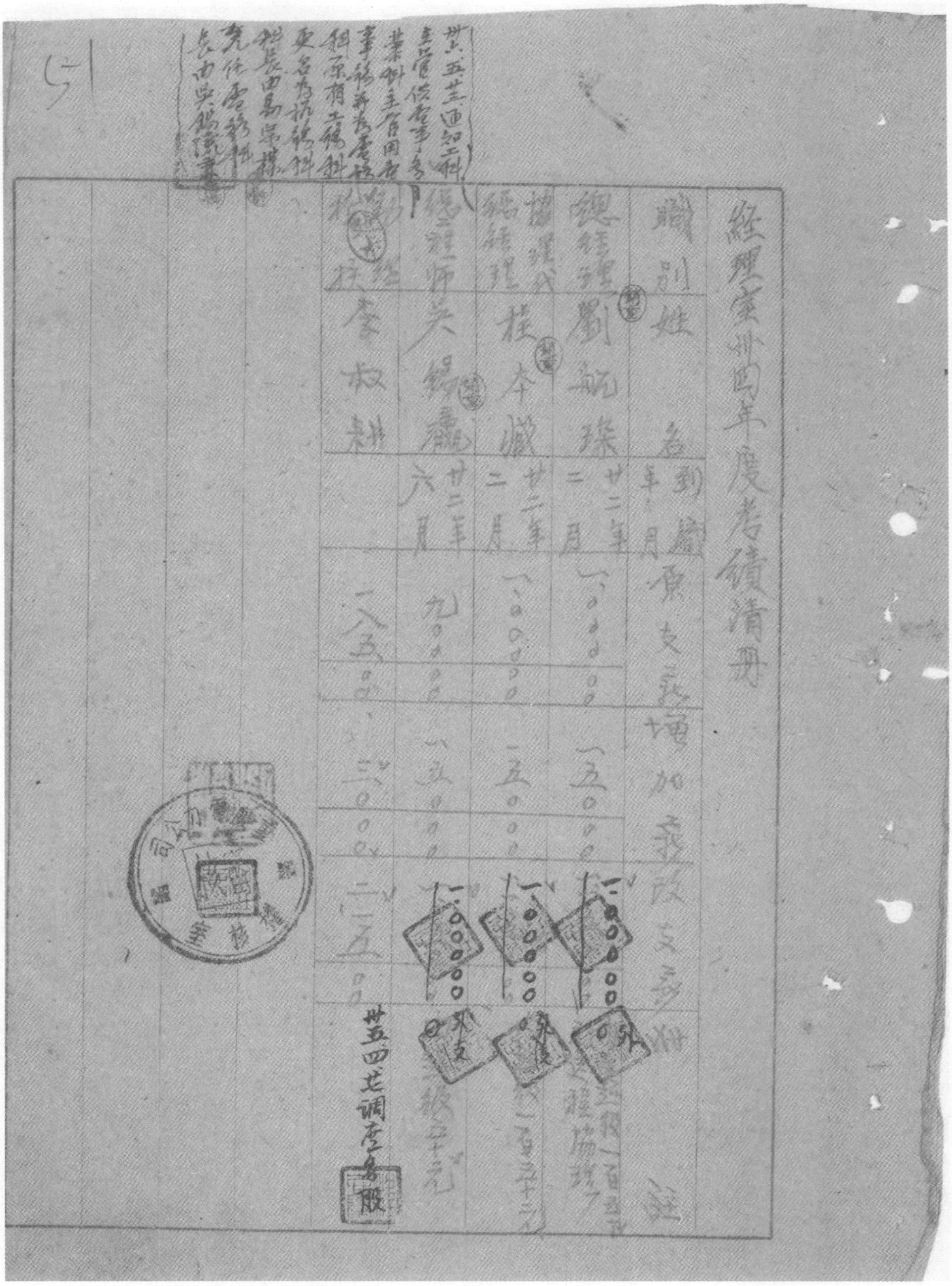

經理室卅四年度考績清冊

職別	姓名	到職年月	原支薪	增加薪	改支薪	备注
總經理	劉航琛	廿二年二月	一〇〇〇〇〇	一五〇〇〇	一〇〇〇〇〇	[illegible]級一百五十元
協理代總經理	桂本澂	廿二年二月	一〇〇〇〇〇	一五〇〇〇	一〇〇〇〇〇	[illegible]一百五十元
總工程师	关锡瀛	廿二年六月	九〇〇〇〇	一五〇〇〇	一〇〇〇〇〇	[illegible]級五十元
[illegible]	李[illegible]		一八五〇〇	三〇〇〇	二一五〇〇	

卅五四廿调座业务股

重庆电力股份有限公司全体职员一九四五年度考绩清册（一九四五年） 0219-1-34

52

卅六.六.廿 到職 稽核室主任

卅五.十二.十三通知 羅已告長假 應准照章辦理由 稽核辦

卅六.五.廿七通知 董事長批准 退職金三個月

公司各科廠處組社室主管卅四年度考績清冊

職別	姓名	到職年月	原支薪	增加薪	改支薪	附註
秘書	張君鼎	廿八年十二月	三二〇〇〇	四〇〇〇	三六〇〇〇	
總務科副科長	董毓庚	卅一年四月	三三〇〇〇	三〇〇〇	三六〇〇〇	卅四.調為秘書
主任醫師	羅	廿七年一月	四四〇〇〇	五〇〇〇	四九〇〇〇	卅六.四.廿五通知 董事長請假 假期內 停發薪給 [illegible]
醫師	劉繼成	卅三年	四〇〇〇〇		四〇〇〇〇	不加
總務科副科長兼材料股主任	易宗樸	廿七年十二月	四八〇〇〇	六〇〇〇	五四〇〇〇	卅六.五.廿三改兼材料股 又同月廿七通知 [illegible]
工務科副科長兼電務股主任	宋達金	廿三年十一月	五六〇〇〇	八〇〇〇	六四〇〇〇	卅五.十二 退職
業務科科長	張玠	廿四年九月	五四〇〇〇	八〇〇〇	六二〇〇〇	卅六.五.廿三通知 調稽核
業務科副科長	陳昌嵐	廿四年三月	四〇〇〇〇	五〇〇〇	四五〇〇〇	

重庆电力股份有限公司全体职员一九四五年度考绩清册（一九四五年） 0219-1-34

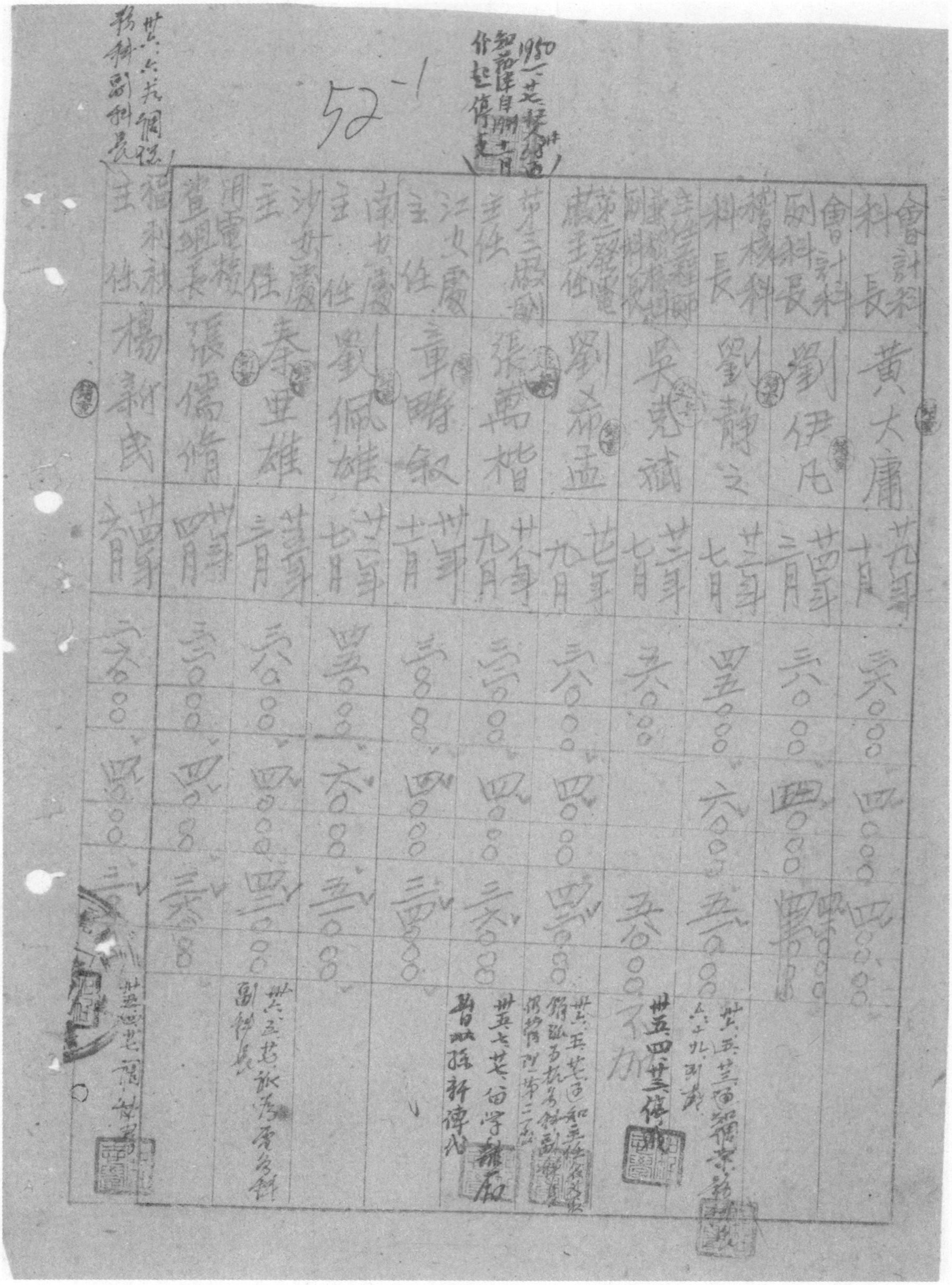

重庆电力股份有限公司全体职员一九四五年度考绩清册（一九四五年） 0219-1-34

53

總務科卅四年度考績清冊

職別	姓名	到職年月	原支薪	增加薪	改支薪	附註
工程師	汪振祥	廿三年五月	一七〇〇	三〇〇	二〇〇〇	卅五、四、廿一調請署股
科員	劉大有	廿一年十一月	七〇〇	三〇〇	一〇〇〇	卅五、四、廿一調總務科
見習	湯徵英	卅二年十一月	二六〇	九〇	三五〇	
〃	陳麗之	卅三年十一月	二六〇	×	×	卅五、六、六通知假曲
代隊長	沈朝宗	卅三年二月	二六〇	九〇	三五〇	
隊附	稅承勳	卅三年一月	三五〇	五〇	四〇〇	

54

卅四年四月廿六日 副科長

卅六五廿 调秘書處 [illegible]

文書股卅四年度考績清冊

職別	姓名	到職年月	原支薪	增加薪	改支薪	附註
股長	闞偉雲	卅四年三月	三二〇〇〇	六〇〇〇	三二〇〇〇	超級卅元
副股長	周玉南	廿七年二月	一六五〇〇	三〇〇〇	一九五〇〇	
科員	江海東	廿八年四月	一四〇〇〇	四五〇〇	一八五〇〇	
〃	楊同培	廿八年十月	九〇〇〇	二〇〇〇	一一〇〇〇	卅四年四月廿六日调业科
見習	蕭堯先	卅三年四月	四五〇〇	一〇〇〇	五五〇〇	
〃	張懋玉	卅三年八月	四五〇〇	五〇〇	五〇〇〇	超級五元

重庆电力股份有限公司全体职员一九四五年度考绩清册（一九四五年）　0219-1-34

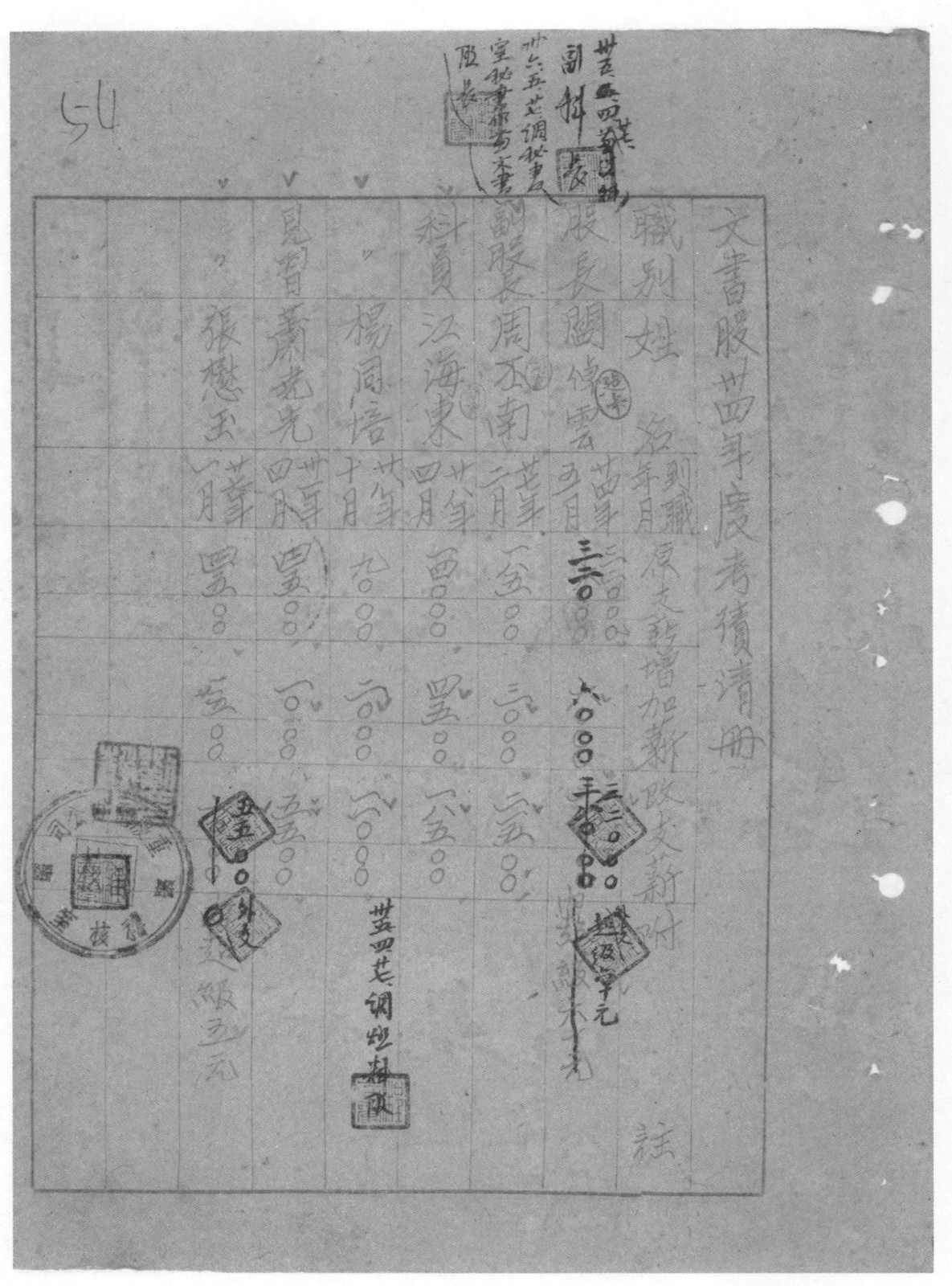

55

人事股卅四年度考績清冊

職別	姓名	到職年月	原支薪	增加薪	改支薪	附註
副股長	許文熙	廿三年五月	一〇〇〇	一〇〇	一一〇〇	卅五、六、廿五、辭退給遣散費叁個月
科員	祝振庭	廿二年十二月	九〇〇	一〇〇	一〇〇〇	卅五、五、十三、調一級 五、廿、通知辭退給遣散叁個月
〃	曾德風	廿九年十一月	六〇〇	五〇	六五〇	
〃	章莊中	卅年十二月	五〇〇	五〇	五五〇	卅五、五、十五、辭退給遣散費叁個月
〃	孟世德	卅一年十月	四〇〇	五〇	四五〇	卅五、四、廿六、通知仍調庶務股
見習	楊子玉	卅三年六月	六〇〇	六〇	六六〇	

重庆电力股份有限公司全体职员一九四五年度考绩清册（一九四五年） 0219-1-34

56

材料股卅四年度考績清冊

職別	姓名	到職年月	原支薪	增加薪	改支薪	附註
股長	鄢仲康	廿三年十一月	三五〇〇〇	四五〇〇	三九五〇〇	
副股長	陳西黎	廿三年七月	三五〇〇〇	三〇〇〇	三八〇〇〇	
工程師	王殿鰲	廿三年六月	二五〇〇〇		二五〇〇〇	卅五、五、十八辭退 遣散費交簿
科員	朱家鈺	廿六年六月	四〇〇〇	三〇〇〇	七〇〇〇	
〃	王永恩	廿六年十月	一二〇〇〇	二〇〇〇	一四〇〇〇	
〃	陳銘穠	廿六年六月	一〇〇〇〇	一〇〇〇	一一〇〇〇	
〃	喻邦仕	廿三年一月	四〇〇〇	四五〇〇	八五〇〇	
〃	李重芳	廿九年九月	五〇〇〇	五〇〇〇	一〇〇〇〇	

56-1

科員	胡輔文	卅二年十二月	八〇	〇〇	六〇	〇〇	九〇	〇〇
〃	陽光化	卅三年一月	四五	〇〇	五〇	〇〇	三五	〇〇
見習	陳文璟	卅三年五月	三五	〇〇	五〇	〇〇	四〇	〇〇

57

燃料股卅四年度考績清册

職別	姓名	到職年月	原支薪	增加薪	改支薪	附註
股長	曾昭元	卅三年一月	二六〇〇〇	四〇〇〇	三〇〇〇〇	支級薪
副股長	周立剛	卅四年一月	一三〇〇〇	二五〇〇	一五五〇〇	
科員	楊絲勳	卅三年七月	八〇〇〇	六〇〇〇	一四〇〇〇	
〃	傅德新	廿七年十月	七〇〇〇		七〇〇〇	不加
〃	胡智成	卅二年二月	六五〇〇		六五〇〇	不加
〃	馮崇初	卅二年一月	六〇〇〇	二〇〇〇	八〇〇〇	辭退
〃	連鐘鏥	卅二年九月	四〇〇〇	一〇〇〇	五〇〇〇	卅五、五、廿七調二廠
〃	嚴正	卅三年十一月	九〇〇〇	一〇〇〇	一〇〇〇〇	卅五、五、廿匯知辭退 給遣散費叁個月

重庆电力股份有限公司全体职员一九四五年度考绩清册（一九四五年） 0219-1-34

重庆电力股份有限公司全体职员一九四五年度考绩清册（一九四五年） 0219-1-34

57-1

科員	劉大有	卅年十二月	七〇〇		
〃	周顯燾	廿九年十二月	五〇〇	六〇〇	六〇〇
見習	林鯤化	卅三年一月	六〇〇	九〇〇	六〇〇

卅五、四調總務科

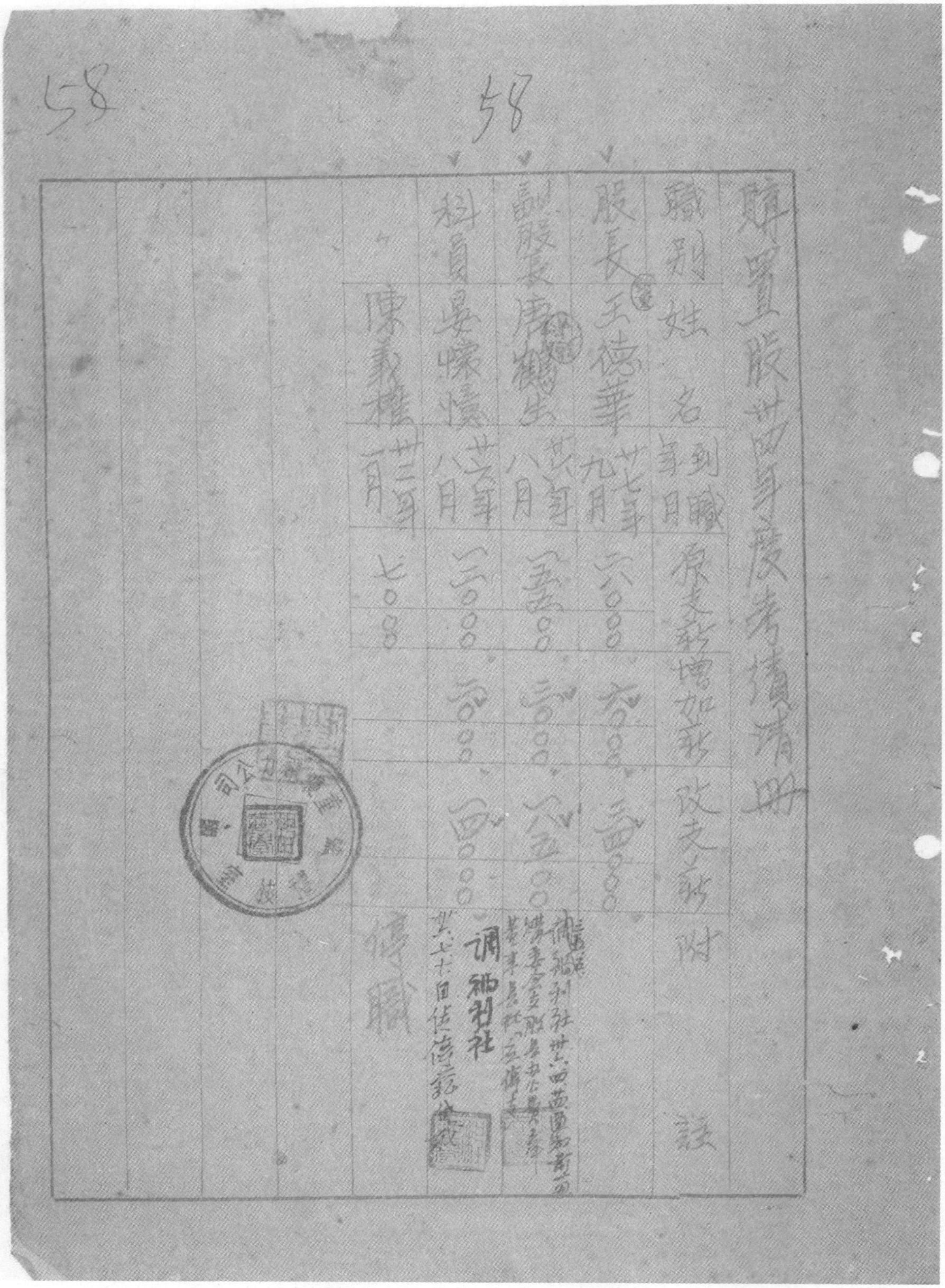

購置股卅四年度考績清冊

職別	姓名	到職年月	原支薪	增加薪	改支薪	附註
股長	王德華	廿七年九月	[illegible]	[illegible]	[illegible]	
副股長	唐鶴生	廿六年八月	[illegible]	[illegible]	[illegible]	
科員	晏懷憶	廿六年八月	[illegible]	[illegible]	[illegible]	
〃	陳義權	卅三年一月	七〇〇			停職

重庆电力股份有限公司全体职员一九四五年度考绩清册（一九四五年） 0219-1-34

59 59

庶務股卅四年度考績清冊

職別	姓名	到職年月	原支薪	增加薪	改支薪	附註
副股長	劉鳴皋	廿四年四月	一六〇〇	二〇〇	一八〇〇	
科員	徐世和	廿九年八月	一三五〇	二五〇	一六〇〇	
〃	譚謀遂	卅一年五月	一〇〇〇	二〇〇	一二〇〇	
〃	寗席君	卅一年三月	七〇〇	三〇〇	一〇〇〇	卅五、四、廿六、升人事股長
〃	劉煥成	廿六年九月	七〇〇	二〇〇	九〇〇	卅五、四、廿六、調人事股
〃	王祥輝	卅一年八月	六五〇	一五〇	八〇〇	仝
〃	劉子傑	卅三年六月	四五〇	一五〇	六〇〇	
〃	盧國金	卅年八月	五〇〇	五〇	五五〇	卅五、四、廿七、調人事股

重庆电力股份有限公司全体职员一九四五年度考绩清册（一九四五年） 0219-1-34

60

醫務室卅四年度考績清冊

職別	姓名	到職年月	原支薪	增加薪	改支薪	附註
醫師	傅文祥	廿七年二月	七〇〇	四五〇	一一五〇	
助理醫師	王咸康	卅三年七月	五五〇	一五〇	七〇〇	
〃	葉文全	卅一年十一月	二〇〇	二〇〇	四〇〇	
見習	杜朝鑫	卅四年四月	[illegible]	一〇〇	四〇〇（五）	
〃	柏濟民	廿六年二月	三五〇	五〇	四〇〇	
〃	謝慶餘	卅二年三月	二六〇	九〇	三五〇	

卅四年十二月……長待遇……

61

工務科卅四年度考績清冊

職別	姓名	到職年月	原支薪	增加薪	改支薪	附註
線路股股長	朱福遒	廿二年六月	三〇〇〇	三八〇〇	六八〇〇	
綫路副股長	吳昌熙	卅年九月	三五〇〇	四五〇〇	八〇〇〇	卅五、八、廿九、升工程師
工程師	唐政權	廿二年一月	三〇〇〇	六〇〇	三六〇〇	卅五、五、廿八調核算
副工程師	張錫瑞	廿三年七月	三四〇〇	六〇〇	四〇〇〇	卅五、六、廿九升工程師
工務員	鄧毓元	卅四年八月	三〇〇〇	三〇〇	三三〇〇	
〃	張繼琴	廿三年十二月	二八五〇	三〇〇	三一五〇	
〃	曾淵湘	廿三年二月	一四〇〇	三〇〇	一七〇〇	卅五、七、廿四調取締組
工務員	何繼明	廿三年十二月	一四〇〇	一〇〇	一五〇〇	卅五、五、廿八調核算

重庆电力股份有限公司全体职员一九四五年度考绩清册（一九四五年） 0219-1-34

61-1

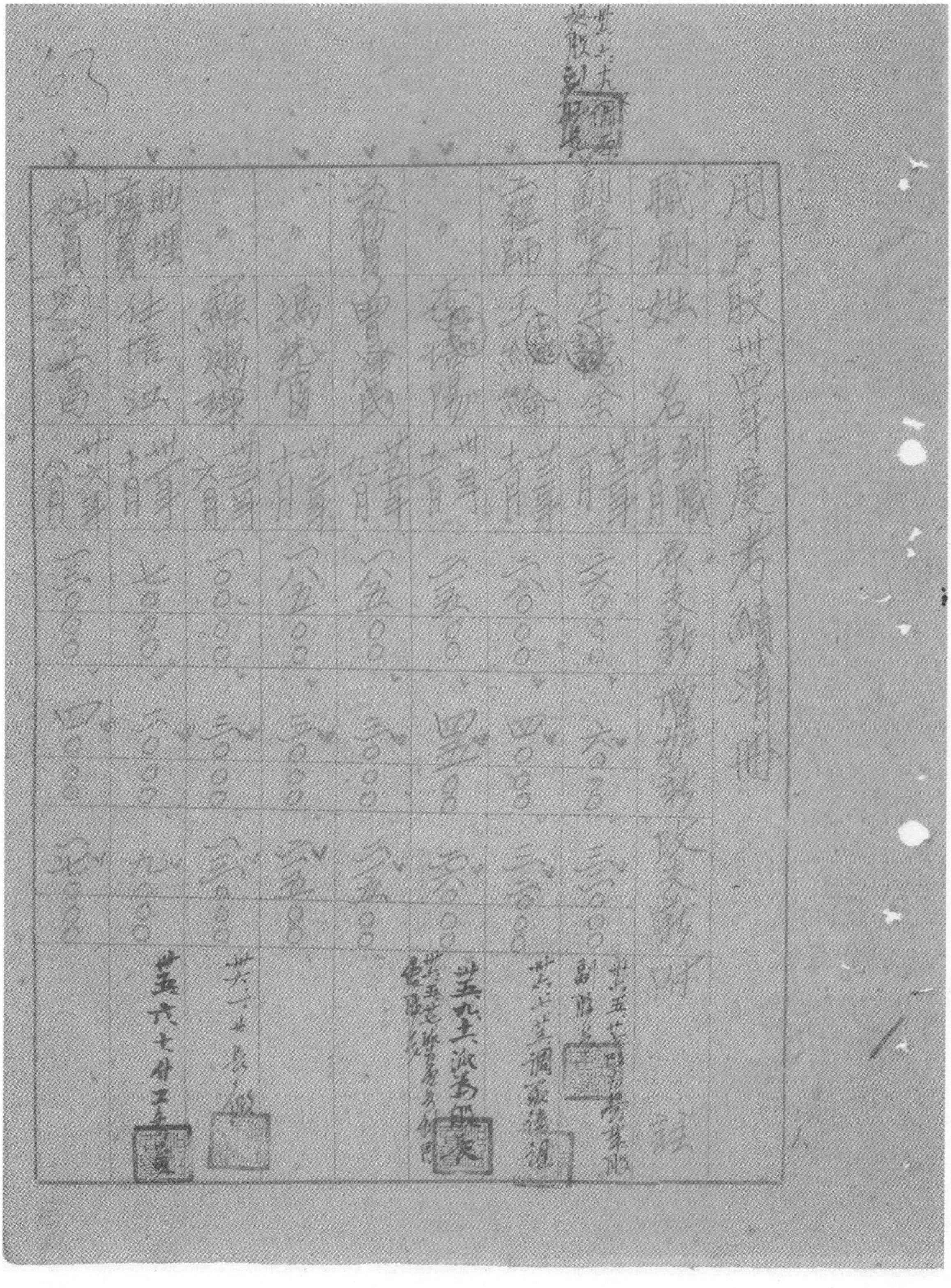

職别	姓名	到職年月	原支薪	增加薪	改支薪	附註
副股長	李[illegible]全	卅三年一月	[illegible]	[illegible]	[illegible]	[illegible]
工程師	王[illegible]綸	卅三年[illegible]月	[illegible]	[illegible]	[illegible]	[illegible]
〃	李培陽	卅三年[illegible]月	[illegible]	[illegible]	[illegible]	
務員	曾[illegible]民	卅三年九月	[illegible]	[illegible]	[illegible]	[illegible]
〃	馮[illegible]	卅三年[illegible]月	[illegible]	[illegible]	[illegible]	
〃	羅鴻[illegible]	卅三年六月	[illegible]	[illegible]	[illegible]	[illegible]
助理務員	任培江	卅[illegible]年十月	[illegible]	[illegible]	[illegible]	[illegible]
科員	劉[illegible]富	卅[illegible]年[illegible]月	[illegible]	[illegible]	[illegible]	

重庆电力股份有限公司全体职员一九四五年度考绩清册（一九四五年） 0219-1-34

63-1

科員	孫續亨	廿九年十一月	七〇〇〇	二〇〇〇	九〇〇〇
〃	蕭一可	廿九年十一月	一〇〇〇		
〃	毛[illegible]車	廿九年十一月	一〇〇〇〇	二〇〇〇	一二〇〇〇
〃	王大緒	廿八年六月	一〇〇〇〇	二〇〇〇	一二〇〇〇
〃	楊世明	廿九年七月	一〇〇〇〇	二〇〇〇	一二〇〇〇
〃	陳尊榮	卅年十一月	七〇〇〇	二〇〇〇	九〇〇〇
〃	趙芳華	廿九年十二月	七〇〇〇	三〇〇〇	一〇〇〇〇
〃	薛慕班	卅年二月	六〇〇〇	五〇〇	八〇〇〇
〃	徐昌裔	廿九年十二月	五〇〇〇	一〇〇〇	六〇〇〇
〃	王德懋	廿九年十一月	五〇〇〇	一〇〇〇	六〇〇〇

卅五、六、七、餘澍儒 請假

重庆电力股份有限公司全体职员一九四五年度考绩清册（一九四五年） 0219-1-34

64

科員	萧蓬身	卅一年九月	六五〇〇	一五〇〇	[illegible]〇〇
〃	毛信憩	卅四年十一月	八〇〇〇	六〇〇〇	一〇〇〇〇

2

65

抄表股卅四年度考績清冊

職別	姓名	到職年月	原支薪	增加薪	改支薪	附註
股長	王慎	卅年十一月	一二〇〇〇	三五〇〇	一五五〇〇	卅五、九、廿三 范庚吉
見習工務	鄧承雄	卅年八月	四五〇〇	一五〇〇	六〇〇〇	
科員	鄭權	卅三年八月	七〇〇〇	三〇〇〇	一〇〇〇〇	
〃	夏仲康	卅三年八月	六五〇〇	三〇〇〇	~~一〇〇〇〇~~ 一二五〇〇	林文超[illegible]冊元
〃	洪家楨	卅三年十月	四〇〇〇	三〇〇〇	七〇〇〇	
〃	胡澄秋	卅二年十一月	一〇〇〇〇	三〇〇〇	一三〇〇〇	
〃	文家敏	卅三年九月	八〇〇〇	一〇〇〇	一〇〇〇〇	
〃	唐勤彥	卅四年九月	九〇〇〇	一〇〇〇	一〇〇〇〇	

65-1

科員	賴光輝	廿六年八月	一三〇〇〇	四〇〇〇	一七〇〇〇
〃	何開元	廿七年九月	八〇〇〇	一〇〇〇	一〇〇〇〇
〃	馮光安	廿七年九月	八〇〇〇	一〇〇〇	九〇〇〇
〃	盧廷錫	廿五年五月	一〇〇〇〇	一〇〇〇	一一〇〇〇
〃	費興業	廿七年十月	六五〇〇	五〇〇	七〇〇〇
〃	朱立文	廿四年六月	一三〇〇〇	一〇〇〇	一四〇〇〇
〃	尹輝暄	廿三年六月	三五〇〇	一〇〇〇	四五〇〇
〃	張道剛	廿四年十月	六五〇〇	二五〇〇	九〇〇〇
〃	劉廣岩	廿四年六月	七〇〇〇	二〇〇〇	九〇〇〇
〃	何廷鼎	廿九年十月	八〇〇〇	一〇〇〇	九〇〇〇

重庆电力股份有限公司全体职员一九四五年度考绩清册（一九四五年） 0219-1-34

66

收費股卅四年度考績清冊

職別	姓名	到職年月	原支薪	增薪	改支薪	附註
股長	劉希伯	廿一年七月	一七〇〇〇	六〇〇〇	二三〇〇〇（三三〇〇〇）	另支級四十元
副股長	鄒治宏	廿七年六月	一六五〇〇	四五〇〇	二一〇〇〇	
〃	杭繼聲	卅年四月	一〇〇〇〇	三〇〇〇	一三〇〇〇	
科員	羅守信	廿九年十二月	一二〇〇〇	二〇〇〇	一四〇〇〇	
〃	廖精祥	廿六年十月	一七〇〇〇	三〇〇〇	二〇〇〇〇	
〃	李來義	廿三年十一月	二二〇〇〇	三〇〇〇	（二五〇〇〇）	外支超级卅元
〃	楊達雲	廿六年八月	二三〇〇〇	二〇〇〇	（二五〇〇〇）	外支超级卅元
〃	龐烈祥	廿年七月	四〇〇〇	四五〇〇	一八五〇〇	

66-1

科员	黄明材	廿九年十月	一〇〇〇〇	[illegible]	[illegible]
〃	吴瑞生	廿九年十一月	五五〇〇	五〇〇〇	七〇〇〇
〃	郭维林	[illegible]年二月	[illegible]	[illegible]	[illegible]
〃	彭君儒	廿九年十一月	[illegible]	[illegible]	[illegible]
〃	李石荪	廿九年十一月	一〇〇〇〇	[illegible]	[illegible]
〃	何泽浦	[illegible]年十一月	一〇〇〇〇	[illegible]	[illegible]
〃	耿应林	[illegible]年七月	一〇〇〇〇	[illegible]	[illegible]
〃	丁道宏	[illegible]年九月	[illegible]	[illegible]	[illegible]
〃	朱殿英	[illegible]年八月	[illegible]	[illegible]	[illegible]
〃	胡仲文	[illegible]年[illegible]月	七〇〇〇	[illegible]	九〇〇〇

外支超级卅元

外支超级十五元

重庆电力股份有限公司全体职员一九四五年度考绩清册（一九四五年） 0219-1-34

67

67

科員	韓永慶	廿三年六月	六〇〇	一〇〇〇	七〇〇
〃	唐匯川	廿三年九月	[illegible]	一〇〇〇	[illegible]
〃	門優仁	廿三年六月	六〇〇	一〇〇〇	七〇〇
〃	劉心一	廿三年四月	七〇〇	一〇〇〇	九〇〇
〃	馮體陵	廿三年七月	九〇〇	一三〇〇	一〇〇〇
〃	王世相	廿三年六月	七〇〇	一〇〇〇	九〇〇
〃	劉德藩	廿三年三月	[illegible]	五〇〇	六〇〇
〃	程仲顯	廿三年三月	[illegible]	五〇〇	[illegible]
〃	余菖	廿三年六月	八〇〇	一三〇〇	一〇〇〇
〃	朱伯威	廿三年六月	八〇〇	一〇〇〇	一〇〇〇

卅五、七、三 審定

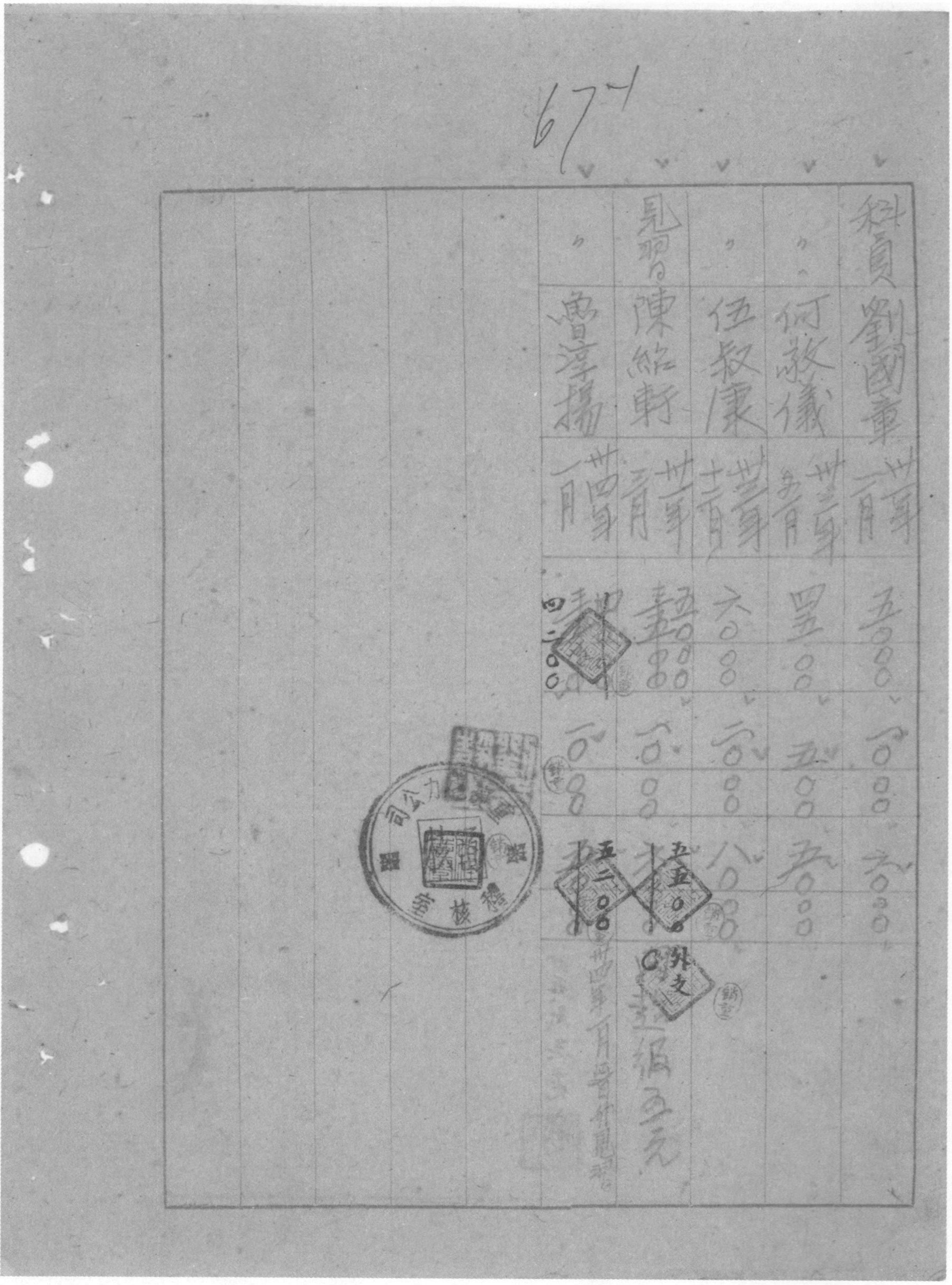

科員	劉國華	廿八年一月	五〇〇	一〇〇〇	六〇〇
〃	何啟儀	廿三年五月	四〇〇	五〇〇	六〇〇
〃	伍叔康	廿三年十二月	六〇〇	六〇〇	八〇〇
見習	陳紹軒	廿三年一月	[illegible]	一〇〇	[illegible] 五五〇
〃	曾淳揚	卅四年一月	四二〇〇	一〇〇	[illegible] 五二〇

重庆电力股份有限公司全体职员一九四五年度考绩清册（一九四五年） 0219-1-34

重庆电力股份有限公司全体职员一九四五年度考绩清册（一九四五年） 0219-1-34

68　68

票據股卅四年度考績清冊

職別	姓名	到職年月	原支薪	增加薪	改支薪	附註
股長	黃啓榮（印）	廿六年八月	一五〇.〇〇	四五.〇〇	一九五.〇〇	
副股長	李文修（印）	廿七年九月	一四〇.〇〇	四五.〇〇	一八五.〇〇	卅六.六.大調營業股副股長
科員	李樹樺	廿七年八月	一三〇.〇〇	一〇.〇〇	一四〇.〇〇	
〃	王澤榮	廿八年一月	一二〇.〇〇	一〇.〇〇	一三〇.〇〇	
〃	毛履渠	廿八年八月	八〇.〇〇	二〇.〇〇	一〇〇.〇〇	
〃	劉祖芳	廿八年八月	九〇.〇〇	一〇.〇〇	一〇〇.〇〇	
〃	廖成富	卅年一月	七〇.〇〇	三〇.〇〇	一〇〇.〇〇	
〃	余進邦	卅年一月	七〇.〇〇	一〇.〇〇	八〇.〇〇	

68-1

科員	周後生	廿三年七月	八〇〇〇	一〇〇〇	九〇〇〇
〃	周邦智	廿六年六月	九〇〇〇	一〇〇〇	一〇〇〇〇
〃	劉竹淞	廿八年九月	九〇〇〇	一〇〇〇	一〇〇〇〇
〃	費世昌	廿三年二月	七〇〇〇	二〇〇〇	九〇〇〇
〃	吳重賢	廿六年七月	六五〇〇	一〇〇〇	七五〇〇
〃	谷其友	廿九年十一月	六〇〇〇	一五〇〇	七五〇〇
〃	趙國棟	廿二年四月	六〇〇〇	一〇〇〇	七〇〇〇
〃	王邦寧	廿九年十二月	五五〇〇	五〇〇	六〇〇〇
〃	鄭立穫	廿二年十一月	七〇〇〇	二〇〇〇	九〇〇〇
〃	王式度	廿三年八月	一〇〇〇〇	四〇〇〇	一四〇〇〇

卅六九六死亡

重庆电力股份有限公司全体职员一九四五年度考绩清册（一九四五年） 0219-1-34

69　69

科員	〃	見習	〃
張永達	吳敬熹	賀震中	謝洪鈞
卅三年八月	卅[illegible]年七月	卅三年四月	卅三年四月
四五〇〇	九〇〇〇	三五〇〇	二六〇〇
一五〇〇	一〇〇〇	五〇〇	一四〇〇
六〇〇〇	一〇〇〇〇	四〇〇〇	四〇〇〇

2.

重庆电力股份有限公司全体职员一九四五年度考绩清册（一九四五年） 0219-1-34

70　70

業務科卅四年度考績清冊

職別	姓名	到職年月	原支薪	增加薪	改支薪	附註
見習	傅浩然	卅四年八月	二〇〇	一〇〇	三〇〇	
〃	劉良喜	卅四年八月	二〇〇	六〇	二六〇	
〃	吴静生	卅四年八月	二〇〇	六〇	二六〇	
〃	林榮森	卅四年八月	二〇〇	六〇	二六〇	
〃	傅彥時	卅四年八月	二〇〇	二〇	二二〇	
〃	賴君富	卅四年八月	二〇〇	六〇	二六〇	
〃	車錫鑑	卅四年八月	二〇〇	六〇	二六〇	
〃	周文	卅四年八月	二〇〇	一〇〇	三〇〇	

卅四、二[illegible]後薪
[illegible]

重庆电力股份有限公司全体职员一九四五年度考绩清册（一九四五年） 0219-1-34

62

業務科卅四年度考績清冊

職別	姓名	到職年月	原支薪	增加薪	改支薪	附註
科員	陳尉風	三十三年九月	三五〇	四五〇	八〇〇	
〃	李子溶	二十九年十一月	三〇〇	五〇	三五〇	

70-1

重庆电力股份有限公司全体职员一九四五年度考绩清册（一九四五年） 0219-1-34

71

會計科卅四年度考績清冊

職別	姓名	到職年月	原支薪	增加薪	改支薪	附註
科員	文朗邨	廿八年十月	九〇〇	一〇〇	一〇〇〇	卅五八廿死亡

重庆电力股份有限公司全体职员一九四五年度考绩清册（一九四五年） 0219-1-34

出納股卅四年度考績清冊

職別	姓名	到職年月	原支薪	增加薪	核支薪	附註
副股長	馮行之	廿一年七月	一四五〇〇	三五〇〇	一八〇〇〇	
科員	曾秉清	廿七年八月	一〇〇〇	二〇〇〇	三〇〇〇	
	顧景叢	廿八年六月	七〇〇〇	二〇〇〇	九〇〇〇	
	潘先進	廿三年十一月	六〇〇〇	一〇〇〇	七〇〇〇	
見習	秦光璧	廿三年六月	三五〇〇	一〇〇〇	四五〇〇	

重庆电力股份有限公司全体职员一九四五年度考绩清册（一九四五年） 0219-1-34

77

73

簿記股卅四年度考績清冊

職別	姓名	到職年月日	原支薪	增加薪	改支薪	附註
股長	劉德惠	廿六年八月	[illegible]	[illegible]	[illegible]	
副股長	何篤駿	廿三年十一月	[illegible]	[illegible]	[illegible]	
科員	熊静澤	卅年三月	[illegible]	[illegible]	[illegible]	共七四個統計股
〃	周光泳	廿七年十一月	[illegible]	[illegible]	[illegible]	
〃	崔德沐	卅年十一月	[illegible]	[illegible]	[illegible]	
〃	鄢昭璀	卅一年十一月	[illegible]	[illegible]	[illegible]	
〃	徐有律	卅一年五月	[illegible]	[illegible]	[illegible]	
〃	湯大崇	卅年七月	[illegible]	[illegible]	[illegible]	

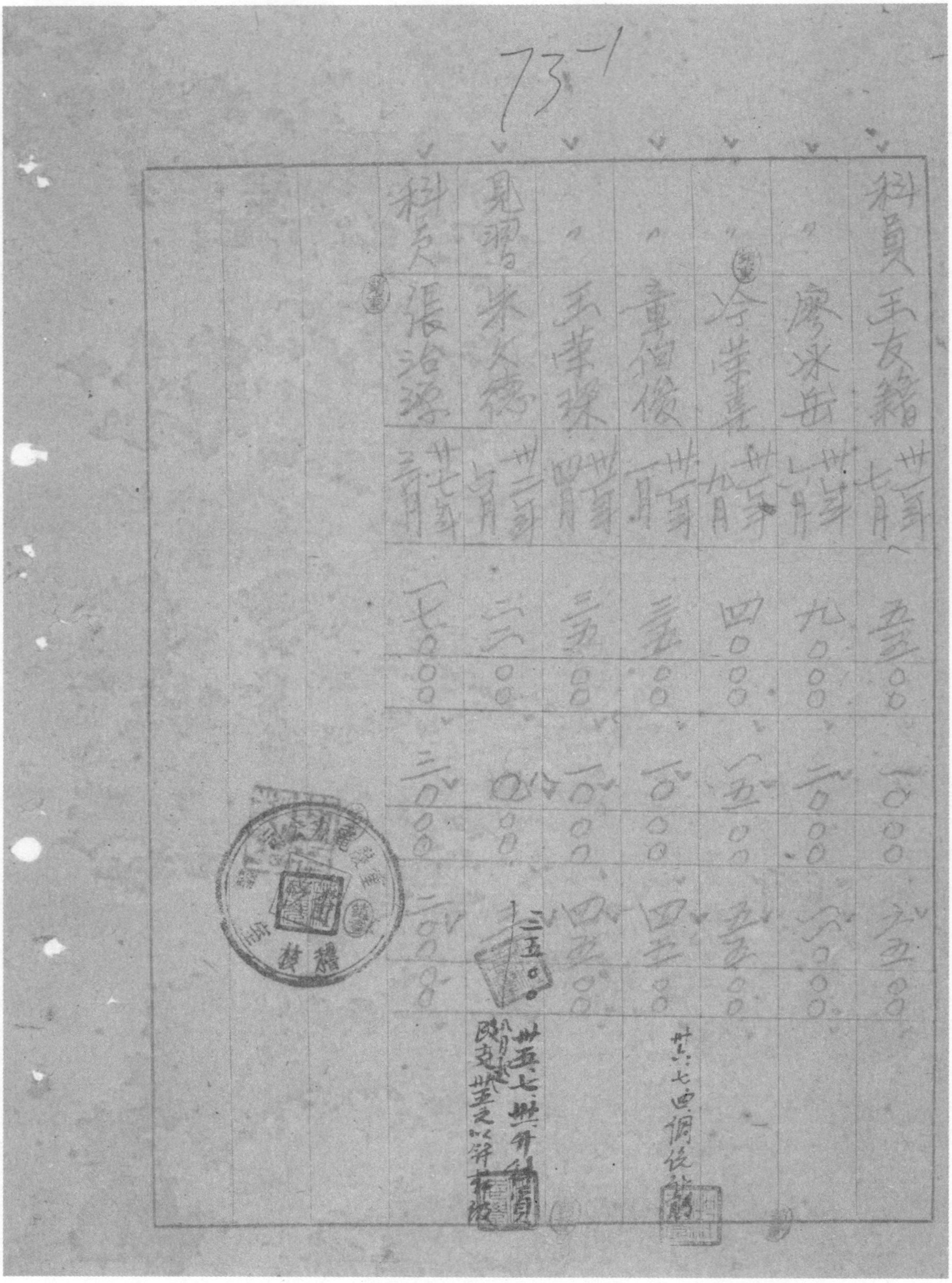

科員	王友籍	卅四年七月	叁〇〇	一〇〇〇
〃	廖冰岳	[illegible]	九〇〇	一〇〇〇
〃	冷崇喜	[illegible]	四〇〇	一五〇〇
〃	童伯俊	[illegible]	叁〇〇	一〇〇〇
〃	王華森	[illegible]	叁〇〇	一〇〇〇
見習	朱文穗	[illegible]	二〇〇	四〇〇
科員	張治琛	[illegible]	一七〇〇	二〇〇〇

重庆电力股份有限公司全体职员一九四五年度考绩清册（一九四五年）　0219-1-34

重庆电力股份有限公司全体职员一九四五年度考绩清册（一九四五年） 0219-1-34

74

簿記股卅四年度考績清冊

職别	姓名	到職年月	原支薪	增加薪	改支薪	附註
見習	何敬平	卅四年八月	二〇〇	一〇〇	三〇〇	
〃	鄧禄義	卅四年八月	二〇〇	六〇	二六〇	
〃	楊葉	卅四年八月	二〇〇	六〇	二六〇	
〃	武光勤	卅四年八月	二〇〇	六〇	二六〇	
〃	周自華	卅四年八月	二〇〇	二〇	二二〇	

卅五、四、廿一 [illegible]

重庆电力股份有限公司全体职员一九四五年度考绩清册（一九四五年） 0219-1-34

稽核科卅四年度考績清冊

職別	姓名	到職年月	原支薪	增加薪	改支薪	附註
科員	駱祥麟	廿九年十月	六〇元	一〇元	七〇元	

重庆电力股份有限公司全体职员一九四五年度考绩清册（一九四五年） 0219-1-34

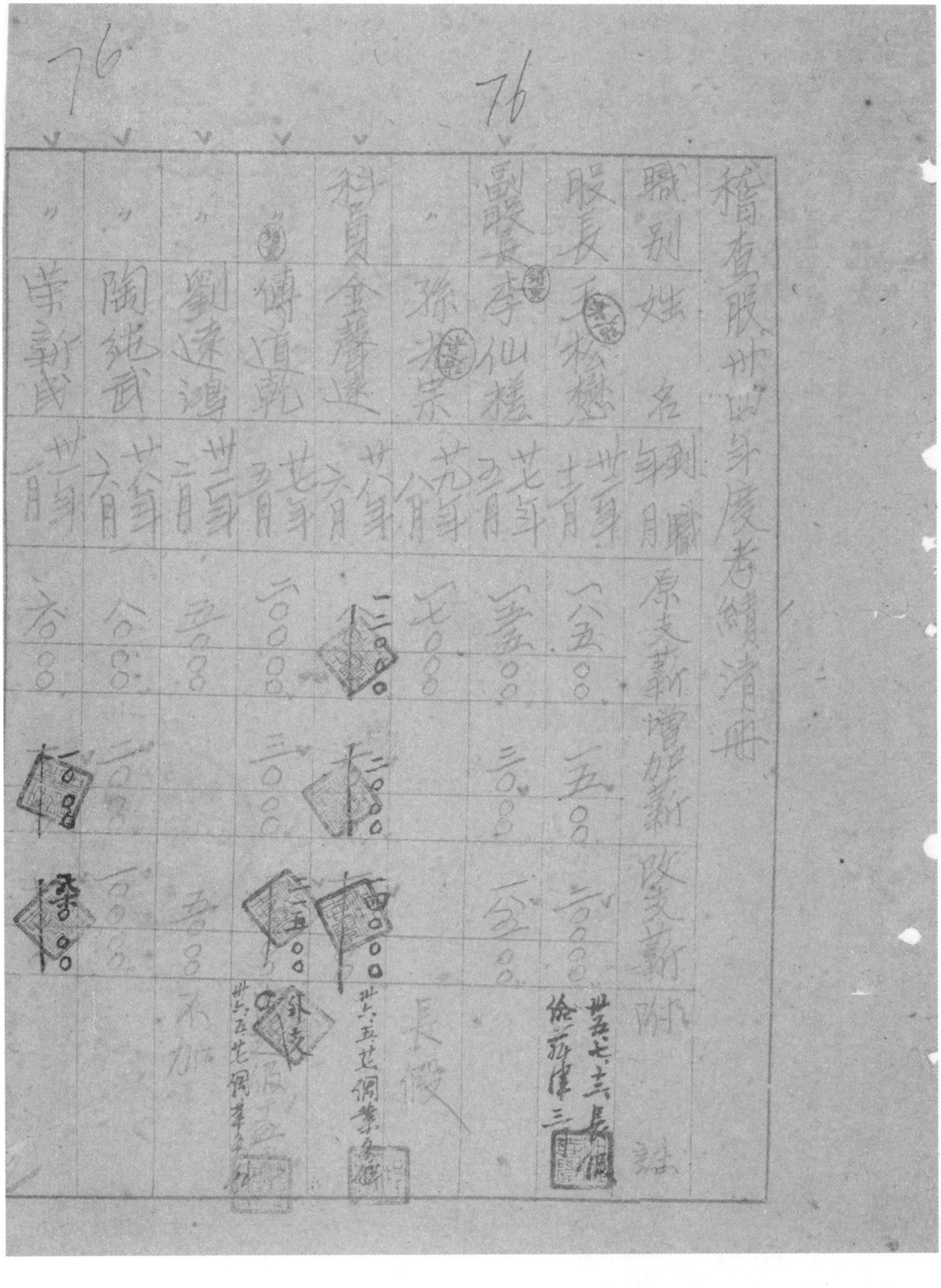

76

76

稽查股卅四年度考績清冊

職別	姓名	年齡	到職年月	原支薪	增加薪	改支薪	附註
股長	王松懋	卅一歲	十二月	一八五〇〇	一五〇〇	二〇〇〇〇	卅五、七、十六 長 [illegible] 三
副股長	李仙槎	廿七年	五月	一三五〇〇	三〇〇	一六〇〇	
〃	孫彬宗	卅五年	六月	一七〇〇〇			長假
科員	金壽達	廿六年	六月	一二〇〇〇	二〇〇〇	一四〇〇〇	卅六、五、廿 調業務課
〃	傅道乾	廿七年	五月	一〇〇〇〇	三〇〇〇	一二五〇〇	卅六、五、廿 調 [illegible] 外支
〃	劉遠鴻	卅二年	二月	[illegible]		[illegible]	不加
〃	陶維武	卅四年	六月	八〇〇〇	二〇〇〇	一〇〇〇〇	
〃	[illegible]新民	卅二年	一月	[illegible]	[illegible]	[illegible]	

重庆电力股份有限公司全体职员一九四五年度考绩清册（一九四五年） 0219-1-34

76-1

重庆电力股份有限公司全体职员一九四五年度考绩清册（一九四五年） 0219-1-34

77

審核股卅四年度考績清冊

職別	姓名	到職年月	原支薪	增加薪	改支薪	附註
股長	吳德超	廿九年十二月	一〇〇〇〇	三〇〇〇	一三〇〇〇	卅五、四、廿八調經理股股長
副股長	程志學	卅三年七月	六五〇〇	四五〇〇	一一〇〇〇	卅六、廿六調會計科佐[illegible]
科員	楊明根	廿九年十月	一三〇〇〇	二五〇〇	一五五〇〇	[illegible]
〃	王樹椿	廿七年十月	七〇〇〇	二〇〇〇	九〇〇〇	卅五、四、廿七調[illegible]
〃	趙寶生	廿九年四月	一二〇〇〇	二五〇〇	一四五〇〇	仝
〃	劉緯璋	卅三年六月	一〇〇〇〇	二〇〇〇	一二〇〇〇	仝
〃	任學詩	卅三年四月	四〇〇〇	五〇〇	四五〇〇	仝
〃	陳克仁	卅三年二月	四〇〇〇	一五〇〇	五五〇〇	

777

科員 陶基寬 卅年十月 五〇〇〇 一〇〇〇 六〇〇〇

重庆电力股份有限公司全体职员一九四五年度考绩清册（一九四五年） 0219-1-34

重庆电力股份有限公司全体职员一九四五年度考绩清册（一九四五年） 0219-1-34

78

統計股卅四年度考績清冊

職別	姓名	到職年月	原支薪	增加薪	改支薪	附註
股長	浦承爵	卅一年二月	一二〇〇〇			請假 卅五、五、十五辭職
科員	王如松	卅一年七月	一〇〇〇〇			請假 卅五、五、十五辭職
〃	唐瑜	卅一年七月	九〇〇〇	三〇〇〇	一二〇〇〇	卅六、六、卅調業務股(科)副股長仍兼[illegible]
〃	余連如	卅二年七月	八〇〇〇	二〇〇〇	一〇〇〇〇	辭退

卅五.四.廿 [illegible]

第一發電廠卅四年度考績清冊

職別	姓名	到職年月	原支薪	增加薪	改支薪	附註
工程師	趙之陳	廿八年四月	四〇〇〇	四〇〇〇	八〇〇〇	
〃	陳琳	廿九年三月	四五〇〇			停職
〃	楊[illegible]生	廿二年四月	三五〇〇	六〇〇〇	九五〇〇	
副工程師	楊[illegible]坤	廿二年四月	三四〇〇	六〇〇〇	九四〇〇	
〃	花[illegible]棠	廿一年六月	一〇〇〇	二〇〇〇	三〇〇〇	
科員	楊富華	廿一年六月	[illegible]五〇〇	三〇〇〇		

卅五.九.廿 工程師

重庆电力股份有限公司全体职员一九四五年度考绩清册（一九四五年） 0219-1-34

重庆电力股份有限公司全体职员一九四五年度考绩清册（一九四五年） 0219-1-34

第二發電廠卅四年度考績清冊

職別	姓名	到職年月	原支薪	增加薪	改支薪	附註
修配股長	鄧成木	廿六年九月	一六〇〇	六〇〇	二二〇〇	
工程師	黄大澄	廿二年九月	二〇〇〇	四五〇	二四五〇	卅四年六月…[illegible]
	張光武	廿八年八月	一三〇〇	三〇〇	一六〇〇	自覺尚屬奉公…應停考績
事務員	戴樂	廿四年一月	一二〇〇	二〇〇	一四〇〇	
材料員	高煥明	廿七年十二月	一四〇〇	三〇〇	一七〇〇	
	彭安智	廿九年十一月	一〇〇〇	二〇〇	一二〇〇	
事務員	羅經南	卅四年一月	六〇〇	二〇〇	[illegible]	

卅五·七·廿六 [illegible] 副工程師

卅五·九·卅 [illegible]

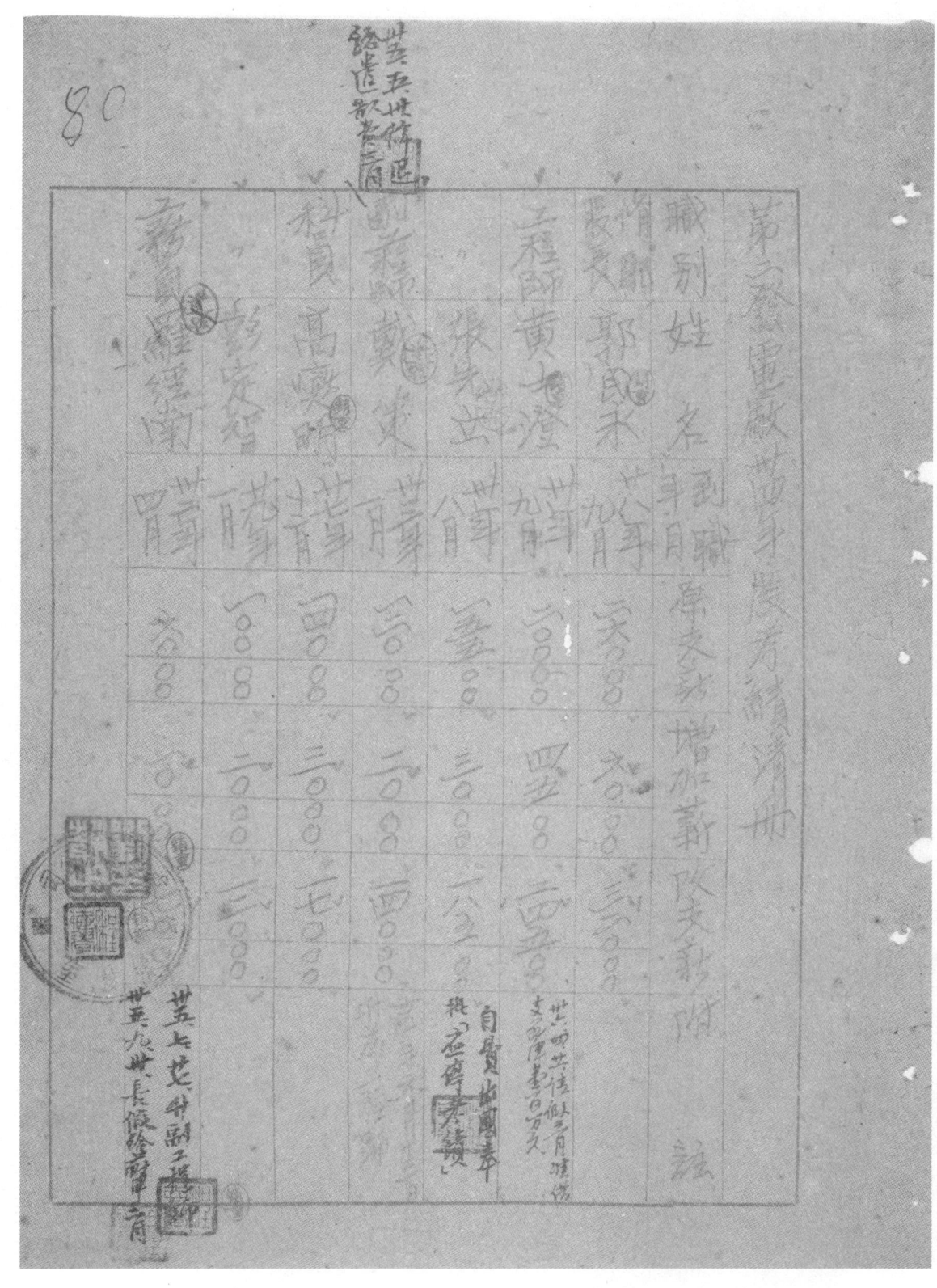

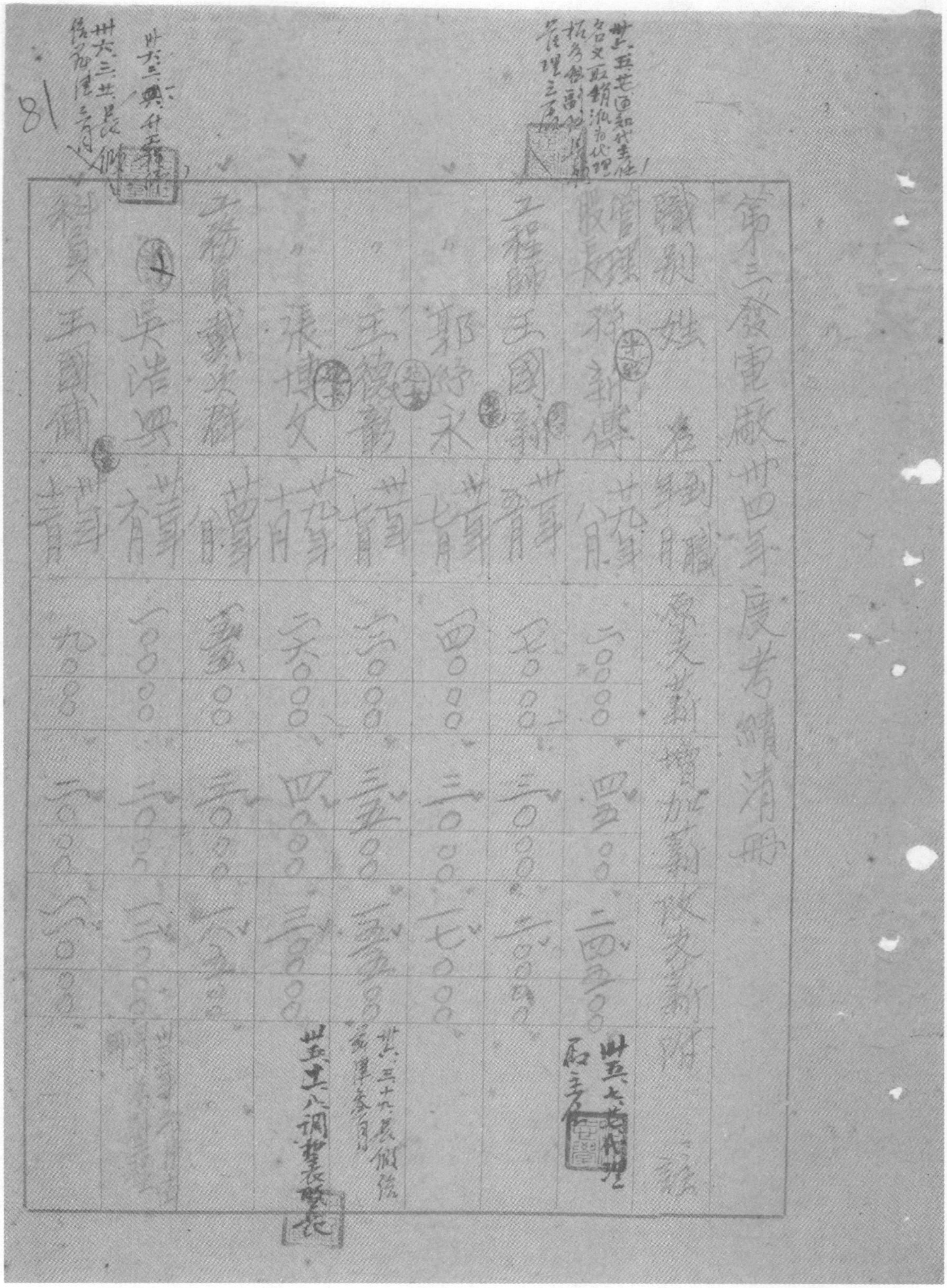

第三發電廠卅四年度考績清冊

職別	姓名	到職年月	原支薪	增加薪	改支薪	附註
管理股股長	蔣新傳	[illegible]	二〇〇〇〇	四五〇〇	二四五〇〇	
工程師	王國新	[illegible]	一五〇〇〇	三〇〇〇	一八〇〇〇	
	郭紓永	[illegible]	一四〇〇〇	三〇〇〇	一七〇〇〇	
	王德彰	[illegible]	一二〇〇〇	三五〇〇	一五五〇〇	
	張博文	[illegible]	一六〇〇〇	四〇〇〇	二〇〇〇〇	
工務員	戴炎群	[illegible]	一三五〇〇	三〇〇〇	一六五〇〇	
	吳浩興	[illegible]	一〇〇〇〇	二〇〇〇	一二〇〇〇	
科員	王國備	[illegible]	九〇〇〇	二〇〇〇	一一〇〇〇	

重庆电力股份有限公司全体职员一九四五年度考绩清册（一九四五年） 0219-1-34

重庆电力股份有限公司全体职员一九四五年度考绩清册（一九四五年） 0219-1-34

8154

科員 劉登藏 [illegible]

重庆电力股份有限公司全体职员一九四五年度考绩清册（一九四五年） 0219-1-34

82

江北办事處卅四年度考績清册

職別	姓名	到職年月	原支薪	增加薪	改支薪	附註
營業股長	吴李鶴	廿四年九月	一〇〇〇〇	三〇〇〇	一三〇〇〇	
事務員	冉□模	廿三年十月	五〇〇〇	三〇〇〇	八〇〇〇	
科員	周正倫	廿三年十月	四〇〇〇	一〇〇〇	五〇〇〇	
〃	李仕康	廿六年七月	六〇〇〇	一〇〇〇	七〇〇〇	
〃	陳遠清	廿七年一月	九〇〇〇	三〇〇〇	一二〇〇〇	
〃	馮雲程	廿二年十月	三〇〇〇	二五〇〇	五五〇〇	

南岸辦事處卅四年度考績清冊

職别	姓名	到職年月	原支薪	增加薪	改支薪	附註
營業股長	謝大澤	卅三年八月	一一五〇〇	四五〇〇	一六〇〇〇	
工程股長	高晶瑞	卅三年六月	一三五〇〇	三〇〇〇	一六五〇〇	卅五、五、共任斜通知程典 不克復職語長級二號
工務員	程孟壽	卅三年八月	七〇〇〇	三〇〇〇	一〇〇〇〇	
〃	施慎安	卅三年十一月	一三〇〇〇	二五〇〇	一五五〇〇	
〃	鍾思聰	卅三年十二月	六〇〇〇	一〇〇〇	七〇〇〇	
科員	歐陽民	卅九年四月	八〇〇〇	二〇〇〇	一〇〇〇〇	
〃	杜鈞佩	卅三年四月	五〇〇〇	一〇〇〇	六〇〇〇	
〃	何靜波	卅三年六月	四〇〇〇	一〇〇〇	五〇〇〇	

83-1

見習 蒙江河 卅三年六月 六〇〇 一四〇〇 四〇〇〇

卅五、七、卅 科員

重庆电力股份有限公司全体职员一九四五年度考绩清册（一九四五年） 0219-1-34

重庆电力股份有限公司全体职员一九四五年度考绩清册（一九四五年） 0219-1-34

84

沙坪壩辦事處卅四年度考績清冊

職別	姓名	到職年月	原支薪	增加薪	改支薪	附註
工程股長	范志高	廿七年八月	三〇〇〇〇	二〇〇〇〇	五〇〇〇〇	
營業股長	劉祖蔭	廿三年十一月	四〇〇〇〇	四五〇〇〇	八五〇〇〇	
副工程師	陳欽楳	卅一年三月	一〇〇〇〇	二〇〇〇〇	三〇〇〇〇	
助理事務員	唐政海	廿七年十一月	二〇〇〇〇	二〇〇〇〇	四〇〇〇〇	
科員	楊慶添	廿七年十一月	二〇〇〇〇	二〇〇〇〇	~~二〇〇〇〇~~ 二五〇〇〇	[illegible]級十三元
〃	何中堅	廿六年十一月	九〇〇〇〇	二〇〇〇〇	[illegible]〇〇〇〇	

重庆电力股份有限公司全体职员一九四五年度考绩清册（一九四五年）　0219-1-34

85

卅六、廿五自卅[illegible]
據部長[illegible]准假兩
月不依續假者補
支[illegible]
處理

用電檢查組卅四年度考績清冊

職別	姓名	到職年月	原支薪	增加薪	改支薪	附註
交涉員	王德生	廿九年一月	二五〇〇		二五〇〇	不加
業務員	張雲山	廿七年二月	三六〇〇	三〇〇〇	六六〇〇	卅五年一月晉升為副組長
〃	陳克武	廿三年七月	一五〇〇	四五〇〇	六〇〇〇	
科員	盧惠鑒	廿一年一月	五〇〇〇	一〇〇〇	六〇〇〇	
〃	鄒功甫	廿三年一月	四〇〇〇	一〇〇〇	五〇〇〇	
〃	張白康	廿三年一月	一〇〇〇	一〇〇〇	二〇〇〇	

重庆电力股份有限公司全体职员一九四五年度考绩清册（一九四五年） 0219-1-34

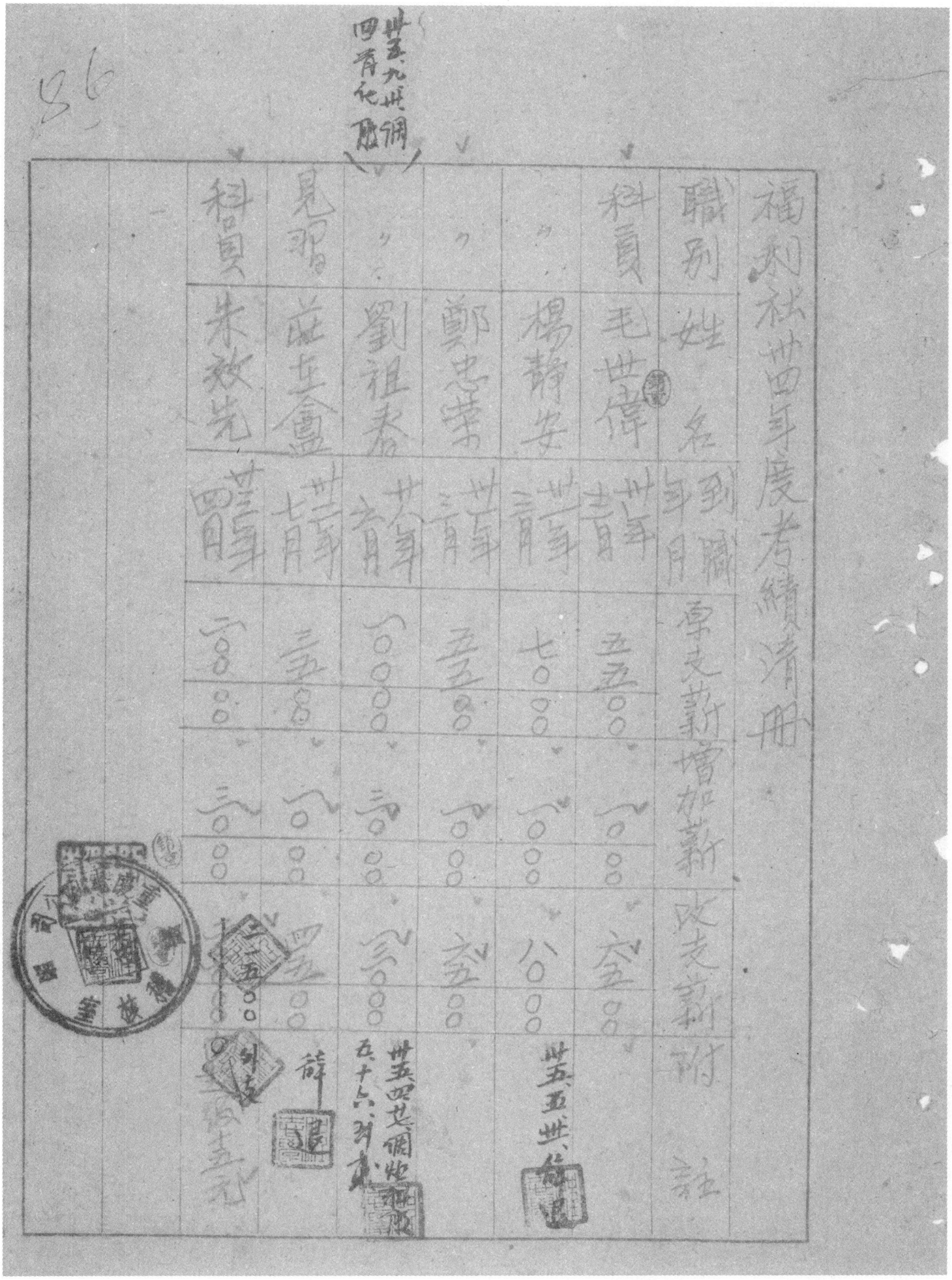

福利社卅四年度考績清冊

職別	姓名	到職年月	原支薪	增加薪	改支薪	附註
科員	毛世偉	卅年十二月	五五〇〇	一〇〇〇	六五〇〇	卅五、五、卅、[illegible]
〃	楊靜安	卅二年十二月	七〇〇〇	一〇〇〇	八〇〇〇	
〃	鄭忠華	卅二年十二月	五五〇〇	一〇〇〇	六五〇〇	
〃	劉祖春	卅二年六月	一〇〇〇〇	三〇〇〇	一三〇〇〇	卅五、四、廿、调[illegible] 五、十六、到
見習	莊在盧	卅四年七月	三五〇〇	一〇〇〇	[illegible]	辭
科員	朱教先	卅三年四月	一〇〇〇〇	三〇〇〇	一五〇〇〇	

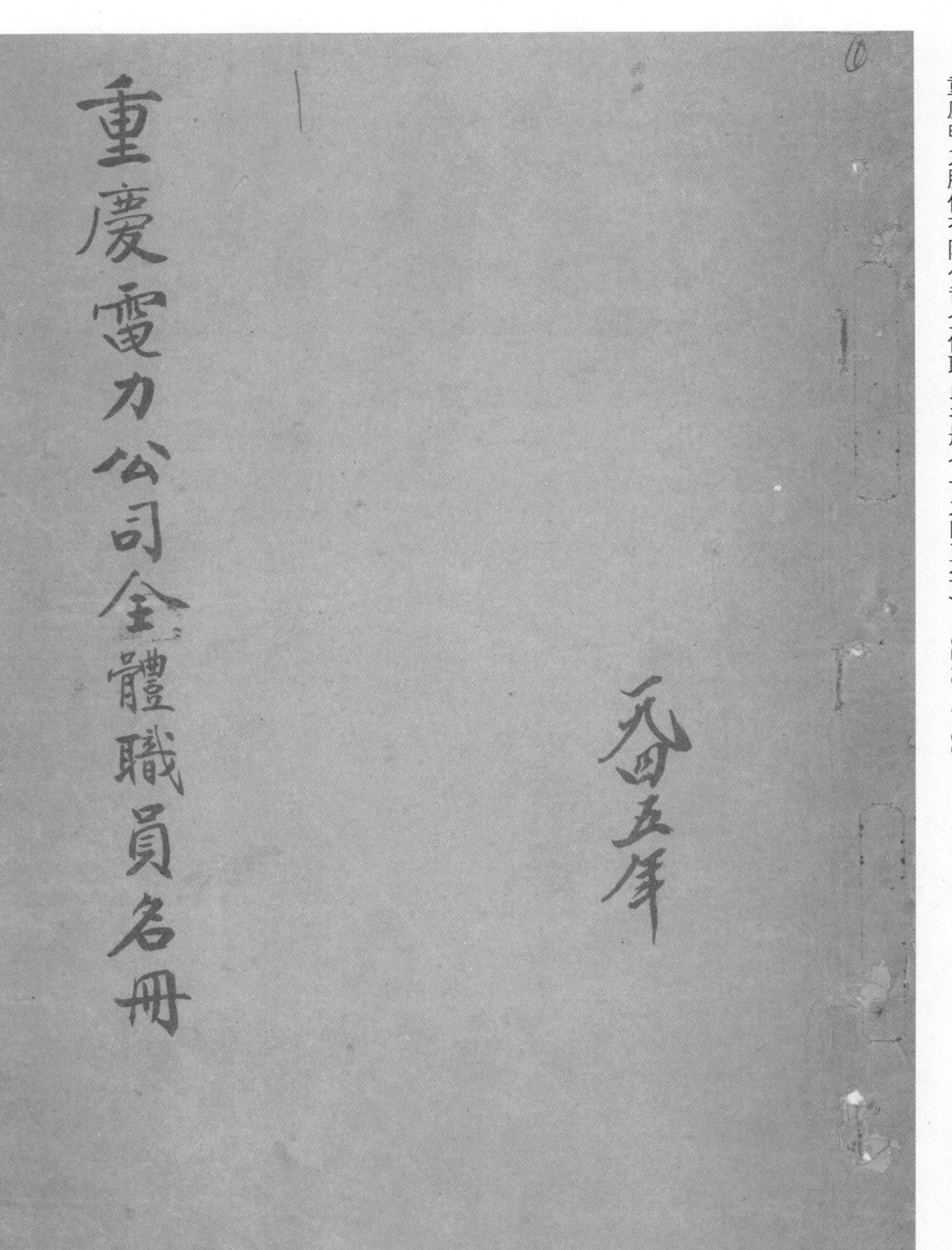

重慶電力公司全體職員名冊

一九四五年

重庆电力股份有限公司全体职员名册（一九四五年） 0219-1-33

重慶電力公司全體職員名冊

民國卅四年十一月份

經理室

職別	姓名	年齡	籍貫	學歷	到職年月	所任工作	備註
協理代總經理	程本臧	四二			廿二年二月	總理全公司公務	
秘書兼人事股長	張君鼎	四一	四川長壽	上海法政大學經濟學畢業	廿八年十一月	办理本公司董会記錄及会报記錄暨各項文件	
總工程師室							
總工程師兼工務科長	吳錫瀛	四〇	四川岳池	交通大學機械系畢業	廿二年六月	綜理工務科及各廠工程一切事宜	
工程師	周傳甲	三六	浙江杭州	浙江大學電機系畢業	卅三年四月	總工程師室設計事宜	
總務科							
科長	陶丕顯	五二	江蘇無錫	南京高等海軍學校航海駕駛	卅二年二月	綜理全科事務及核閱文稿	已辭職

重庆电力股份有限公司全体职员名册（一九四五年） 0219-1-33

病假　已辭職　[illegible]　已辭職

副科長	董毓庚	四〇	四川成都	成都華陽舊制中學畢業	卅一年四月	協办科務
工程師	汪振祥	三九	浙江杭州	浙大高級工科成校電機系畢業	廿二年五月	管理全公司電話機綫路及工人等
科員	徐圖強	二七	浙江諸暨	浙江紹興稽山中學高中部畢業	卅二年二月	撰繕校对收发及保管文件簡记
文書股						
股長	闞倬雲	五〇	四川渠縣	上海震旦大學文學系肄業	廿四年五月	撰擬文稿
副股長	周亞南	四七	四川達縣		廿七年二月	管檔
科員	汪海東	五七	四川華陽	四川法政校法政科休業	廿八年四月	繕寫
〃	楊同培	三四	四川宣漢	達縣聯立高中畢業	廿八年十月	发文件
〃	~~廣木修~~	四一			卅二年三月	停職
〃	陳志唐	二七	浙江杭州	杭州蕙蘭高級中學畢業	廿四年二月	繕寫

科員	龔伯皋	三二	湖南湘潭	國立湖南大學文學院畢業	卅四年四月	擬稿
見習	蕭堯先	二八	四川岳池	四川省立南充中學肄業	卅一年四月	編印票據
〃	張懋玉	三六	四川梁山		廿七年一月	收發文件
	人事股					
副股長	許文熙	四七	浙江海寧	南洋大學畢業	卅二年五月	綜理全股事務及核閱文稿暨接洽各界聯繫工作
科員	祝振庭	三〃	安徽宿松	南京國立體育科畢業	卅二年十月	
〃	曾德風	二九	四川璧山	重慶高商商科畢業	廿九年十二月	核算撫卹及经官保証書证章本股一切雜項事
〃	韋在中	二四	四川閬中	閬中省立中學高中部肄業	卅年十二月	繕寫及造表册保管職員調查表及職員任免升調等事
〃	孟世德	二二	四川巴縣	沙市新沙高中肄業	卅年十月	收發文件及法保登记及一切雜事
〃	錢聿元	二八	浙江鄞縣	東吴法學院法律科肄業	卅四年二月	保管卷宗及擬辦文書

重庆电力股份有限公司全体职员名册（一九四五年） 0219-1-33

已調燃料股在任

科員	謝景安	四六	江西南昌	江西豫章法政學校法律科畢業	卅四年八月	擬辦本股一切文稿事宜
見習	楊子玉	二二	江蘇上海	中華高級職校土木科畢業	卅三年六月	保管工友名冊及調查表及工友到離獎罰等事

材料股

股長	鄢仲康	三四	四川巴縣	實商高校畢業	廿三年十一月	本股一切事務兼二廠材料主管員
副股長	陳西黎	三〇	四川巴縣	高職校肄業	廿三年七月	助理本股一切事務及填送材料估價表
工程師	王殿鰲	五〇	山西朔縣	山西太原大學機械工程科畢業	卅二年六月	二廠材料室填寫逐日收發材料報告
科員	朱家鈺	二九	四川閬中	閬中縣立中學校	廿六年六月	各材料室周存記賬工作及填送本股對外對內一切文件
〃	王秉思	三七	四川瀘縣	北平中大高等校政經畢業	廿八年十月	保管材料填製庫存月報表及工友薪工表
〃	陳銘謨	二九	四川瀘縣	瀘縣中學肄業	廿六年六月	三廠材料室主管員及填製一切表報
〃	喻邦仕	三〇	四川巴縣	中央工業專校電訊科畢業	廿三年一月	三廠材料室主管員及填製一切表報

[illegible]

[illegible]

科員	李重芳	二八	安徽合肥	安徽中學肄業	廿九年九月	保管材料
〃	胡黼文	三三	四川巴縣	巴縣縣立中學畢業	卅二年十二月	交行監管員
〃	陽光化	二一	四川岳池	岳池縣立中學畢業	卅一年一月	材料收發
見習	葉永吉	二一	江蘇無錫	無錫胡氏中學初中部肄業	卅四年二月	接收材料室保管材料及填製逐日收發報庫存月報等
〃	湯徽英	二二	浙江杭州	九江鄉村師範初中部畢業	卅二年十一月	付達電話及登記長途電話
〃	陳麗之	二二	江蘇南京	南京實驗中學肄業	卅二年十一月	付達電話及登記長途電話
〃	陳文璪	二七	安徽壽縣	洛陽軍校	卅一年五月	牯橋庫房保管材料
燃料股						
股長	曾昭元	三一	四川巴縣	上海南市大同大學理科肄業	廿三年一月	本股對內對外一切事務
副股長	周立剛	二八	四川巴縣	中央工業專校電訊畢業	廿四年一月	仝右

已調 [illegible]

已調 [illegible]

科員	楊紹勳	二三	四川萬縣	華西工商專校工商管理科畢業	卅年七月	主管二廠事務
〃	傅德新	二八	四川巴縣	江北治平中學畢業	廿七年十月	三廠煤棧收煤
〃	胡智成	四九	四川開縣	舊制中學畢業	卅一年二月	主管二廠煤棧
〃	馮崇礽	二七	浙江諸暨	杭州安定中學肄業	卅二年一月	主管三廠煤棧
〃	連鐘毓	三四	江蘇吳縣	蘇州桃塢中學高中部卒業	卅二年九月	一廠收煤
〃	嚴正	三二	江蘇無錫	北碚復旦大學會計系畢業	卅二年十二月	本股帳務
〃	劉大有	二七	四川巴縣	四川工業專校畢業	卅年十二月	辦理表報其他一切事務
〃	周顯燾	二四	四川達縣	華西工專校肄業	廿九年十一月	三廠煤棧帳務
〃	龔伯階	三五	四川巴縣	川東聯合縣立師範畢業	卅四年一月	辦理電廠煤廠在渝事務及外勤工作
見習	林鯤化	二二	河北天津	廣東中學高中部肄業	卅三年一月	二廠煤棧帳務

重庆电力股份有限公司全体职员名册（一九四五年） 0219-1-33

4

已辭職

購置股

股長	王德華	三一	四川巴縣	北平大學工學院電機工程系畢業	廿七年九月	総理本股对内对外一切事宜
副股長	唐鶴生	二八	江蘇上海	通存高商職校会計科畢業	廿六年八月	对内对外接洽購置材料估價造表擬稿等
科員	晏懷憶	二五	四川隆昌	隆昌中學肄業	廿六年八月	对外接洽購置材料製表保管文件打听材料市價等
〃	陳義權	二五	浙江鎮海	東吳大學法律系肄業	卅二年一月	製造表冊及本股帳冊及保管各種車輛合同等

庶務股

股長	劉鳴皋	三一	四川巴縣	重慶高商商科畢業	廿四年四月	管理全股事務保管現金單據及做付票記登現金帳
科員	徐世和	三三	湖北武昌	武昌中学肄業	廿九年八月	管理汽車司机及經費取工数工整臨时外勤事件
〃	譚謀遂	二八	四川巴縣	佛持汽車寺内學校卒業	卅一年五月	修理汽車及採購汽車配件同保管零件
〃	寗席君	二九	四川犍為	南中央軍校軍事通信畢業	卅一年三月	保管及收發文具纸張绪造表冊经費工数工及臨时外勤事件

科員	劉煥成	二六	四川岳池	南充中學肄業	廿八年九月	司員外勤工作經費職工薪工繕造表册記賬用帳
〃	王祥璋	二三	四川瀘縣	成都蠶中職校肄業	卅年八月	採買及保管物品繕造表册經費職工薪工并兼總務雜務
〃	余家齊	二五	四川犍為	犍為縣立中學高中部畢業	卅年十二月	幫助付票繕造表册經費職工薪津
〃	劉子傑	三五	四川德陽	綿竹舊制中學肄業	卅二年六月	保管文卷及中額現金收支繕寫表册經費薪工
〃	盧國全	二七	四川巴縣	北碚兼善中學工商專科畢業	卅年八月	記文具帳管理印刷造表册封發薪工
	醫務室					
主任醫師	羅廿一	三七	四川閬江	上海大學醫學院畢業	廿七年一月	醫生
醫師	劉繼成	五三	河北北平	英國華威頓大學醫科	卅三年二月	醫生
〃	傅文祥	三一	四川達縣	達縣聯中初中畢業	廿七年三月	一廠醫生
助理醫師	王威康	三一	浙江紹興	衛生署衛生人員訓練所畢業	卅年七月	二廠醫生

重庆电力股份有限公司全体职员名册（一九四五年） 0219-1-33

重庆电力股份有限公司全体职员名册（一九四五年） 0219-1-33

5

助理医师	葉文全	二八	四川達縣	達縣联中高中肄業	卅一年十一月	三一廠医生
見習	杜朝鑫	二三	四川潼南	廿一小學高小畢業	廿六年四月	司藥兼任襍務
〃	柏濟民	二五	四川岳池	岳池县高小肄業	廿八年三月	司藥兼收發等襍務
〃	謝慶餘	二六	四川成都	成都縣立小學高小畢業	卅二年三月	司藥兼任襍務
工務科						
副科長兼机務主任及第一廠主任	易宗樸	三七	四川合川	比國列日大學電机系畢業	廿七年十月	工務科兼一二廠一切事宜
副科長兼電務主任	宋達金	三九	浙江紹興	浙江大學電机科畢業	廿三年十月	工務科兼供電組一切事宜
线路設計股長	朱福騮	五一	浙江吴興	交通大學電机系畢業	卅二年六月	綫路設計事宜
线路維持股長	吳昌恕	二八	四川青神	重慶大學畢業	卅年九月	线路維持事宜
工程師	唐政權	三三	四川重慶	川東联立商級工業专校畢業	廿二年一月	绘製圖表及工程記錄

重庆电力股份有限公司全体职员名册（一九四五年） 0219-1-33

已閱

副工程師	張謂瑞	四四	浙江鄞縣	上海同濟學校畢業	廿一年七月	綫路電氣修理工作
工務員	鄧德元	三二	四川璧山	重慶工專校机械科畢業	廿四年八月	綫路施工工作
〃	張繼琴	三一	四川巴縣	巴縣西里中學畢業	廿二年十月	綫路施工工作
〃	何濬溥	三二	四川巴縣	实商高級商業學校商科畢業	廿四年七月	綫路設計工作
〃	曾淵湘	二八	四川華陽	成都天府中學肄業	廿五年二月	綫路施工工作
〃	王一宇	二四	浙江青田	浙江大學電机系畢業	卅四年	綫路設計工作
〃	余國鈿	二五	四川萬縣	西北大學工學院電机工程畢業	卅四年	綫路維持工作
工務見習	何紹明	二四	四川岳池	中央工專校机械科畢業	卅二年十月	工料繪圖化驗工作
業務科						
科長	張玠	四五	四川南充	同濟大學電机机械系畢業	廿四年九月	綜理全科一切事宜

副科長兼用户股長	陳景嵐	三五	四川富順	北平大學工学院電机工程畢業	廿四年五月	協理全科事宜及用户股全股事宜
科員	陳樹風	三二	四川隆昌	四川省立第一高级商职校肄業	廿五年九月	撰稿繕寫
〃	李子溶	三七	四川巴縣	巴縣輔江中学畢業	廿九年十二月	收發文件及繕寫
用户股						
副股長	李德全	三七	四川巴縣	重慶商职校畢業	廿三年一月	办理全股一切事宜
工程師	王紹綸	五〇	四川自貢	天津高工校机械科畢業	廿三年十二月	主管整理接户线
〃	張博文	三三	山西垣曲	北平大学電力工程系畢業	廿九年十月	主管工組及檢驗
工務員	曾澤民	三三	四川璧山	省立陶瓷校畢業	廿五年九月	派工
〃	馮先富	二六	浙江紹興	杭州省立职校肄業	廿三年十月	檢驗
〃	羅鴻璨	三六	山東掖縣	哈尔濱電工校畢業	卅三年六月	外勤檢驗

重庆电力股份有限公司全体职员名册（一九四五年） 0219-1-33

已閱涂

工務員	蕭琴武	二六	湖北武昌	成都金陵大学電机系畢業	卅四年三月	業務登記及洽办手續
助理工務員	任培江	二七	四川南充	四川省成都高級工業职校電机畢業	卅一年十月	外勤校表
科員	劉正昌	二七	四川巴縣	南充嘉陵高中校畢業	廿六年八月	業務登記及洽办手續
〃	孫續亨	二五	四川石砫	奉節四川省立四中高中肄業	廿九年十月	收費管卷
〃	蕭一可	二三	江西青安	東吳大學法科肄業	廿九年十二月	文書
〃	毛月章	三一	浙江奉化	上海聖芳濟书校畢業	廿九年十二月	記賬製表報
〃	王大緒	二四	四川巴縣	成都成城中学肄業	廿七年六月	封表
〃	楊世明	二九	四川巴縣	省立萬縣师範学校	廿九年七月	管理用户卡片
〃	陳尊雲	三〇	四川岳池	南充嘉陵中學	卅年二月	管材料
〃	趙芳舉	三四	山東益都	省立鄉村建設專校肄業	廿九年十二月	記賬寫卡片

科員	薛慕班	四九	四川宜賓	南充警官校畢業	卅一年一月	保管票據及記帳
〃	徐昌裔	二九	四川巴縣	巴縣立高農校肄業	廿九年十二月	製票
〃	王德懋	二四	四川瀘縣	瀘縣忠商校肄業	廿九年十一月	製票據
〃	蕭藻年	三七	四川宣漢	達縣聯立中學肄業	卅二年九月	收費
〃	毛信懋	二六	浙江奉化	東吳大學法律科肄業	廿九年十二月	考工管工帳
抄表股						
股長	王恒	二八	山東萊陽	日本東京高工校電氣卒業	卅二年十一月	總理全股一切事宜
工務見習	鄒承琯	二一	四川成都	中央工校電机科畢業	卅二年八月	抄表
科員	鄭權	二七	四川瀘縣	實用商專肄業	卅四年八月	檢查抄表卡片及保管卡片
〃	夏仲康	三七	四川富順	富順中學肄業	卅四年八月	抄表

重庆电力股份有限公司全体职员名册（一九四五年） 0219-1-33

料員	洪家楨	三三	四川成都	成城中学卒業	廿五年十二月	抄表
〃	胡澄秋	三五	四川巴縣	西里舊制中学畢業	廿七年十月	仝右
〃	文家敏	二五	四川江北	江北中学肄業	廿五年九月	仝右
〃	唐勤序	三〇	四川江北	治平中學初中部畢業	廿四年九月	仝右
〃	賴光輝	二八	四川重慶	巴縣中學肄業	廿六年八月	各方面查詢及收費保管文件
〃	何開元	四〇	四川內江	沱江中學肄業	廿七年九月	表抄
〃	馮堯安	二八	四川巴縣	贛江中學畢業	廿七年九月	抄表
〃	盧廷錫	三四	四川巴縣	上海大學法學院法律科肄業	卅年五月	辦理裝拆遷移用戶卡片等
〃	費興業	二五	四川重慶	治平中學卒業	廿七年十月	辦理總計電度及內勤工作
〃	朱立之	四一	四川瀘縣	瀘縣中学肄業	廿四年六月	抄表

8

科員	尹輝暄	二九	四川瀘縣	瀘縣省渝高工機械畢業	卅三年二月	仝右
〃	張道剛	二四	四川巴縣	南開中學高中部畢業	卅年十二月	仝右
〃	劉庚岩	二六	四川南充	蓬溪中學畢業	卅年六月	仝右
〃	何足鼎	三五	四川大足	大足中學初中畢業	廿九年十月	
票據股						
股長	黃登崇	二九	四川巴縣	川東省立高級中學肄業	廿六年八月	總理全股一切事宜
副股長	李文修	三二	四川巴縣	巴渝中學畢業	廿七年九月	協助全股一切事宜
科員	李樹輝	二六	四川江津	江北中學畢業	廿六年八月	製發票據及通知單等事
〃	王澤崇	三一	四川巴縣	巴縣雷中學畢業	廿八年一月	領發票據及製發票
〃	毛君渠	三四	四川巴縣	川東師範學校畢業	廿八年八月	製留貴票根

重庆电力股份有限公司全体职员名册（一九四五年） 0219-1-33

科員	劉祖芳	二六	四川巴縣	市中校肄業	廿八年八月	辦理電費分户帳
〃	廖成富	二七	四川巴縣	立信會計校畢業	卅年一月	計算電費票據及通知單
〃	余造邦	三二	四川瀘縣	泸縣高中校畢業	卅年二月	製電費票據
〃	周復生	二六	四川巴縣	重慶中学肄業	廿八年七月	辦理電費分户帳
〃	周邦智	二四	四川巴縣	市立中校卒業	廿八年六月	清查電費及各項文件記帳
〃	劉竹然	三〇	四川巴縣	南泉高工校肄業	廿八年九月	計算電費通知單
〃	費世昌	二九	四川長寿	長寿縣中校卒業	卅年二月	辦理分户帳總帳及造每月結餘表
〃	吴重賢	二四	四川泸縣	泸縣中学肄業	廿八年七月	製電費票據
〃	谷其友	二五	四川璧山	璧山高中校肄業	廿九年十二月	仝右
〃	趙國棟	三〇	四川巴縣	川東師範肄業	卅年四月	辦電費分户帳

重庆电力股份有限公司全体职员名册（一九四五年） 0219-1-33

9

科員	王邦寧	二三	四川巴縣	益商職校畢業	廿九年十二月	製電費票據
〃	鄭立農	二七	四川重慶	求精中學肄業	卅二年十月	計算電費票及通知單
〃	王式度	三二	四川瀘縣	瀘縣中學畢業	廿六年八月	仝右
〃	張永達	二五	四川合縣	華西工商專校工商管理科畢業	卅二年八月	製電費票據
〃	吳敬喜	二四	四川瀘縣	江陽中學肄業	廿八年七月	仝右
見習	賀震中	二八	湖北蘄圻	武昌博文中學畢業	卅二年四月	仝右
〃	謝洪鈞	四五	四川江北	江北縣中肄業	卅二年四月	收發文件及員保管帳冊票據等事
〃	車錫鑑	二〇	四川瀘縣	東善中學肄業	卅四年八月	辦理電費分戶帳
〃	傅浩然	三〇	四川達縣	上海三極無綫電校通訊工程肄業	卅四年八月	清查欠費及記帳
〃	賴君富	二〇	四川巴縣	中大附中肄業	卅四年八月	辦理電費分戶帳

見習	林雲森	三一	四川岳池	四川成都陸軍々官校卒業	卅四年八月	辦理電費分户帳
〃	傅彥時	二三	四川重慶	私立協進中学高中卒業	卅四年八月	計算電費通知單
〃	吳靜生	二四	四川岳池	私立通惠中校初中畢業	卅四年八月	編訂新用户帳折表換表
〃	周文	二八	四川巴縣	復旦大学肄業	卅四年八月	計算電費通知單
〃	劉良善	二九	四川重慶	江津川東师範畢業	卅四年九月	計算電費通知單
	收費股					
股長	劉希伯	四八	四川巴縣	私塾	卅二年七月	综理全股事務
副股長	鄔治宏	二八	四川長壽	衆善高中校畢業	廿七年六月	仝右
科員	羅守信	三一	四川璧山	四川省立第一高級商科中学校畢業	廿九年十二月	分提票及臨時外勤
〃	廖精輝	四九	四川華陽	成都華陽縣中校畢業	廿三年十月	退票及提票

10

科員	杭鶴生	三一	四川巴縣	江北中學畢業	卅年四月	總管票據及銷改票造核欠單
〃	李秉義	四七	河南商邱	舊學	廿三年十月	收費
〃	楊達雲	五三	四川成都	長安中學肄業	廿三年八月	薪火
〃	龐烈輝	五一	四川江津	私塾	廿八年六月	收費
〃	黄明材	二七	四川長壽	成都大風高中校畢業	廿九年十月	退票及提票
〃	吴瑞生	三一	四川巴縣	求精中學畢業	廿九年十二月	收費
〃	郭紹林	三二	四川瀘縣	瀘縣瀘中校肄業	廿四年二月	分票及收票
〃	彭君儒	三二	江西臨川	江西臨江專修校簿記科畢業	廿九年十月	收費
〃	李石蓀	三二	四川巴縣	綏定綏屬公立中校畢業	廿九年十月	收發文件造報各項表冊暨全股雜務
〃	何澤浦	四一	四川瀘縣	瀘縣縣立中學高中部畢業	廿九年十月	分票及收票

科員	耿應林	二五	四川巴縣	精益中學高中畢業	廿八年六月	退票及提票
〃	丁道宏	三一	四川巴縣	宏育中學高中部畢業	廿五年九月	收費
〃	朱殿英	三〇	四川巴縣	求精中學肄業	廿六年八月	仝右
〃	胡仲文	四四	四川巴縣	巴中校肄業	卅年九月	仝右
〃	韓永慶	二六	四川長壽	長壽縣立中學卒業	卅年九月	仝右
〃	唐亞夫	二六	四川永川	永川縣立中學高中部肄業	卅年九月	仝右
〃	門慶仁	三六	四川巴縣	高商校商科畢業	卅年九月	仝右
〃	竇紹匡	四三	江西臨川		卅年九月	仝右
〃	劉心一	四一	四川成都	九成中學畢業	卅年四月	清繳收
〃	馮體政	二八	四川瀘縣	瀘縣立中學高中部畢業	卅年六月	辦理結帳關攺票帳務

重庆电力股份有限公司全体职员名册（一九四五年） 0219-1-33

重庆电力股份有限公司全体职员名册（一九四五年） 0219-1-33

11

科員	王世相	二六	四川奉節	奉節省立四中校初中肄業	卅年九月	收費
〃 〃	劉德銓	四四	四川巴縣	巴縣中學初中部畢業	卅一年三月	仝右
〃 〃	程仲顯	四三	四川巴縣	巴縣中學初中部肄業	卅二年一月	仝右
〃 〃	余世昌	三〃	四川巴縣	高商校商科畢業	卅二年八月	仝右
〃 〃	文伯威	四〃	四川巴縣	上海湖洲旅滬中學畢業	卅二年八月	保管票據報合同表及門市提票
〃 〃	劉國章	四三	四川江北	江北縣中初中部畢業	卅一年六月	收費
〃 〃	何敬儀	三六	四川巴縣	巴縣中學初中部肄業	卅三年五月	仝右
〃 〃	伍叔康	三七	四川巴縣	江北治平中學肄業	卅三年十二月	收門市
〃 〃	程守頤	三〃	四川巴縣	中央軍校肄業	卅四年	收費
〃 〃	許國鈐	二二	浙江海寧	運統局技術專科班畢業	卅四年	仝右

重庆电力股份有限公司全体职员名册（一九四五年） 0219-1-33

科員	方至誠	三〇	四川成都	成都大成高中校畢業	卅四年	收費
〃	章慕京	二七	安徽廬江	湖南大學文學系畢業	卅四年	仝右
〃	鮮文焱	三〇	四川西充	西充縣中初中部肄業	卅四年	仝右
見習	陳紹軒	三五	四川綦江	綦江縣中校肄業	卅一年三月	剪火
〃	魯淳揚	三八	四川中江	中江縣立初級中學肄業	卅四年一月	收費
〃	康紹良	三二	四川瀘縣	瀘縣中學肄業	卅四年九月	仝右
	會計科					
科長	黃大庸	四一	四川犍為	北平大學經濟系畢業	廿九年十月	綜理全科事宜
副科長兼出納股長	劉伊凡	三八	四川江北	聯中舊制中學肄業	卅四年三月	綜理本科一切事宜及出納股全部事務
科員	艾明邨	四〇	四川江北	江北中學肄業	廿六年十月	辦理本科收發文件文書及開付支票及其他事務

12

出纳股

副股长	馬行之	五一	四川巴縣	舊學	廿三年七月	股支各款填寫支票及本股事宜
科員	魯東清	二八	四川閬中	成都華西協合工學肄業	廿七年八月	製表記帳
〃〃	顧景霖	二四	湖北宜昌	宜昌中學高中肄業	卅年一月	仝右
〃〃	漆先進	二六	四川重慶	治平中學畢業	卅年十二月	仝右
見習	秦先璧	三四	四川江北	舊學	卅二年一月	核对支票送存各銀行

簿記股

股長	劉德惠	二八	四川巴縣	正則会計校畢業	廿六年八月	綜理本股全部事宜
副股長	何篤睦	三四	四川巴中	巴縣中學卒業	廿三年十二月	綜理本股資產及其他事務
科員	熊靜澤	二九	四川達縣	志誠商校畢業	卅年三月	製表記帳

科員	周光泳	二七	四川達縣	成都華西協合高中畢業	廿七年十月	製表記帳
〃	崔德泳	二四	四川成都	志誠高商畢業	卅年十月	仝右
〃	鄒昭琯	二五	四川巴縣	會計專修班會計學科肄業	卅年十月	仝右
〃	徐侶律	三六	四川璧山		卅一年五月	仝右
〃	湯大崇	二七	四川巴縣	華西工商專科校畢業	卅年七月	仝右
〃	王友籍	二七	四川內江	華西工商專科校畢業	卅一年七月	仝右
〃	廖冰岳	三二	四川巴縣	高商職校畢業	卅年六月	仝右
〃	仝崇喜	二九	四川巴縣	省立高商校畢業	卅一年九月	仝右
〃	章伯俊	二八	四川彭縣	成都志誠高商校畢業	卅一年一月	仝右
〃	王崇琛	二四	四川崇昌	志誠商高畢業	卅一年四月	仝右

重庆电力股份有限公司全体职员名册（一九四五年） 0219-1-33

壹13

見習	朱文德	二七	四川銅梁	省立商校高門科畢業	卅二年六月	製表記帳
〃	何敬平	二七	四川巴縣	求精商專肄業	卅四年八月	仝右
〃	周自舉	二九	四川雲陽	实商高中畢業	卅四年八月	仝右
〃	楊世崇	二四	四川酉陽	華西工商專校畢業	卅四年八月	仝右
〃	武克勤	二五	四川萬縣	朝陽大學会計系畢業	卅四年八月	仝右
〃	鄧祥森	二六	四川巴縣	華西工商專校畢業	卅四年八月	仝右
稽核科						
科長	劉靜之	五六	四川華陽	交通大學土木科畢業	卅二年七月	綜理全科一切事務
主任工程師兼副科長	吳克斌	三九	安徽嘉山		卅二年七月	仝右
科員	駱祥麟	二四	四川重慶	英才中學畢業	廿九年十月	抄寫保管收發

工務員	陳毓龍	二六			卅四年	審核材料傳票及月報
稽查股						
股長	王松懋	三八	江蘇鎮江	警官校畢業	卅二年十二月	綜理本股一切事務
副股長	李仙槎	五六	四川秀山	上海南洋公學文學科肄業	廿七年五月	文牘
〃	孫光宗	二九	湖北穀城	穀城縣立中學肄業	廿九年八月	助理本股對內對外一切事務
科員	金聲遠	三六	湖北漢口	上海藝術大學文學系畢業	廿八年六月	外勤
〃	傅道乾	三八	四川瀘縣	私塾	廿七年五月	仝右
〃	劉遠鴻	四四	湖北漢川	湖北法政學校法律科肄業	卅二年二月	收費保管謄寫
〃	陶純武	五〇	四川巴縣	舊學	廿八年六月	內外勤
〃	崇新民	四六	江蘇鎮江	舊學	卅二年一月	外勤

重庆电力股份有限公司全体职员名册（一九四五年） 0219-1-33

14

審核股

股長	吳德超	三〇	廣西平南	朝陽大學經濟系畢業	廿九年十二月	綜理本股一切事務
副股長	程志學	四八	湖北黃安	武昌中華大學肄業	廿三年七月	仝右
科員	楊明振	三三	江蘇淮安	省立淮安中學	廿九年十月	審核出納購置廠務三股傳票
〃	王樹椿	二五	四川岳池	岳池中學初中部肄業	廿七年七月	審核電費票據
〃	趙麗生	三八	四川閬中	閬中縣立舊制中學畢業	廿九年四月	審核票費票據及傳票日報
〃	劉德棠	三〇	四川巴縣	武昌中華大學理科肄業	卅一年二月	審核每日各廠處出勤值班津貼及電廠福利社伙食
〃	伍學詩	二四	四川江北	北碚立信會計專校畢業	卅一年四月	審核電費票據
〃	陳克仁	二一	四川重慶	中學	卅一年二月	辦理收費及審核每月職工薪工津貼表冊

統計股

重庆电力股份有限公司全体职员名册（一九四五年） 0219-1-33

已查

已查

股長	浦承爵	三〇	河北天津	南開大學經濟系畢業	卅年六月	綜理本股一般公務
科員	王如松	三〇	江苏宜兴	國立藝專校畢業	卅年七月	圖表之設計及绘製協办資料之搜集工作
〃〃	屠瑜	二七	湖北孝感	華西工商專校之商管理畢業	卅年七月	办理会計及業務方面統計資料之搜集及表報
〃〃	余連如	二八	江苏宜兴	國立藝專校畢業	卅一年十月	办理工務方面統計資料之搜集表报之编製
第一發電廠						
工程師	趙之陳	三八	山西朔縣	山西省立專科學校電機畢業	廿八年四月	一廠值班
〃〃〃	陳瑞	三一	山西神池	北平大學電力工程系畢業	廿九年三月	一廠值班
〃〃〃	楊賢生	五六	安徽合肥		廿二年四月	一廠值班
副工程師	楊如坤	五四	安徽合肥	兵工學校機械科畢業	廿二年四月	一廠修配工作
〃〃〃	花光棠	二五	四川遂寧	重慶大學電機系畢業	卅二年六月	一廠值班

工務員	黃文泰	二六	湖北漢口	金陵大學電機工程畢業	卅四年	二廠值班
科員	楊富尊	三七	四川華陽	成都縣中校畢業	卅二年六月	工務科及二廠事務
第二發電廠						
主任兼管理股長	劉希孟	三七	四川巴縣	國立交通大學電機系畢業	廿七年九月	綜理二廠務及管理一切事宜
修配股長	郭民永	二九	四川成都	重慶大學電機工程系畢業	廿八年九月	修配工作
工程師	黃士澄	二九	廣東新會	廣東中山大學電機工程系畢業	卅年九月	值班
〃〃〃	張先立	二八	湖北枝江	金陵大學電機工程系畢業	卅年八月	仝右
副工程師	戴　策	三〇	浙江德清	金陵大學電機工程系畢業	卅三年一月	仝右
〃〃〃	張道曾	二七	江苏無錫	交通大學電機工程畢業	卅四年三月	仝右
工務員	羅經南	二八	浙江吳興	大同大學電機機械系畢業	卅二年四月	

重庆电力股份有限公司全体职员名册（一九四五年） 0219-1-33

科員	高燮明	三五	江苏無錫	無錫私立中学商科畢業	廿七年十二月	办理二廠事務造工帳及協助發放工資
〃	彭定智	二四	四川巴縣	建文中学高中部畢業	廿九年一月	办理工人考工登记製表报及造工人工帳

第三發電廠

副主任兼修配股長	張禹楷	三一	四川成都	交通大學電機工程系畢業	廿八年九月	管理全廠一切事宜
管理股長	孫新傳	二九	江苏如皋	浙江大学電機工程系畢業	廿九年八月	管理發電及工人
工程師	王國新	三五	四川綦江		卅二年五月	值班
〃	郭紹永	二六	四川華陽	金陵大学電機工程系畢業	卅二年七月	仝右
〃	王德彰	二八	河北高陽	金陵大學電機工程系畢業	卅二年七月	仝右
〃	李培陽	三一	山西壽陽	北平大学工学院畢業	卅年十一月	仝右
工務員	戴次群	三七	四川内江	成都高工校機械科畢業	廿四年八月	廠內工務雜事

16

工務員	吳浩興	二七	江蘇宜興	國立中山大學電機系畢業	卅三年六月	值班
科員	王國傭	三七	四川合川	上海吳淞中國公學肄業	卅年十二月	办理票據及事務表冊
〃	劉登嶽	二七	四川隆昌	成都建國校高中部肄業	廿八年六月	做工帳
江北辦事處						
主任	韋時敘	三二	河北天津	哈尔濱工業大學電機系畢業	卅年十一月	總理本处一切事務
營業股長	吳季鶴	二九	四川[illegible]	成都中學理工科肄業	廿五年九月	办理文件考工工帳用戶卡片
工務員	冉 模	三一	四川萬縣	省立商高校畢業	廿三年十月	办全區檢驗封表事務
科員	周正倫	三一	四川涪陵	[illegible]年中學畢業	卅二年六月	派工領退材料傳票查貫單等事
〃	李仲康	二八	四川瀘縣	瀘縣縣立中學高中部畢業	廿六年七月	办理保押金材料帳迁移等事
〃	陳遠清	二九	四川瀘縣	瀘縣川南師範畢業	廿九年一月	办理内外文件及收發等

重庆电力股份有限公司全体职员名册（一九四五年） 0219-1-33

科員	馬雲程	五九	四川[illegible]北	舊学	廿五年六月	办理業務手續

南岸辦事處

主任	劉佩雄	四一	江苏無錫	江苏公立南京工業专门学校電機科畢業	廿二年七月	主持办处一切事務
營業股長	謝天澤	三六	四川璧山	重慶高商校肄業	廿三年八月	總管办处一切業務
工程股長	高昌瑞	三〇	江苏無錫	浙江大學電機系畢業	卅三年六月	總管办处一切工務
工務員	程孟晉	三三	四川巴縣	東吳大學工商管理系肄業	廿四年八月	办理月报封表校表各看用户失灵電表及收押金等工作
〃〃	施慎安	三〇	四川無錫	輔仁中学校畢業	廿七年七月	負債供電方面工作
〃〃	鍾思聖	二四	湖北咸寧	同濟大學機械系肄業	卅二年五月	監工考工等工作
科員	歐陽民	三一	四川資中	四川省立第六中學畢業	廿九年四月	收保证金管理事務造收費日报月报等事
〃〃	杜幼佩	二五	江苏無錫	無錫江南高中校肄業	卅一年四月	監印文書管卷核各種帳務及办理用户退費及出進工帳

科員	何靜波	二七	四川南充	重慶南岸中学肄業	卅二年六月	管理用户卡片排表外勤查看電表工作
見習	蒙江河	二五	四川長寿	重慶高商校畢業	卅二年六月	办理用電資產帳及押金保证金總帳
見習工務員	徐煥新		湖南耒陽	國立西北工学院電機工程畢業	卅四年八月	收發材料及派工裝表等工作

沙坪壩辦事處

主任	秦世雄	三四	河北遵化	哈尔濱中俄大学電機系畢業	廿五年三月	總管處務
工程股長	范志高	三四	四川華陽	重慶大学肄業	廿七年八月	办理派工測繪裝頓算
營業股長	劉祖蔭	二九	四川巴縣	重慶商業高級中学肄業	廿五年十一月	收費撰文稿
副工程師	陳欽柱	二六	四川郫縣	中央大学電機系畢業	卅三年二月	檢驗派表查勘綫路
助理工務員	唐政海	二五	四川重庆	四川省立高級工業学校肄業	廿七年十月	登记收發材料封表
科員	楊慶應	四一	江苏常熟	吴淞上海中國公学商科畢業	卅年一月	撰稿算工帳及領退單及事務

重庆电力股份有限公司全体职员名册（一九四五年） 0219-1-33

科員	何中聖	三一	四川巴縣	巴縣西里中学肄業	廿八年七月	收發檔卷繕寫
用電檢查組						
組長	張以修	四八	四川成都		卅年四月	總理本組对内对外一切事務
交涉員	王康生	五一	湖北沔陽	舊制中学畢業	廿九年八月	办理对外一切交涉
工務員	張雲山	三四	江蘇上海	中華職業学校電气工程肄業	廿七年二月	办理本組对内对外文書計算電費及登記事務
〃〃〃	陳光武	三三	四川岳池	省立商工校電气工程畢業	廿三年七月	檢查用電外勤工作
副工程师	吳英銓	三五	江西南昌	東京高等学校電机系畢業	卅四年三月	檢查用電外勤工作
科員	張白康	三四	四川成都	重庆联立高中校畢業	廿九年十二月	檢查用電外勤工作
〃〃	盧惠鑑	二八	廣東中山	中山大学機械系肄業	卅二年十二月	仝右
〃〃	鄒功甫	三一	四川華陽	光華大学政经系肄業	卅三年五月	办理計算電費及登記事務
	林炳之	二四	廣西陸川	西北工学院電机系畢	卅四年十月	檢查用電外勤工作

18 58 94

福利社

主任	楊新民	四三			廿四年六月	主持全社業務
科員	毛世偉	二九	四川彭縣	成都職業中學畢業	卅年十二月	文書及收發保管文件
〃	楊靜安	三八	湖北黃陂	舊制中學畢業	卅一年三月	保管物資及配發兼办交涉事項
〃	鄭忠業	三五	四川崇慶	中央軍校畢業	卅二年三月	登記物資
〃	劉祖春	二三	四川巴縣	益商職校畢業	廿八年六月	主持帳務及出納
見習	莊在盦	二四	江苏無錫	無錫中学高中部肄業	卅三年七月	保管及核对物資付票兼办繕寫工作
〃	楊玉泉	二六	四川泸縣	泸縣中学初中部畢業	卅三年四月	記運物資造具表冊及工帳

重庆电力股份有限公司工友名册（一九四六年五月） 0219-1-32

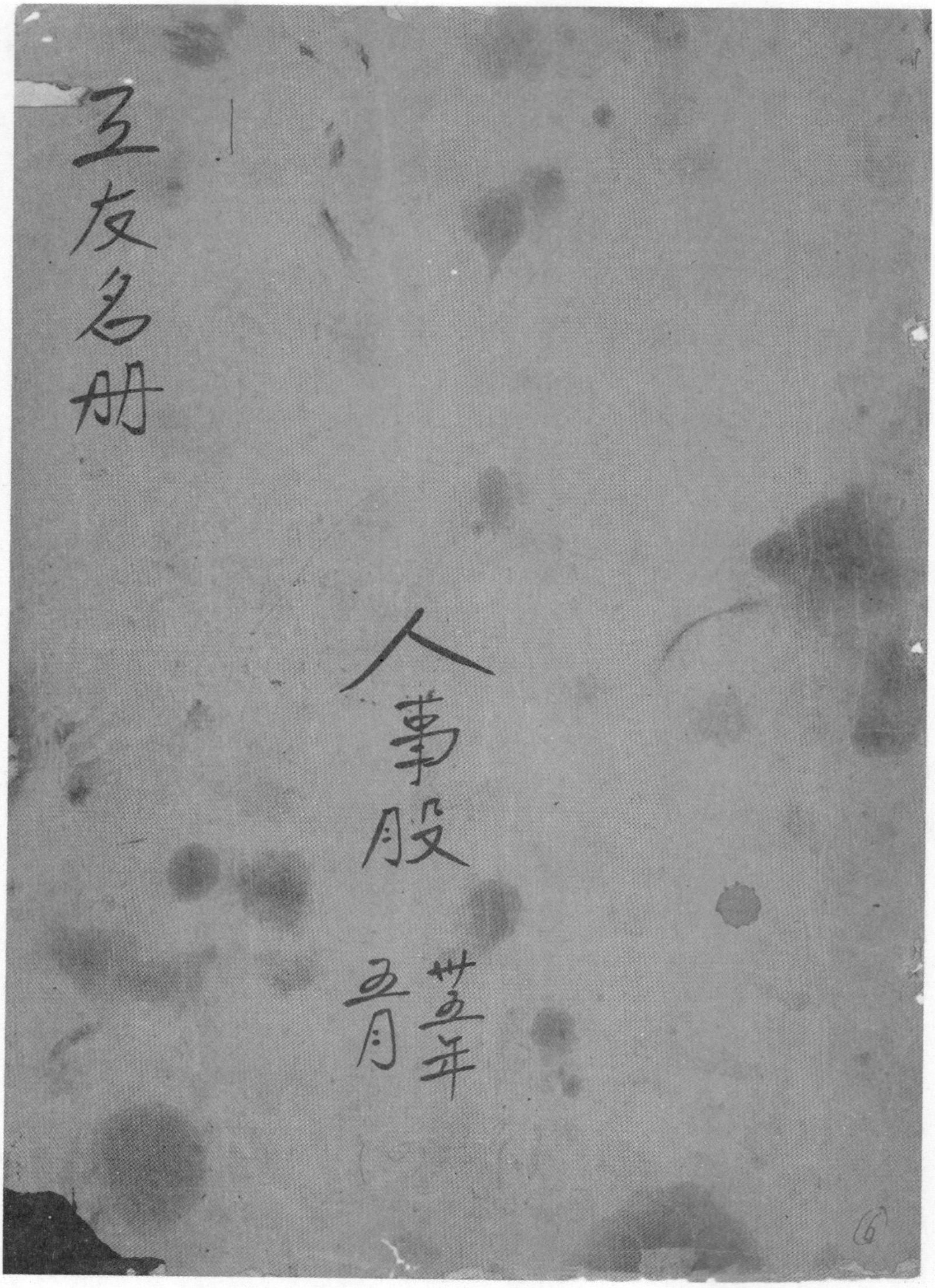
工友名册

人事股

卅五年五月

⑥

重庆电力股份有限公司工友名册（一九四六年五月） 0219-1-32

重慶電力股份有限公司總務科材料股

職工別	姓名	年齡	籍貫	到職年月	學歷	經歷	薪金	備注
幫工	楊炳林	四五	四川省江北縣	廿二年七月日			[illegible]	
料工	李忠信	二九	四川省渠縣	廿七年一月日			[illegible]	
小工	蔣華廷	五一	四川省潼南縣	卅二年一月日			[illegible]	
	周伯清	三七	四川省巴縣	卅二年八月日			[illegible]	
	趙明揚	四一	四川省綦江縣	廿五年十一月日			[illegible]	
	秦爽明	三四	四川省巴縣	廿八年十二月日			[illegible]	
	鄧鶴清	三七	四川省岳池縣	廿九年七月日			[illegible]	
	嚴炳銀	四五	四川省瀘縣	廿四年一月日			[illegible]	
	嚴森林	三六	四川省瀘縣	廿五年六月日			[illegible]	死亡
	黃金城	二七	四川省岳池縣	廿一年六月日			[illegible]	
	王銀章	二六	四川省瀘縣	廿一年三月日			[illegible]	電話室
	蕭臨高	五二	四川省瀘縣	廿八年九月日			[illegible]	
	陳芳廷	五一	四川省巴縣	卅年七月日			[illegible]	
	王槐清	四二	四川省富順縣	廿七年十月日			[illegible]	

重庆电力股份有限公司工友名册（一九四六年五月） 0219-1-32

重慶電力股份有限公司

職工別	姓名	年齡	籍貫	到廠年月	學歷	經歷	薪金	備註
小工	盧中林	三五	四川省巴縣	廿七年九月日			二三五	
帮工	劉憲欽	二九	四川省潼南縣	廿九年十一月日			二三〇	
小工	彭燮康	二九	四川省巴縣	廿六年八月日			二五	
	江松柏	四一	四川省巴縣	廿九年十二月日			二五	
	李正庭	三八	四川省長壽縣	卅年一月日			一七五	
	蔣海合	二四	四川省巴縣	廿一年三月日			一五五	
	顏木金	二四	四川省岳池縣	卅年十一月日			一四〇	死亡
	姚金福	二五	四川省瀘縣	廿一年一月日			一三〇	
	蒲心文	三七	四川省岳池縣	廿二年六月日			一五五	
			省縣	年月日				
			省縣	年月日				
			省縣	年月日				
			省縣	年月日				
			省縣	年月日				

重庆电力股份有限公司工友名册（一九四六年五月） 0219-1-32

3

重慶電力股份有限公司總務科電話室

職別 工別	姓名	年齡	籍貫	到職年月	學歷	經歷	薪金	備註
帮工	陳子恒	三五	四川省遂溪(?)縣	廿三年二月			[illegible]	
	蒲國民	四二	四川省巴縣	廿一年一月			[illegible]	
小工	詹松如	三七	四川省華陽縣	廿九年十月			[illegible]	
	張仕仁	三二	[illegible]	廿二年二月			[illegible]	
	任直濱	二四	四川省合巴(?)縣	廿一年十二月			[illegible]	
	苏溪禹(?)	二八	河北(?)省長垣(?)縣	廿三年二月			[illegible]	
	楊坤燚	二四	湖南省道縣	廿二年八月			[illegible]	
	胡冀卿	三七	四川省華陽縣	廿二年五月			[illegible]	
	李鈞	四二	湖南省湘鄉縣	廿三年三月			[illegible]	
	譚治民	二八	四川省南充(?)縣	廿九年十月			[illegible]	
	楊基鴻	三四	四川省[illegible]縣	廿九年二月			[illegible]	

重庆电力股份有限公司工友名册（一九四六年五月） 0219-1-32

重慶電力股份有限公司總務科燃料股

職工別	啟識姓名	年齡	籍貫	到職年月日	學歷	經歷	薪金	備註
小工	黎叔衡	三五	四川省武勝縣	廿九年三月日			一四五	死亡
	袁奎	二七	四川省岳池縣	卅四年四月日			一〇五	
	鄧樹山	三五	四川省岳池縣	卅年六月日			一〇〇	
	賀龍章	三六	四川省成都縣	卅一年十一月日			一四五	
	周自新	二三	四川省巴縣	卅二年二月日			一一〇	
	張子雲	三三	四川省巴縣	卅二年二月日			一一〇	
	成吉祥	二六	四川省江北縣	卅一年十一月日			一三〇	
	徐良山	二七	四川省綦江縣	卅一年十二月日			一三〇	
幫工	匡炳臣	四三	四川省涪陵縣	卅二年十一月日			一六〇	
小工	耿世貴	四〇	四川省巴縣	廿九年十二月日			一五五	
	蔣炳泉	三六	四川省巴縣	卅一年十二月日			一三〇	
	成樹棹	四九	四川省江北縣	廿七年五月日			一三〇	
	王棠	四二	四川省銅梁縣	廿九年一月日			一九五	
	吳吉山	三二	四川省岳池縣	廿九年一月日			一九五	

重庆电力股份有限公司工友名册（一九四六年五月） 0219-1-32

重慶電力股份有限公司

工別	姓名	年齡	籍貫	到廠年月	學歷	經歷	薪金	備註
小工	敖超伯	三四	四川省 涪陵縣	廿七年七月 日			二三〇	
	程思河	三一	四川省 万縣	卅二年四月 日			一三五	
	吳述之	三五	四川省 長壽縣	卅年八月 日			九〇	
	盧海榮	四九	四川省 江北縣	廿三年七月 日			二三五	
	王志清	四六	四川省 巴縣	卅四年八月二日				
	陳永祺	四四	四川省 綦江縣	卅二年二月 日				
			省 縣	年 月 日				
			省 縣	年 月 日				
			省 縣	年 月 日				
			省 縣	年 月 日				
			省 縣	年 月 日				
			省 縣	年 月 日				
			省 縣	年 月 日				
			省 縣	年 月 日				

重庆电力股份有限公司工友名册（一九四六年五月） 0219-1-32

重慶電力股份有限公司總務科購置股

職工別	姓名	年齡	籍貫	到職年月	學歷	經歷	薪金	備註
小工	張樹槐	三四	四川省綦江縣	廿七年二月 日			三〇五	
			省 縣	年 月 日				
			省 縣	年 月 日				
			省 縣	年 月 日				
			省 縣	年 月 日				
			省 縣	年 月 日				
			省 縣	年 月 日				
			省 縣	年 月 日				
			省 縣	年 月 日				
			省 縣	年 月 日				
			省 縣	年 月 日				
			省 縣	年 月 日				
			省 縣	年 月 日				
			省 縣	年 月 日				
			省 縣	年 月 日				

重庆电力股份有限公司工友名册（一九四六年五月） 0219-1-32

7 一

重慶電力股份有限公司總務科庶務股

工別	姓名	年齡	籍貫	到職年月	學歷	經歷	薪（月）金	備註
司機	張玉良	二九	四川省巴縣	廿八年五月 日			一七五〇	
	~~黃林清~~	~~二〇~~	~~浙江省嘉善縣~~	~~廿九年五月 日~~			~~一五〇〇~~	[illegible] 卅五月廿日停工
	徐季芳	四一	浙江省臨海縣	廿九年十二月 日			五三〇〇	
	劉健凡	二九	四川省巴縣	廿六年十一月 日			六八〇〇	
	高湧濤	三〇	四川省巴縣	廿一年七月 日			七八〇〇	
	馮兆祥	二五	四川省巴縣	廿一年一月 日			三六〇〇	
助手	鄭祥文	三五	四川省江北縣	廿一年二月 日			三〇〇〇	
	何炳林	二九	四川省涪陵縣	廿一年五月 日			三〇〇〇	
	王炳全	二九	四川省宜賓縣	廿八年六月 日			五八〇〇	
	劉萬興	一八	四川省涪陵縣	廿三年二月 日			一八〇〇	
司機	楊洪泰	四三	河北省天津縣	廿一年六月 日			四八〇〇	
技工	陳吉昌	二九	四川省巴縣	廿一年四月 日			四二〇〇	調修配股
	裴志成	三三	四川省巴縣	廿三年三月 日			一〇〇〇	調修配股
	顏子能	二九	四川省巴縣	廿一年九月 日			一三〇〇	調修配股

重庆电力股份有限公司工友名册（一九四六年五月） 0219-1-32

8

重慶電力股份有限公司

職別	姓名	年齡	籍貫	到職年月	學歷	經歷	薪金	備註
司機	孫健中	三三	浙江省鄞縣	卅年六月二日			一三〇	離職
助手	廖育卿	三四	湖北省漢陽縣	卅年[illegible]月三日			一九〇	
司機	歸祥生	四五	江[illegible]省[illegible]縣	一[illegible]年[illegible]月 日			一二[illegible]	
			省 縣	年 月 日				
			省 縣	年 月 日				
			省 縣	年 月 日				
			省 縣	年 月 日				
			省 縣	年 月 日				
			省 縣	年 月 日				
			省 縣	年 月 日				
			省 縣	年 月 日				
			省 縣	年 月 日				
			省 縣	年 月 日				
			省 縣	年 月 日				
			省 縣	年 月 日				

重庆电力股份有限公司工友名册（一九四六年五月） 0219-1-32

9

重慶電力股份有限公司業務科用戶股

職別（工別）	姓名	年齡	籍貫	到職年月	學歷	經歷	薪金	備註
電工	吳興方	三九	湖北省漢口縣	廿三年八月			六二〇	
	李茂兆	四〇	山東省青島縣	廿三年八月			六二〇	
	劉瑞根	三七	湖北省黃安縣	廿三年八月			六二〇	
	劉振基	三四	湖北省漢口縣	廿八年六月			四八〇	
鉗工	楊秀臻	三〇	四川省射洪縣	廿二年八月			四二〇	
	張紹淵	二九	四川省潼南縣	廿三年十二月			四〇〇	
	楊永山	三八	四川省涪陵縣	廿三年十二月			四二〇	
	鄧海濤	四三	四川省潼南縣	廿二年十月			四二〇	
	王洪安	四一	四川省岳池縣	廿二年十月			三五〇	
	鄧汉卿	四一	四川省潼南縣	廿二年十月			四〇〇	
	胡炳生	二九	四川省潼南縣	廿四年五月			三五〇	檢查組
	呂海榮	四八	四川省巴縣	廿三年十二月			三〇〇	
小工	張漢洲	五六	四川省潼南縣	廿二年八月			三二〇	
	鄧海洲	四七	四川省潼南縣	廿二年十月			三〇〇	

重庆电力股份有限公司工友名册（一九四六年五月） 0219-1-32

10

重慶電力股份有限公司

工別	姓名	年齡	籍貫	到職年月	學歷	經歷	薪金	備註
小工	鄧精山	四八	四川省潼南縣	廿二年八月 日			[illegible]	
	鄧惠林	五四	四川省潼南縣	廿二年十月 日			[illegible]	檢查一組
	李華清	三八	四川省巴縣	廿七年十月 日			[illegible]	
帮工	曾錫奎	四八	四川省合川縣	廿三年十月 日			[illegible]	
	王林富	三二	四川省[illegible]縣	卅年一月 日			[illegible]	檢查三組
小工	鄧擁光	三四	四川省潼南縣	廿一年七月 日			[illegible]	
	鄧樹臣	五五	四川省潼南縣	廿三年二月 日			[illegible]	
學徒	侯孟生	二四	四川省合川縣	廿七年一月 日			[illegible]	
小工	胡占咸	三七	四川省江北縣	廿六年七月 日			[illegible]	
帮工	陳樹清	三一	四川省璧山縣	廿三年一月 日			[illegible]	
小工	胡廷佐	五〇	四川省合川縣	廿七年五月 日			[illegible]	
帮工	陳顯壽	三〇	四川省榮昌縣	廿八年六月 日			[illegible]	
小工	胡四海	三〇	四川省巴縣	廿八年四月 日			[illegible]	
	梁萬春	五二	四川省江津縣	二十四年五月 日			[illegible]	

11

重慶電力股份有限公司

職工別	姓名	年齡	籍貫	到職年月日	學歷	經歷	薪金	備註
小工	胡四順	四六	四川省岳池縣	廿八年六月日			二三五	調往安
	曾棟材	三五	四川省璧山縣	廿八年六月日			二四五	〃
	朱立成	三三	四川省巴縣	廿七年五月日			二四五	裁移股
	蔣福廷	三一	四川省潼南縣	廿八年六月日			二四五	
	陳冕三	四九	四川省潼南縣	廿八年四月日			二三○	據李工經
	鄧炳軒	四九	四川省[illegible]縣	廿七年二月日			二四○	據李工經
	張光業	二七	四川省潼南縣	廿八年五月日			二三○	
	胡汉保	三三	安徽省太平縣	廿八年一月日			二五○	
	鄭西林	三八	四川省武勝縣	廿九年四月日			二三五	
帮工	葉大滿	二三	四川省璧山縣	廿九年四月日			二四五	
小工	譚健成	三一	四川省涪陵縣	廿九年二月日			二三五	
	李穆如	四五	四川省南充縣	廿九年十月日			二三○	
	胡占云	三○	四川省江北縣	廿九年五月日			二三○	
	劉遠膺	三三	四川省岳池縣	廿四年五月日			二三○	據李工經

重庆电力股份有限公司工友名册（一九四六年五月） 0219-1-32

12

重慶電力股份有限公司

職工別	姓名	年齡	籍貫	到職年月日	學歷	經歷	薪金	備註
小工	劉華卿	三五	四川省遂寧縣	廿九年八月日			一七〇	袁家崗
學徒	陳祖錫	二六	四川省奉節縣	卅年九月日			一四五	袁家崗
小工	李吉階	三六	四川省南充縣	卅年一月日			一四〇	〃
	張玉山	三八	四川省蓬溪縣	卅年五月日			一六〇	
	王治清	四六	四川省宜賓縣	卅年十月日			一三五	檢查組
	陳鳳岐	三〇	四川省臨江縣	廿九年十二月日			一三〇	
	盧開國	三五	四川省巴縣	卅二年十二月日			一二五	
	王樹榮	二八	四川省璧山縣	卅一年十二月日			一二〇	
	朱宗學	二二	四川省巴縣	卅二年六月日			一二五	袁家崗
學徒	黎昌璧	二〇	四川省巴縣	卅二年六月日			八〇	
	傅彥亭	二十	四川省巴縣	卅二年十二月日				從軍 已辦 見習[illegible]
小工	陳洪山	四九	四川省廣安縣	卅二年十月日			一二五	
	陳祺鑲	三三	四川省樂至縣	卅八年五月日			一二〇	
	張樹光	三二	四川省[illegible]縣	卅一年四月日			一六〇	

第⑥辑

重庆电力股份有限公司工友名册（一九四六年五月） 0219-1-32

13

重慶電力股份有限公司

職別	姓名	年齡	籍貫	到職年月	學歷	經歷	薪金	備註
小工	張傑先	二八	四川省南充縣	廿三年五月　日			[illegible]	
	鄒炳林	三五	四川省巴縣	廿八年六月　日			三五	撥木工組
助工	劉有綫	二五	四川省南充縣	卅四年八月　日			三〇	業務股
			省　縣	年　月　日				
			省　縣	年　月　日				
			省　縣	年　月　日				
			省　縣	年　月　日				
			省　縣	年　月　日				
			省　縣	年　月　日				
			省　縣	年　月　日				
			省　縣	年　月　日				
			省　縣	年　月　日				
			省　縣	年　月　日				
			省　縣	年　月　日				

重庆电力股份有限公司工友名册（一九四六年五月） 0219-1-32

14

重慶電力股份有限公司 工務科

工別	姓名	年齡	籍貫	到職年月日	學歷	經歷	薪金	備註
領工	趙連生	六〇	江蘇省上海縣	十二年五月日			九七〇	
	張增榮	四二	江蘇省上海縣	廿二年五月日			七七〇	
	陳進生	五一	江蘇省上海縣	廿二年十月日			七四〇	
電工	陳根寶	三六	江蘇省上海縣	廿五年三月日			六九〇	
	趙福根	三六	江蘇省上海縣	廿三年五月日			六七〇	
	馬春生	三七	江蘇省上海縣	廿七年八月日			六九〇	
	沈阿章	四二	江蘇省上海縣	廿三年五月日			六四〇	
	陳章根	三五	江蘇省上海縣	廿三年十月日			五八〇	
	張鴻慶	五二	江蘇省鎮海縣	廿八年七月日			五七〇	
	林金寶	三八	江蘇省淮陰縣	廿七年九月日			五六〇	
	俞銘佳	二九	浙江省蕭山縣	廿九年十月日			五四〇	
	夏國章	三八	四川省巴縣	廿三年三月日			五九〇	
	王德權	三八	四川省巴縣	廿六年一月日			五四〇	
	陸炳誠	五八	江蘇省上海縣	廿六年一月日			四四〇	

第⑥辑

15

重慶電力股份有限公司

職別	姓名	年齡	籍貫	到職年月	學歷	經歷	薪金	備註
電工	朱如興	三三	浙江省鎮海縣	廿九年十一月				從軍
鉗工	彭俊倫	三三	四川省巴縣	廿五年五月			三四〇	
	何文模	二四	四川省巴縣	廿五年六月			三二〇	
電工	李仲寅	三〇	湖北省武昌縣	廿九年六月			五三〇	
鉗工	潘阿海	三八	浙江省紹興縣	卅三年一月			三〇〇	
	曾世林	四一	四川省璧山縣	廿五年四月			三六〇	
	冉義榮	二九	四川省涪陵縣	廿八年六月			三五〇	
	趙治榮	四四	四川省銅梁縣	廿三年一月			四一〇	
	羅宣林	二五	四川省[illegible]縣	廿六年九月			三六〇	
	向健卿	二八	四川省長壽縣	廿五年一月			三四〇	
	蒲紹卿	四五	四川省巴縣	廿三年一月			四〇〇	
	尹奇全	二五	四川省巴縣	廿七年六月			三四〇	
	韓啟榮	二三	湖北省宜昌縣	廿九年十一月			二四〇	
	王正國	二七	四川省巴縣	廿六年三月			三五〇	

16

重慶電力股份有限公司

職別/工別	姓名	年齡	籍貫	到職年月	學歷	經歷	薪金	備註
帮工	張寶根	三三	江蘇省上海縣	廿三年三月日			三〇〇	死亡
木工	李榮清	四五	四川省長壽縣	廿八年五月日			三五〇	
鉄帮	田春浦	二八	四川省長壽縣	廿六年一月日			三五〇	
	楊倫武	三八	四川省巴縣	廿六年五月日			三〇〇	
帮 學徒	唐啟章	二六	四川省巴縣	廿九年三月日			四五〇	
	劉熹民	二一	四川省綦江縣	廿八年一月日				從軍
帮	楊正	二七	四川省射洪縣	廿九年十一月日			一五〇	
	劉安華	二八	四川省綦江縣	廿一年八月日			八〇	
小工	胡友餘	五九	四川省巴縣	廿七年九月日			三五〇	
	唐玉廷	四三	四川省蓬溪縣	廿三年八月日			三五〇	
	王瀚臣	三八	四川省巴縣	廿三年四月日			三五〇	
	陳子昭	四〇	四川省蓬溪縣	廿三年一月日			三五〇	
	黃裕仁	四八	四川省江津縣	年月日			三〇〇	
	李九林	三七	四川省巴縣	廿三年九月日			三五〇	

重庆电力股份有限公司工友名册（一九四六年五月） 0219-1-32

重庆电力股份有限公司工友名册（一九四六年五月） 0219-1-32

17

重慶電力股份有限公司

工別	姓名	年齡	籍貫	到職年月	學歷	經歷	薪金	備註
小工	余海清	四二	四川省巴縣	廿四年八月日			二五五	
	陵海雲	四〇	四川省資陽縣	廿五年七月日			二六〇	
	朱炳康	四七	四川省巴縣	廿六年三月日			二五五	孔之
	陳樹清	五〇	四川省長壽縣	廿五年一月日			二六〇	
	趙樹成	二八	四川省銅梁縣	廿六年一月日			二五五	
	謝益清	三二	四川省南充縣	廿七年八月日			二三五	
	王元森	三五	四川省巴縣	廿七年五月日			二六五	
	陳海福	三三	四川省遂寧縣	廿六年一月日			二六〇	
	陳有恒	三五	四川省遂寧縣	廿七年六月日			二三五	
	張慶祥	二八	四川省江北縣	廿七年一月日			二六〇	
	田云發	三一	四川省涪陵縣	廿八年五月日			二四〇	
	張樹清	四五	四川省潼南縣	廿六年九月日			二四〇	
	楊義文	三五	四川省巴縣	廿五年七月日			二六五	
	鄧丰恒	二九	四川省巴縣	廿六年十月日			二〇〇	

重庆电力股份有限公司工友名册（一九四六年五月） 0219-1-32

18

重慶電力股份有限公司

廠數 工別徒 小工

姓名	年齡	籍貫	到職年月日	學歷	經歷	薪金	備註
蒲樹軒	四〇	四川省巴縣	廿六年三月日			二八〇	
唐國源	三六	四川省營山縣	廿七年五月日			二三五	
白樹森	三一	四川省銅梁縣	廿七年九月日			二七五	
黎樹安	四一	四川省大足縣	廿七年五月日			二六〇	
段紹榮	二九	四川省巴縣	廿六年五月日			二八〇	
楊國清	五〇	四川省綦江縣	廿五年十二月日			二六〇	
姚長興	四二	四川省遂寧縣	廿八年一月日			二四五	
黃發清	四七	四川省武勝縣	廿八年三月日			二三五	
劉發祥	四二	四川省長壽縣	廿七年六月日			二二五	
舒志清	二八	四川省璧山縣	廿七年九月日			二八〇	
袁定國	四二	四川省江北縣	廿六年二月日			二七五	
袁寶彬	三五	四川省江北縣	廿六年二月日			二二五	
屈銀軒	三五	四川省大足縣	廿八年五月日			二二五	
白純甫	五六	四川省銅梁縣	廿七年九月日			二八〇	

重庆电力股份有限公司工友名册（一九四六年五月） 0219-1-32

重慶電力股份有限公司

職別/工別	姓名	年齡	籍貫	到職年月	學歷	經歷	薪金	備註
石工	倪炳周	三七	四川省大足縣	廿三年五月日			[illegible]	
	趙興順	三八	四川省武勝縣	廿三年八月日			[illegible]	
	謝子明	三八	四川省安岳縣	廿五年二月日			[illegible]	
	余治安	五二	四川省江北縣	廿八年七月日			[illegible]	
	王金全	三九	四川省合川縣	廿五年五月日			[illegible]	
	楊瑞卿	三九	四川省合川縣	廿六年六月日			[illegible]	
	彭海云	四七	四川省巴縣	廿五年六月日			[illegible]	
	劉炳文	三九	四川省大足縣	廿六年五月日			[illegible]	
	梁子文	三〇	四川省大足縣	廿七年十一月日			[illegible]	
	倪少全	二八	四川省大足縣	廿八年十月日			[illegible]	
	倪光全	三二	四川省大足縣	廿八年六月日			[illegible]	
	彭見民	一九	四川省巴縣	廿九年七月日			[illegible]	
	王□泉	四四	四川省合川縣	卅年一月日			[illegible]	
	張玉清	四八	四川省西充縣	廿六年十一月日			[illegible]	

重庆电力股份有限公司工友名册（一九四六年五月） 0219-1-32

20

重慶電力股份有限公司

工別/職級	姓名	年齡	籍貫	到職年月日	學歷	經歷	薪金	備註
電工	陳鉄夫	二九	四川省富順縣	廿三年一月日			[illegible]	
鉗工	徐樹仁	二九	四川省涪陵縣	廿一年三月日			三〇	死亡
鉗工	王鎮全	三一	四川省長壽縣	廿三年四月日			[illegible]	
小工	鄧永龍	三八	四川省江北縣	廿六年一月日			一五	
	屈兴鉄	二八	四川省合川縣	年月日			一五	
	王銀清	三二	四川省巴縣	廿七年八月日			一三	
	吳樹云	二九	四川省巴縣	廿七年一月日			一三	
學徒	陳銘鈞	三〇	四川省宜賓縣	卅年六月日			一三	廿五年七月由福利調來
石工	羅海元		四川省武勝縣	廿五年十月日				
			省縣	年月日				
			省縣	年月日				
			省縣	年月日				
			省縣	年月日				
			省縣	年月日				

重庆电力股份有限公司工友名册（一九四六年五月） 0219-1-32

21

重慶電力股份有限公司第一廠事務室

職工別	姓名	年齡	籍貫	到職年月	學歷	經歷	薪金	備註
小工	岳祥先	四二	四川省綦江縣	廿一年十一月			[illegible]	
	莫玉山	五六	四川省武勝縣	廿三年一月			[illegible]	
	曾永壽	三五	四川省成都縣	廿八年一月			[illegible]	
	呂如超	二四	四川省綦江縣	廿九年七月			[illegible]	
	周治榮	三五	四川省綦江縣	廿七年六月			[illegible]	
	鍾漢卿	四四	四川省巴縣	廿二年八月			[illegible]	
礫工	林往全	五三	四川省武勝縣	廿二年七月			[illegible]	
	江北川	三八	四川省南陽縣	廿七年四月			[illegible]	
	鄒炳三	三三	四川省江津縣	廿九年七月			[illegible]	
	楊伯先	四一	四川省成都縣	廿一年一月			[illegible]	
	譙盛達	二一	四川省安岳縣	卅年四月			[illegible]	
	廖樹清	三八	四川省江北縣	卅二年八月			[illegible]	
	陳大方	二五	四川省成都縣	廿七年二月			[illegible]	
	莫海洲	四七	四川省武勝縣				[illegible]	

重庆电力股份有限公司工友名册（一九四六年五月） 0219-1-32

重慶電力股份有限公司

職別 工號數	姓名	年齡	籍貫	到職年月	學歷	經歷	薪金	備註
	王子華	四〇	四川省 [illegible]縣	[illegible]年[illegible]月 日			一五〇	
	李[illegible]	三七	四川省 [illegible]縣	[illegible]年[illegible]月 日			一五〇	
			省 縣	年 月 日				
			省 縣	年 月 日				
			省 縣	年 月 日				
			省 縣	年 月 日				
			省 縣	年 月 日				
			省 縣	年 月 日				
			省 縣	年 月 日				
			省 縣	年 月 日				
			省 縣	年 月 日				
			省 縣	年 月 日				
			省 縣	年 月 日				
			省 縣	年 月 日				

重庆电力股份有限公司工友名册（一九四六年五月） 0219-1-32

23

重慶電力股份有限公司第一廠修配股

職別	工資數	姓名	年齡	籍貫	到職年月	學歷	經歷	薪金	備註
技工		晏煥誠	四三	四川省巴縣	廿三年十一月			六二〇	
		韓根全	三三	浙江省鎮海縣	廿六年五月			六三〇	
		李光瑞	四一	浙江省鄞縣	廿九年四月			五八〇	
		劉佳初	三一	浙江省青田縣	廿六年六月				從軍
帮工		周鶴林	五三	四川省巴縣	卅二年十一月			四二〇	
		杜炳臣	三一	四川省江北縣	廿六年五月			四8	
		楊煥文	三一	四川省長壽縣	廿六年四月			四四〇 3.50	
		張順清	四三	四川省銅梁縣	廿六年十一月			三二〇	
		馮成洲	三五	四川省江北縣	廿六年六月			三四〇	
		陳昭洲	三一	四川省巴縣	廿六年六月			三四〇	
		丑逢泰	三四	四川省巴縣	廿九年八月			三二〇	
		管青林	二五	安徽省巢縣	廿八年三月			三三〇	
		羅朝泰	三一	四川省榮縣	廿九年二月			二七〇	
		歐陽鐸	二四	四川省巴縣	廿八年十一月			二五	

重庆电力股份有限公司工友名册（一九四六年五月） 0219-1-32

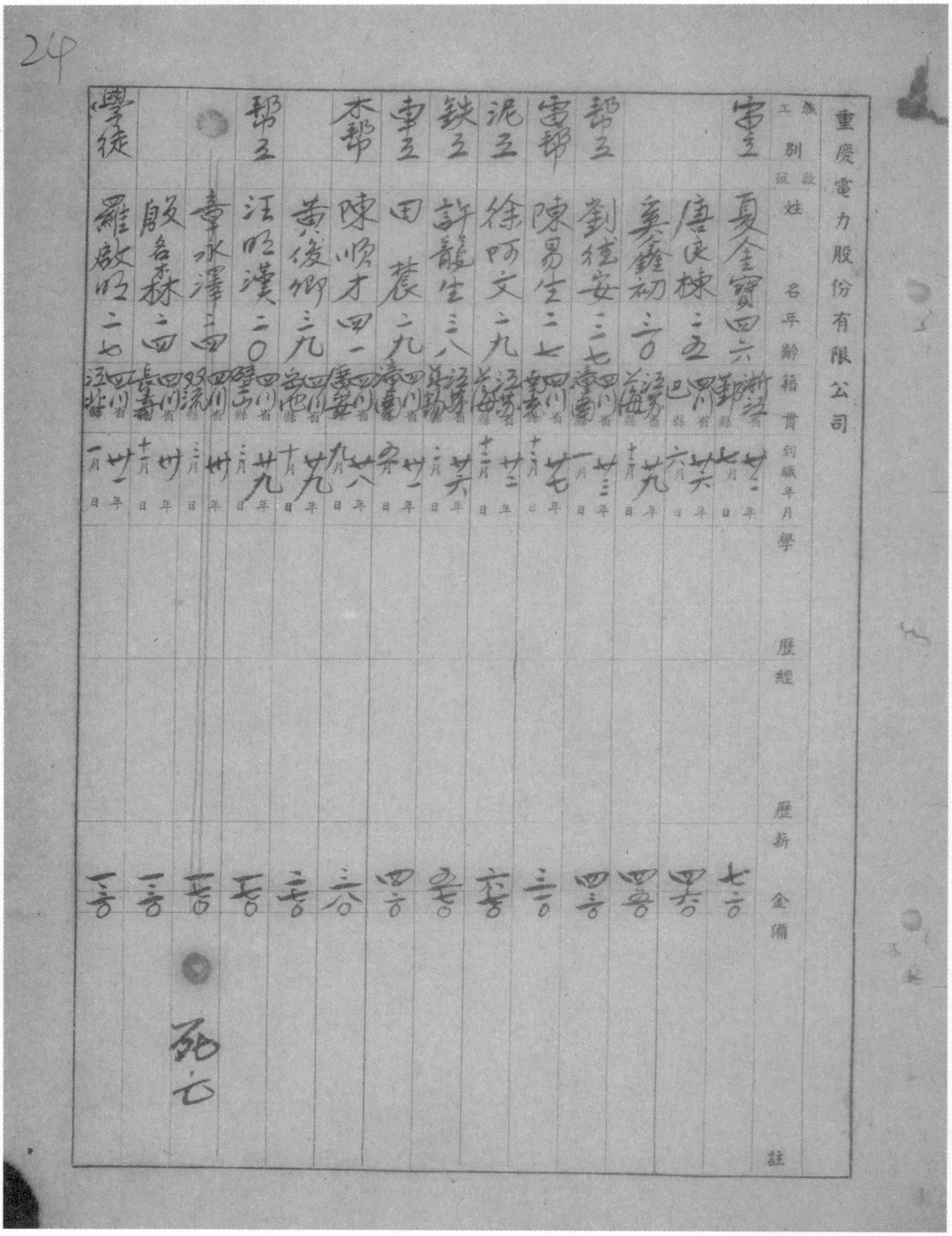

24

重慶電力股份有限公司

號數	工別	姓名	年齡	籍貫	到職年月	學歷	經歷	薪金	備註
	電工	夏金寶	四六	浙江省鄞縣	廿二年七月　日			[illegible]	
		唐良棟	二五	四川省巴縣	廿六年六月　日			[illegible]	
		吳鑫初	三〇	江蘇省海門縣	廿九年十一月　日			[illegible]	
	幫工	劉桂安	三七	四川省重慶縣	廿三年一月　日			[illegible]	
	電工幫	陳易生	二七	四川省巴縣	廿七年十二月　日			[illegible]	
	泥工	徐炳文	二九	江蘇省海安縣	廿二年十二月　日			[illegible]	
	鐵工	許龍生	三八	江蘇省鎮江縣	廿六年二月　日			[illegible]	
	電工	田蓀	二九	四川省涪陵縣	廿一年三月　日			[illegible]	
	木工幫	陳順才	四一	四川省廣安縣	廿八年九月　日			[illegible]	
		黃俊卿	三九	四川省合川縣	廿九年十月　日			[illegible]	
	幫工	汪明漢	二〇	四川省璧山縣	廿九年二月　日			[illegible]	
		韋永澤	二四	四川省雙流縣	卅年三月　日			[illegible]	死亡
		殷各森	二四	四川省長壽縣	卅年十一月　日			[illegible]	
	學徒	羅啟明	二七	四川省江北縣	廿一年一月　日			[illegible]	

25

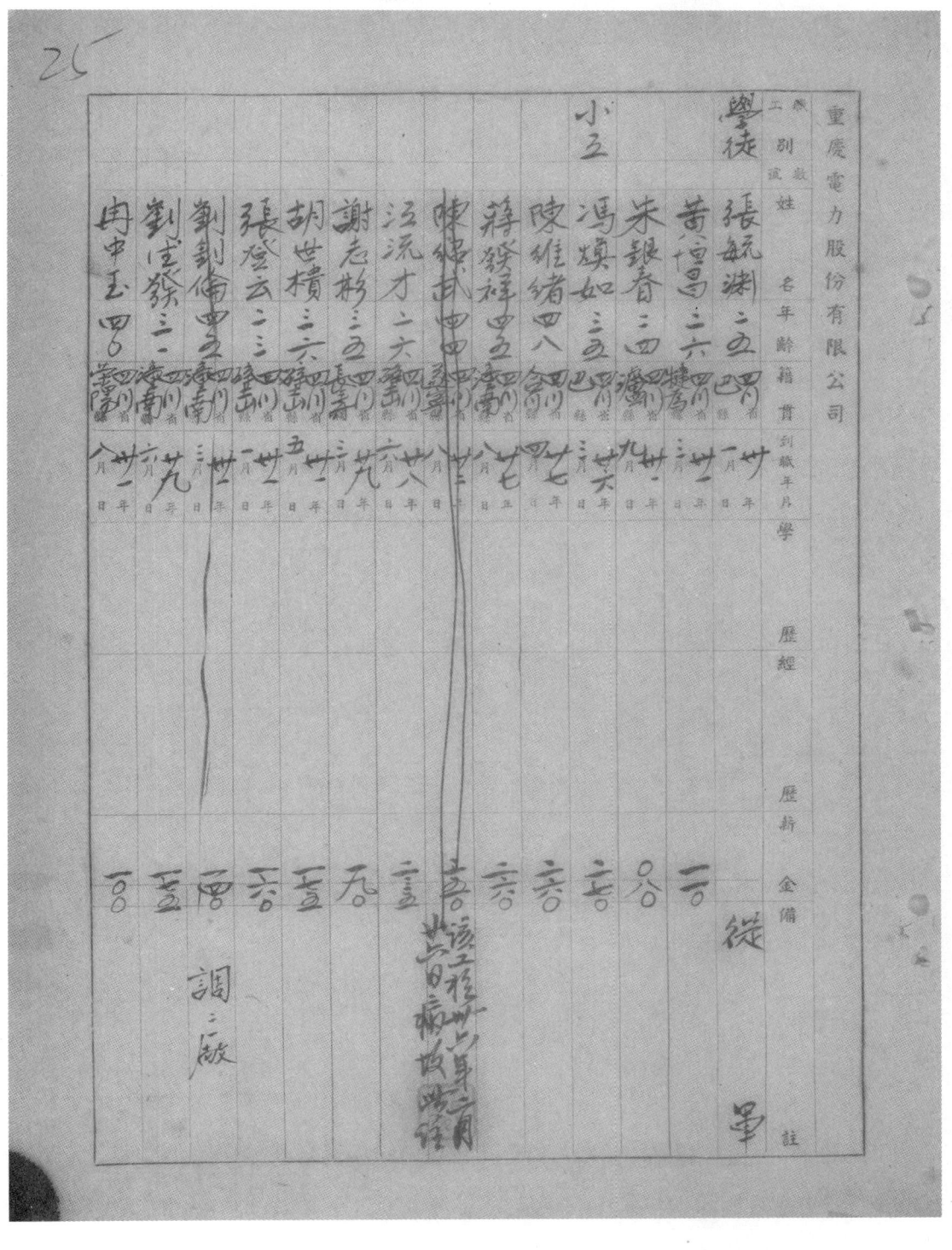

重慶電力股份有限公司

工別	姓名	年齡	籍貫	到職年月	學歷	經歷	薪金	備註
學徒	張毓淵	二五	四川省巴縣	卅一年一月　日			一〇	從　畢
	黃愓昌	二六	四川省犍為縣	卅一年三月　日			八〇	
	朱銀春	二四	四川省瀘縣	卅一年九月　日			六〇	
小工	馮燠如	二五	四川省巴縣	廿六年三月　日			六〇	
	陳維緒	四八	四川省合川縣	廿七年四月　日			六〇	
	蔣發祥	四五	四川省涪陵縣	廿七年八月　日			六〇	
	陳紹武	四四	四川省綦江縣	廿三年八月　日			七〇	該工於卅六年二月廿日病故出缺
	江流才	二六	四川省綦江縣	廿八年六月　日			三五	
	謝志彬	三五	四川省長壽縣	廿九年三月　日			九〇	
	胡世積	三六	四川省綦江縣	卅一年五月　日			三五	
	張登云	二三	四川省綦江縣	卅一年一月　日			六〇	
	劉劍倫	四五	四川省涪陵縣	卅一年三月　日			四〇	調二廠
	劉宣發	三一	四川省涪陵縣	廿九年六月　日			三五	
	冉中玉	四〇	四川省[illegible]縣	卅一年八月　日			一〇〇	

重庆电力股份有限公司工友名册（一九四六年五月） 0219-1-32

26

重慶電力股份有限公司

工別	姓名	年齡	籍貫	到職年月	學歷	經歷	薪金	備註
小工	李家發	三〇	四川省潼南縣	廿七年八月			一五〇	
	周國棠	二四	四川省巴縣	卅一年八月			一〇〇	
	李玄光	一九	四川省潼南縣	廿七年八月			一五〇	
	毛青云	三九	四川省渠縣	廿七年六月			一四〇	
	莊佳坤	四三	四川省新都縣	卅二年五月			一〇〇	
	李玄松	二九	四川省南充縣	卅三年五月			一五〇	
	楊九成	三八	四川省璧山縣	卅三年三月			八〇	
	趙利仁	三三	四川省涪陵縣	廿九年五月			一五〇	
鉗工	陳允福	二九	四川省江北縣	廿九年十月			一六〇	
小工	王成明	三〇	四川省江北縣	卅四年六月				
技工	林春濤	四九	浙江省杭州縣	卅一年五月			五三〇	卅五年六月辭退
學徒	魏清源	二三	四川省資陽縣	卅二年十二月			[illegible]	卅五年七月廿九日辭
技工	陳壽昌	二九	四川省巴縣	卅一年六月			一四〇	
	裴志誠	三三	四川省巴縣	卅二年三月			三三〇	

重庆电力股份有限公司工友名册（一九四六年五月） 0219-1-32

27

重慶電力股份有限公司

職工別	姓名	年齡	籍貫	到職年月	學歷	經歷	歷薪	薪金	備註
	顏蘇元		四川省巴縣	卅一年九月				二	
小工	曾華堂		四川省巴縣	三二年				一百	調來

重庆电力股份有限公司工友名册（一九四六年五月）　0219-1-32

28

重慶電力股份有限公司第一廠管理股

工別	姓名	年齡	籍貫	到職年月	學歷	經歷	薪金	備註
機工	衛明義	四二	江蘇省上海縣	廿八年一月 日			六三〇	
	李宣華	三一	湖北省漢口縣	廿二年一月 日			六二〇	
	曹慶甫	四四	江蘇省南衛縣	廿八年一月 日			五二〇	
爐工	汪蘭生	四九	江蘇省上海縣	廿四年四月 日			七〇〇	
	楊治清	四一	四川省巴縣	廿三年六月 日			四四〇	
	段國華	四一	四川省射洪縣	廿六年六月 日			四五〇	
爐幫	馮信玄	三六	四川省江北縣	廿四年四月 日			三八〇	
	趙樹清	四三	四川省巴縣	年 月 日			三八〇	
	高洪鈞	三九	四川省江津縣	廿二年八月 日			三五〇	
	張炳生	三五	四川省巴縣	廿六年四月 日			三四〇	
	陳興發	四二	四川省漢川縣	廿二年一月 日			三四〇	
	周紹全	三五	四川省巴縣	廿九年十月 日			三三〇	
	李均安	四六	四川省閬中縣	廿八年四月 日			三三〇	
	鄧慶祥	五〇	四川省潼南縣	廿二年六月 日			四一〇	

29

重慶電力股份有限公司

工別	姓名	年齡	籍貫	到職年月	學歷	經歷	薪金	備註
機帮	涂斌山	四八	湖北省漢陽縣	廿九年八月			三五〇	
	高國清	三三	四川省巴縣	廿七年十月			三二〇	
	徐世積	二五	四川省涪陵縣	廿八年六月			三〇〇	
	王輝宗	二三	四川省安岳縣	廿八年十二月			二六〇	
電工	陳永章	二一	四川省自貢縣	廿二年十二月			二八〇	
電帮	張子云	三三	四川省忠縣	廿七年十二月			二三〇	
	段前明	二四	四川省江北縣	廿八年三月			一九〇	
學徒	封緝熙	二六	四川省巴縣	廿八年十二月			一五〇	
	廖俊卿	二四	四川省安岳縣	卅年八月			一三〇	
帮工	譚世謙	二〇	四川省廣安縣	卅一年三月			一二〇	
學徒	廖民強	二九	四川省安岳縣	卅一年三月			一二〇	
	夏代璨	二二	四川省巴縣	卅年九月				從軍
	黃重夫	十二	四川省合川縣	卅二年[illegible]月		死亡		從軍
	呂維新	二〇	四川省內江縣	卅年六月			一〇〇	

重庆电力股份有限公司工友名册（一九四六年五月） 0219-1-32

30

重慶電力股份有限公司

工別	姓名	年齡	籍貫	到職年月日	學歷	經歷	薪金	備註
學徒	錢明炎	一九	湖北省武昌縣	卅一年二月 日			[illegible]	
	蔣友泉	二一	四川省潼南縣	卅二年二月 日			[illegible]	
	陳慶榮	二〇	四川省巴縣	卅二年二月 日			[illegible]	
	胡直林	二七	四川省大足縣	卅二年二月 日				從軍
小工	王明海	四七	四川省江北縣	卅二年十月 日			六五	
	楊勤安	五二	四川省江北縣	卅三年二月 日			六五	
	龍瑞卿	五二	四川省涪陵縣	卅二年九月 日			六五	
	陳樹泉	四九	四川省安居縣	廿七年八月 日			七五	
	任春廷	四五	四川省江北縣	廿五年十月 日			六〇	
	張國祥	三一	四川省江北縣	廿七年十一月 日			六〇	
	李樹廷	三三	四川省長壽縣	卅三年二月 日			六五	
	李華三	三五	四川省巴縣	廿八年一月 日			九〇	
	冉漢忠	三一	四川省銅梁縣	廿五年七月 日			六五	卅五年五月病故
	何廣廷	三九	四川省江北縣	廿七年二月 日			六五	

31

重慶電力股份有限公司

工別	姓名	年齡	籍貫	到職年月日	學歷	經歷	薪金	備註
小工	王銀廷	四四	四川省巴縣	廿七年七月　日			二五	
	涂銀軒	四〇	四川省江北縣	廿七年一月　日			二六	
	黃國清	三四	四川省安岳縣	廿年一月　日			二六	
	譙步云	四一	四川省長壽縣	廿八年六月　日			二五	
	唐銀發	四〇	四川省遂寧縣	廿七年十一月　日			二五	
	唐銀山	四〇	四川省巴縣	廿四年十二月　日			二五	
	龍子林	三五	四川省潼南縣	廿八年十二月　日			二五	
	莫仕海	三三	四川省武勝縣	廿六年六月　日			二五	
	官樹成	四六	四川省巴縣	廿八年九月　日			二五	
	黃海清	三五	四川省江北縣	廿八年九月　日			二五	
	唐清云	三五	四川省巴縣	廿八年十一月　日			二四	
	周樹生	二八	四川省涪陵縣	廿五年三月　日			二〇	
	歐□三	三七	四川省潼南縣	廿八年三月　日			二四	
	郭紹軒	四一	四川省巴縣	廿九年三月　日			二四	

重庆电力股份有限公司工友名册（一九四六年五月） 0219-1-32

32

重慶電力股份有限公司

職別	姓名	年齡	籍貫	到職年月日	學歷	經歷	薪金	備註
小工	鄧成云	三二	四川省江北縣	廿七年六月日			三四〇	
	涂永清	三一	四川省江北縣	廿八年一月日			三二〇	
	曾從廷	四二	四川省江北縣	廿六年[illegible]月日			三五〇	
	譙柏樹	二八	四川省長壽縣	廿九年一月日			三四〇	
	陳紹文	三一	四川省長壽縣	廿八年九月日			三三〇	
	吳金成	三八	四川省巴縣	廿八年一月日			三〇〇	
	熊治安	四二	四川省合川縣	廿七年二月日			三五〇	
	鄧炳云	二七	四川省巴縣	廿九年七月日			三五〇	
	郭金安	四六	四川省綦江縣	廿八年六月日			三五〇	
	蕭炳臣	二七	四川省涪陵縣	廿九年一月日			三四〇	
	徐現池	四一	四川省涪陵縣	廿七年一月日			三〇〇	
	朱錫民	三七	四川省巴縣	廿七年二月日			三〇〇	
	宋文成	四五	四川省江北縣	廿八年四月日			三〇〇	
	陸正恩	二七	四川省江北縣	廿九年十一月日			三〇〇	

重庆电力股份有限公司工友名册（一九四六年五月） 0219-1-32

33

重慶電力股份有限公司

工別	姓名	年齡	籍貫	到職年月	學歷	經歷	薪金	備註
小工	胡俊	三八	四川省成都縣	廿六年八月			三五	
	苟茂林	四二	四川省遂寧縣	廿八年二月			三五	
	王治云	二五	四川省江北縣	廿九年一月			三五	
	廖吉章	二九	四川省巴縣	廿九年三月			三〇	
	陳名先	二五	四川省富順縣	卅年五月			三〇	
	金海云	二二	四川省潼南縣	廿九年二月				
	蕭金云	四二	四川省璧山縣	廿九年一月			二五	
	周坤元	二九	四川省潼南縣	卅年十一月			二五	
	王國云	二六	四川省榮昌縣	廿九年六月			四〇	
	謝少清	二三	四川省涪陵縣	卅年五月			二五	
	樊錫甫	三二	四川省江北縣	廿七年六月			二〇	
	黃樹生	二二	四川省合川縣	卅年三月			二五	
	陳金壽	二六	四川省長壽縣	卅年五月			二五	
	唐占民	二〇	四川省江津縣	廿九年十一月			二五	

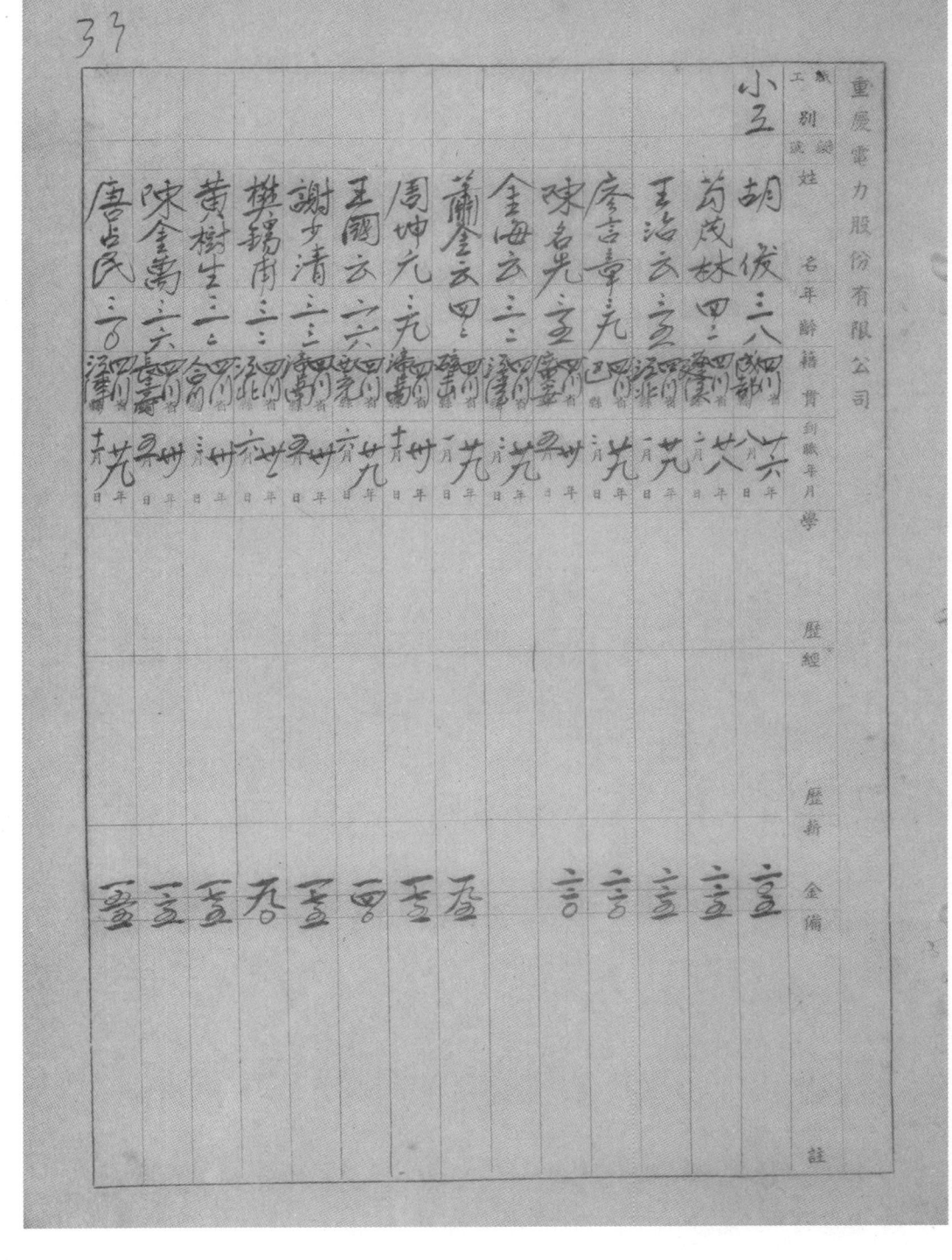

34

重慶電力股份有限公司

工别	姓名	年齡	籍貫	到職年月日	學歷	經歷	薪金	備註
小工	胡青云	二八	四川省巴縣	卅一年五月日			一四〇	
	聶萬銀	二五	四川省永川縣	卅一年六月日			一五	
	王萬兴	四〇	四川省巴縣	廿九年五月日			一五五	
	陳占云	三一	四川省巴縣	卅一年十二月日			一五五	
	黃清國	二九	四川省江北縣	廿七年八月日			一六五	
	李青合	四三	四川省廣安縣	卅一年六月日			一三五	
	周乘良	四七	四川省銅梁縣	卅一年四月日			一三五	
	楊相林	二八	四川省江津縣	廿九年十一月日			一四五	
	周海林	四四	四川省涪陵縣	卅一年二月日			一三五	
	鄧成貴	三一	四川省江北縣	卅一年六月日			一三五	
	陳興如	三四	四川省江北縣	卅一年三月日			一四〇	
	譚長才	三七	四川省忠縣	卅一年九月日			一三〇	
	陳興池	四四	四川省忠縣	卅三年六月日			一三五	
	陳錫卿	三三	四川省潼南縣	卅二年二月日			一三〇	

165

重庆电力股份有限公司工友名册（一九四六年五月） 0219-1-32

重庆电力股份有限公司工友名册（一九四六年五月） 0219-1-32

35

重慶電力股份有限公司

工別	姓名	年齡	籍貫	到職年月	學歷	經歷	薪金	備註
小工	胡海清	三三	四川省長壽縣	卅二年三月			[illegible]	
	吳長祿	二六	四川省巴縣	卅二年二月			[illegible]	
	譙云清	二七	四川省長壽縣	卅二年二月			[illegible]	
	陳長文	三三	四川省忠縣	卅二年六月			[illegible]	
	榮天鈺	二七	四川省榮縣	卅三年四月				
	王方銀	三四	四川省璧山縣	卅三年四月			[illegible]	
	楊玉成	四一	四川省合江縣	卅二年一月			[illegible]	
	蔣銀洲	四四	四川省潼南縣	廿九年五月			[illegible]	
	唐占武	三三	四川省綦江縣	廿七年五月			[illegible]	
	塗清云	二六	四川省江北縣	卅二年九月			[illegible]	
	龍九合	三六	四川省涪陵縣	卅四年六月				
一段	陳子良							
	林子							

[illegible]

重庆电力股份有限公司工友名册（一九四六年五月） 0219-1-32

36

重慶電力股份有限公司第三廠修配股

工別	姓名	年齡	籍貫	到職年月	學歷	經歷	薪金	備註
電工	陳叔玉	三一	四川省巴縣	年七月廿六日			[illegible]	
電銲	吳天桂	二九	四川省巴縣	年九月廿八日			[illegible]	
機工	盛忠夫	四三	浙江省奉化縣	年七月廿七日			[illegible]	
	楊世華	三〇	安徽省蕪湖縣	年六月廿七日			[illegible]	
	陳公軒	二九	四川省資中縣	年九月廿二日			[illegible]	
學徒	曾崇德	一九	四川省安岳縣	年三月卅日			[illegible]	
泥工	胡海濤	二九	江蘇省海門縣	年六月廿七日			[illegible]	
銲	劉炳生	四〇	四川省巴縣	年九月廿一日			[illegible]	
木工	張順庚	三三	江蘇省無錫縣	年十月廿九日			[illegible]	
	徐富生	二七	江蘇省海門縣	年十一月廿八日			[illegible]	
鉄工	夏洪順	三三	四川省長壽縣	年八月廿八日			[illegible]	
鉚工	朱俊明	二九	四川省瀘縣	年六月廿五日			[illegible]	
起重工	于炳林	二七	四川省綿陽縣	年八月廿五日			[illegible]	
機銲	鄧陽春	三四	四川省涪陵縣	年十二月廿七日			[illegible]	

卅五年八月廿六日批准

37

重慶電力股份有限公司

工别	姓名	年龄	籍贯	到职年月	学历	经历	薪金	备注
機務	周獨居	二四	四川省江北縣	二十八年一月			[illegible]	
	楊尊卿	三七	四川省潼南縣	二十八年八月			[illegible]	
	曹章賢	二四	四川省江北縣	二十九年二月			[illegible]	
	沈德昌	四七	四川省成都縣	三十五年二月			[illegible]	
小工	伍祥仲	二七	四川省富順縣	二十七年六月			[illegible]	
	楊青本	二七	四川省潼南縣	二十七年二月			[illegible]	死亡
	潘懷清	四八	四川省巴縣	二十六年二月			[illegible]	
	熊紹臣	四八	四川省江津縣	二十八年十一月			[illegible]	
帮工	蘇炳忠	三五	四川省璧山縣	二十七年二月			[illegible]	
小工	趙華高	三五	四川省璧山縣	二十八年七月			[illegible]	
	蔣錫安	五三	四川省安岳縣	二十八年十一月			[illegible]	
	閻邦達	三四	四川省璧山縣	二十九年一月			[illegible]	
	陳方云	二八	四川省巴縣	二十八年二月			[illegible]	
	張蘭亭	三七	[illegible]懷遠縣	二十九年十月			[illegible]	

重庆电力股份有限公司工友名册（一九四六年五月） 0219-1-32

38

重慶電力股份有限公司

職別工別	姓名	年齡	籍貫	到職年月日	學歷	經歷	薪金	備註
小工	魏炤清	四一	四川省瀘縣	卅一年二月日			三〇	
	何保山	三三	四川省涪陵縣	卅年一月日			三五	
	蔡摩光	二四	四川省巴縣	廿九年十月日			三五	
	楊海亭	二八	四川省岳池縣	廿九年七月日			三五	
	楊潔泉	一九	四川省潼南縣	卅年十月日			五〇	
	鄧國清	三三	四川省鄰水縣	卅二年四月日			六〇	
	劉大燚	二九	四川省巴縣	卅一年二月日			六〇	
	王玉成	四一	四川省西充縣	卅一年八月日			四〇	
	張世清	三五	四川省資中縣	卅二年八月日			二〇	
	冷棟樑	三三	四川省璧山縣	卅一年七月日			二〇	
	唐停玄	四八	四川省岳池縣	卅二年十二月日			二〇	
	唐仕玄	三一	四川省巴縣	卅二年八月日			二〇	
	陶克勝	三二	四川省長壽縣	廿九年六月日			四〇	
	蕭生明	三四	四川省瀘縣	卅二年九月日			二〇	

重庆电力股份有限公司工友名册（一九四六年五月） 0219-1-32

39

重慶電力股份有限公司

職別（工/試）	姓名	年齡	籍貫	到職年月	學歷	經歷	薪金	備註
小工	陳天涵	二五	四川省遂寧縣	廿二年二月 日			一四〇	
	王像三	三六	四川省南充縣	廿二年二月 日			一二〇	
	楊樹林	二二	四川省巴縣	廿二年四月 日			九五	
	唐林生	二一	四川省江北縣	廿二年七月 日			一二〇	
	張文光	四〇	四川省南充縣	廿二年六月 日			一二〇	
	唐漢臣	二九	四川省岳池縣	廿一年二月 日			一二五	
石工	張云成	三〇	四川省合川縣	廿二年六月 日			一三〇	
小工	張海寬	四四	江蘇省銅山縣	廿三年二月 日			一〇〇	
	趙海林	三六	四川省巴縣	廿一年一月 日			一八〇	
	湯海濤	三三	四川省銅梁縣	廿一年七月 日			一四〇	
	張東祥	三二	河南省商水縣	廿四年五月 日				
			省 縣	年 月 日				
			省 縣	年 月 日				
			省 縣	年 月 日				

重庆电力股份有限公司工友名册（一九四六年五月） 0219-1-32

40

機工

重慶電力股份有限公司第三發電廠管理股

工别	姓名	年龄	籍贯	到职年月	学历	经历	薪金	备注
電錶	龍昆澤	三〇	四川省富順縣	廿八年九月			三六〇	
	童志	二三	四川省巴縣	廿八年四月			三五	
	文國棟	二六	四川省巴縣	廿四年五月			八〇	
鉗工	鄧正俊	二七	四川省涪陵縣	廿九年一月			二五	
	吳常美	二〇	四川省巴縣	廿一年六月			四五	
學徒	陳以興	一八	四川省巴縣	廿二年一月			八〇	
機工	樂興隆	五〇	浙江省鄞縣	廿三年三月			三六〇	
	陳祥生	五四	浙江省鄞縣	廿九年二月			二八〇	
	吳文章	五二	安徽省合肥縣	廿一年三月			四八〇	
機鉗	唐有常	二七	四川省巴縣	廿九年一月			三四〇	
	陳永猷	三六	湖北省漢口縣	廿一年十月			二六〇	
爐工	王金波	五九	江蘇省南京縣	廿二年七月			六六〇	
	房家精	四四	江蘇省[illegible]縣	廿八年四月			二八〇	
	石昆飛	四〇	浙江省寧波縣	廿七年十二月			二六〇	

股長 [illegible]

重庆电力股份有限公司工友名册（一九四六年五月） 0219-1-32

41

重慶電力股份有限公司

工別	姓名	年齡	籍貫	到職年月	學歷	經歷	薪金	備註
爐工	劉玉柱	三三	安徽省宿縣	廿六年八月			[illegible]	
〃帮	薛炳山	三三	江蘇省鎮江縣	廿六年十一月			[illegible]	
帮工	張青合	五五	四川省[illegible]縣	廿七年六月			[illegible]	
小工	楊建洲	三三	四川省綦江縣	廿八年六月			[illegible]	
	楊海山	三〇	四川省[illegible]縣	廿八年五月			[illegible]	
	劉華琪	四六	安徽省[illegible]湖縣	廿九年二月			[illegible]	
	張炳安	三五	四川省潼南縣	廿八年二月			[illegible]	
學徒	曹健成	二三	四川省潼南縣	廿九年十一月			[illegible]	
	李仲華	十[illegible]	四川省巴縣	卅二年二月			[illegible]	[illegible]
	孫德培	二〇	四川省雙流縣	卅二年一月			[illegible]	
	李國忠	二〇	四川省巴縣	卅三年四月			[illegible]	
小工	鄧銀風	四〇	湖南省衡陽縣	廿七年三月			[illegible]	
	周占文	二六	四川省綦江縣	廿七年六月				
	梁旗文	三四	四川省合川縣	廿七年八月			[illegible]	

重庆电力股份有限公司工友名册（一九四六年五月） 0219-1-32

642

重慶電力股份有限公司

工别	姓名	年齡	籍貫	到廠年月	學歷	經歷	薪金	備註
小工	陳明章	三三	四川省巴縣	廿七年八月			六五	
	鄧洪成	三一	四川省潼南縣	廿八年六月			六五	
	甯三九	二八	四川省資陽縣	廿九年六月			六五	
	毛月安	二七	四川省廣安縣	廿九年六月			六五	
	胡樹全	三三	四川省鄰水縣	廿九年六月			六五	
	鄧金順	二九	四川省忠縣	廿九年六月			五五	
	鄧海云	三四	四川省巴縣	廿九年九月			六五	
	梁福清	三四	四川省長壽縣	廿九年八月			五五	
	趙興仁	三四	四川省璧山縣	卅年六月			五五	
	魏高位	二五	四川省鄰水縣	廿九年七月			五五	
	秦福廷	二五	四川省鄰水縣	卅年六月			五五	
	黃海清	三二	四川省巴縣	卅年六月			五五	
	黃銀山	三六	四川省長壽縣	卅年五月			五五	
	胡賢安	四〇	四川省鄰水縣	卅年六月			五五	

重庆电力股份有限公司工友名册（一九四六年五月） 0219-1-32

47

重慶電力股份有限公司

職別	工號	姓名	年齡	籍貫（省）	籍貫（縣）	到職年月日	學歷	經歷	薪金	備註
小工		周海廷	五三	四川	巴	卅年一月 日			[illegible]	
		張漢全	四一	四川	廣安	廿九年一月 日			[illegible]	
		王治生	二八	四川	資中	卅年七月 日			[illegible]	
		鄧樹林	二七	四川	巴	卅年一月 日			[illegible]	
		賓本榮	四七	安徽	懷遠	廿一年六月 日			[illegible]	
		蔣炳洲	二七	四川	潼南	廿八年十月 日			[illegible]	
		楊長清	四〇	四川	合川	廿一年三月 日			[illegible]	
		楊三元	二八	四川	武勝	廿一年一月 日			[illegible]	
		楊金山	三六	四川	遂寧	廿一年八月 日			[illegible]	
		田有餘	三三	安徽	壽縣	廿一年九月 日			[illegible]	
		楊子華	三六	四川	廣安	廿二年六月 日			[illegible]	
		李洪元	四二	四川	潼南	廿一年九月 日				
		李玉清	四〇	四川	合川	廿二年六月 日			[illegible]	
		楊通山	四七	四川	潼南	卅年六月 日			[illegible]	

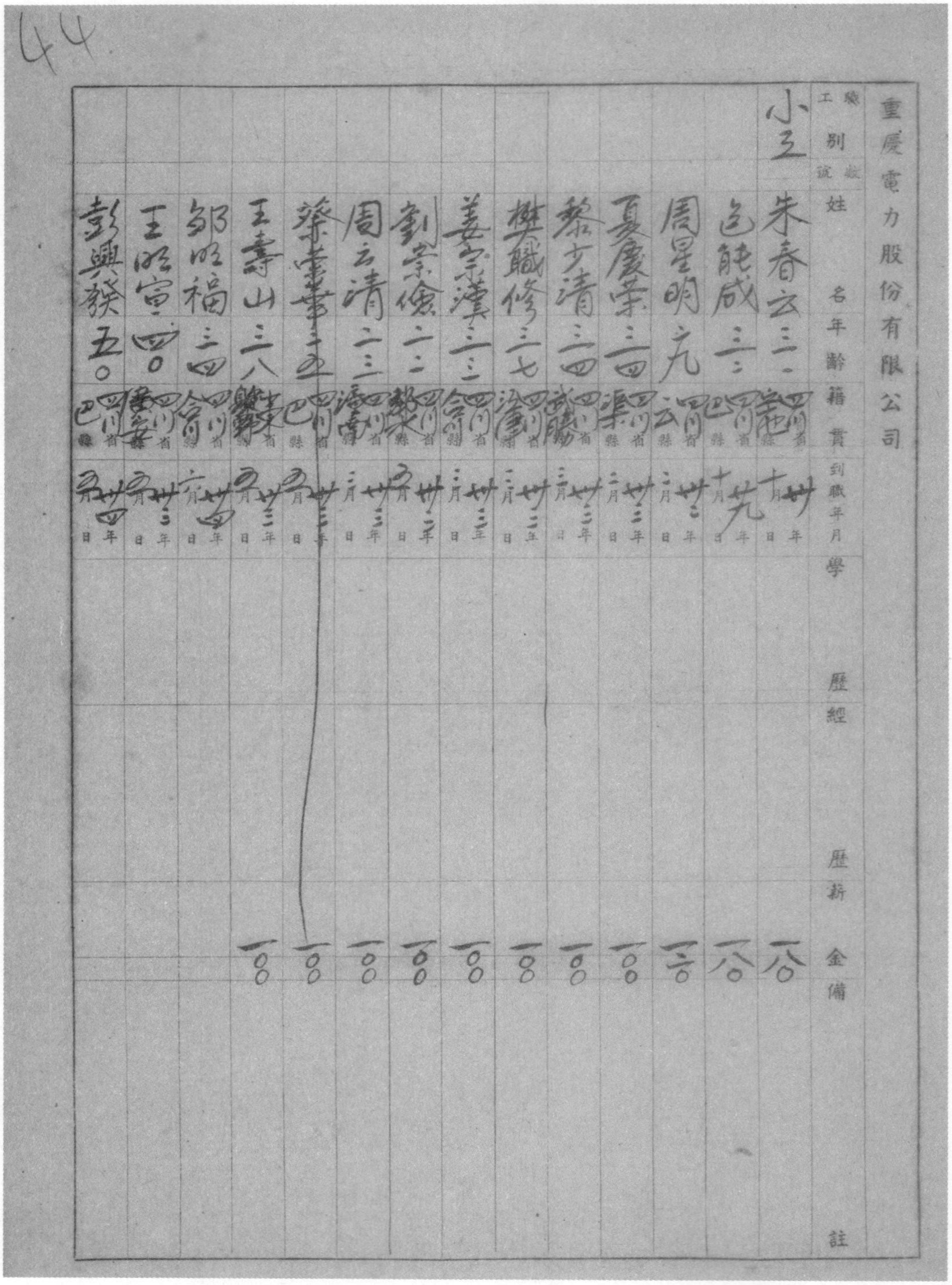

44

重慶電力股份有限公司

工別 職説	姓名	年齡	籍貫	到職年月	學歷	經歷	薪金	備註
小工	朱春云	三一	四川省 [illegible]縣	卅一年十一月 日			一八〇	
	邑能成	二二	四川省 巴縣	廿九年十一月 日			一八〇	
	周星明	十九	四川省 云[illegible]縣	卅二年二月 日			一二〇	
	夏慶榮	三四	四川省 渠縣	卅二年二月 日			一〇〇	
	黎方清	三四	四川省 武勝縣	卅二年二月 日			一〇〇	
	樊職修	二七	四川省 [illegible]縣	卅二年二月 日			一〇〇	
	姜宗漢	二三	四川省 合川縣	卅三年二月 日			一〇〇	
	劉宗儉	二二	四川省 [illegible]縣	卅一年[illegible]月 日			一〇〇	
	周云清	二三	四川省 [illegible]縣	卅三年二月 日			一〇〇	
	蔡榮華	二五	四川省 巴縣	卅三年五月 日			一〇〇	
	王壽山	三八	四川省 [illegible]縣	卅三年五月 日			一〇〇	
	鄒昭福	三四	四川省 合川縣	卅四年六月 日				
	王昭宣	四〇	四川省 [illegible]縣	卅三年六月 日				
	彭興發	五〇	四川省 巴縣	卅四年五月 日				

重庆电力股份有限公司工友名册（一九四六年五月） 0219-1-32

05

重慶電力股份有限公司

工別	姓名	年齡	籍貫	到職年月日	學歷	經歷	薪金	備註
小工	史從發	三四	江蘇省江[illegible]縣	卅四年五月 日				
	周俊臣	二〇	四川省長壽縣	卅三年五月 日				從軍
學徒	張伯良	二〇	四川省南充縣	卅三年五月 日				
小工	劉釗倫	四五	四川省潼南縣	卅二年三月 日			一四	

重庆电力股份有限公司工友名册（一九四六年五月）　0219-1-32

46

重慶電力股份有限公司第三廠修配股

工別	姓名	年齡	籍貫	到職年月	學歷	經歷	薪金	備註
技五	汪卿蘭	四二	浙江省鄞縣	廿七年三月			七四〇	
	張榮甫	四〇	浙江省鎮海縣	廿九年十月			五三〇	
	金仕良	三五	浙江省嵊縣	卅年十一月			四八〇	
	胡文俊	三五	江蘇省上海縣	卅一年九月			四六〇	
	許龍生	三五	江蘇省上海縣	廿九年六月			五三〇	
	顏筱順	四九	江蘇省上海縣	卅二年四月			七四〇	
鉗五	安長清	二九	四川省綦江縣	卅年十月			二四〇	卅五年八月死亡
技五	黃紹修	三二	四川省巴縣	卅一年五月			四四〇	
	徐德榮	四〇	浙江省寧波縣	卅年十二月			四四〇	退職
	蔣銀輝	三五	四川省巴縣	廿六年四月			四八〇	
	蔡根泉	四〇	江蘇省無錫縣	廿六年五月			六三〇	
	蔡裕泉	四七	江蘇省無錫縣	卅年十月			五四〇	
鉗五	唐義和	四三	四川省廣安縣	卅年六月			二六〇	
技五	黃柏清	五〇	四川省廣安縣	廿五年四月			五三五	

重庆电力股份有限公司工友名册（一九四六年五月） 0219-1-32

47

重慶電力股份有限公司

工別職別	姓名	年齡	籍貫	到職年月日	學歷	經歷	薪金	備註
幫工	唐松柏	三二	四川省廣安縣	卅年六月日			二二〇	
技工	華信寶	四六	浙江省鎮海縣	廿七年十月日			一四〇	
	曹根福	五〇	江蘇省如皋縣	卅年十一月日			五二〇	
	曹文根	四二	浙江省寧波縣	卅一年十月日			四二〇	
幫工	李榮華	三七	四川省巴縣	廿七年十一月日			三三五	
幫工	張樹林	四七	四川省江北縣	廿六年一月日			四〇〇	
	李金盛	四八	四川省涪陵縣	卅年一月日			二七〇	
	林宗成	二五	四川省武勝縣	廿九年九月日			二八〇	
	周壽祥	二六	湖南省長沙縣	卅二年六月日				從軍
	柏學志	三二	四川省岳池縣	廿九年十一月日			二二〇	
	王南康	二二	四川省巴縣	卅年十月日			一四〇	
學徒	羅澤隆	二五	四川省岳池縣	卅年十二月日			一三〇	
	羅其昌	二三	四川省巴縣	卅年八月日			一一〇	
	龔承遂	二二	四川省岳池縣	卅年十一月日				從軍

重庆电力股份有限公司工友名册（一九四六年五月） 0219-1-32

48

重慶電力股份有限公司

工別	姓名	年齡	籍貫	到廠年月	學歷	經歷	薪金	備註
學徒	傅德善	二五	四川省[illegible]縣	廿七年九月			一〇〇	
	吴樹成	二三	四川省巴縣	卅年八月			一〇〇	
	耿應福	一八	四川省巴縣	卅一年三月			一〇〇	
	羅先榮	二八	四川省巴縣	卅年二月			一〇〇	
	陳學良	二二	四川省巴縣	卅一年六月			一〇〇	六月份調一廠
	米裕林	一九	四川省[illegible]縣	卅三年七月			八〇	
	姜存禮	一八	四川省[illegible]江縣	卅三年[illegible]月			八〇	
	羅順鑫	一九	四川省[illegible]縣	卅二年十月			八〇	
	顧紹會	二二	四川省[illegible]縣	卅年六月			八〇	調一廠
小工	陳炳云	四七	四川省巴縣	廿九年十月			六〇	
	王方中	一九	四川省[illegible]縣	廿九年十一月			六〇	
	胡萬鑑	二九	四川省江北縣	廿九年十月			六五	
	魏榮德	二六	四川省永川縣	廿九年九月			六五	
	譚樹清	二一	四川省[illegible]縣	廿九年十月			六五	

重庆电力股份有限公司工友名册（一九四六年五月） 0219-1-32

69

重慶電力股份有限公司

職別	姓名	年齡	籍貫	到職年月日	學歷	經歷	薪金	備註
小工	陶海鉄	二四	四川省巴縣	廿九年九月日			一五〇	
幫工	馬周仁	二五	浙江省海寧縣	廿九年五月日			一二五	
小工	唐海廷	五六	四川省巴縣	卅年十二月日			一六〇	
	劉士成	五〇	四川省成都縣	卅年十月日			一二〇	
	張國賢	六八	四川省鄰水縣	廿九年七月日			一二五	
	趙華榮	二二	四川省榮縣	卅年十月日			一二〇	
	唐桂林	四〇	四川省巴縣	卅年八月日			一二〇	
	傅樹清	二六	四川省長壽縣	卅一年六月日			一二〇	
	陳錦堂	四四	四川省涪陵縣	卅一年四月日			一二〇	
	陳書全	三〇	四川省涪陵縣	卅一年一月日			一二〇	
	左紹明	二五	四川省江津縣	廿九年十二月日			一二〇	
	唐安民	三三	四川省廣安縣	卅年十二月日			一六〇	
	黃朗清	二四	四川省合川縣	廿九年十一月日			一二〇	
	劉銀輝	二五	四川省巴縣	卅年十月日			一二〇	

重庆电力股份有限公司工友名册（一九四六年五月） 0219-1-32

50

重慶電力股份有限公司

工別	姓名	年齡	籍貫	到職年月日	學歷	經歷	薪金	備註
小工	蕭炳臣	二九	四川省巴縣	卅一年七月 日			一〇〇	
	周玉祥	三〇	四川省鄰水縣	卅年十月 日			一〇〇	
	李成君	三二	四川省[illegible]縣	卅一年二月 日			一五〇	
	~~李朝硯~~	三一	四川省璧山縣	卅年六月 日			一〇〇	死亡
	甘炳臣	四一	四川省鄰水縣	卅年八月 日			一〇〇	
	盧祥禎	二七	四川省鄰水縣	卅一年二月 日			一〇〇	
	汪紹清	二五	四川省江北縣	卅年一月 日			一〇〇	
	王洪禮	二五	四川省巴縣	卅年五月 日			一〇〇	
	周玉章	三四	四川省[illegible]縣	廿九年十一月 日			一〇〇	
	吳樹云	二三	四川省[illegible]縣	卅年一月 日			一〇〇	
	李平川	二一	四川省[illegible]縣	卅一年十月 日			一五〇	
	葉鑄鏗	二二	四川省巴縣	卅一年八月 日			一二〇	
	柏洪清	三四	四川省江北縣	卅一年八月 日			一二〇	
	吳聲振	二七	江蘇省海門縣	卅一年十月 日			一〇〇	

51

重慶電力股份有限公司

職工別	號數	姓名	年齡	籍貫	到職年月日	學歷	經歷	薪金	備註
小工		劉樹良	二七	四川省江北縣	廿九年七月			一五〇	
		晏錫清	二八	四川省江北縣	卅一年八月			一五〇	
		雍錫周	四八	四川省江津縣	卅一年九月			一五〇	
		胡漢明	四一	四川省廣安縣	卅一年八月			一五〇	
		譚鑫盛	三三	四川省鄰水縣	卅一年七月			一五〇	
		趙金廷	三〇	四川省鄰水縣	卅一年八月			一五〇	
		何長富	二七	四川省[illegible]縣	卅一年六月			一五〇	
		呂培林	三三	四川省長壽縣	卅一年十月			一五〇	
		史文進	四七	四川省[illegible]縣	卅一年十月			一五〇	
		趙海欽	四〇	四川省巴縣	卅二年[illegible]月			一四〇	
		左世忠	二九	四川省墊江縣	卅二年六月			一四〇	
		李旭東	三三	四川省江津縣	卅二年八月			一四〇	
		張萬三	四六	四川省合川縣	卅二年七月			一四〇	
		陳炳泉	四六	四川省墊江縣	卅二年九月			一四〇	

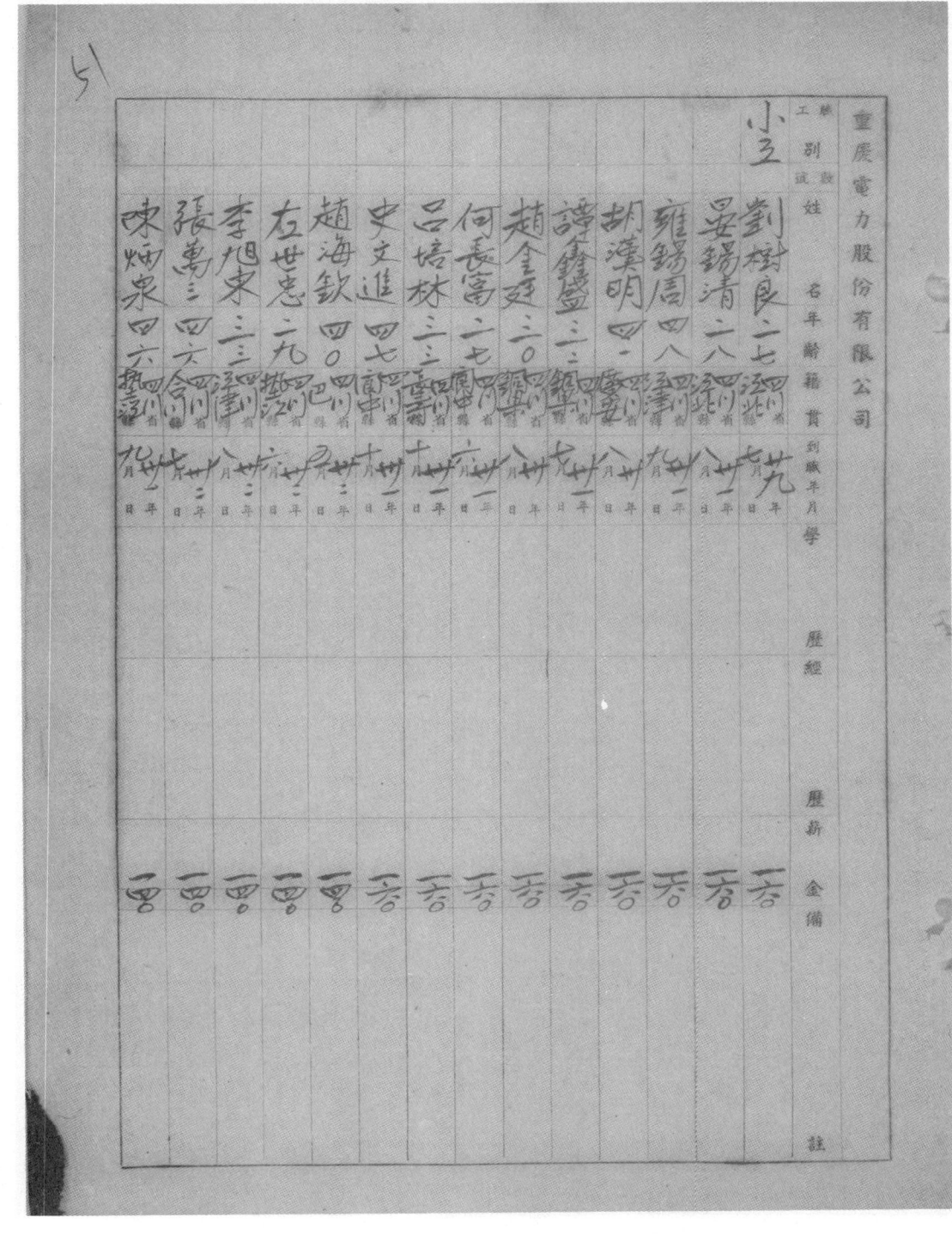

重庆电力股份有限公司工友名册（一九四六年五月） 0219-1-32

52

重慶電力股份有限公司

工別	姓名	年齡	籍貫	到職年月	學歷	經歷	薪金	備註
小工	王榮林	四九	四川省江北縣	卅二年十二月 日			四〇	
	王志先	二八	湖南省長沙縣	卅三年一月 日			四〇	
	關佑民	二四	四川省江津縣	卅二年一月 日			三〇	
	吳熙華	三九	四川省[illegible]縣	卅一年十二月 日			[illegible]	
學徒	衛連根	二〇	[illegible]省[illegible]縣	廿七年四月 日			[illegible]	
鉗工	張玉春	三二	四川省綦江縣	廿九年二月 日			[illegible]	
小工	何樹武	三六	四川省涪陵縣	廿九年十一月 日			[illegible]	
學徒	詹昌緒	二十	四川省[illegible]縣	卅一年四月 日				
			省 縣	年 月 日				
			省 縣	年 月 日				
			省 縣	年 月 日				
			省 縣	年 月 日				
			省 縣	年 月 日				
			省 縣	年 月 日				

57

重慶電力股份有限公司第三廠管理股

工別	姓名	年齡	籍貫	到廠年月	學歷	經歷	薪金	備註
機工	甘安慶	四六	浙江省[illegible]縣	廿九年十月　日			六六〇	
	陳祖庚	三五	四川省[illegible]縣	廿一年十月　日			五六〇	
	顧福堂	五五	江蘇省[illegible]縣	廿一年九月　日			四六〇	
鉗工	徐甫沅	五三	江蘇省[illegible]縣	卅年十月　日			三二〇	
	龔家琪	三〇	江蘇省[illegible]縣	卅年五月　日			三二〇	
	劉少文	三〇	湖北省漢口縣	廿九年七月　日			四五〇	
電工	陳阿榮	四五	江蘇省[illegible]縣	廿一年三月　日			五三〇	
	金錦海	四七	江蘇省[illegible]縣	廿一年十月　日			四七〇	
	孫承富	二四	四川省[illegible]縣	廿八年六月　日			三五〇	
爐工	彭經遠	三五	四川省巴縣	廿四年三月　日			五〇〇	
	田海清	三四	江蘇省[illegible]縣	廿三年十月　日			四六〇	
	祁慎祥	三三	江蘇省[illegible]縣	卅年三月　日			四五〇	
鉗工	王世臣	三三	四川省巴縣	廿六年四月　日			三六〇	
	李如淵	三五	四川省[illegible]縣	廿二年三月　日			三四〇	

重庆电力股份有限公司工友名册（一九四六年五月） 0219-1-32

重慶電力股份有限公司

職別	姓名	年齡	籍貫	到職年月	學歷	經歷	薪金	備註
爐工	周元亨	三〇	四川省巴縣	廿四年一月 日			一二〇	
	陳俊林	三四	四川省大足縣	廿五年二月 日			[illegible]	
	李元芳	三一	四川省銅梁縣	廿二年十二月 日			[illegible]	
	張德煊	三四	四川省長壽縣	廿一年六月 日			[illegible]	
學徒	林學	二三	四川省巴縣	卅年七月 日			[illegible]	元月份增一一
	謝曷格	二一	四川省巴縣	卅二年一月 日			[illegible]	
	敖浩如	二〇	四川省達縣	卅年十二月 日			[illegible]	
	楊兆南	二〇	四川省江北縣	卅年八月 日			[illegible]	
	胡仁堅	十八	四川省江北縣	卅三年八月 日			[illegible]	
	陽盛貴	二〇	四川省巴縣	卅二年四月 日			[illegible]	
	王方文	十八	四川省江北縣	卅二年八月 日			[illegible]	
小工	唐立志	三八	四川省合川縣	廿七年一月 日			[illegible]	
	李海波	四八	四川省長壽縣	廿九年十月 日			[illegible]	
	陳潤森	三五	四川省涪陵縣	廿八年十月 日			[illegible]	

重庆电力股份有限公司工友名册（一九四六年五月） 0219-1-32

重慶電力股份有限公司

工別	姓名	年齡	籍貫	到職年月	學歷	經歷	薪金	備註
技工	陳樹安	二八	四川省巴縣	廿九年七月			三六〇	
小工	楊啟文	三二	四川省[illegible]縣	廿八年三月			三五〇	
	彭忠臣	三二	四川省[illegible]縣	廿九年九月			四〇〇	
	張金廷	五三	四川省巴縣	廿九年十一月			三六〇	
	張科平	四三	四川省[illegible]縣	廿九年十一月			三五〇	
	張治清	二四	四川省巴縣	三十年十一月			三五〇	
	張元清	五四	四川省巴縣	廿九年十一月			三六〇	
	張炳祥	二七	四川省巴縣	廿七年五月			三六〇	
	何琼成	二八	四川省[illegible]縣	廿七年四月			三六〇	
	汪紹文	三三	四川省江北縣	廿八年一月			三六〇	
	況平安	三三	四川省巴縣	廿一年三月			三六〇	
	劉宜榮	二五	四川省長壽縣	廿九年三月			三六〇	
	楊文璪	四三	四川省長壽縣	卅年九月			一五〇	
	楊學焮	二六	四川省江北縣	卅年二月			一八〇	

重庆电力股份有限公司工友名册（一九四六年五月） 0219-1-32

156

重慶電力股份有限公司

工別	姓名	年齡	籍貫	到職年月	學歷	經歷	薪金	備註
小工	楊俊孚	三八	四川省涪陵縣	廿九年八月日			一六〇	
	陳茂宣	三五	四川省長壽縣	卅年四月日			二〇〇	
	陳紹卿	二六	四川省遂寧縣	廿九年一月日			二〇〇	
	安朝伯	二七	四川省蓬溪縣	卅二年二月日			二〇〇	
	劉世吉	三五	四川省江北縣	廿九年十月日			二〇〇	
	唐國理	四〇	四川省廣安縣	卅一年四月日			二〇〇	
	任德彬	三四	四川省江津縣	廿八年九月日			一六〇	
	余順清	三三	四川省江北縣	卅年十二月日			一六〇	
	李光錫	二四	四川省資中縣	卅年一月日			二〇〇	
	李澤敷	五十	四川省安岳縣	卅年七月日			二〇〇	
	高海樓	二九	四川省巴縣	卅二年三月日			二〇〇	
	范海山	二八	四川省[illegible]縣	卅二年一月日			二〇〇	
	馮孟三	三〇	四川省蓬溪縣	卅年十一月日			二〇〇	
	鄧萬才	三五	四川省巴縣	卅二年八月日			二〇〇	

重庆电力股份有限公司工友名册（一九四六年五月） 0219-1-32

57

重慶電力股份有限公司

工別	姓名	年齡	籍貫	到職年月日	學歷	經歷	薪金	備註
小工	吴玉山	三三	四川省銅梁縣	卅年五月 日			三〇〇	
	何炳林	二四	四川省合川縣	卅年四月 日			三〇〇	
	楊順杰	二七	四川省富順縣	卅年三月 日			[illegible]	
	盧樹清	三一	四川省巴縣	廿一年一月 日			三〇〇	
	潘天忠	三〇	四川省[illegible]縣	卅年十月 日			三〇〇	
	趙未三	三六	四川省榮昌縣	廿九年一月 日			三〇〇	
	宋維洲	二五	四川省璧山縣	廿一年一月 日			[illegible]	
	劉君儒	二五	四川省永川縣	卅年九月 日			三〇〇	
	王海全	四一	四川省江津縣	卅年一月 日			三〇〇	
	唐清和	三一	四川省遂寧縣	廿九年一月 日			三〇〇	
	侯彬武	三七	四川省巴縣	卅年九月 日			三〇〇	
	熊汉成	二七	四川省長壽縣	廿一年十月 日			[illegible]	
	謝炎如	三三	四川省巴縣	卅年三月 日			三〇〇	
	朱華軒	四一	四川省[illegible]縣	廿九年一月 日			三〇〇	

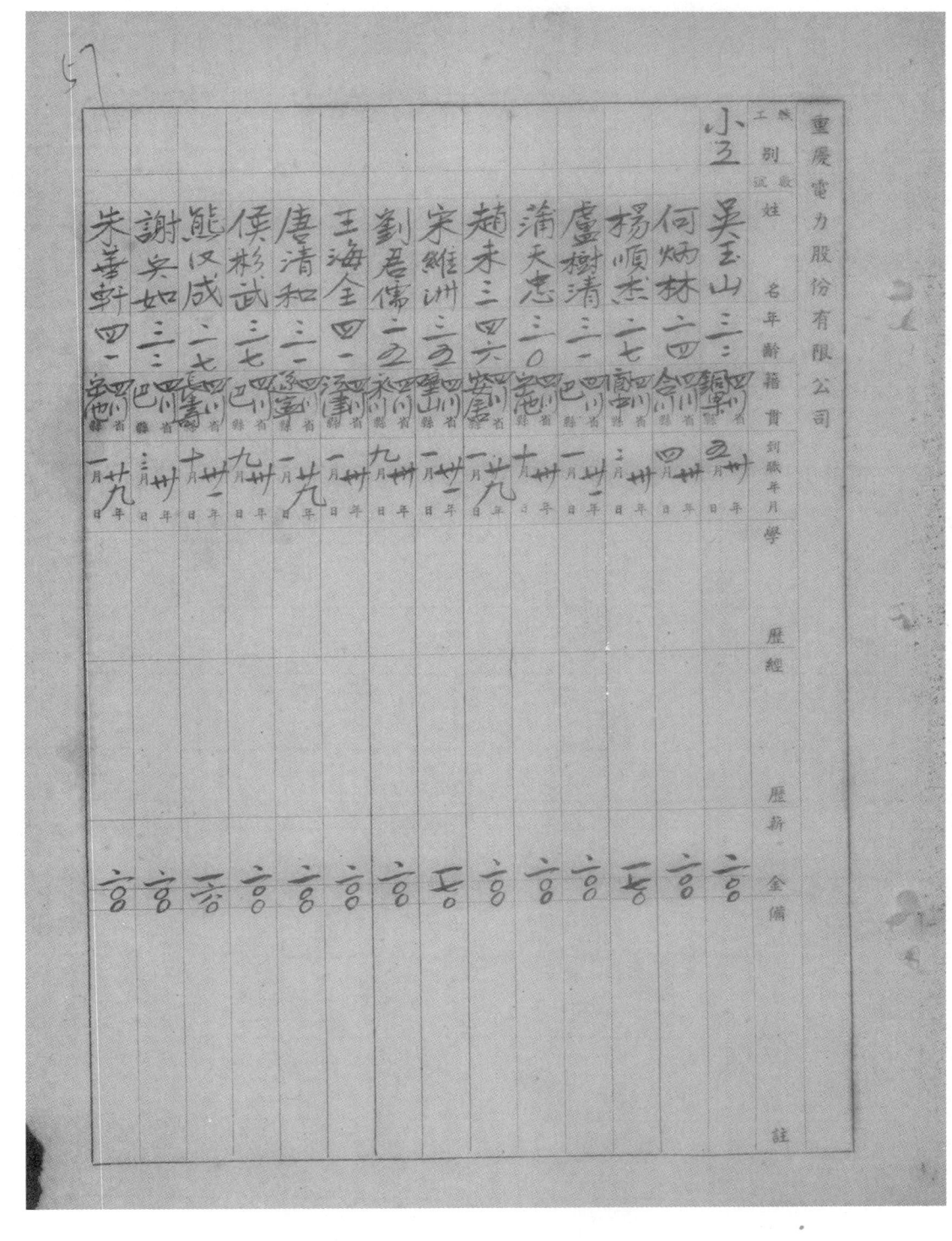

重庆电力股份有限公司工友名册（一九四六年五月） 0219-1-32

58

重慶電力股份有限公司

工別	姓名	年齡	籍貫	到職年月	學歷	經歷	薪金	備註
小工	蔣海山	三〇	四川省江北縣	廿一年六月			二〇〇	
	楊海云	三八	四川省江津縣	廿五年七月			一五〇	
	彭賢林	二六	四川省長壽縣	廿九年五月			二〇〇	
	王慶云	二九	四川省巴縣	廿九年十月			一五〇	
	鄭樹成	二八	四川省長壽縣	廿一年二月			二〇〇	
	程紹宣	三〇	四川省長壽縣	廿一年五月			二〇〇	
	劉萬祥	三三	四川省長壽縣	廿一年六月			一六〇	
	劉星武	四五	四川省合川縣	廿一年八月			一四〇	
	余先第	三三	四川省涪陵縣	廿二年七月			一六〇	
	涂樹清	二七	四川省江北縣	廿七年一月			一六〇	
	李治本	四六	四川省金堂縣	廿一年八月			一六〇	
	任長清	三〇	四川省鄰水縣	廿二年七月			[illegible]	
	吳志清	三三	四川省巴縣	廿七年九月			一六〇	
	劉佳軒	三〇	四川省大足縣	廿一年九月			一六〇	

重庆电力股份有限公司工友名册（一九四六年五月） 0219-1-32

5

重慶電力股份有限公司

工別	姓名	年齡	籍貫	到職年月	學歷	經歷	薪金	備註
小工	劉金成	二七	四川省巴縣	卅年八月 日			一六〇	
	宋炳成	四七	四川省[illegible]縣	卅一年四月 日			一六〇	
	鄧海云	三七	四川省巴縣	卅一年七月 日			一六〇	
	葉光貴	二五	四川省江北縣	卅一年八月 日			一六〇	
	張玉文	三五	四川省江北縣	卅一年八月 日			一六〇	
	何崇華	二九	四川省[illegible]縣	卅二年八月 日			一四〇	
	高元成	三三	四川省璧[illegible]縣	卅年九月 日			一六〇	
	林玄清	二〇	四川省合川縣	卅年七月 日			一六〇	
	馮清云	二三	四川省巴縣	卅一年八月 日			一六〇	
	譚進之	三三	四川省涪陵縣	卅一年七月 日			一六〇	
	唐萬順	三八	四川省富順縣	卅一年八月 日			一六〇	
	任正興	二二	四川省巴縣	卅年七月 日			一六〇	
	彭福云	四三	四川省富順縣	卅二年九月 日			一四五	
	劉樹榮	三〇	四川省巴縣	卅年九月 日			一六〇	

重庆电力股份有限公司工友名册（一九四六年五月） 0219-1-32

60

重慶電力股份有限公司

工別	姓名	年齡	籍貫	到廠年月	學歷	經歷	薪金	備註
小工	張建明	四〇	四川省富順縣	卅年九月 日			一六〇	
	黃永忠	四三	四川省墊江縣	卅一年九月 日			一五〇	
	于世清	四五	四川省酉陽縣	卅一年八月 日			一六〇	
	李海明	三三	四川省巴縣	卅一年八月 日			一六〇	
	盧光福	二六	四川省巴縣	卅一年十月 日			一六〇	
	趙吉亭	四三	四川省[illegible]縣	卅二年三月 日			四〇	
	文樹堂	三三	四川省綦江縣	卅一年八月 日			一六〇	
	黃國洲	三二	四川省江津縣	卅一年六月 日			一五〇	
	匡益和	二九	四川省遂寧縣	卅一年八月 日			一五〇	
	唐寅餘	二五	四川省綦江縣	卅一年七月 日			一六〇	
	姚吉云	四一	四川省安岳縣	卅一年八月 日			一三〇	五月死亡
	況光明	三一	四川省巴縣	卅壹年五月 日			一五〇	
	鄧煥堂	三四	四川省綦江縣	卅一年七月 日			一五〇	
	王成德	三四	四川省廣安縣	卅年七月 日			一五〇	

重庆电力股份有限公司工友名册（一九四六年五月） 0219-1-32

61

重慶電力股份有限公司

職工別	姓名	年齡	籍貫	到職年月	學歷	經歷	薪金	備註
小工	段海云	三二	四川省璧山縣	卅三年六月 日			一六〇	
	周光福	三三	四川省巴縣	卅二年六月 日			一五〇	
	游國清	三三	四川省銅梁縣	卅二年八月 日			一四〇	
	余顯培	三五	四川省長壽縣	卅年一月 日			一六〇	
	余海波	二六	四川省長壽縣	廿九年七月 日			一五〇	
	楊清理	三二	四川省南充縣	卅一年三月 日			一六〇	
	王治林	五三	四川省瀘縣	卅年六月 日			一五〇	
	王煥林	四八	四川省瀘縣	卅三年八月 日			一五〇	
	羅治清	二七	四川省長壽縣	卅二年七月 日			一六〇	
	周世義	三〇	四川省長壽縣	卅一年九月 日			一二〇	
	黃樹清	二九	四川省長壽縣	卅年一月 日			一五〇	
	傅海發	四一	四川省綦江縣	卅二年八月 日			一六〇	
	周世發	四四	四川省富順縣	卅二年八月 日			一五〇	
	趙華章	四一	四川省富順縣	卅一年八月 日			一五〇	

重庆电力股份有限公司工友名册（一九四六年五月）　0219-1-32

62

重慶電力股份有限公司

職別工	姓名	年齡	籍貫	到職年月日	學歷	經歷	薪金	備註
小工	譚華明	二七	四川省涪陵縣	卅一年八月日			一五〇	
	戴瀏清	三三	四川省江北縣	卅年七月日			一五〇	
	趙崇森	三〇	四川省南充縣	卅年八月日			一五〇	
	彭平青	三五	四川省長壽縣	卅一年七月日			一五〇	
	熊福臣	三三	四川省長壽縣	卅一年八月日			一五〇	
	文明陽	三〇	四川省涪陵縣	卅二年十一月日			一〇〇	
學徒	于懋棠	二一	浙江省鄞縣	卅三年六月日			一五〇	
小工	高云成	二五	四川省巴縣	廿九年二月日			一五〇	
	蔣澤琳	二三	四川省江北縣	卅年九月日			八〇	
	陳樹云	二七	四川省璧山縣	卅年三月日			一八〇	
			省縣	年月日				
			省縣	年月日				
			省縣	年月日				
			省縣	年月日				

重庆电力股份有限公司工友名册（一九四六年五月）　0219-1-32

63

重慶電力股份有限公司江北辦事處

職別 工級	姓名	年齡	籍貫	到職年月日	學歷	經歷	薪金	備註
電工	韓國勳	五四	江蘇上海	十月廿三			七三〇	
	黃彤商	四七	浙江鎮海	四月廿七			[illegible]	
鉗工	唐錫軒	四七	四川巴縣	三月廿三			[illegible]	
小工	溫良臣	三四	四川巴縣	七月廿八			一三〇	
	周映庭	三三	四川巴縣	一月十九			一八〇	
學徒	惠泉生	二六	江蘇武進	七月廿			一三〇	
小工	廖炳臣	五〇	四川合川	三月廿二			[illegible]	
	周云龍	三七	安徽永城	八月廿二			一〇〇	
	胡四順	四六	四川巴縣	六月廿八			一三〇	

重庆电力股份有限公司工友名册（一九四六年五月） 0219-1-32

60

重慶電力股份有限公司南岸辦事處

工別	職數 姓名	年齡	籍貫	到職年月	學歷	經歷	薪金	備註
領工	黃在其	四五	[illegible]	廿二年五月			[illegible]	
管工	施福生	三八	[illegible]	廿三年二月			[illegible]	
	王松林	三五	[illegible]	廿七年八月			[illegible]	
	陳杏生	四五	[illegible]	廿三年九月			[illegible]	
	沈阿根	四七	[illegible]	廿三年五月			[illegible]	
	羅萬恒	三一	[illegible]	廿八年二月			[illegible]	
技工	韓雨仁	三二	[illegible]	廿九年八月			[illegible]	
	蔡澤民	二九	四川 [illegible]	廿八年七月			[illegible]	
	劉孝康	二八	四川 [illegible]	廿六年七月			[illegible]	
學徒	李雄成	二四	四川 巴縣	廿九年十一月			[illegible]	
	廖俊良	二二	四川 成都	卅二年十一月			[illegible]	
小工	張永福	三三	四川 江北	卅年五月			[illegible]	
	~~張青山~~	~~三四~~	四川 [illegible]	廿六年三月			[illegible]	死亡
	羅信成	三五	四川 [illegible]	廿五年九月			[illegible]	

重庆电力股份有限公司工友名册（一九四六年五月） 0219-1-32

65

重慶電力股份有限公司

工別	姓名	年齡	籍貫	到職年月	學歷	經歷	薪金	備註
小工	陳志明	二八	四川南充	廿六年			二五〇	
	張紹成	三六	四川	廿六年			二五〇	
	滕玉合	三五	四川南充	廿六年			二六〇	
	張海泉	四五	四川巴縣	廿九年			二五〇	
	冲炳林	四一	四川	廿六年			二四五	
	李佳才	三八	四川巴縣	廿六年			二六〇	
	苏玉合	三三	四川	廿七年			二五〇	
	金海全	三一	四川	廿六年			二五〇	
	鄧福恩	四二	四川	廿七年			二六〇	
	李樹江	三四	四川巴縣	廿七年			二五〇	
	李海章	三七	四川巴縣	廿九年			二六〇	
	李盛全	四八	四川巴縣	廿七年			二五〇	
	繆占清	四一	四川巴縣	廿七年			二六〇 260	
	陳世元	四〇	四川	廿八年			二五〇	

66

重慶電力股份有限公司

工別	姓名	年齡	籍貫	到職年月	學歷	經歷	薪金	備註
小工	江國文	四九	四川省璧山縣	廿九年十月			一二五	
	楊佳山	二八	湖北省宜昌縣	卅年六月			一二〇	
	張秉賢	二四	四川省巴縣	卅一年十一月			一三五	
	孔順淮	二九	四川省廣安縣	廿七年三月			一二五	
	汪萬良	二七	四川省酆都縣	廿七年一月			一二五	
	溫吉臣	四七	四川省酆都縣	廿七年二月			一二〇	
	張紹清	三〇	四川省江北縣	廿七年九月			一二五	
	張志坤	三二	四川省忠縣	廿七年九月			[illegible]	
	李盛堂	三八	河南省商城縣	卅一年十二月			一〇五	
	譚宏國	四五	四川省忠縣	卅二年一月			一三〇	
	張順和	四一	四川省忠縣	卅二年一月			一三〇	
[illegible]	黃海全	四八	四川省巴縣	卅三年二月			一三五	
	段玉清	三五	四川省南充縣	廿六年八月			一四五	
	歐文山	三五	四川省合川縣	廿七年六月			一六五	

重庆电力股份有限公司工友名册（一九四六年五月） 0219-1-32

重庆电力股份有限公司工友名册（一九四六年五月） 0219-1-32

重慶電力股份有限公司

職別	工號數	姓名	年齡	籍貫	到職年月日	學歷	經歷	薪金	備註
石工		段慶全	二六	四川省威遠縣	廿七年十月日			[illegible]	
		嚴紹云	三六	四川省合川縣	廿九年十月日			[illegible]	
		簡紹成	四三	四川省富順縣	廿九年七月日			[illegible]	
		簡樹清	四〇	四川省富順縣	廿一年十月日			[illegible]	
		簡光生	二六	四川省富順縣	廿九年十月日			[illegible]	
		余海云	二六	四川省涪陵縣	廿年二月日			[illegible]	
學徒		彭玉林	二六	四川省涪陵縣	廿三年四月日			[illegible]	
船伕		高樹棠	四〇	四川省涪陵縣	廿九年四月日			[illegible]	
		高炳棠	四〇	四川省江北縣	廿六年六月日			[illegible]	
		周世華	二三	四川省涪陵縣	廿九年七月日			[illegible]	
小工		劉俊廷	三六	四川省大足縣	廿八年二月日			[illegible]	
試鉗		周章欽	三三	江蘇省淞海縣	卅三年六月日			[illegible]	
		馮子書	二八	四川省敘永縣	卅三年六月日			[illegible]	
試小		鄧永昌	三九	四川省巴縣	卅三年六月日			[illegible]	

重庆电力股份有限公司工友名册（一九四六年五月） 0219-1-32

重慶電力股份有限公司

工別 職級	姓名	年齡	籍貫	到職年月	學歷	經歷	薪金	備註
小工	沈澤鈞		省 縣	卅三年六月三日			二〇	
	何紹卿		省 縣	卅三年六月三日			叁〇	
	陳發明		省 縣	卅三年六月三日			二〇	
	張光富		省 縣	卅三年六月三日			二〇	
	陳義成	二十	四川省 巴縣	卅[illegible]年二月一日			九〇	
			省 縣	年 月 日				
			省 縣	年 月 日				
			省 縣	年 月 日				
			省 縣	年 月 日				
			省 縣	年 月 日				
			省 縣	年 月 日				
			省 縣	年 月 日				
			省 縣	年 月 日				
			省 縣	年 月 日				

重庆电力股份有限公司工友名册（一九四六年五月） 0219-1-32

重慶電力股份有限公司 沙坪壩辦事處

工別	姓名	年齡	籍貫	到職年月	學歷	經歷	薪金	備註
領工	姜阿福	卅八	浙江省上海縣	卅二年九月			一二〇	
電工	牟維孝	三八	四川省萬縣	卅三年八月			四〇〇	
	王仕虎	二九	四川省江北縣	廿五年二月			四〇〇	
	王瑞初	三七	浙江省[illegible]縣	廿六年四月			四〇〇	
	陳國民	四一	浙江省[illegible]縣	廿六年四月			四〇〇	
	顧正庚	五一	[illegible]	卅年 月			四〇〇	
部工	李富春	二四	四川省巴縣	廿六年八月			三〇〇	
	王正安	二七	四川省長壽縣	廿六年九月			三〇〇	
小工	何友欽	一九	四川省大足縣	卅二年五月			一〇〇	
	劉欽權	三八	四川省巴縣	廿六年六月			三五〇	
	向宗華	四五	四川省江北縣	卅四年一月			三五〇	
	黃松柏	四九	四川省巴縣	廿六年六月			三〇〇	
	譚吉昌	三九	四川省江北縣	廿七年二月			六〇〇	
	蔣虎臣	三六	四川省[illegible]縣	廿六年八月			三五〇	

重庆电力股份有限公司工友名册（一九四六年五月） 0219-1-32

重慶電力股份有限公司

工別	等級	姓名	年齡	籍貫	到職年月日	學歷	經歷	薪金	備註
小工		周筆生	四二	四川省巴縣	廿七年六月日			[illegible]	
		王永亮	三二	四川省江北縣	廿七年三月日			[illegible]	
		陳超群	二八	四川省遂寧縣	卅二年二月日			[illegible]	
		伍登賢	三七	四川省渠縣	廿七年七月日			[illegible]	
		樹何云	三〇	四川省巴縣	廿八年七月日			[illegible]	
		胡變合	五〇	四川省岳池縣	廿六年二月日			[illegible]	
		郎佳榮	二七	四川省江津縣	廿八年八月日			[illegible]	
		戴壽盛	四〇	四川省巴縣	廿七年三月日			[illegible]	
		李茂林	三五	四川省巴縣	廿七年七月日			[illegible]	
		黃銀洲	四九	四川省巴縣	卅三年一月日			[illegible]	
		蔣樹清	二一	四川省江北縣	卅二年九月日			[illegible]	
		劉少清	三五	四川省江北縣	廿八年八月日			[illegible]	
		唐合一	二九	四川省綦陽縣	廿八年八月日			[illegible]	
		熊佳釗	三〇	四川省涪陵縣	廿八年一月日			[illegible]	

重庆电力股份有限公司工友名册（一九四六年五月） 0219-1-32

70-1

重慶電力股份有限公司

職別	姓名	年齡	籍貫	到廠年月	學歷	經歷	薪金	備註
小工	王學貞	二六	四川省梁山縣	廿八年三月　日			二二五	
	羅汉章	二七	四川省巴縣	廿八年五月　日			二四五	
	蒋鐳	四〇	四川省潼南縣	廿八年七月　日			二二五	
	周桂林	四二	四川省三台縣	廿六年一月　日			二四〇	
	趙子因	三八	四川省遂寧縣	廿七年五月　日			二六〇	
	張少芝	五〇	四川省遂寧縣	廿三年三月　日			二九五	
石工	梁保清	三五	四川省大足縣	廿三年九月　日			二三五	
	毛進寶	二七	四川省大足縣	廿七年八月　日			二〇〇	
	何雨欽	五〇	四川省大足縣	廿六年二月　日			二六五	
	梁心才	二七	四川省大足縣	廿九年三月　日			二二五	
	葉云山	三三	四川省廣安縣	廿一年九月　日			一四五	
	伍登位	三八	四川省渠縣	廿一年九月　日			一一〇	
學徒	謝天成	二三	四川省巴縣	廿九年七月　日			一一〇	
	張叔生	二〇	四川省重慶縣	廿三年二月　日			〇一六	

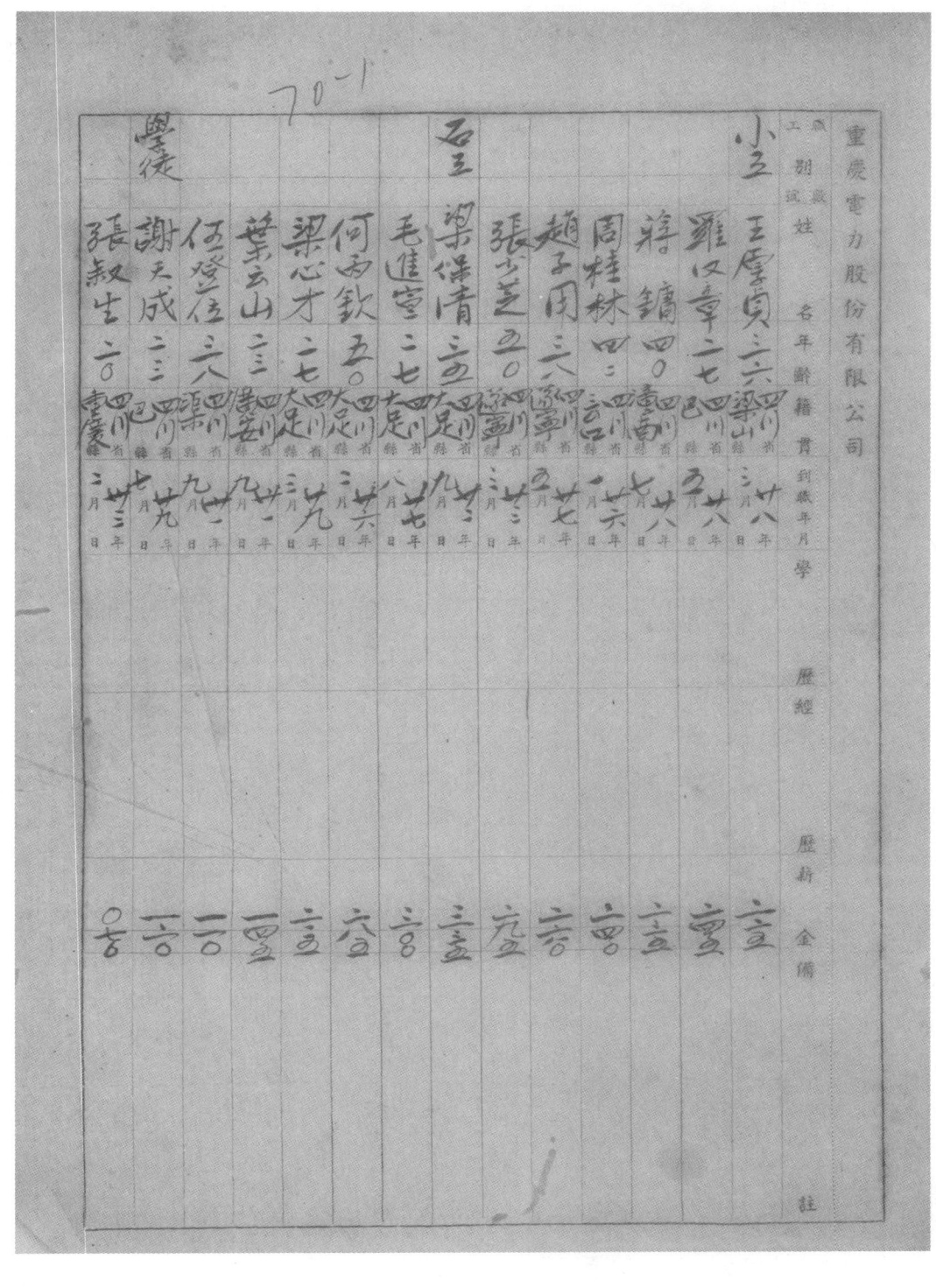

重庆电力股份有限公司工友名册（一九四六年五月） 0219-1-32

重慶電力股份有限公司

工號	職別	姓名	年齡	籍貫	到職年月	學歷	經歷	薪金	備註
	小工	李廷才	二四	四川省 涪陵縣	七年 六月 日			壹	
				省 縣	年 月 日				
				省 縣	年 月 日				
				省 縣	年 月 日				
				省 縣	年 月 日				
				省 縣	年 月 日				
				省 縣	年 月 日				
				省 縣	年 月 日				
				省 縣	年 月 日				
				省 縣	年 月 日				
				省 縣	年 月 日				
				省 縣	年 月 日				
				省 縣	年 月 日				
				省 縣	年 月 日				

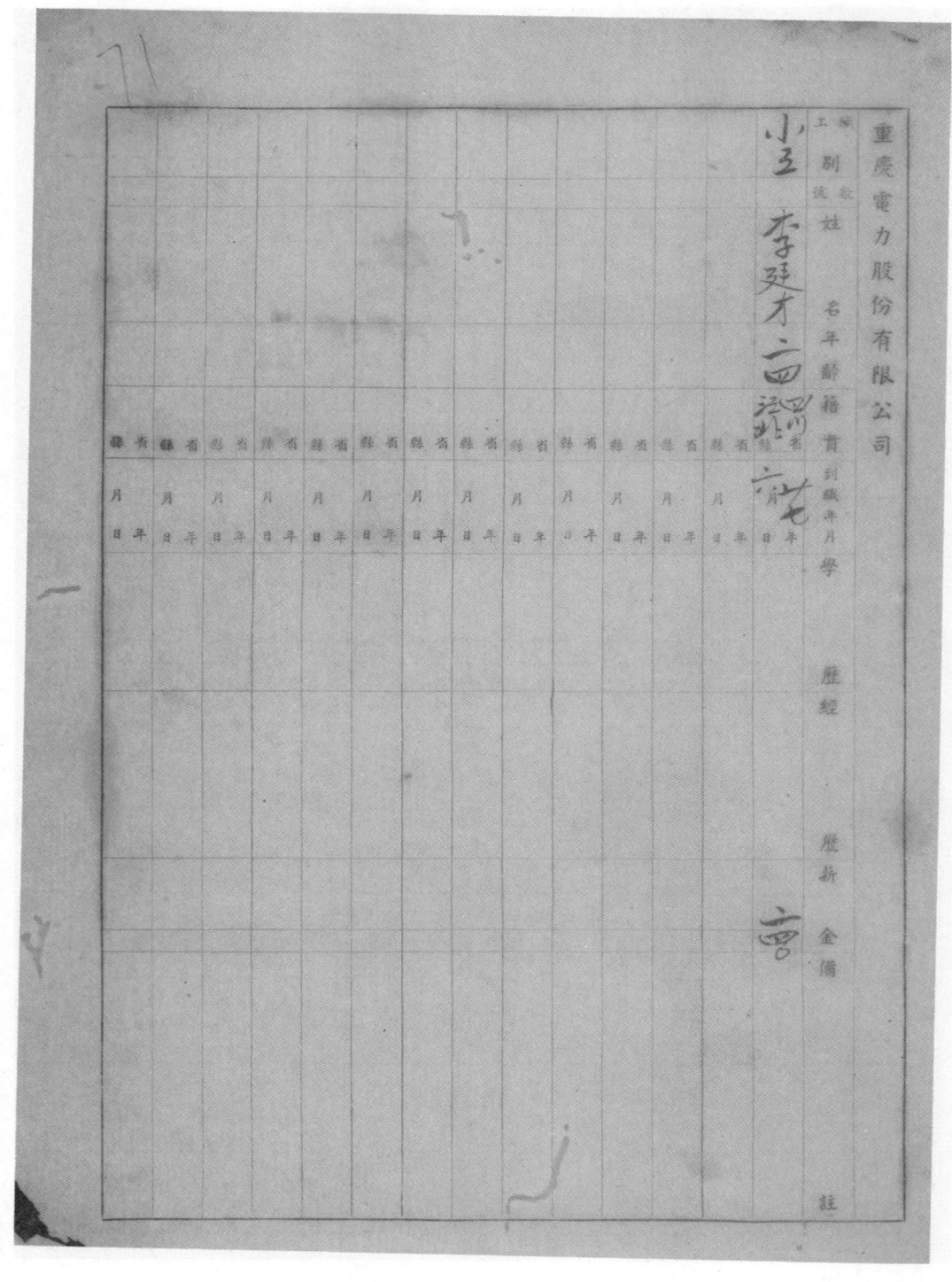

72 72

重慶電力股份有限公司總務科材料股

職別	姓名	年齡	籍貫	到職年月	學歷	經歷	薪金	備註
幫工	楊炳林	四六	四川省江北縣	廿二年七月			三六五	
小工	李忠信	三〇	四川省渠縣	廿七年一月			三〇〇	外支超級乙角五分
	趙明揚	四二	四川省綦江縣	廿五年十一月			二七〇	
	蕭鳴皋	五三	四川省瀘縣	廿八年九月			二六五	
	鄭鶴清	三八	四川省岳池縣	廿九年七月			二六五	
	秦燮明	三五	四川省巴縣	廿八年十一月			二五〇	
	嚴炳銀	四六	四川省瀘縣	廿四年一月			二二五	
	黃金城	二八	四川省岳池縣	廿一年六月			一七〇	
	陳方庭	五二	四川省巴縣	卅年七月			一七〇	
	蔣華廷	五二	四川省潼南縣	廿二年一月			一五〇	
	周伯清	三八	四川省巴縣	廿二年八月			一四五	
幫工	劉憲欽	三〇	四川省潼南縣	廿九年十二月			二五五	
小工	彭燮康	三〇	四川省巴縣	廿六年八月			二二五	
	江松柏	四二	四川省巴縣	廿九年十二月			二二五	

重慶電力股份有限公司

工/職別	姓名	年齡	籍貫	到職年月日	學歷	經歷	薪金	備註
小工	李正廷	三九	四川省長寿縣	卅年一月日			五五	
	蔣海合	二五	四川省巴縣	卅一年三月日			五五	
	姚金福	二六	四川省瀘縣	卅一年一月日			六〇	
	蒲心文	三八	四川省安岳縣	卅二年六月日			三五	
	王槐清	四三	四川省富順縣	廿七年十月日			六五	
	盧中林	三六	四川省巴縣	廿七年九月日			六五	

重庆电力股份有限公司工友名册（一九四六年五月） 0219-1-32

重庆电力股份有限公司工友名册（一九四六年五月） 0219-1-32

重慶電力股份有限公司總務科燃料股

工別	姓名	年齡	籍貫	到職年月	學歷	經歷	薪金	備註
小工	盧海雲	五〇	四川省江北縣	廿三年七月			二七五	
	袁奎	二八	四川省岳池縣	卅年四月			二三五	
	吳述之	三六	四川省長寿縣	卅年八月			二一〇	
	賀龍章	三七	四川省成都縣	卅一年十一月			一七五	
	徐良三	二八	四川省渠縣	卅一年十二月			一四〇	
	張子云	三四	四川省巴縣	卅二年二月			一三〇	
	周有新	二四	四川省巴縣	卅二年二月			一四〇	
	王榮	四三	四川省銅梁縣	廿九年一月			二二五	
	吳吉三	三三	四川省岳池縣	廿九年一月			二二五	
	成吉祥	二七	四川省江北縣	卅一年十一月			一五〇	
	敖超伯	三五	四川省江北縣	廿一年七月			二四〇	
	程思河	三二	四川省萬縣	廿二年四月			一二五	
	王致清	四七	四川省巴縣	廿四年八月			七〇	
帮工	匡炳臣	四四	四川省潼南縣	廿三年十月			四五	

重庆电力股份有限公司工友名册（一九四六年五月） 0219-1-32

75

重慶電力股份有限公司

職工別級	姓名	年齡	籍貫	到職年月日	學歷	經歷	薪金	備註
小工	耿世貴	四一	四川省巴縣	廿九年十一月日			一五	
	成樹樟	五〇	四川省江北縣	廿七年五月日			一三〇	
	蔣炳權	三七	四川省巴縣	卅一年十二月日			一五〇	
	鄭樹山	二六	四川省岳池縣	卅年六月日			一七〇	
	陳永祺	四五	四川省遂寧縣	卅三年二月日			八〇	
			省縣	年月日				
			省縣	年月日				
			省縣	年月日				
			省縣	年月日				
			省縣	年月日				
			省縣	年月日				
			省縣	年月日				
			省縣	年月日				
			省縣	年月日				

第⑥辑

重庆电力股份有限公司工友名册（一九四六年五月） 0219-1-32

76

重慶電力股份有限公司總務科購置股

工別	姓名	年齡	籍貫	到職年月	學歷	經歷	薪金	備註
小工	張樹槐	三五	四川省綦江縣	二七年二月日			三〇	外支超級二角五分
			省縣	年月日				
			省縣	年月日				
			省縣	年月日				
			省縣	年月日				
			省縣	年月日				
			省縣	年月日				
			省縣	年月日				
			省縣	年月日				
			省縣	年月日				
			省縣	年月日				
			省縣	年月日				
			省縣	年月日				
			省縣	年月日				

重庆电力股份有限公司工友名册（一九四六年五月） 0219-1-32

重慶電力股份有限公司總務科庶務股

職別	工號數	姓名	年齡	籍貫（省）	籍貫（縣）	到職年月日	學歷	經歷	薪金（月）	備註
司機		張玉良	四〇	四川	巴	廿八年五月 日			一八四〇〇	技工待遇
		楊鴻泰	四四	河北	天津	卅一年六月 日			一六二五〇	技工待遇
		高湧瀛	三一	四川	巴	卅一年七月 日			八七〇〇	技工待遇
		馮兆祥	二六	四川	巴	卅一年一月 日			四九五〇	
		劉健凡	三〇	四川	巴	廿六年十月 日			八二五〇	
		歸祥生	四六	江蘇	上海	廿六年一月 日			一三〇〇〇	卅五年六月五日離職
助手		鄭祥雲	三六	四川	江北	卅一年二月 日			三六〇〇	
		何炳林	三〇	四川	潼南	卅一年七月 日			三六〇〇	
		王炳全	三〇	四川	安岳	廿八年六月 日			六二五〇	卅六年五月十三日停職
		劉萬興	一九	四川	涪陵	卅二年二月 日			二七〇〇	
		廖育卿	二五	湖北	漢陽	卅三年七月 日			二五五〇	
		蕭達全	三一	四川	巴	卅二年五月 日			二八五〇	
司機		吳榮厚				廿七年六月 日			一二六〇〇	

重慶電力股份有限公司業務科

廠別工類	姓名	年齡	籍貫	到職年月	學歷	經歷	薪金	備註
郭工	劉有緣	二六	四川省西充縣	卅四年八月日			三〇〇	
〃	陳毓寧	三一	四川省華嘉縣	廿八年七月日			二七〇	
〃	劉華欽	三二	四川省富順縣	廿九年十一月日			二五〇	
小工	張玉山	三九	四川省蓬溪縣	卅年五月日			一六〇	

重慶電力股份有限公司電務科

職別	工號	姓名	年齡	籍貫	到職年月	學歷	經歷	薪金	備註
領工		張增榮	四三	江蘇省上海縣	廿二年五月日			八三〇	卅七年三月廿二[illegible]
		陳進生	五二	江蘇省上海縣	廿二年十月日			八〇〇	
技工		陳根寶	三七	江蘇省上海縣	廿二年三月日			七五〇	
		趙福根	三七	江蘇省上海縣	廿三年五月日			七三〇	
		馬春生	三八	江蘇省上海縣	廿七年八月日			七五〇	
		沈阿章	四三	江蘇省上海縣	廿三年五月日			七二〇	
		夏國章	三九	四川省巴縣	廿三年三月日			六五〇	
		王德全	三九	四川省巴縣	廿六年一月日			六一〇	
		李仲寅	三一	湖北省武昌縣	廿九年六月日			五九〇	
		陸丙咸	五九	江蘇省上海縣	廿六年一月日			四八〇	
		陳鉄夫	四〇	四川省瀘縣	廿三年一月日			六二〇	
		林金寶	三九	江蘇省江陰縣	廿七年九月日			六二〇	
		張洪慶	五三	江蘇省鎮海縣	廿八年七月日			六三〇	
		余銘德	三〇	浙江省上虞縣	卅一年十一月日			五六〇	

重庆电力股份有限公司工友名册（一九四六年五月） 0219-1-32

重庆电力股份有限公司工友名册（一九四六年五月） 0219-1-32

重慶電力股份有限公司

職別工別	姓名	年齡	籍貫	到職年月	學歷	經歷	薪金	備註
技工	陳章根	三六	江蘇省上海縣	卅三年十月 日			六四〇	
	曾世林	四二	四川省璧山縣	廿五年四月 日			四〇五	卅五年十二月死亡
帮工	趙治云	四五	四川省銅梁縣	廿三年一月 日			四三五	
	王政全	三二	四川省長壽縣	廿二年四月 日			四〇五	
	潘阿海	三九	浙江省紹興縣	卅三年一月 日			三四五	
	王正國	二八	四川省巴縣	廿六年三月 日			三五〇	
	韓啓云	二四	湖北省宜昌縣	廿九年十二月 日			二八〇	
	段紹云	三〇	四川省巴縣	廿六年五月 日			三二五	
	陳海福	三四	四川省遂寧縣	廿六年一月 日			三二〇	
	凌海云	四〇	四川省資陽縣	廿五年七月 日			三一〇	调機電組 [illegible]
	冉義云	三〇	四川省華陽縣	廿八年五月 日			三三五	
	唐應章	二七	四川省巴縣	廿九年二月 日			二四〇	
	楊正	二八	四川省朗洪縣	廿九年十二月 日			一九〇	
	何文模	二五	四川省巴縣	廿五年六月 日			三五〇	

重庆电力股份有限公司工友名册（一九四六年五月） 0219-1-32

重慶電力股份有限公司

職別 工別	姓名	年齡	籍貫	到職年月日	學歷	經歷	薪金	備註
帮工	彭俊倫	三四	四川省巴縣	廿五年五月日			三八五	
	羅宣林	二六	四川省鄰水縣	廿六年九月日			二九〇	
	向建清	二九	四川省長壽縣	廿五年一月日			三八五	
	朱如興	三四	浙江省鎮海縣	廿九年十月日			三六五	
	蒲紹清	四六	四川省巴縣	廿三年一月日			四五五	卅六年十月一九七
	尹奇金	二六	四川省巴縣	廿七年六月日			三八五	
	田春浦	二九	四川省長壽縣	廿六年一月日			三六〇	
	楊倫武	三九	四川省巴縣	廿六年五月日			三三〇	
	李榮清	四六	四川省長壽縣	廿八年五月日			三五〇	
學徒	劉素民	二二	四川省華陽縣	廿八年一月日			一五〇	卅六年八月調檢查組
	陳銘鈞	三一	四川省潼南縣	卅年七月日		卅六年十月請准長假	一五〇	外支超級五分
	劉安華	一九	四川省綦江縣	卅一年八月日			九〇	
小工	胡友餘	六〇	四川省巴縣	卅一年九月日		廿七年五月止職 六月復職	三〇〇	外支超級二角五分
	唐玉廷	四四	四川省蓬溪縣	卅二年八月日			二九五	

重慶電力股份有限公司

職工別	證數	姓名	年齡	籍貫	到職年月	學歷	經歷	薪金	備註
小工		王漢臣	三九	四川省巴縣	廿三年四月			三〇〇	外支超級五分
		趙樹臣	三九	四川省銅梁縣	廿六年一月			二七五	
		陳樹清	五一	四川省長壽縣	廿五年一月			二八〇	
		楊義云	三六	四川省巴縣	廿五年七月			三〇〇	外支超級五分
		蒲樹軒	四一	四川省巴縣	廿六年三月			三〇〇	
		由玉發	三二	四川省涪陵縣	廿八年五月			三六〇	37.12調[illegible]
		劉發祥	四三	四川省長壽縣	廿七年六月			二四五	
		陳有恒	三六	四川省遂寧縣	廿七年六月			二六五	
		鄧丰恒	三〇	四川省巴縣	廿六年十月			三〇〇	外支超級乙角 卅六年十二月調[illegible]股
		鄧水龍	三九	四川省江北縣	廿八年一月			二二五	
		吳樹云	三〇	四川省巴縣	廿七年一月			二四五	
		余海清	四三	四川省安岳縣	廿四年八月			二六五	
		黎樹安	四二	四川省大足縣	廿七年五月			二七〇	
		唐國元	三七	四川省營山縣	廿七年五月			二二五	

重庆电力股份有限公司工友名册（一九四六年五月） 0219-1-32

重慶電力股份有限公司

職工別	姓名	年齡	籍貫	到職年月	學歷	經歷	薪金	備註
小工	張樹清	四六	四川省潼南縣	廿六年九月日			二六〇	
	姚長興	四三	四川省遂寧縣	廿八年一月日			二五五	
	黃發清	四八	四川省武勝縣	廿八年三月日			二五五	
	楊國清	五一	四川省綦江縣	廿五年十二月日			二六〇	
	陳子聰	四一	四川省蓬溪縣	廿三年一月日			三〇〇	外超級二角五分
	李九林	三八	四川省巴縣	廿三年九月日			二九五	
	白樹生	三二	四川省銅梁縣	廿七年九月日			二八五	
	王銀清	三二	四川省巴縣	廿七年八月日			二四五	
	謝孟清	三三	四川省西充縣	廿七年八月日			二五五	
	舒志清	二九	四川省璧山縣	廿七年九月日			三〇〇	外超級一角
	黃裕如	四九	四川省江津縣	廿二年十月日			三〇〇	
	王元森	三六	四川省巴縣	廿七年五月日			二八五	
	張慶祥	三九	四川省江北縣	廿七年一月日			二六〇	
	袁定國	四三	四川省江北縣	廿六年二月日			二九五	

重庆电力股份有限公司工友名册（一九四六年五月） 0219-1-32

84 5

重慶電力股份有限公司

工別	姓名	年齡	籍貫	到職年月日	學歷	經歷	薪金	備註
小工	屈銀宣	三六	四川省大足縣	廿六年五月日			二三五	
	袁質彬	三六	四川省江北縣	廿六年二月日			二四五	
	屈興發	二八	四川省合川縣	年月日			二二五	
	白純甫	五七	四川省璧山縣	廿七年九月日			三〇〇	
	倪炳洲	三八	四川省大足縣	廿二年五月日			三〇〇	外支超級四角五分
石工	楊瑞清	三〇	四川省合川縣	廿六年六月日			三〇〇	外支超級一角五分
	趙興順	三九	四川省武勝縣	廿二年八月日			二八〇	
	謝子明	三九	四川省岳池縣	廿五年二月日			二七五	
	王金全	三〇	四川省合川縣	廿五年五月日			一九〇	卅七年八月長假
	彭海云	四八	四川省巴縣	廿五年七月日			一九〇	
	劉炳云	四〇	四川省大足縣	廿六年五月日			二八五	
	張玉清	四九	四川省璧山縣	廿六年十月日			一九五	
	倪光全	三二	四川省大足縣	廿八年六月日			一九五	
	倪少全	二九	四川省大足縣	廿八年十月日			二七五	

重庆电力股份有限公司工友名册（一九四六年五月） 0219-1-32

85 835

重慶電力股份有限公司

職別 工別	姓名	年齡	籍貫	到職年月	學歷	經歷	薪金	備註
石工	余治安	五三	四川省 江北縣	廿八年七月 日			二五	
	梁子文	三一	四川省 大足縣	廿七年十一月 日			二〇	
	彭見民	二〇	四川省 巴縣	廿九年七月 日			九〇	
	孟一泉	四五	四川省 合川縣	卅年一月 日			二〇	
	羅海光		四川省 武勝縣	卅五年十月 日			九〇	卅七年五月死亡
			省 縣	年 月 日				
			省 縣	年 月 日				
			省 縣	年 月 日				
			省 縣	年 月 日				
			省 縣	年 月 日				
			省 縣	年 月 日				
			省 縣	年 月 日				
			省 縣	年 月 日				
			省 縣	年 月 日				

重慶電力股份有限公司電務科用電股

工別	姓名	年齡	籍貫	到職年月日	學歷	經歷	薪金	備註
技工	吳興方	四〇	湖北省漢口縣	廿三年八月 日			七〇	
	李茂兆	四一	山東省青島縣	廿三年八月 日			六〇	
	劉瑞根	三八	湖北省黃安縣	廿三年八月 日			六〇	
	劉振基	三五	湖北省漢口縣	廿八年六月 日			五〇	卅年十一月停職
帮工	楊秀臻	三一	四川省射洪縣	廿二年八月 日			四五	
	楊永山	三九	四川省涪陵縣	廿三年十一月 日			四五	
	鄭海濤	四四	四川省潼南縣	廿二年十月 日			四五	
	張紹渊	三〇	四川省潼南縣	廿三年十一月 日			四五	
	鄧漢卿	四二	四川省潼南縣	廿二年十月 日			四五	
	王洪安	四二	四川省岳池縣	廿三年十月 日			三〇	
	呂海棠	四九	四川省巴縣	廿二年十二月 日			三五	卅年十一月調稽查組
	陳树清	三二	四川省璧山縣	廿三年一月 日			三〇	
	荣天滿	二四	四川省璧山縣	廿九年四月 日			二五	
	陳顯爵	三十	四川省榮昌縣	廿八年六月 日			二七	卅年〇月調[illegible]

重庆电力股份有限公司工友名册（一九四六年五月） 0219-1-32

重慶電力股份有限公司

職別 工號	姓名	年齡	籍貫	到職年月日	學歷	經歷	薪金	備註
小工	張漢洲	五七	四川省潼南縣	廿二年八月日			三〇〇	外支超級四角
	李華欽	三九	四川省巴縣	廿七年十月日			三〇〇	外支超級四角
	鄧海洲	四八	四川省潼南縣	廿二年十月日			三〇〇	外支超級二角
	鄧金山	四九	四川省潼南縣	廿二年八月日			三〇〇	外支超級一角五分
	鄧權光	三五	四川省潼南縣	廿二年七月日			三〇〇	外支超級二角
	陳洪山	五〇	四川省廣安縣	廿二年十月日			二九五	
	胡四海	三一	四川省巴縣	廿八年四月日			二九五	
	鄧樹臣	五六	四川省潼南縣	廿三年二月日			二六五	
	胡廷佐	五一	四川省岳池縣	廿七年五月日			二六五	
	胡占臣	三八	四川省江北縣	廿六年七月日			二九〇	
	陳其林	三四	四川省樂至縣	廿八年五月日			二九〇	
	曾棟材	三六	四川省璧山縣	廿八年六月日			二七五	
	蔣福廷	三二	四川省潼南縣	廿八年六月日			二七五	
	譚健臣	三二	四川省涪陵縣	廿九年二月日			二六五	

重庆电力股份有限公司工友名册（一九四六年五月） 0219-1-32

重慶電力股份有限公司

職別	工號	姓名	年齡	籍貫	到職年月	學歷	經歷	薪金	備註
小工		鄭西林	三九	四川省武勝縣	廿九年四月日			二五	
		梁萬春	五三	四川省江津縣	廿四年五月日			二五	
		張光榮	二八	四川省潼南縣	廿八年五月日			二四〇	
		李穩如	四六	四川省南充縣	廿九年十月日			二四〇	
		胡占云	三一	四川省江北縣	廿九年五月日			二三〇	
		胡漢保	三三	安徽省太平縣	廿八年一月日			二五	
		張玉山	三九	四川省蓬溪縣	卅年五月日			一六〇	革[illegible]日[illegible]革職
		張樹光	三三	四川省南充縣	卅一年四月日			一九〇	
		李吉階	三七	四川省南充縣	卅年一月日			一六〇	
		陳鳳岐	三一	省縣	廿九年十二月日			一五〇	
		盧開國	三六	四川省巴縣	卅二年十二月日			一五	
		王樹榮	二九	四川省璧山縣	卅年十月日			一二〇	
		張傑光	二九	四川省南充縣	卅三年五月日			九〇	
學徒		侯益德	二五	四川省岳池縣	廿七年一月日			一五〇	外支超級一元五角

重庆电力股份有限公司工友名册（一九四六年五月） 0219-1-32

重慶電力股份有限公司

工別	姓名	年齡	籍貫	到職年月	學歷	經歷	薪金	備註
學徒	蔡昌埜	二一	四川省巴縣	卅二年七月日			叁	
			省縣	年月日				
			省縣	年月日				
			省縣	年月日				
			省縣	年月日				
			省縣	年月日				
			省縣	年月日				
			省縣	年月日				
			省縣	年月日				
			省縣	年月日				
			省縣	年月日				
			省縣	年月日				
			省縣	年月日				
			省縣	年月日				

重庆电力股份有限公司工友名册（一九四六年五月） 0219-1-32

重慶電力股份有限公司 營務科表務股

職別	姓名	年齡	籍貫	到職年月	學歷	經歷	薪金	備註
幫工	劉甫緩	二六	四川省 南充縣	卅四年八月 日			[illegible]	卅五年一月調業務科
學徒	陳祖鑄	二七	四川省 綦江縣	卅一年九月 日			[illegible]	外支超級五分
小工	朱宗學	二三	四川省 巴縣	卅二年六月 日			[illegible]	
	劉華欽	三六	四川省 瀘縣	廿九年八月 日			[illegible]	卅五年一月調業務科
	朱云成	二三	四川省 巴縣	廿七年五月 日			[illegible]	
學徒	陳學良	二二	四川省 巴縣	廿七年六月 日			[illegible]	
	林學	二三	四川省 岳池縣	卅年七月 日			[illegible]	
	蔣友泉	二二	四川省 潼南縣	卅一年二月 日			[illegible]	
			省 縣	年 月 日				
			省 縣	年 月 日				
			省 縣	年 月 日				
			省 縣	年 月 日				
			省 縣	年 月 日				
			省 縣	年 月 日				

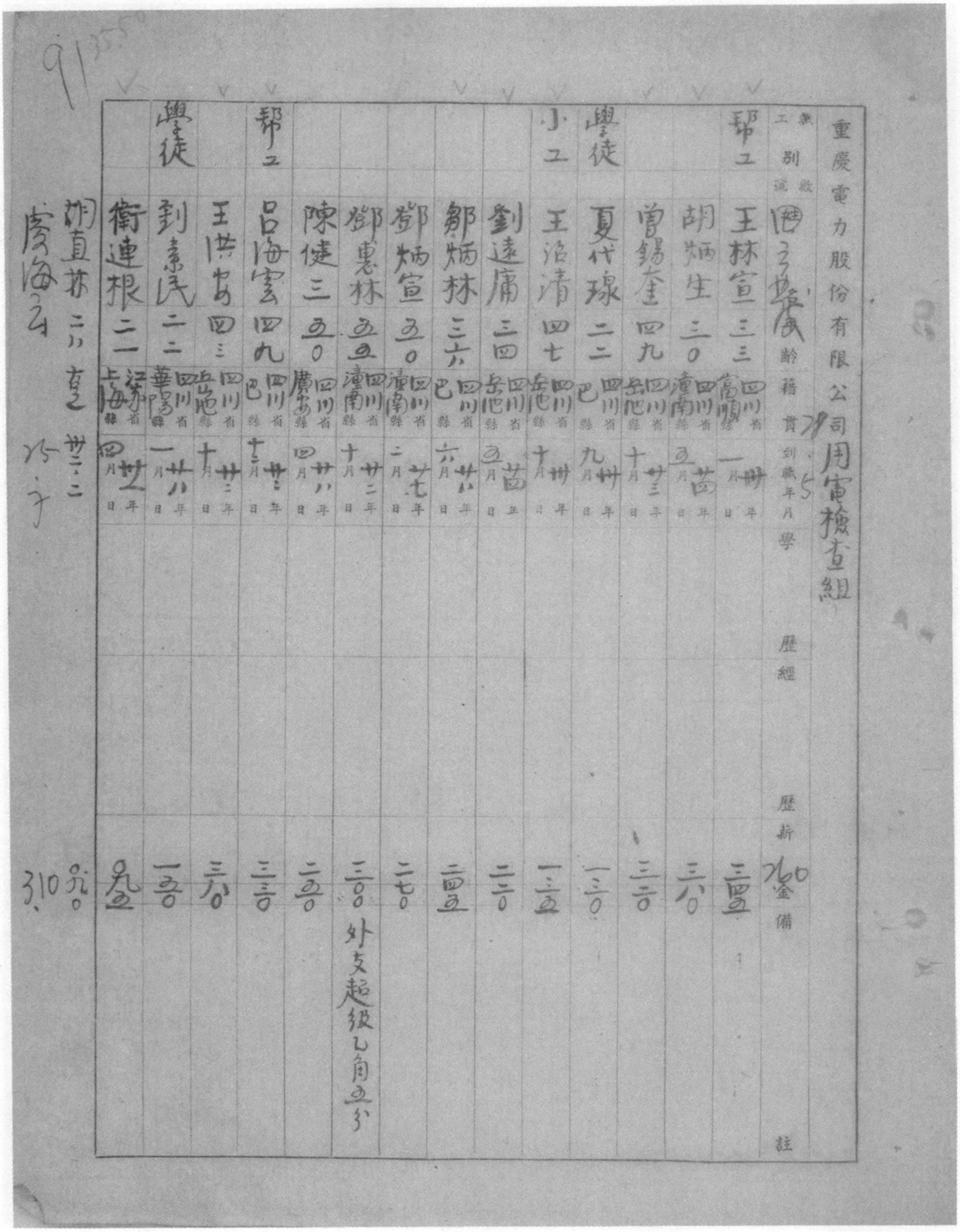

91 2550

重慶電力股份有限公司用電檢查組

工別職別	姓名	年齡	籍貫	到職年月	學歷	經歷	薪金	備註
幫工	王林宣	三三	四川省富順縣	卅一年一月 日			三四五	
	胡炳生	三〇	四川省潼南縣	卅四年五月 日			三六〇	
	曾錫奎	四九	四川省岳池縣	卅三年十月 日			三二〇	
學徒	夏代琭	二二	四川省巴縣	卅一年九月 日			一三〇	
小工	王治清	四七	四川省岳池縣	卅一年十月 日			一三五	
	劉遠庸	三四	四川省岳池縣	卅四年五月 日			三二〇	
	鄒炳林	三六	四川省巴縣	廿六年六月 日			三四五	
	鄧炳宣	五〇	四川省潼南縣	廿七年二月 日			二七〇	
	鄧惠林	五五	四川省潼南縣	廿二年十月 日			三五〇	外支超級乙角五分
	陳徒三	五〇	四川省廣安縣	廿八年四月 日			二五〇	
幫工	呂海雲	四九	四川省巴縣	廿三年十二月 日			三二〇	
	王洪安	四三	四川省岳池縣	廿三年十月 日			三六〇	
學徒	劉素民	二二	四川省華陽縣	廿八年一月 日			一五〇	
	衛連根	二一	江蘇省上海縣	廿五年四月 日			九五	

胡直林 二八 直[illegible] 卅三、二 九〇

廖海云 75 310、

重庆电力股份有限公司工友名册（一九四六年五月） 0219-1-32

重慶電力股份有限公司 總務科電話室（卅六年十二月改屬電務科）

工別	姓名	年齡	籍貫	到職年月	學歷	經歷	薪金	備註
帮工	陳于恆	三六	四川省蓬溪縣	卅二年二月 日			三八〇	
	蒲國民	四三	四川省巴縣	卅二年一月 日			二四〇	
小工	廖松如	三八	四川省華陽縣	廿九年十一月 日			二四〇	
	張仕仁	三三	江蘇省徐[illegible]縣	卅二年二月 日			二四五	
	任直漁	二五	四川省大邑縣	卅一年十二月 日			二六〇	
	~~黃振禹~~	二九	河北省交河縣	卅二年二月 日			二五〇	卅八年元月死亡
	楊坤發	二五	湖南省道縣	卅二年八月 日			二四〇	
	胡翼卿	三八	四川省華陽縣	卅二年五月 日			二五〇	卅七年五月調材料科
	李鈞	四三	湖南省湘鄉縣	卅三年三月 日			二三〇	
	譚裕民	二九	四川省南充縣	廿九年十月 日			二五〇 〃	〃 〃
	楊基洪	三五	四川省西充縣	廿九年二月 日			二六〇	
	王銀章	二七	四川省瀘縣	卅一年三月 日			二七〇 〃	〃 〃

重庆电力股份有限公司工友名册（一九四六年五月） 0219-1-32

重慶電力股份有限公司機務科第一廠事務室

工別	號數	姓名	年齡	籍貫	到職年月	學歷	經歷	薪金	備註
小工		莫玉山	五七	四川省武勝縣	卅二年十一月 日			二一五	
		曾永壽	三六	四川省成都縣	廿八年一月 日			二三五	
		周洛榮	三六	四川省綦江縣	廿七年五月 日			二三〇	
		呂如超	二五	四川省榮昌縣	廿九年七月 日			一五〇	
		林德全	五四	四川省武勝縣	卅二年十月 日			九〇	
		江北川	三九	四川省簡陽縣	廿七年四月 日			二三五	
		楊伯先	四二	四川省成都縣	卅一年一月 日			二三〇	
		譙盛達	二二	四川省岳池縣	卅年四月 日			二一〇	
		周炳山	三四	四川省江津縣	廿九年七月 日			二一五	
		陳□芳	二六	四川省成都縣	廿七年三月 日	卅六年十二月復職調收費股		一二〇	卅六年十月停薪留資
		廖樹清	三九	四川省江北縣	卅二年八月 日			一三五	
		匡子榮	四一	四川省潼南縣	卅一年六月 日			一八〇	
		李步成	三八	四川省江北縣	卅年六月 日			一七〇	
		莫海洲	四八	四川省武勝縣	年 月 日			二三〇	

94

重慶電力股份有限公司機務科第一廠修配股

工別	姓名	年齡	籍貫	到職年月日	學歷	經歷	薪金	備註
技工	韓根泉	三四	浙江省鎮海縣	廿六年五月 日			六九〇	卅六年十月請准退職
	景煥臣	四四	四川省巴縣	廿二年十月 日			六七〇	
	李光瑞	四二	浙江省紹興縣	廿九年四月 日			六四〇	
	劉德初	三三	浙江省青田縣	廿六年六月 日			五四〇	
	夏金寶	四七	浙江省鄞縣	廿二年七月 日			七八〇	
	唐良棟	二六	四川省巴縣	廿六年六月 日			五六〇	
	龔鑫初	三一	江蘇省常熟縣	廿九年十二月 日			五一〇	
	徐阿文	三〇	江蘇省常熟縣	廿二年十二月 日			七一〇	
	許龍生	三九	江蘇省無錫縣	廿六年二月 日			六六〇	卅五年三月十日病故
	田蓑	三〇	四川省潼南縣	廿一年五月 日			四八〇	
	顏可能	三〇	四川省巴縣	廿二年九月 日			四五〇	
	裴志誠	三四	四川省巴縣	廿三年三月 日			三九五	
	陳吉昌	三〇	四川省巴縣	廿一年六月 日			一八〇	
帮工	周鶴林	五四	四川省巴縣	廿二年十月 日			四五五	

重慶電力股份有限公司

工別	姓名	年齡	籍貫	到職年月	學歷	經歷	薪金	備註
幫工	杜炳臣	三二	四川省江北縣	卅五年五月			四五	
	楊煥云	三二	四川省長壽縣	卅五年四月			三九五	
	馮成洲	三六	四川省江北縣	卅五年六月			三六五	
	陳明洲	三二	四川省巴縣	卅五年六月			三七〇	
	管育林	二六	安徽省巢縣	廿八年三月			三七五	
	張順清	四二	四川省銅梁縣	廿六年十二月			三六〇	
	尹澤舉	二五	四川省巴縣	廿九年八月			三四〇	
	羅朝舉	三二	四川省南川縣	廿九年二月			三〇〇	
	歐陽鍔	二五	四川省巴縣	廿八年十月			[illegible] 3.10	
	劉德安	三八	四川省潼南縣	廿三年一月			四六〇	
	陳易堂	二八	四川省南充縣	廿七年十二月			三四〇	
	汪明漢	二一	四川省壁山縣	廿九年三月			二〇〇	
	嚴名森	二五	四川省長壽縣	卅年十一月			二七五	
	陳元福	三〇	四川省江北縣	廿九年十月			二九〇	

重庆电力股份有限公司工友名册（一九四六年五月） 0219-1-32

重庆电力股份有限公司工友名册（一九四六年五月） 0219-1-32

重慶電力股份有限公司

工級職別	姓名	年齡	籍貫	到廠年月	學歷	經歷	薪金	備註
帮工	陳順才	四二	四川省廣安縣	廿八年九月 日			[illegible] 4.10	
	黃後卿	四〇	四川省岳池縣	廿九年十月 日			三〇〇	
	羅啓明	二八	四川省江北縣	卅一年一月 日			一四〇	
學徒	黃恒昌	二七	四川省犍為縣	卅一年三月 日			一二〇	
	朱銀春	二五	四川省瀘縣	卅一年九月 日			九〇	
	顧紹惠	三三	四川省廣安縣	卅年六月 日			九〇	
	陳學良	二二	四川省巴縣	卅一年六月 日			一三〇	
小工	林學	二三	四川省岳池縣	卅年七月 日			一五〇	卅五年五月調永和[illegible]
	馮煥如	三六	四川省巴縣	卅四年三月 日			三〇〇	
	陳維緒	四九	四川省合川縣	卅五年四月 日			二〇〇	
	蔣發祥	四六	四川省潼南縣	卅五年八月 日			二〇〇	
	江流才	二七	四川省璧山縣	廿八年六月 日			二五五	
	謝志彬	三六	四川省長壽縣	廿九年三月 日			二一〇	
	毛青云	四〇	四川省渠縣	卅一年六月 日			二〇五	
	周玉章	三五	潼南	廿九年十一月			三二〇	
	趙金廷	三一	銅梁	卅年八月			一八〇	

重庆电力股份有限公司工友名册（一九四六年五月） 0219-1-32

重慶電力股份有限公司

職別	姓名	年齡	籍貫	到職年月	學歷	經歷	薪金	備註
小工	胡世積	三七	四川省璧山縣	廿一年五月日			一五五	
	劉德發	三二	四川省潼南縣	廿九年六月日			一九五	
	張登榮	二四	四川省璧山縣	廿五年一月日			一六〇	
	李家發	三一	四川省潼南縣	廿一年八月日			一三五	
	李云光	二〇	四川省潼南縣	廿一年八月日			一三五	
	李云松	三〇	四川省西充縣	卅三年五月日			一三五	
	尹國堂	二五	四川省巴縣	廿一年八月日			一三〇	
	莊德坤	四四	四川省成都縣	廿二年五月日			一三〇	
	冉中玉	四一	四川省榮陽縣	廿一年八月日			一三〇	
	楊九成	三九	四川省璧山縣	廿三年三月日			一二〇	
	王成明	三一	四川省江北縣	卅四年六月日			一〇五	
	蔡崇華	三六	四川省巴縣	廿三年五月日			一三〇	
	岳祥先	四二	四川省綦江縣	卅二年十月日			三二〇	外支超級三角
	胡賀卿	三八	華陽縣	卅二年五月日			一三五	
	譚俊民	二九	南充	廿九年十月			一六五	
	王銀章	二七	長壽	卅一年三月			一七〇	

9813

重慶電力股份有限公司機務科第一廠管理股

工別	姓名	年齡	籍貫（省）	籍貫（縣）	到廠年月	學歷	經歷	薪金	備註
技工	衛明義	四三	江蘇	上海	廿八年一月			七二〇	
	李宣華	三二	湖北	漢口	廿二年一月			六七〇	
	曹慶甫	四五	江蘇	南衛	廿六年一月			六三〇	
	汪蘭生	五〇	江蘇	上海	廿四年五月			七六〇	
	段國華	四二	四川	開洪	廿六年六月			五一〇	
	楊治清	四二	四川	巴	廿三年二月			五〇〇	
	陳永章	三二	四川	自貢	廿一年十一月			六二〇	
幫工	馮德云	三七	四川	江北	廿四年四月			四五〇	
	趙樹清	四四	四川	巴	年　月			四五〇	
	高洪鈞	四〇	四川	江津	廿二年八月			三九五	
	張炳生	三六	四川	巴	廿六年四月			三七〇	
	陳興義	四三	四川	漢川	廿三年一月			三五五	
	周紹全	三六	四川	巴	廿九年十月			三六〇	
	李均安	四七	四川	閬中	廿八年四月			三六〇	

重庆电力股份有限公司工友名册（一九四六年五月） 0219-1-32

重慶電力股份有限公司

工別	姓名	年齡	籍貫	到職年月	學歷	經歷	薪金	備註
幫工	鄭慶祥	五一	四川省潼南縣	廿二年六月 日			四五五	
	高國清	二四	四川省巴縣	廿七年十月 日			三六五	
	徐世積	二六	四川省涪陵縣	廿八年六月 日			三四五	
	王禪宗	二四	四川省安岳縣	廿八年十一月 日			三〇五	
	張子云	二六	四川省忠縣	廿七年十月 日			三七五	
	殷前明	二五	四川省江北縣	廿八年三月 日			三三五	
	廖倰卿	二五	四川省安岳縣	卅年八月 日			二七五	
學徒	封緯熙	二七	四川省巴縣	廿八年十月 日			二〇〇	外支超級二角
	譚世謙	二一	四川省廣安縣	廿九年三月 日			一三〇	
	廖民强	三〇	四川省安岳縣	廿九年三月 日			一三〇	
	呂維新	二一	四川省内江縣	卅年六月 日			一二〇	
	錢明炎	三〇	湖北省武昌縣	廿九年二月 日			九〇	
	胡直林	二八	四川省大足縣	卅三年二月 日			九〇	卅五年十月調稽查組
	韓森泉	二二	四川省潼南縣	卅二年二月 日			〇八〇	卅七年五月調業務股

重庆电力股份有限公司工友名册（一九四六年五月） 0219-1-32

重慶電力股份有限公司

工別	姓名	年齡	籍貫	到職年月	學歷	經歷	薪金	備註
學徒	陳慶榮	二一	四川省巴縣	廿二年二月　日			八〇	
	張毓淵	二六	四川省巴縣	卅年一月　日			一六〇	
小工	陳樹泉	五〇	四川省安居縣	廿七年八月　日			三〇〇 外支超級二角五分	
	李華山	三六	四川省巴縣	廿八年一月　日			三〇〇 外支超級六角	
	王明海	四八	四川省江北縣	廿二年十月　日			三〇〇 外支超級五分	
	楊勤安	五三	四川省江北縣	廿三年二月　日			三〇〇 外支超級五分	
	龍瑞卿	五三	四川省涪陵縣	廿六年九月　日			三〇〇 外支超級五分	
	鍾漢卿	四五	四川省巴縣	廿二年八月　日			三〇〇 外支超級五分	
	任春廷	四六	四川省江北縣	廿五年十月　日			三〇〇 外支超級一角	
	張國祥	三二	四川省江北縣	廿七年十二月　日			三〇〇 外支超級一角	
	李樹廷	三三	四川省長壽縣	廿二年二月　日			一九五 卅五年六月離職	
	王銀廷	四五	四川省巴縣	廿七年七月　日			三〇〇 外支超級五分	
	涂銀軒	四一	四川省江北縣	廿七年一月　日			二九〇	
	黃清國	三五	四川省[illegible]巴縣	卅年一月　日			二八〇	

重庆电力股份有限公司工友名册（一九四六年五月） 0219-1-32

重慶電力股份有限公司

職別	姓名	年齡	籍貫 省	籍貫 縣	到職年月日	學歷	經歷	薪金	備註
小工	何庸廷	三〇	四川	江北	廿七年三月			二七五	
	唐銀發	四一	四川	遂寧	廿七年十一月			二七五	
	唐銀山	四一	四川	巴	廿四年十一月			二七五	
	龍子林	三六	四川	潼南	廿八年十一月			二七五	
	莫世海	三三	四川	武勝	廿六年三月			二七五	
	官樹云	四七	四川	巴	廿八年九月			二八〇	
	曾發廷	四三	四川	江北	廿六年五月			二七五	
	陳紹文	三二	四川	潼南	廿八年九月			二七五	
	唐清云	三六	四川	巴	廿八年十月			二六五	
	鄭紹軒	四二	四川	巴	廿九年二月			二六五	
	鄧成云	三三	四川	江北	廿七年三月			二六五	
	蕭炳臣	二八	四川	涪陵	廿九年一月			二六五	
	譙柏樹	二九	四川	長壽	廿九年一月			二六〇	
	歐德三	三八	四川	潼南	廿八年二月			二六〇	

重庆电力股份有限公司工友名册（一九四六年五月） 0219-1-32

1080

重慶電力股份有限公司

職別 工別	姓名	年齡	籍貫	到職年月	學歷	經歷	薪金	備註
小工	黃海清	二六	四川省江北縣	廿八年九月 日			二五五	
	熊治安	四一	四川省合川縣	廿七年二月 日			二五五	
	鄧炳云	二八	四川省巴縣	廿九年七月 日			二五五	
	郭全安	四七	四川省蓬溪縣	廿八年六月 日			二五五	
	徐現池	四二	四川省涪陵縣	廿七年一月 日			二五〇	
	朱錫民	三八	四川省巴縣	廿七年二月 日			二五〇	
	宋榮成	四六	四川省江北縣	廿八年四月 日			二五〇	
	陸正恩	二八	四川省江北縣	廿九年十二月 日			二四〇	
	譙步云	四二	四川省長壽縣	廿八年六月 日			二五五	
	涂永清	三二	四川省江北縣	廿八年一月 日			二三五	
	苟茂林	四三	四川省蓬溪縣	廿八年二月 日			二四五	
	王治云	三六	四川省江北縣	廿九年一月 日			二四五	
	廖言章	四〇	四川省巴縣	廿九年二月 日			二四〇	
	陳名先	三六	四川省廣安縣	卅年五月 日			二四〇	

103

重慶電力股份有限公司

職工別	級	姓名	年齡	籍貫	到職年月日	學歷	經歷	薪金	備註
小工		吴金臣	三九	四川省巴縣	廿八年一月 日			二一〇	
		趙利儒	三四	四川省涪陵縣	廿九年五月 日			二一五	
		周樹生	二九	四川省江津縣	廿五年二月 日			二一〇	
		薛銀洲	四五	四川省潼南縣	廿九年五月 日			二一〇	
		胡俊	三九	四川省成都縣	廿六年八月 日			二一五	
		蕭全云	四三	四川省璧山縣	十九年一月 日			二一五	
		唐占武	三四	四川省江津縣	廿七年五月 日			二〇〇	
		樊錫甫	三三	四川省江北縣	卅一年六月 日			二一〇	
		周坤元	四〇	四川省潼南縣	卅年十一月 日			一九五	
		謝少卿	三四	四川省潼南縣	卅年五月 日			一九五	
		黄樹生	三三	四川省合川縣	卅年三月 日			一九五	
		聶萬銀	十六	四川省永川縣	卅年三月 日			一七五	卅五年七月長假
		黄國清	三二	四川省巴縣	廿七年八月 日			一六五	
		周策良	四八	四川省銅梁縣	卅年四月 日			一六五	

重庆电力股份有限公司工友名册（一九四六年五月） 0219-1-32

重庆电力股份有限公司工友名册（一九四六年五月） 0219-1-32

重慶電力股份有限公司

工別	姓名	年齡	籍貫	到職年月日	學歷	經歷	薪金	備註
小工	周海林	四五	四川省涪陵縣	卅年三月日			一〇五	[illegible]
	唐占民	三一	四川省江津縣	廿九年十一月日			一七五	
	王萬興	四一	四川省巴縣	[illegible]年五月日			一七五	卅七年八月長修
	陳占榮	三三	四川省巴縣	卅年十二月日			一〇五	
	陳光如	三五	四川省江北縣	卅一年三月日			一八〇	
	楊相林	二九	四川省江津縣	廿九年十月日			一五五	
	淦清云	二一	四川省江北縣	卅二年九月日			一五五	
	[illegible]	二七	四川省[illegible]縣	廿九年六月日			一五〇	卅七年七月長修
	胡青云	二九	四川省巴縣	卅一年五月日			一五〇	
	李青合	四三	四川省廣安縣	卅年六月日			一五五	
	鄧成貴	三二	四川省江北縣	卅一年二月日			一五五	
	楊玉成	四二	四川省南部縣	卅二年一月日			一五五	
	陳錫卿	三四	四川省潼南縣	卅二年二月日			一六〇	
	陳金萬	三七	四川省長寿縣	卅年五月日			一三五	

重庆电力股份有限公司工友名册（一九四六年五月） 0219-1-32

1057 0 82 9 45

重慶電力股份有限公司

職級工別	姓名	年齡	籍貫	到職年月	學歷	經歷	薪金	備註
小工	譚長才	三八	四川省忠縣	卅一年九月 日			一四〇	
	胡海清	三三	四川省長寿縣	卅二年三月 日			一三五	
	吴長禄	二七	四川省巴縣	卅二年二月 日			一三五	
	譙云清	二六	四川省長寿縣	卅二年三月 日			一三五	
	陳長文	三三	四川省忠縣	卅二年五月 日			一三五	
	陳興池	四五	四川省忠縣	卅二年三月 日			一三五	卅五年七月去職
	荣天鍾	二八	四川省璧山縣	卅三年四月 日			一三五	
	王芳銀	三五	四川省璧山縣	卅三年四月 日			一〇五	
	龍九合	三七	四川省涪陵縣	卅四年六月 日			一〇五	
			省縣	年月日				
			省縣	年月日				
			省縣	年月日				
			省縣	年月日				
			省縣	年月日				

重庆电力股份有限公司工友名册（一九四六年五月） 0219-1-32

106

重慶電力股份有限公司機務科第二廠修配股

工別	姓名	年齡	籍貫	到職年月	學歷	經歷	薪金	備註
技工	陳叔玉	三二	四川省巴縣	廿六年七月 日			六五〇	
	盛忠夫	四四	浙江省奉化縣	廿七年七月 日			七二〇	
	楊士華	三一	安徽省蕪湖縣	廿七年六月 日			六二〇	
	陳儒軒	三〇	四川省資中縣	卅一年九月 日			五二〇	
	胡海濤	三〇	江蘇省上海縣	廿七年六月 日			七〇〇	
	張順庚	三三	江蘇省無錫縣	廿九年十月 日			六八〇	
	徐富生	二八	江蘇省上海縣	廿八年十一月 日			六二〇	卅五年二月份退職
	夏洪順	三三	四川省長壽縣	廿八年八月 日			四二〇	
	唐有帰	二八	四川省巴縣	廿九年一月 日			三八〇	
	于炳林	二八	四川省銅梁縣	廿五年八月 日			三七〇	
帮工	吳天柱	三〇	四川省巴縣	廿八年九月 日			四四五	
	鄧陽春	三五	四川省潼南縣	廿七年十二月 日			四二五	
	周獨居	二五	四川省江北縣	廿八年一月 日			三六〇	
	楊尊卿	二八	四川省潼南縣	廿八年八月 日			三五〇	

重庆电力股份有限公司工友名册（一九四六年五月） 0219-1-32

107

重慶電力股份有限公司

組別 工號	姓名	年齡	籍貫	到職年月日	學歷	經歷	薪金	備註
帮工	劉炳生	四一	四川省巴縣	卅一年九月日			三二〇	
	曹尊賢	二五	四川省江北縣	廿九年三月日			三四〇	
107 X	沈德昌	四八	四川省成都縣	廿五年二月日			三五	
	張榮咸	三一	四川省合川縣	卅二年六月日			二六〇	
	朱俊明	三〇	四川省瀘縣	廿五年六月日			二六五	
	苏炳忠	三六	四川省璧山縣	廿七年三月日			二八〇	
學徒	曾崇德	二〇	四川省岳池縣	卅年三月日			一五〇	外支超級三角
小工	潘極清	四九	四川省巴縣	廿六年十二月日			二六五	
	鄧銀風	四二	湖南省衡陽縣	廿七年三月日			二七〇	
	熊紹臣	四九	四川省江津縣	廿八年十一月日			二五五	
	趙華高	三六	四川省璧山縣	廿八年七月日			二五五	
	蔣錫安	五四	四川省岳池縣	廿八年十二月日			二五五	
	唐漢成	六〇	四川省岳池縣	卅年二月日			二四五	
	陶邦達	三五	四川省璧山縣	廿九年一月日			二四五	

重庆电力股份有限公司工友名册（一九四六年五月） 0219-1-32

重慶電力股份有限公司

工別	號數	姓名	年齡	籍貫	到職年月日	學歷	經歷	薪金	備註
小工		陳方云	二九	四川省巴縣	廿六年二月日			二四五	
		張蘭亭	二八	安徽省懷遠縣	廿九年十月日			二四五	
		周海廷	五三	四川省巴縣	卅年一月日			二二五	
		張漢全	四二	四川省廣安縣	廿九年一月日			二二五	
		鄧樹林	二八	四川省巴縣	卅年一月日			二二五	
		楊潔泉	三〇	四川省潼南縣	卅年十月日			二一〇	
		王玉成	四二	四川省南充縣	卅一年八月日			一六〇	
		陳天德	二六	四川省蓬溪縣	卅二年二月日			一六〇	
		唐仕云	三二	四川省巴縣	卅一年八月日			一四〇	
		唐停云	四九	四川省岳池縣	卅一年十二月日			一四〇	
		唐林生	二二	四川省江北縣	卅三年七月日			一四〇	
		張文光	四一	四川省南充縣	卅三年六月日			一四〇	
		楊金山	三七	四川省蓬溪縣	卅一年八月日			一四〇	
		楊通山	四八	四川省潼南縣	卅年六月日			一四〇	

重庆电力股份有限公司工友名册（一九四六年五月） 0219-1-32

109

重慶電力股份有限公司

號數 工別	姓名	年齡	籍貫	到職年月	學歷	經歷	薪金	備註
小工	周星明	三〇	四川省云縣	廿二年二月日			一四〇	
	劉崇儉	二三	四川省鄰水縣	廿三年五月日			一三〇	
	張海寬	四五	江蘇省銅山縣	廿三年二月日			一二〇	
	史從發	三五	江蘇省江甯縣	廿四年五月日			九〇	
	張東祥	三三	河南省商水縣	廿四年五月日			九〇	
	劉釗倫	四六	四川省潼南縣	廿一年三月日			一六〇	
			省縣	年月日				
			省縣	年月日				
			省縣	年月日				
			省縣	年月日				
			省縣	年月日				
			省縣	年月日				
			省縣	年月日				
			省縣	年月日				

重庆电力股份有限公司工友名册（一九四六年五月） 0219-1-32

110

重慶電力股份有限公司機務科第二廠管理股

工別	姓名	年齡	籍貫	到廠年月	學歷	經歷	薪金	備註
技工	樂興隆	五一	浙江省鄞縣	廿三年三月			七三〇	
	陳祥生	五五	浙江省鄞縣	廿九年二月			六一〇	
	王金波	六〇	江蘇省南京縣	廿二年七月			六八〇	
	房容精	四五	江蘇省南通縣	廿六年四月			六三〇	
	石昆飛	四一	浙江省鄞縣	廿七年七月			六一〇	
帮工	龍民洋	三一	四川省潼南縣	廿六年九月			四二五	
	童志	二四	四川省巴縣	廿八年四月			三二五	卅五年十二月死亡
	文國棟	二七	四川省巴縣	卅四年五月			二三五	
	鄧正俊	二八	四川省江津縣	廿九年一月			一八五	
	吳棠溪	二一	四川省巴縣	卅年六月			一七五	
	薛炳山	三四	江蘇省鎮江縣	廿六年十月			四七五	
	張青合	五六	四川省岳池縣	廿七年六月			五九〇	
	陳永廠	三七	湖北省漢口縣	廿七年十月			三三五	
學徒	曹健良	二四	四川省潼南縣	廿九年十一月			一三〇	外支超級三角五分

重慶電力股份有限公司

職別	姓名	年齡	籍貫	到職年月日	學歷	經歷	薪金	備註
學徒	孫德培	二二	四川省双流縣	廿七年一月日			一五	
	陳以興	一九	四川省巴縣	廿二年一月日			九〇	
	李國忠	二二	四川省巴縣	廿三年四月日			七〇	廿七年十二月來係
	張伯良	二二	四川省南充縣	廿三年五月日			〇五	
	周俊臣	二二	四川省長壽縣	廿三年五月日			一二〇	
小工	楊建洲	三四	四川省綦江縣	廿六年六月日			二六〇	
	楊海山	三一	四川省安化縣	廿六年五月日			二七〇	
	劉華琪	四七	安徽省蕪湖縣	廿九年二月日			二六〇	
	胡賢安	四一	四川省鄰水縣	卅年二月日			二五	
	王治生	二九	四川省資中縣	卅年七月日			二五	
	薛炳洲	二六	四川省潼南縣	廿六年十月日			二五	
	鄭國清	三四	四川省鄰水縣	卅一年四月日			二〇〇	
	劉大發	三〇	四川省巴縣	廿七年二月日			二〇〇	
	趙海模	三七	四川省巴縣	廿七年一月日			二〇〇	

重庆电力股份有限公司工友名册（一九四六年五月） 0219-1-32

重慶電力股份有限公司

工別	姓名	年齡	籍貫	到職年月	學歷	經歷	薪金	備註
小工	朱春云	三二	四川省岳池縣	卅年十月 日			二〇〇	
	色能成	三三	四川省巴縣	廿九年十月 日			二〇〇	
	賈李榮	四八	安徽省懷遠縣	卅一年六月 日			一八〇	
	楊三元	二九	四川省武勝縣	卅一年一月 日			一八〇	
	楊長清	四一	四川省合川縣	卅一年三月 日			一八〇	
	陶克勝	三三	四川省長壽縣	廿九年六月 日			一七〇	
	湯海濤	三四	四川省銅梁縣	卅一年七月 日			一六〇	
	冷棟樑	三四	四川省璧山縣	卅一年七月 日			一三〇	卅五年六月離職
	張士清	三六	四川省閬中縣	卅一年八月 日			一三〇	
	田有餘	三四	安徽省壽縣	卅一年九月 日			一四〇	
	楊子華	三七	四川省廣安縣	卅二年六月 日			一四〇	
	李玉清	四一	四川省合川縣	卅三年六月 日			一四〇	
	蕭德明	三五	四川省瀘縣	卅一年九月 日			一四〇	
	王德三	三七	四川省南充縣	卅二年二月 日			一三〇	

重庆电力股份有限公司工友名册（一九四六年五月）　0219-1-32

重慶電力股份有限公司

廠處工別	職名姓	年齡	籍貫	到廠年月	學歷	經歷	薪金	備註
小工	張炳安	三六	四川省潼南縣	廿八年二月日			二五五	
	伍祥仲	二八	四川省廣安縣	廿七年六月日			二七五	
	梁煥文	三五	四川省合川縣	廿七年八月日			二三五	
	鄧洲成	三二	四川省潼南縣	廿六年二月日			二五五	
	魏紹清	四二	四川省瀘縣	卅年三月日			二四〇	
	鄭海云	三五	四川省巴縣	廿九年九月日			二四五	卅五年六月離職
	何保山	三四	四川省涪陵縣	卅年一月日			二三五	
	楊海宣	二九	四川省岳池縣	廿九年七月日			二三五	
	蔡厚元	二五	四川省巴縣	廿九年十月日			二三五	
	陳明章	三四	四川省巴縣	廿七年八月日			二三五	
	甯三元	二九	四川省資陽縣	廿九年二月日			二三五	
	毛月安	二八	四川省岳池縣	廿九年六月日			二三五	
	胡樹全	三四	四川省鄰水縣	廿九年二月日			二三五	
	梁福清	三五	四川省長壽縣	廿九年八月日			二三五	

重慶電力股份有限公司

工別	姓名	年齡	籍貫	到職年月日	學歷	經歷	薪金	備註
小工	趙興仁	三五	四川省[illegible]縣	卅年三月 日			二五	
	魏高但	三六	四川省鄰水縣	廿九年七月 日			二五	
	秦福廷	三六	四川省鄰水縣	卅年三月 日			二五	
	鄧金順	三〇	四川省忠縣	廿九年七月 日			二五	
	黃海清	三三	四川省巴縣	卅年二月 日			二五	
	黃銀山	二七	四川省潼南縣	卅年五月 日			二五	
	楊樹林	二三	四川省巴縣	卅二年四月 日			一五	
	夏慶榮	三五	四川省[illegible]縣	卅三年二月 日			一〇	
	姜宗漢	三四	四川省合川縣	卅三年三月 日			一〇	
	樊職修	三八	四川省江津縣	卅三年三月 日			一〇	
	黎紹清	三五	四川省武勝縣	卅三年三月 日			一〇	
	王壽山	三九	山東省[illegible]縣	卅二年五月 日			一〇	
	周雲清	二四	四川省潼南縣	卅三年三月 日			一〇	
	王明宣	四一	四川省廣安縣	卅二年五月 日			七〇	

重庆电力股份有限公司工友名册（一九四六年五月） 0219-1-32

115140

重慶電力股份有限公司

廠別工別	姓名	年齡	籍貫	到職年月	學歷	經歷	薪金	備註
小工	邹明福	三五	四川省合川縣	卅四年六月			80	
	彭興發	五一	四川省巴縣	卅四年五月			80	
			省 縣	年 月 日				
			省 縣	年 月 日				
			省 縣	年 月 日				
			省 縣	年 月 日				
			省 縣	年 月 日				
			省 縣	年 月 日				
			省 縣	年 月 日				
			省 縣	年 月 日				
			省 縣	年 月 日				
			省 縣	年 月 日				
			省 縣	年 月 日				
			省 縣	年 月 日				

116

重慶電力股份有限公司 機務科第三廠修配股

廠別	工號	姓名	年齡	籍貫	到廠年月	學歷	經歷	薪金	備註
技二		汪御蘭	四三	浙江省鄞縣	廿七年三月			八〇〇	
		張榮甫	四一	浙江省鎮海縣	廿九年十月			六〇〇	
		金仕良	三六	浙江省宗陰縣	卅年十一月			五五〇	
		許龍生	三六	江蘇省上海縣	廿九年六月			五九〇	
		胡文俊	三六	江蘇省上海縣	廿一年九月			五〇〇	
		顏筱順	五〇	江蘇省上海縣	廿一年四月			八〇〇	
		黃紹修	三二	四川省巴縣	廿一年五月			五〇〇	
		薛銀輝	三六	四川省巴縣	廿六年四月			五四〇	
		蔡褚泉	四八	江蘇省無錫縣	卅年十月			六〇〇	
		蔡根泉	四一	江蘇省無錫縣	廿六年五月			六九〇	
		黃柏青	五一	四川省廣安縣	廿五年四月			五五五	
		華信寶	四七	浙江省鎮海縣	廿七年十月			八〇〇	
		曹根福	五一	江蘇省上海縣	卅年十一月			五九〇	
		曹玄根	四三	浙江省寧波縣	廿二年十月			五五〇	

重庆电力股份有限公司工友名册（一九四六年五月） 0219-1-32

3045 117

重慶電力股份有限公司

工別	姓名	年齡	籍貫	到職年月日	學歷	經歷	薪金	備註
帮工	唐松栢	三四	四川省廣安縣	卅年六月日			二六五	
	唐義和	四四	四川省廣安縣	卅年六月日			二六五	
	張樹林	四八	四川省江北縣	廿六年一月日			四五五 卅六年十一月死亡	
	李金皷	四九	四川省江津縣	卅年一月日			三〇〇	
	李云華	三八	四川省巴縣	廿七年十一月日			三七〇	
	林守成	三六	四川省武勝縣	廿九年九月日			三三五	
	柏興志	二三	四川省岳池縣	廿九年十二月日			三二五	
	王甫康	二三	四川省巴縣	卅年十月日			一八五	
	馬周仁	三六	浙江省海寧縣	廿九年五月日			二七〇	
	張玉春	三三	四川省南川縣	廿九年二月日			二七〇	
學徒	羅澤隆	二六	四川省岳池縣	卅年十二月日			四四五	
	傅德華	二六	四川省岳池縣	廿七年九月日			一三五	
	吳樹臣	二四	四川省巴縣	卅年八月日			一三〇	
	耿應福	一九	四川省巴縣	卅一年三月日			一三〇	

重庆电力股份有限公司工友名册（一九四六年五月） 0219-1-32

118

重慶電力股份有限公司

工別	姓名	年齡	籍貫	到職年月日	學歷	經歷	薪金	備註
學徒	龔承遜	二三	四川省岳池縣	卅年十一月 日			一三五	
	羅生榮	二九	四川省巴縣	卅年二月 日			一一五	
	衛連根	二一	江蘇省上海縣	卅一年四月 日			九五	卅五年 月調稽查組
	米裕林	二〇	四川省遂寧縣	卅二年七月 日			九五	
	羅順鑫	二〇	四川省岳池縣	卅一年十月 日			八〇	
	甘懋棠	二二	浙江省鄞縣	卅三年六月 日			七五	
	詹昌緒	二一	四川省江北縣	卅年四月 日			一一五	卅五年十二月調[illegible]股
小工	陳炳榮	四八	四川省巴縣	廿九年十月 日			二七〇	
	牛才中	三〇	四川省璧山縣	廿九年十一月 日			二三五	卅五年四月[illegible]假
	胡萬鎰	三〇	四川省江北縣	廿九年十月 日			二三五	
	魏榮域	二七	四川省敘永縣	廿九年九月 日			二三五	
	譚樹清	三二	四川省銅梁縣	廿九年十月 日			二六五	
	何樹云	二七	四川省江津縣	廿九年十月 日			二三五	
	張國賢	二九	四川省銅梁縣	廿九年七月 日			二四五	

重庆电力股份有限公司工友名册（一九四六年五月）　0219-1-32

重慶電力股份有限公司

職別	姓名	年齡	籍貫	到廠年月日	學歷	經歷	薪金	備註
小工	趙華榮	二二	四川省南充縣	卅年十月　日			二三〇	
	傅樹清	二七	四川省長壽縣	卅二年六月　日			二三〇	
	劉步成	五一	四川省[illegible]縣	卅年十月　日			二三〇	
	唐桂林	四一	四川省巴縣	卅年八月　日			二三〇	
	陳錫堂	四五	四川省涪陵縣	卅一年四月　日			二三〇	
	陳書全	三一	四川省涪陵縣	卅二年一月　日			二三〇	
	左紹明	二六	四川省墊江縣	廿九年二月　日			二三〇	
	黄[illegible]清	二五	四川省合川縣	廿九年十二月　日			二三〇	
	劉銀輝	二六	四川省巴縣	卅年十月　日			二三〇	
	蕭炳臣	三〇	四川省巴縣	卅一年七月　日			二三〇	
	周玉章	三五	四川省潼南縣	廿九年十一月　日			二三〇	卅五年　月調一廠
	盧祥禎	二八	四川省鄰水縣	卅一年一月　日			二三〇	卅七年五月離廠
	江紹清	二六	四川省江北縣	卅年一月　日			二三〇	
	王洪訊	二六	四川省巴縣	卅年五月　日			二三〇	

120

28.95

重慶電力股份有限公司

工別 職別	姓名	年齡	籍貫	到職年月日	學歷	經歷	薪金	備註
小工	周玉祥	三一	四川省鄰水縣	卅年十月日			二二〇	
	吳樹云	二四	四川省銅梁縣	卅年一月日			二二〇	
	陳樹云	二八	四川省璧山縣	卅年二月日			二二〇	
	李光錫	二五	四川省閬中縣	卅年一月日			二二〇	
	李澤敷	五一	四川省安岳縣	卅年七月日			二二〇	
	陶海發	二五	四川省巴縣	廿九年九月日			二一〇	
	唐海廷	五七	四川省巴縣	卅年十二月日			二〇〇	
	唐安民	三三	四川省廣安縣	卅年二月日			二〇〇	
	任佳彤	三五	四川省江津縣	卅年九月廿八日			二〇〇	
	蔣澤渊	二四	四川省江北縣	卅年九月日			二〇〇	
	楊學森	三七	四川省江北縣	卅年二月日			二〇〇	
	楊俊峯	三九	四川省潼南縣	廿九年八月日			二〇〇	
	李辛川	三二	四川省渠縣	廿一年十月日			二〇五	
	柏洪清	三五	四川省江北縣	廿一年八月日			一七〇	

重慶電力股份有限公司

工別	姓名	年齡	籍貫	到職年月	學歷	經歷	薪金	備註
小工	葉緝熙	二三	四川省巴縣	卅一年八月 日			一〇〇	
	劉樹良	二八	四川省江北縣	廿九年七月 日			一〇〇	
	晏錫清	二九	四川省江北縣	卅一年八月 日			一〇〇	
	雍錫周	四九	四川省江津縣	卅一年九月 日			一〇〇	
	胡漢明	四二	四川省廣安縣	卅年八月 日			一〇〇	
	譚鑫盛	三三	四川省銅梁縣	卅一年七月 日			一〇〇	
	趙全廷	三一	四川省銅梁縣	卅年八月 日			一〇〇	卅五年八月調一廠
	何長富	二八	四川省閬中縣	卅一年六月 日			一〇〇	
	吳配華	四〇	四川省渠縣	卅年十二月 日			一〇〇	
	呂培林	三四	四川省長壽縣	卅一年十月 日			一〇〇	
	史文進	四八	四川省閬中縣	卅一年十月 日			五〇	
	高榮成	二六	四川省巴縣	廿九年二月 日			一〇〇	
	余克華	三三	四川省江津縣	卅一年七月 日			五〇	
	趙海欽	四一	四川省巴縣	卅二年五月 日			一五〇	

重庆电力股份有限公司工友名册（一九四六年五月） 0219-1-32

129.25

重慶電力股份有限公司

職別	姓名	年齡	籍貫	到職年月	學歷	經歷	薪金	備註
小工	張萬三	四七	四川省合川縣	卅二年七月 日			一七〇	
	陳炳泉	四七	四川省綦江縣	卅一年九月 日			一六〇	
	王志光	二九	湖南省長沙縣	卅三年一月 日			一六〇	
	李旭東	三四	四川省江津縣	卅三年八月 日			一六〇	
	吳振聲	二八	江蘇省上海縣	卅三年十月 日			一八〇	卅五年五月十五辭
	闕佑民	二五	四川省綦江縣	卅三年一月 日			一四〇	
	李成居	三三	四川省涪陵縣	卅一年二月 日			一三五	
			省 縣	年 月 日				
			省 縣	年 月 日				
			省 縣	年 月 日				
			省 縣	年 月 日				
			省 縣	年 月 日				
			省 縣	年 月 日				
			省 縣	年 月 日				

重庆电力股份有限公司工友名册（一九四六年五月） 0219-1-32

重慶電力股份有限公司機務科第三廠管理股

職別	姓名	年齡	籍貫	到職年月	學歷	經歷	薪金	備註
技工	甘安慶	四七	浙江省鄞縣	十九年十月			七二〇	
	陳祖庚	三六	四川省南充縣	廿七年十月			六二〇	
	陳阿榮	四六	江蘇省無錫縣	廿一年三月			五九〇	
	彭程遠	三六	四川省巴縣	廿四年二月			五六〇	
	顧福堂	五六	江蘇省上海縣	廿七年九月			五三〇	
	金錦海	四八	江蘇省上海縣	廿七年十月			五三〇	
	田海清	三五	四川省江北縣	廿三年十二月			五三〇	
	邢慎梓	三三	江蘇省南京縣	卅年三月			五二〇	
帮工	王世臣	三三	四川省巴縣	廿六年四月			四〇〇	
	劉方文	三一	湖北省漢口縣	廿九年七月			三九五	
	李如淵	三六	四川省成都縣	廿三年二月			三七〇	
	龔家棋	三一	江蘇省上海縣	卅年五月			三七五	
	孫承富	二五	四川省南充縣	廿八年二月			三七〇	
	陳俊林	三五	四川省大足縣	廿五年五月			三五五	

重庆电力股份有限公司工友名册（一九四六年五月） 0219-1-32

124

重慶電力股份有限公司

職別	姓名	年齡	籍貫	到職年月	學歷	經歷	薪金	備註
幫工	張成煊	三五	四川省長壽縣	卅一年六月日			二四〇	
	周元亨	三一	四川省岳池縣	卅四年一月日			二三〇	
	李元芳	三三	四川省成都縣	廿二年十二月日			一九〇	
學徒	羅其昌	二四	四川省巴縣	卅年八月日			一三〇	
	謝昌格	二三	四川省岳池縣	卅一年一月日			一三〇	
	敬浩如	二一	四川省潼南縣	卅年十二月日			一三〇	
	楊兆南	二一	四川省江北縣	卅年八月日			一三〇	
	胡仁堅	一九	四川省江北縣	卅一年八月日			九五	
	楊戚貴	二一	四川省岳池縣	卅二年四月日			八〇	
	王芳云	一九	四川省江北縣	卅二年八月日			八五	
	姜存礼	一九	四川省內江縣	卅三年五月日			九〇	
小工	唐立志	三九	四川省璧山縣	廿七年一月日			二七五	
	李海波	四九	四川省長壽縣	廿九年十月日			二七〇	
	陳樹安	二九	四川省巴縣	廿九年七月日			二九〇	

重庆电力股份有限公司工友名册（一九四六年五月） 0219-1-32

125
33.50

重慶電力股份有限公司

職別	姓名	年齡	籍貫	到職年月日	學歷	經歷	薪金	備註
小工	陳潤森	三六	四川省遂寧縣	廿八年十月 日			二六五	
	楊玫文	三二	四川省閬中縣	廿八年三月 日			二七〇	
	張治清	二五	四川省巴縣	廿九年十二月 日			二五五	
	張科丰	四四	四川省武勝縣	廿九年十月 日			二六五	
	張元清	五五	四川省巴縣	廿五年十月 日			二五〇	
	彭忠臣	三三	四川省潼南縣	廿九年九月 日			二五五	
	張金廷	五四	四川省巴縣	廿九年十一月 日			二四〇	
	張炳祥	二八	四川省巴縣	卅一年五月 日			二三〇	
	何瑞成	二九	四川省江津縣	卅一年四月 日			二三〇	
	汪紹文	三三	四川省江北縣	廿八年一月 日			二三〇	
	況平安	三三	四川省巴縣	卅二年二月 日			二三〇	
	劉佳榮	二六	四川省長壽縣	廿九年二月 日			二三〇	
	陳茂軒	三六	四川省長壽縣	卅年四月 日			二三〇	
	陳紹卿	二七	四川省遂寧縣	廿九年一月 日			二三〇	

第⑥辑

重庆电力股份有限公司工友名册（一九四六年五月） 0219-1-32

126/3080

重慶電力股份有限公司

職別	姓名	年齡	籍貫	到職年月	學歷	經歷	薪金	備註
小工	岳朝伯	二八	四川省蓬溪縣	卅二年二月 日			二二〇	
	劉世吉	三六	四川省江北縣	廿九年十月 日			二二〇	
	唐國理	四一	四川省廣安縣	卅二年四月 日			二二〇	
	高海樓	三〇	四川省巴縣	卅二年三月 日			二二〇	
	范海山	二九	四川省岳池縣	卅二年一月 日			二二〇	
	馮益三	三一	四川省蓬溪縣	卅年十月 日			二二〇	
	鄧萬才	三六	四川省巴縣	卅二年八月 日			二二〇	
	吳玉山	三三	四川省銅梁縣	卅年五月 日			二二〇	
	何炳林	二五	四川省合川縣	卅年四月 日			二二〇	
	盧樹清	三二	四川省巴縣	卅二年一月 日			二二〇	
	蒲天忠	三一	四川省岳池縣	卅年十月 日			二二〇	
	趙未三	四七	四川省安居縣	廿九年一月 日			二二〇	
	劉居儒	二六	四川省永川縣	卅年九月 日			二二〇	
	王海全	四二	四川省江津縣	卅年一月 日			二二〇	

重庆电力股份有限公司工友名册（一九四六年五月） 0219-1-32

127
3005

重慶電力股份有限公司

工別	姓名	年齡	籍貫	到廠年月日	學歷	經歷	薪金	備註
小工	唐清和	三二	四川省遂寧縣	廿九年一月			二三〇	
	侯彬武	三八	四川省巴縣	卅年九月			二一〇	
	黄樹清	三〇	四川省長壽縣	卅年一月			二二〇	
	謝兵如	三三	四川省巴縣	卅年三月			二一〇	
	朱華軒	四二	四川省岳池縣	廿九年一月			二一〇	
	薛海山	三一	四川省江北縣	廿二年六月			二二〇	
	彭賢林	二七	四川省長壽縣	廿九年五月			二二〇	
	鄭樹成	三九	四川省長壽縣	廿二年二月			二二〇	
	程紹宣	三六	四川省長壽縣	卅二年五月			二二〇	
	甘炳昌	四二	四川省鄰水縣	卅年八月			二二〇	
	楊文燦	四四	四川省長壽縣	卅年九月			二二五	
	楊海云	三九	四川省遂寧縣	廿五年七月			[illegible]	
	王慶云	三〇	四川省巴縣	廿九年十月			二二五	
	余順清	三四	四川省江北縣	卅年十二月			二一〇	

重庆电力股份有限公司工友名册（一九四六年五月） 0219-1-32

重慶電力股份有限公司

工別	姓名	年齡	籍貫（省）	籍貫（縣）	到職年月（年）	到職年月（月）	學歷	經歷	薪金	備註
小工	楊順杰	二八	四川	閬中	卅	二			一九〇	
	宋維洲	三六	四川	壁山	廿乙	一			一九〇	
	涂樹清	二八	四川	江北	廿七	一			一八〇	
	李治平	四七	四川	潼南	廿乙	八			一八〇	
	吳志清	二四	四川	巴	廿乙	九			一八〇	
	劉懷軒	三二	四川	大足	廿乙	九			一八〇	
	劉金成	二八	四川	巴	卅	八			一八〇	
	宋炳臣	四八	四川	大足	廿乙	四			一八〇	
	鄧海云	三八	四川	巴	廿乙	七			一八〇	
	葉光貴	二六	四川	江北	廿乙	八			一八〇	
	張玉文	三六	四川	江北	廿乙	八			一八〇	
	高光成	三四	四川	長壽	卅	九			一八〇	
	林榮清	二二	四川	合川	卅	七			一八〇	
	馮清榮	二四	四川	巴	廿乙	八			一八〇	

重庆电力股份有限公司工友名册（一九四六年五月） 0219-1-32

129 25.20

重慶電力股份有限公司

工別	姓名	年齡	籍貫	到職年月	學歷	經歷	薪金	備註
小工	譚進之	三四	四川省涪陵縣	廿七年七月日			一石	
	任正興	二三	四川省巴縣	卅年七月日			一石	
	劉樹榮	三一	四川省巴縣	卅年九月日			一石	
	張建明	四一	四川省富順縣	卅年九月日			一石	
	黃永忠	四四	四川省墊江縣	廿七年九月日			一石	
	于世清	四六	四川省簡陽縣	廿七年十一月日			一石	
	李海明	三三	四川省巴縣	廿七年八月日			一石	
	盧光福	二七	四川省巴縣	廿七年十月日			一石	
	文樹堂	三四	四川省綦江縣	廿七年八月日			一石	
	唐賓餘	二六	四川省綦江縣	廿七年七月日			一石	
	黃國州	三三	四川省江津縣	廿七年六月日			一石	
	庄益和	三〇	四川省潼南縣	廿七年八月日			一石	
	況光明	三二	四川省巴縣	廿七年五月日			一石	
	鄧煥堂	三五	四川省綦江縣	廿七年七月日			一石	

重庆电力股份有限公司工友名册（一九四六年五月） 0219-1-32

130 2500

重慶電力股份有限公司

職別	姓名	年齡	籍貫	到職年月	學歷	經歷	薪金	備註
小工	王成德	三五	貴州省大定縣	卅年七月 日			一六〇	
	周光福	三四	四川省巴縣	廿乙年六月 日			一六〇	
	余海波	二七	四川省長寿縣	廿九年七月 日			一六〇	
	王占林	五三	四川省瀘縣	卅年六月 日			一七〇	
	王煥林	四九	四川省瀘縣	廿二年八月 日			一六〇	
	周世義	三一	四川省長寿縣	廿乙年九月 日			一六〇	
	熊漢成	二八	四川省長寿縣	廿一年十月 日			一六〇	
	傅海發	四二	四川省綦江縣	廿乙年八月 日			一六〇	
	周世發	四五	四川省富順縣	廿乙年八月 日			一六〇	
	趙華章	四三	四川省富順縣	廿乙年八月 日			一六〇	
	譚華明	二八	四川省潼南縣	廿乙年八月 日			一六〇	
	戴潤清	三三	四川省江北縣	卅年七月 日			一七〇	
	趙榮森	二一	四川省南充縣	卅年八月 日			一六〇	
	彭子青	三六	四川省長寿縣	廿乙年七月 日			一六〇	

重庆电力股份有限公司工友名册（一九四六年五月） 0219-1-32

131 2185

重慶電力股份有限公司

工别	姓名	年龄	籍贯	到职年月	学历	经历	薪金	备注
小工	熊福臣	三三	四川省長壽縣	廿一年八月日			一六〇	
	彭福云	四三	四川省富順縣	廿二年九月日			一五五	
	劉星武	四六	四川省綦江縣	廿一年八月日			一五〇	
	王榮林	五〇	四川省江北縣	廿二年十二月日			一五〇	
	左世忠	三〇	四川省墊江縣	廿二年六月日			一五〇	
	何崇舉	三〇	四川省閬中縣	廿二年八月日			一五〇	
	趙吉亭	四四	四川省射洪縣	廿二年三月日			一五〇	
	游國清	三三	四川省銅梁縣	廿二年八月日			一五〇	
	唐萬順	三九	四川省富順縣	廿一年八月日			一四〇	
	羅洛清	二六	四川省江津縣	廿一年七月日			一四〇	卅七年十月周陽
	楊清理	三三	四川省閬中縣	廿一年二月日			一四〇	
	余顯培	二六	四川省長壽縣	卅年一月日			一四〇	
	段海云	三三	四川省璧山縣	廿三年六月日			一四〇	
	劉萬祥	三三	四川省長壽縣	廿一年六月日			一四〇	

重庆电力股份有限公司工友名册（一九四六年五月） 0219-1-32

138

重慶電力股份有限公司

廠別 工別	數號 姓名	年齡	籍貫	到職年月	學歷	經歷	薪金	備註
小工	文明陽	三一	四川省潼南縣	卅二年十二月 日			一三〇	
			省 縣	年 月 日				
			省 縣	年 月 日				
			省 縣	年 月 日				
			省 縣	年 月 日				
			省 縣	年 月 日				
			省 縣	年 月 日				
			省 縣	年 月 日				
			省 縣	年 月 日				
			省 縣	年 月 日				
			省 縣	年 月 日				
			省 縣	年 月 日				
			省 縣	年 月 日				
			省 縣	年 月 日				

重庆电力股份有限公司工友名册（一九四六年五月） 0219-1-32

重慶電力股份有限公司江北辦事處

職別	姓名	年齡	籍貫	到職年月	學歷	經歷	薪金	備註
電工	韓國勳	五五	江蘇省上海縣	卅三年十月 日			七〇	
	黃彤甫	四八	浙江省鎮海縣	廿七年四月 日			六二〇	
帮工	唐慧軒	四八	四川省岳池縣	卅三年三月 日			九〇	
學徒	惠泉生	二七	江蘇省武進縣	卅年七月 日			一二〇	
小工	溫良臣	三五	四川省岳池縣	廿八年七月 日			二五	
	周映庭	三四	四川省巴縣	廿九年一月 日			九〇	
	廖炳臣	五一	四川省合川縣	卅三年三月 日			一五	
	胡四順	四七	四川省岳池縣	廿八年六月 日			二五	
	周云龍	三八	河南省永城縣	卅三年八月 日			一二〇	
			省 縣	年 月 日				
			省 縣	年 月 日				
			省 縣	年 月 日				
			省 縣	年 月 日				
			省 縣	年 月 日				

重庆电力股份有限公司工友名册（一九四六年五月） 0219-1-32

134

重慶電力股份有限公司 南岸辦事處

職工別	姓名	年齡	籍貫	到職年月	學歷	經歷	薪金	備註
領工	黃在其	四六	江蘇省上海縣	卅二年五月			七八〇	
電工	施福生	三九	江蘇省崇明縣	卅三年二月			七四〇	
	王松林	三六	安徽省桐城縣	廿七年八月			五四〇	
	陳杏生	四六	江蘇省上海縣	卅二年九月			六四〇	
	沈阿根	四八	江蘇省上海縣	廿三年五月			六六〇	
	羅萬臣	三二	四川省蓬溪縣	廿八年二月			五四〇	
幫工	韓雨仁	三二	浙江省鄞縣	廿九年八月			三二〇	
	蔡澤民	三〇	四川省成都縣	廿八年七月			三四五	
	劉孝康	二九	四川省巴縣	廿六年七月			三六五	
	周章發	三三	江蘇省上海縣	卅二年五月			二九〇	
	馮子書	二九	四川省南充縣	卅三年五月			一八五	
學徒	李耀成	二五	四川省巴縣	廿九年十一月			一五〇	外支超級假期
	廖俊良	二二	四川省成都縣	廿二年十一月			一二五	
	彭玉林	二七	四川省蓬溪縣	卅二年四月			八〇	

13355

重慶電力股份有限公司

工別或職別	姓名	年齡	籍貫	到職年月日	學歷	經歷	薪金	備註
小工	張永福	三四	四川省江北縣	卅年五月			二三五	
	羅信成	三六	四川省岳池縣	廿五年九月			二六〇	
	陳志明	三九	四川省南充縣	廿六年六月			二四五	
	張紹成	三七	四川省遂寧縣	廿六年六月			二三五	
	沈志成	二一	四川省巴縣	廿六年二月			一九五	
	滕玉合	三六	四川省南充縣	廿六年三月			二四〇	
	張海全	四六	四川省岳池縣	廿九年九月			二三〇	
	邱雨林	四二	四川省隆昌縣	廿六年三月			二三五	
	李德才	三九	四川省岳池縣	廿六年六月			二三〇	
	苟玉合	三三	四川省岳池縣	廿七年九月			二五五	
	余海全	三二	四川省岳池縣	廿六年三月			三三〇 外支超級三角五分	
	鄧福恩	四三	四川省岳池縣	廿七年九月			二六〇	
	李樹江	三五	四川省巴縣	廿七年八月			二三〇	
	李海章	三八	四川省巴縣	廿九年二月			二四〇	

重庆电力股份有限公司工友名册（一九四六年五月） 0219-1-32

重庆电力股份有限公司工友名册（一九四六年五月） 0219-1-32

重慶電力股份有限公司

職別/工別	姓名	年齡	籍貫	到職年月	學歷	經歷	薪金	備註
小工	李盛全	四九	四川省巴縣	廿七年七月日			二三五	
	繆占清	四二	四川省巴縣	廿七年二月日			一九〇	
	陳世九	四一	四川省三台縣	廿八年二月日			一九五	
	江國文	五〇	四川省長壽縣	廿九年十月日			二六五	
	楊世山	二九	湖北省宜昌縣	卅年六月日			二三〇	
	張礼賢	二五	四川省巴縣	卅二年十一月日			一九五	
	孔順淮	三〇	四川省簡陽縣	廿七年三月日			二四五	
	江萬良	二八	四川省新都縣	廿七年一月日			二四五	
	溫吉成	四八	四川省新都縣	廿七年三月日			二三〇	
	張紹清	三一	四川省江北縣	廿七年九月日			二四五	
	劉俊德	三七	四川省大足縣	廿八年二月日			一六五	
	張志坤	三三	四川省忠縣	廿七年九月日			二〇五	
	李盛堂	三九	河南省唐河縣	卅二年十一月日			一一五	
	譚定國	四六	四川省忠縣	卅二年一月日			一四〇	

重庆电力股份有限公司工友名册（一九四六年五月） 0219-1-32

137

重慶電力股份有限公司

職工別	姓名	年齡	籍貫	到職年月日	學歷	經歷	薪金	備註
小工	張順和	四二	四川省 忠縣	卅三年一月 日			一四〇	
	沈澤鈞		省 縣	卅三年六月 日			一三〇	
	何紹卿		省 縣	卅三年六月 日			一五五	
	陳發明		省 縣	卅三年六月 日			一三〇	
	張光富		省 縣	卅三年六月 日			一三〇	
	鄧永昌	四〇	四川省 巴縣	卅三年五月 日			二六〇	
石工	甘海合	四九	四川省 巴縣	卅三年二月 日			三〇〇	外支超級二角五分
	歐文山	三六	四川省 合川縣	廿七年六月 日			二九五	
	段玉清	三六	四川省 南充縣	廿六年八月 日			二六五	
	段康全	二七	四川省 武勝縣	廿七年十月 日			二四〇	
	嚴紹云	三七	四川省 合川縣	廿九年七月 日			二三五	
	簡紹成	四四	四川省 南川縣	廿九年十月 日			二六〇	
	簡樹清	四一	四川省 南川縣	卅年十月 日			二六五	
	簡元生	二七	四川省 南川縣	廿九年十月 日			二三五	

重庆电力股份有限公司工友名册（一九四六年五月） 0219-1-32

138

重慶電力股份有限公司

工別	姓名	年齡	籍貫	到職年月日	學歷	經歷	薪金	備註
石工	余海云	二七	四川省江津縣	卅年二月日			一五〇	
艄伕	高丙云	四一	四川省江北縣	廿六年六月日			一七〇	
	高樹云	四一	四川省涪陵縣	廿九年三月日			一四〇	
	周恒華	二四	四川省涪陵縣	廿九年七月日			一〇〇	

重庆电力股份有限公司工友名册（一九四六年五月） 0219-1-32

重慶電力股份有限公司沙坪壩辦事處

工別	姓名	年齡	籍貫	到職年月	學歷	經歷	薪金	備註
領工	姜阿福	三九	江蘇省上海縣	廿二年九月			八二〇	
電工	牟維孝	二九	四川省萬縣	廿二年八月			六四〇	
	王仲尼	三〇	四川省江北縣	廿五年二月			五〇〇	
	王瑞初	二八	江蘇省江陰縣	廿六年四月			六四〇	
	陳國民	四二	江蘇省上海縣	廿六年四月			五八〇	
	顧正庭	五二	浙江省寧波縣	卅年八月			四二〇	
幫工	李富春	二五	四川省巴縣	廿八年八月			四五	
	王正安	二八	四川省長壽縣	廿八年九月			三五	
小工	張紹芝	五一	四川省遂寧縣	廿二年三月			三〇〇	外支超級三角五分
	劉清泉	三九	四川省巴縣	廿八年六月			三〇〇	外支超級四角五分
	向榮華	四六	四川省江北縣	廿四年一月			三〇〇	外支超級三角五分
	黃松柏	五〇	四川省巴縣	廿八年六月			二九〇	
	諶吉昌	四〇	四川省江北縣	廿七年二月			三〇〇	
	蔣席臣	三七	四川省潼南縣	廿九年八月			三四五	

重庆电力股份有限公司工友名册（一九四六年五月） 0219-1-32

重慶電力股份有限公司

工別	姓名	年齡	籍貫	到職年月	學歷	經歷	薪金	備註
小工	周華生	四二	四川省巴縣	廿七年六月			二九五	
	王永亮	三三	四川省江北縣	廿七年三月			二九〇	
	陳超群	二九	四川省潼南縣	廿二年二月			一四〇	
	李廷才	二五	四川省江北縣	廿七年六月			二四〇	
	侯登賢	三八	四川省榮縣	廿七年七月			二九〇	
	何樹云	三一	四川省巴縣	廿八年七月			二三〇	
	胡雙合	五一	四川省安岳縣	廿九年三月			二八〇	
	周德云	二八	四川省江津縣	廿八年八月			二九〇	
	獻喜盛	四一	四川省巴縣	廿七年三月			二八五	
	李茂林	三六	四川省巴縣	廿七年七月			二七〇	
	黃銀卅	五〇	四川省巴縣	廿三年一月			〇八五	
	薛樹清	二二	四川省江北縣	廿三年九月			一三〇	
	劉方清	三六	四川省江北縣	廿八年八月			二七〇	
	廖合一	三〇	四川省華陽縣	廿八年八月			二五五	

重庆电力股份有限公司工友名册（一九四六年五月） 0219-1-32

重慶電力股份有限公司

工別	姓名	年齡	籍貫	到職年月	學歷	經歷	薪金	備註
小工	熊信釗	三一	四川省涪陵縣	廿六年一月			二〇	
	王厚貞	三七	四川省璧山縣	廿八年三月			一二五	
	羅漢章	二八	四川省巴縣	廿八年五月			一六五	
	薛鏞	四一	四川省潼南縣	廿八年七月			一三五	
	周桂林	四三	四川省三台縣	廿五年一月			一三〇	
	趙子用	三九	四川省遂寧縣	廿七年五月			一六〇	
	何友清	二〇	四川省大足縣	卅二年五月			一二〇	
電工	梁俸清	三六	四川省大足縣	廿三年九月			三〇〇	外支超級六角五分
石工	何炳欽	五一	四川省大足縣	廿六年二月			三〇〇	外支超級五分
	毛進宣	二八	四川省大足縣	廿七年八月			三〇〇	外支超級三角
	梁興才	二八	四川省大足縣	廿九年三月			二二五	
	葉云山	二四	四川省廣安縣	卅一年九月			一六五	
	伍登位	三九	四川省渠縣	卅一年九月			一三〇	
學徒	謝天成	二四	四川省巴縣	廿九年七月			一三五	

142

重慶電力股份有限公司

號數	工別	姓名	年齡	籍貫	到職年月	學歷	經歷	薪金	備註
	學徒	張叙生	二一	四川省巴縣	卅三年二月　日			○.五	[illegible]
				省　縣	年　月　日				
				省　縣	年　月　日				
				省　縣	年　月　日				
				省　縣	年　月　日				
				省　縣	年　月　日				
				省　縣	年　月　日				
				省　縣	年　月　日				
				省　縣	年　月　日				
				省　縣	年　月　日				
				省　縣	年　月　日				
				省　縣	年　月　日				
				省　縣	年　月　日				
				省　縣	年　月　日				

重庆电力股份有限公司工友名册（一九四六年五月） 0219-1-32

143

重慶電力股份有限公司總務科庶務股

工別 職級	姓名	年齡	籍貫	到職年月	學歷	經歷	薪（月）金	備註
茶目	陳仲文	四三	四川省長壽縣	廿七年七月 日			七五〇〇	
	姚文安	四八	四川省南充縣	廿四年四月 日			七二〇〇	卅五年十一月調收費股
茶役	向顯和	二八	四川省長壽縣	廿八年十月 日			四五〇〇	
	康永興	三五	四川省瀘縣	年 月 日			三四〇〇	
	羅正清	四三	四川省武勝縣	卅年十月 日			四三〇〇	
	魯澄陽	三〇	四川省中江縣	廿八年二月 日			二五〇〇	
	姚云山	三六	四川省遂寧縣	廿九年四月 日			四〇〇〇	
	萬正麟	三〇	四川省長壽縣	廿九年二月 日			五五〇〇	卅五年十二月調收費股
	江清澄	三九	四川省資中縣	廿四年五月 日			六八〇〇	
	楊玉林	四一	四川省巴縣	廿三年六月 日			六八〇〇	
	白清武	二九	四川省中江縣	廿九年八月 日			四六〇〇	卅五年八月廿見習
	趙萬云	五〇	四川省遂寧縣	廿二年十二月 日			二八〇〇	
	~~廖偉甫~~	二八	四川省墊江縣	廿二年一月 日			三七〇〇	卅七年七月七日[illegible]
	歐和平	三九	四川省潼南縣	廿二年三月 日			三三〇〇	

重庆电力股份有限公司工友名册（一九四六年五月） 0219-1-32

重慶電力股份有限公司

職別	姓名	年齡	籍貫	到職年月日	學歷	經歷	薪金	備註
茶役	青和丰	三三	四川省南充縣	廿一年三月日			三七〇〇〇	
	解楠海	三一	四川省巴縣	廿一年三月日			二八〇〇〇	卅五年十五日去[illegible]
	曾廷富	三一	四川省巴縣	廿八年六月日			四九〇〇〇	
	匡國臣	三九	四川省瀘縣	廿八年六月日			六六〇〇〇	
	張用之	三九	四川省潼南縣	卅年九月日			三四〇〇〇	
	李克清	三一	四川省南充縣	廿一年九月日			三〇〇〇〇	卅五年八月升見習
	賴俊才	三六	四川省內江縣	廿二年三月日			二八〇〇〇	
	陳俊卿	二八	四川省秦[illegible]縣	廿二年五月日			三三〇〇〇	卅五年八月升見習
	馬大全	三九	湖北省漢口縣	廿三年三月日			二七〇〇〇	
收發	張玉文	三七	四川省富順縣	廿二年三月日			二一〇〇〇	卅五年十二月調[illegible]
傳達	李漢卿	四三	四川省忠縣	卅六年一月日			七二〇〇〇	
	蕭平安	二九	四川省巴縣	廿九年四月日			四〇〇〇〇	
	鄢玉柱	四二	四川省忠縣	廿一年四月日			三四〇〇〇	
	李准欽	三六	四川省瀘縣	廿五年八月日			三七〇〇〇	

重庆电力股份有限公司工友名册（一九四六年五月） 0219-1-32

105
403

重慶電力股份有限公司

職工別	姓名	年齡	籍貫	到職年月	學歷	經歷	薪金	備註
傳達	王彤雲	二六	四川省江北縣	廿八年六月日			五四〇	
	蕭炳如	五一	四川省岳池縣	廿二年八月日			四五〇	卅五年元月死亡
打掃	陶青云	三一	四川省巴縣	廿七年三月日			三四〇	
燒水	陳紹烈	五六	四川省江北縣	廿九年八月日			三二〇	
	張積田	二三	四川省巴縣	卅四年五月日			一六〇	
廚役	王兆熙	五〇	江蘇省六合縣	卅二年二月日			三二〇〇	
	王紹清	四九	四川省成都縣	卅四年五月日			二〇〇	
	蔣海清	四六	四川省南充縣	卅二年三月日			二五〇	
	苑樹芬	三六	四川省岳池縣	卅二年三月日			二五〇	
	敖玉泉	四四	四川省江北縣	卅四年五月日			一六〇	
	沈元三	五五	四川省巴縣	卅二年三月日			二五〇	
	羅北海	四五	四川省江北縣	卅二年三月日			二五〇	
	許銀但	四二	四川省遂寧縣	卅二年三月日			二〇〇	
	張德安	三七	四川省富順縣	卅二年六月日			二五〇	

重慶電力股份有限公司

工別或職別	姓名	年齡	籍貫	到職年月	學歷	經歷	薪金	備註
廚役	馬正友	二九	四川省南江縣	卅二年三月日			二五〇〇	
茶役	陳字文	三六	四川省武勝縣	廿七年一月日			二八〇〇	
	陳海全	二五	四川省中江縣	廿八年八月日			六二〇〇	卅五年八月卅日見習 調回原職
	李樹榮	二六	四川省潼南縣	廿八年六月日			五一〇〇	
	陳國昌	四四	四川省江北縣	卅年八月日			三七〇〇	
	陳金祥	二八	四川省長壽縣	廿七年一月日			三四〇〇	開除 卅五、十二、廿二
	馬駿	三〇	四川省嘉定縣	廿七年八月日			五三〇〇	
	李詩	三七	四川省西充縣	卅二年二月日			三六〇〇	
	陳文清	二七	四川省長壽縣	廿九年六月日			四八〇〇	
	向福源	二九	四川省長壽縣	廿八年十二月日			四六〇〇	
	余洪仁	二〇	四川省江北縣	卅二年四月日			一八〇〇	
	商雲集	四五	四川省巴縣	廿五年二月日			六二〇〇	
	賀海雲	五三	四川省銅梁縣	卅二年三月日			三五〇〇	
	嚴紹清	三四	四川省瀘縣	卅二年三月日			三五〇〇	卅五年八月卅日見習

重庆电力股份有限公司工友名册（一九四六年五月） 0219-1-32

重庆电力股份有限公司工友名册（一九四六年五月） 0219-1-32

重慶電力股份有限公司

廠別 工別	姓名	年齡	籍貫	到廠年月	學歷	經歷	薪金	備註
茶役	張復沅	二八	四川省三台縣	廿九年七月 日			三九〇〇	
	陳旭堯	六三	四川省合川縣	卅一年六月 日			一八〇〇	
	張柏青	四二	四川省忠縣	廿一年二月 日			三四〇〇	
	劉洪鈞	五四	四川省巴縣	廿九年九月 日			四六〇〇	
	吳炳林	四四	四川省自貢	卅二年十一月 日			五六〇〇〇	
	顧湧春	五七	江蘇省無錫縣	卅二年四月 日			二五〇〇	
	李元成	三七	四川省南川縣	廿七年五月 日			二六〇〇	
	藍海云	五五	四川省武勝縣	廿八年八月 日			四〇〇〇	
	盛傳海	三〇	貴州省正安縣	卅二年十二月 日			五二〇〇〇	
	鄭子杰	三三	四川省營山縣	廿八年六月 日			四四〇〇	卅六年十二月調資股
	王國清	三一	四川省南充縣	廿一年六月 日			二五〇〇	
	方云廷	四七	四川省岳池縣	廿八年七月 日			五三〇〇〇	
	獻哲學	三〇	四川省巴縣	卅二年五月 日			一八〇〇	卅六年八月廿見習
	王瑞圃	四〇	四川省南充縣	卅二年五月 日			二五〇〇	

重庆电力股份有限公司工友名册（一九四六年五月） 0219-1-32

重慶電力股份有限公司

工別	職別	姓名	年齡	籍貫	到職年月	學歷	經歷	薪金	備註
茶役		楊渭濱	四一	四川省綦江縣	廿七年八月日			四五〇	[illegible]
		鄧維明	四四	四川省華陽縣	廿七年三月日			四九〇	
		張明濱	三二	四川省蓬溪縣	卅年三月日			三二五〇	卅六年九月停薪留資
		張明贊	二七	四川省蓬溪縣	廿九年九月日			四三五〇	
		廖樹榮	四二	四川省巴縣	卅二年一月日			三五〇	
		殷文成	二七	河北省北平縣	卅三年四月日			三五〇〇	卅六年 月升見習
		唐信之	三九	四川省安岳縣	廿七年一月日			六〇五〇〇	
		曾開自	四八	四川省安岳縣	廿二年十一月日			七八〇	卅六年六月升見習
		劉文明	四一	四川省大足縣	廿九年四月日			五四〇〇	
		廖怡安	三二	四川省華陽縣	廿五年九月日			六四五〇	
		袁樹成	四九	四川省大足縣	卅三年五月日			一八〇	
		梁從之	三七	四川省遂寧縣	卅三年五月日			一八〇	
		余吉祥	三〇	四川省合川縣	卅四年六月日			一八〇	卅七年十一月離職
		文守光	三三	四川省渠縣	廿九年七月日			四九五〇	

重庆电力股份有限公司工友名册（一九四六年五月） 0219-1-32

重慶電力股份有限公司

職別/工別	姓名	年齡	籍貫（省）	籍貫（縣）	到職年月	學歷	經歷	薪金	備註
茶役	錢俊明	三三	四川	潼南	卅年一月			三七〇〇	卅五年十二月調保安股
	秦文康	二四	四川	江北	卅年九月			二八〇〇	
	王福全	二七	四川	遂寧	廿九年五月			三七〇〇	
	周俊秦	二一	四川	巴	卅二年七月			二三五〇	卅五年八月廿見習
	賀光玉	三二	四川	江北	廿七年十二月			六三〇	
	黃文信	三三	四川	雲	卅二年六月			一二〇	
	文興成	三〇	四川	瀘	廿九年十月			三七〇〇	
	王海清	三九	四川	江北	卅一年十二月			五五〇〇	
	李彬如	三六	四川	江津	卅二年二月			五五〇〇	
	徐萬臣	五七	四川	成都	卅二年五月			六八〇〇	
	劉海林	四九	四川	巴	廿七年五月			三一〇〇	
	周海全	二三	四川	涪陵	廿七年七月			二八〇〇	

重庆电力股份有限公司工友名册（一九四六年五月） 0219-1-32

150

重慶電力股份有限公司衞警隊

職別工區	姓名	年齡	籍貫	到職年月日	學歷	經歷	薪金（無附加）	備註
警長	向傳璽	三六	四川省長壽縣	卅年五月 日			五〇〇	
	張學德	四一	河南省方城縣	卅二年五月 日			五〇〇	
	張濟軒	三六	四川省銅梁縣	卅二年四月 日			五〇〇	
	趙茂彬	四〇	四川省銅梁縣	卅年十一月 日			五〇〇	
警士	李云成	四二	四川省涪陵縣	廿九年二月 日			四〇〇	
	唐占云	三九	四川省潼南縣	卅年十一月 日			四〇〇	
	陳鼎文	二八	四川省璧山縣	廿九年五月 日			四〇〇	
	李明昭	四三	四川省安岳縣	廿九年九月 日			四〇〇	
	龍步云	三三	四川省瀘縣	廿九年八月 日			四〇〇	
	張紹清	五〇	四川省安岳縣	廿九年八月 日			四〇〇	
另調	~~楊宗富~~ 張友□	三〇	四川省巴縣	卅七年四月 日			四〇〇	
	吕樹山	四二	四川省岳池縣	卅二年七月 日			四〇〇	
	錢炳林	五〇	四川省巴縣	卅二年二月 日			四〇〇	
	劉霖	五〇	四川省巴縣	卅年四月 日			四〇〇	
	~~陳第吉~~ 沈輔業			卅七年七月			四〇〇	[illegible]

重庆电力股份有限公司工友名册（一九四六年五月） 0219-1-32

151

重慶電力股份有限公司

職別 工別	姓名	年齡	籍貫	到職年月	學歷	經歷	薪金	備註
警士	文友仁	三七	四川省射洪縣	廿九年十一月日			四〇〇〇	
	胡倫	二六	四川省犍為縣	卅一年十月日			四〇〇〇	
	錢占欽	三八	四川省閬中縣	卅年十二月日			四〇〇〇	
	柏俊民	四三	四川省岳池縣	卅年八月日			四〇〇〇	
	彭治安	三一	四川省璧山縣	廿九年二月日			四〇〇〇	
	陳世德	三六	四川省璧山縣	廿七年十二月日			四〇〇〇	
	柏銓鑫	三四	四川省岳池縣	卅三年一月日			四〇〇〇	
	吳國和	三二	四川省岳池縣	卅三年一月日			四〇〇〇	
	陳國華	二七	湖南省岳陽縣	卅二年六月日			四〇〇〇	陳國華辭職 陳自言補勤 卅五月[illegible]
	周旨南	四八	四川省江津縣	卅二年六月日			四〇〇〇	
	盧蔡奎	三三	四川省巴縣	卅三年七月日			四〇〇〇	
	宋吉祥	四一	四川省江北縣	卅二年七月日			四〇〇〇	派在大溪溝廠工作
	龔光耀	三九	河南省光山縣	卅二年七月日			四〇〇〇	卅五年五月[illegible]工
	方健明	三九	四川省內江縣	卅三年六月日			四〇〇〇	
	譚十新			卅七 六卅七 十一			四〇〇〇	

[illegible]

152

重慶電力股份有限公司

職別工別	姓名	年齡	籍貫	到職年月	學歷	經歷	薪額	備註
警士	張炳林	三〇	湖北省黃陂縣	卅三年九月			四〇〇〇	
	魏晉淼	三〇	河北省南樂縣	卅三年九月			四〇〇〇	
	[illegible]	卅	四川省長壽縣	卅七年四月			四〇〇〇	
	張連陞			卅七年四月			四〇〇〇	
	王漢文	三七	四川省江北縣	卅三年六月			四〇〇〇	
	段能	三四	四川省武勝縣	卅四年十一月			四〇〇〇	
	盧松模	二三	四川省巴縣	卅五年五月			四〇〇〇	卅七年元月除名
	楊昌友	三五	四川省武勝縣	卅五年九月			四〇〇〇	
	樊文斗	二八	四川省安岳縣	卅五年十月			四〇〇〇	卅七年三月三日離職
伕役	伍惠存	二九	四川省璧山縣	卅二年二月			四〇〇〇	
	王志云	二八	四川省安岳縣	卅年八月			四〇〇〇	
	張海清	二五	四川省安岳縣	卅年八月			四〇〇〇	
警士	陳自立			卅六年八月			四〇〇〇	
	劉國彥	三〇	河南省	卅七年一月			四〇〇〇	
	鄧禮田			卅七年			四〇〇〇元	
	宋文彬			卅七年三月十二日				